Public Policy: Observations and Know-How

公共政策

〔第二版〕

現象觀察與實務操作

羅清俊 / 著

二版序

　　本書第二版除了根據第一版內容的文字重新潤飾以及更新政策案例之外，第四章〈政策從哪裡來？〉新增加了「敘事政策架構」（Narrative Policy Framework）一節；第七章〈政策執行〉增加了這幾年來國外政策執行研究趨勢的討論，包括公共管理的執行研究、政策體制途徑（policy regime approach）的執行研究以及方案執行（program implementation）的研究；第八章〈政策評估〉新增了回溯影響評估的真實政策案例，利用量化途徑評估我國縣市合併的成效。另外，為了很澈底的討論各種類型的政策內容，第一版原來的第九章切割成為獨立的三章，個別章節增補了一些素材，成為第九章的管制政策、第十章的分配政策以及第十一章的重分配政策。同時，在第十一章也加入真實政策案例的實證研究，分析從1982年至2016年，影響台灣各縣市貧富差距的因素。

　　第二版能夠完成，要謝謝幾位以前我所指導的學生。首先，感謝在美國的李孟壕先生所提供改版的重要意見以及參考文獻資料。其次，謝謝張資媄小姐花費很多時間與心力仔細地幫我從第一章閱讀至最後一章，除了找出應該要修正改寫的內容，讓讀者更容易理解閱讀之外，她也詳細地幫我檢查每一章的參考書目，鉅細靡遺地挑出錯誤並加以改正。最後，感謝陳昭如小姐以及高文鶯小姐願意將過去我和她們共同努力執行的科技部研究計畫以及她們的碩士論文內容分享給本書第二版的讀者們。沒有這些朋友的幫忙，本書第二版的內容根本無法完成！

　　今年2月，揚智文化公司閻總編告訴我，這本書得在今年暑假改版了。老實說，我沒太大的把握可以在期限內完成，主要是因為身兼系所主管，絕大部分的時間不是自己可以掌握的！這半年來，我都是利用教學

研究與行政工作之餘的有限時間空檔，一點一滴慢慢累積！過程的確辛苦，但是我很努力，也很投入，希望改版後的內容能夠讓讀者滿意！

羅清俊 謹誌

2020年7月15日

於國立臺北大學三峽校區研究室

一版序

寫這本「公共政策」教科書有三個目的！

第一，我一直期待自己能夠撰寫一本透過自己多年來的閱讀、思考、研究以及實境教學之後，整理出來的「公共政策」教科書。因為透過這種過程所寫出來的教科書才會有「生命」！教起來才會有「感情」！今年剛好是我拿到學位回國教書的第二十年，這二十年來所累積的種種經歷，我想我應該可以開始來做這件事情，也希望能夠如願完成。

第二，我從1995年取得學位之後，在淡江大學公共行政學系教了九年半的「公共政策」。2005年2月轉換至國立台北大學公共行政暨政策學系任教，2012年起也繼續講授「公共政策」這門課。那麼多年來，修課的同學持續問我一些很不容易回答的問題：老師，公共政策與政策分析的差別在哪裡？老師，政策研究與政策分析的差異在哪裡？老師，公共政策這個學門到底是告訴我們發生了什麼事？還是告訴我們該怎麼做？後來，我漸漸瞭解修課同學為什麼會有這種疑惑。因為公共政策這個學門的內容，既有告訴我們發生了什麼事的「現象觀察」，也有告訴我們該怎麼做的「實務操作」。然而過去少有公共政策的教科書事先告訴讀者什麼是什麼！以致於學習者很難弄清楚到底公共政策是什麼？學習公共政策有什麼用？所以，我寫這本教科書的第二個目的就是希望讓讀者弄清楚，原來公共政策這個學門是在學習哪些東西！我會在這本公共政策教科書的內容當中，非常明確地告訴讀者，哪些主題與內容是告訴我們發生了什麼事（現象觀察）？哪些主題與內容是告訴我們該怎麼做（政策實務操作）？

第三，修課同學也經常跟我抱怨：「老師，公共政策這個學門實在是很難讓人理解！有些分析模型或架構要不就是包山包海！要不就是抽象

難懂！而且絕大部分的理論都是美國或歐洲來的，我又不瞭解他們的人文、歷史或制度背景，實在很難弄清楚公共政策這個學門的內容到底是什麼？」我深刻瞭解修課同學的痛苦，因為有時候就連我都要費很多功夫才能瞭解同學所抱怨的這些學門內容。問題究竟在哪裡？一個學門如果對人類生活有貢獻，那麼它所呈現出來的內容應該要跟我們日常生活的各種活動密切相關才是。就身為這個學術領域的一員，我當然要說公共政策這個學門對社會是有一定程度的貢獻。但是，當學習者嘗試入門，卻缺乏這種感覺的時候，很有可能就是我們把這個學門說得太難！或是這個學門被裝扮得讓人沒有辦法親近！我寫這本教科書的第三個目的就是希望用最淺顯的文字表達方式，讓艱深或是抽象的公共政策學門內容能夠讓人容易理解。我知道這並不容易，但是我願意盡力試試看，至少要講清楚！

感謝2012～2013年台北大學教學助理金祈綉小姐、2013～2015年教學助理陳意婷小姐、2014～2015年研究助理陳昭如小姐、2015～2016年教學助理高文鴦小姐（她們都是本系碩士班傑出的研究生。祈綉已經畢業，意婷與昭如正準備畢業，文鴦剛進碩士部。昭如是我指導的碩士生，她在民國103年同時通過三等地方特考以及四等普通考試）、台中市政府財政局張資媄小姐（她是我在東海大學公共事務碩士在職專班指導的學生），以及正在美國George Mason University唸博士學位的李孟壕先生，由於他們慷慨、真誠、聰明、效率地提供各式各樣的協助，這本書才得以順利完成。我也要感謝揚智文化事業公司葉忠賢總經理以及閻富萍總編輯，感謝他們對於我所寫的書有一定程度的信心，也感謝他們在這本書的出版過程當中，所提供非常周到的服務。

其實，好幾年前我就開始構思想要寫這本書，但是總有一些原因與理由讓這件事情耽擱下來。2012年重新在大學部講授公共政策以及碩士在職專班講授公共政策研究，總算下定決心開始了第一步。但是在2013年的夏天，我父親在毫無特別徵兆的情況下，突然撒手西歸，這幾乎讓我無法做任何該做的事！經過了一年，心情勉強略為平復，2014年夏天決定重拾

撰寫這本書的初衷，並且督促自己努力迄今。決定之後，我把家裡的書桌搬到客廳，這一年來，幾乎是每一天的晚餐之後，我都坐在92歲高齡的老母親旁邊陪伴她，她看電視，我寫這一本公共政策的教科書。我希望在天堂的父親能夠看到我很努力地在做這件有意義的事情（寫讓人讀得懂的書，幫助有需要的人）；我也希望他知道我一直都陪伴在母親的身旁照顧她，希望他放心！我早就想好了，這本書要獻給來不及跟我說再見的父親！

羅清俊 謹誌
於國立台北大學三峽校區研究室
2015年很熱的夏天

目　錄

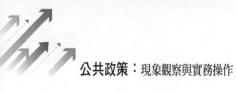

Chapter 1

緒　論

⌂ 第一節　公共政策是什麼？

　　公共政策到底是什麼？許多學者針對公共政策下了各式各樣不同的定義，例如Hugh Heclo（1972: 185）認為公共政策就是「政府意圖達成某項目的所採行的行動方案」；Thomas Dye（1987）將公共政策定義為「凡是政府作為或不作為（whatever governments choose to do or not to do）的行動」都是公共政策。Cochran與Malone（1995: 1-2）則將公共政策定義為「執行公共計畫以實現社會目標的政治決定」。Theodoulou（1995）將公共政策定義為「政府為了解決稀有資源競爭的衝突、管制某種行為、激勵集體行動、保護民眾權利、尋求公共利益所採取的行動」。

　　儘管大家的定義不同，但是有些共識是存在的（Birkland, 2001），這些共識包括：(1)公共政策是政府針對問題所做的回應，也就是說公共政策是為了解決大家所共同面臨的問題而存在；(2)公共政策是政府決策的過程，以及針對某個特定決策所採取的行動、與這項行動所產生的結果；(3)不管公共政策定義為決策或是行動，它們通通具有強制力。

⌂ 第二節　為什麼需要公共政策？

　　瞭解了什麼是公共政策之後，接下來我們會問的問題是：為什麼我們需要公共政策？其實，從大家對於公共政策定義的共識內容來看，公共政策就是為了解決公共問題而存在（出現），例如環境汙染防治、著作權保障、食品與藥物的安全等等的公共問題。接下來我們會繼續問：為什麼會出現上述這些公共問題？原因是什麼呢？有人說，「市場失靈」（market failure）是上述這些公共問題出現的主要原因。的確，市場失靈

是某些公共問題出現的重要原因。但是，除了市場失靈所造成的公共問題需要透過公共政策加以解決之外，還有什麼狀況需要公共政策的介入呢？歸納來說，包括政府基於建立社會安全網的責任、政府預先察覺未來社會將會發生的潛在問題、象徵性地表態、受到國際潮流或是外交上的壓力，甚至是執政黨所掌控的政府基於選舉考慮而制訂有關利益分配的政策。

　　然而，我們必須留意的是：首先，以上這些公共問題產生的原因可能沒有窮盡，讀者也許可以找出其他不同的原因；其次，以上這些原因之間不見得是互斥的。例如政府為了解決食品製造商與消費大眾之間資訊不對稱的問題（市場失靈的現象之一），因此積極提出管制食品業者的政策，而這也是政府想要建立社會安全網的理由。以下我們分別來討論這些原因：

壹、市場失靈

　　什麼是市場失靈呢？經濟學有一個學派叫做福利經濟學派（welfare economics），他們的理論主張是相對於自由經濟學派。自由經濟學派認為市場應該完全自由開放，政府不適合介入。但是福利經濟學派同樣是基於經濟理性的前提，認為在市場當中如果放任個人理性，將會造成集體的不理性，而集體不理性的現象就是所謂的市場失靈，也就是公共問題產生的重要原因之一，所以必須藉由政府的公共政策加以矯正。

　　為什麼放任個人理性會造成集體的不理性呢？我們舉美國籃球NBA的經營管理例子來做說明[1]。1990年起我去位於美國芝加哥市的伊利諾大學芝加哥分校唸博士學位，恭逢籃球巨星Michael Jordan帶領芝加哥公牛隊（Chicago Bulls）贏得1991～1993年NBA總冠軍（1996～1998又一

---

[1] 以下例子參考Bickers & Williams（2001）。

次三連霸）。在美國幾個重要的都市都有象徵該都市的NBA球隊（是私人經營而非市政府經營），例如2019年NBA總冠軍的加拿大多倫多市的暴龍隊，還有像是芝加哥市的公牛隊、紐約市的尼克隊、休士頓市的火箭隊、洛杉磯市的湖人隊、聖安東尼市的馬刺隊等等。球隊拿總冠軍，球隊老闆很高興，因為大家都會來看球賽，門票收入節節上升，球員周邊商品可以暢銷全世界，利潤高得不得了。該球隊主場所在地的球迷也很開心，因為感到光榮。我在1992年休假回台灣，穿著Michael Jordan的T-shirt，我的朋友都會問我兩句，我都會跟他們說，我在芝加哥唸書！既然如此，如果NBA球隊的老闆是理性的話，當然他就會想拿冠軍，因為有利可圖。而且最好是一直拿冠軍，賺的錢更多。為了不斷的連霸，他就會想盡辦法花更多的錢，利用各種手段找到更好的球員。好了，如果我們假設某一隊真的拿冠軍，而且一直拿冠軍，連續拿了十次。各位猜想，結局會是什麼？結局可能就會是：NBA球賽從此沒人要看，只有那個一直贏的球隊球迷想看。你想想看，如果你打麻將，打了三年，每次都是固定某一個人贏錢，你會想繼續跟他打嗎？不只你不會，其他兩個人也不會。大家有輸有贏，才能變成好的牌搭！NBA的經營也是如此，如果我們放任每一個球隊的理性自利，而不加以約束，到最後大家都沒飯吃了。這就是個人追求理性，但是結果形成集體的不理性。所以NBA訂有加諸在球隊的一些限制，讓球隊之間維持一定程度的勢均力敵（competitive），這樣才能吸引所有球隊的球迷看球賽，讓NBA永續經營。例如今年戰績很爛的球隊可以有優先選秀權，戰績好的球隊只能挑選後段班的新秀球員。NBA的這些限制可以看成公共政策介入，以防止因為個人追求理性而造成的集體不理性。

歸納來說，由於個人理性所造成集體不理性的市場失靈狀況包含以下幾種，分別是自然獨占、外部性、不充分資訊，以及公共財的提供。這些市場失靈狀況的產生都是個人或廠商因為追求自利（理性）或利潤極大化所造成的結果，需要公共政策介入加以矯正。

一、自然獨占（natural monopoly）

　　理性的廠商基於成本利益的考量退出或不加入市場，使得獨占現象出現。這種獨占是自然形成，而非人為造成，例如電信市場或是需要龐大資本額的產業。我們來舉一個虛構的例子，假設A地區過去都沒有通訊設備（例如固網），某一天政府開放民間進去投資。又假設民間有五家系統業者，甲、乙、丙、丁、戊。甲公司因為是國營事業民營化轉型，所以資本雄厚，因此率先進入A地區，開始鋪設管路，沒有多久，市占率就到達50％。乙、丙、丁、戊本來也想進來，但是被甲拔得頭籌，如果他們現在執意要進來，不僅要花很多的資本鋪設管路，同時市占率永遠也無法超越甲公司（無法達到規模經濟）。所以這四家公司只有兩條路可以走：(1)不在這裡玩了，去別的地方投資；(2)租用甲公司在A地區的設備，去分食剩下的市占率。不管走哪一條路，甲公司永遠都是A地區的獨占廠商。這是甲公司自己刻意獨占嗎？那倒也不是。那是乙、丙、丁、戊這四家廠商基於成本利益的考量而決定退出（或介入較少）A區的市場，所以甲公司是「自然」獨占。既然是獨占，不管是自然還是人為，政府就必須管制甲公司所訂的通訊費率，以免民眾受到獨占利益的剝削。

二、外部性（externalities）

　　外部性分為以下兩種：

(一)正面的外部性（positive externalities）

　　正面的外部性是指生產者並沒有享受到應該享受到的利益[2]。例如著作權被人侵犯，原著作人也許可以因為該著作而賺到100萬元，但是賺到

---

[2]　正文當中所稱的正面外部性是指生產者沒有享受到應該享受到的利益，所以生產者遭受到一定程度的損失。但是有一種正面的外部性，生產者並沒有遭受損失。例如我在庭院栽種綠色植物，利益不僅是我獨享而已，整個社區也獲利（外溢效果），因為整個社區因此而景色宜人，社區房地產價格也漸漸上升。

80萬元的時候卻被人盜版，因此後續應該要得的利潤20萬元卻都被盜版商搶走了。所以我們才說，正面的外部性是指生產者沒有享受到應該能夠享受到的利益。這個時候需要政府制訂公共政策來保障著作人的權益。

(二)負面的外部性（negative externalities）

負面的外部性是指生產者沒有負擔應該要負擔的成本。例如環境汙染，我們舉一個虛擬的例子，假設某一天淡水河上游好幾家工廠直接將未經處理的廢水排放到淡水河裡，害得在淡水區賣魚丸湯的商家沒有辦法做生意，因為這些商家是用淡水河的水煮湯。假設這些商家一個月賣魚丸湯總共可以賺100萬元，可是現在根本沒人敢來吃。這個100萬元的損失按照道理來說，應該是由汙染工廠負擔，但是卻轉嫁至賣魚丸湯的商家。這些商家打算集合起來到工廠所在區域抗爭，可是每一家工廠都說，又不是只有他們一家排放廢水，別家也有。商家無力長期抗爭，也沒有力量讓工廠屈服。這個時候只有仰賴政府制訂公共政策，利用公權力介入，禁止工廠排放廢水，並規定如果有汙染事實，必須賠償無辜的受害者。

三、不充分資訊（incomplete information）或資訊不對稱

例如消費者對於食品與藥物的安全，或是市場銷售物品的真實成本可能毫不知情。生產的產商不願意透露，消費者也沒有足夠的成本或能力去追查，因此必須由政府制訂公共政策來平衡我們和生產廠商之間所存在的資訊不對稱問題。2014年頂新油品的案件如果沒有被揭露，我們永遠都不知道原來這些油品的來源竟然如此劣質。我們消費者實在沒有管道或是沒有那麼多的能力或成本可以監控生產廠商，這個時候就必須仰賴政府透過公共政策來保護我們一般民眾，而且這項公共政策一定要確實規範執行才會有效。

四、公共財的提供

從消費的觀點來說，公共財具有「非敵對性」，也就是說，當我享受該項財貨時，別人不會因為我享受了，而減少他們的享受量；從供給觀點來說，公共財具有「無法排他性」，也就是說它無法只提供給某些人，而不提供給其他人。另外，公共財效用的「不可分割性」會整體影響所有的社會公眾，而不管其中任何個人是否願意消費，例如空氣品質、國防安全、燈塔等等。因為公共財具有以上這些特性，所以會出現搭便車（free-rider）的問題，也就是說即使我沒有付出成本，我依然可以享受該項財貨。在這種情況之下，私人基於理性是不會有誘因提供這種財貨，所以必須由政府透過公共政策來生產這些公共財。

貳、安全網的建立

政府基於保護民眾人身安全的立場，希望建立所謂的安全網，而制訂一些相關政策。例如強制汽車前後座的乘客繫安全帶、嚴懲酒後駕車、利用補貼方式鼓勵民眾使用強制排放廢氣（一氧化碳）的熱水器等等。又例如為了預防傳染病的流行，於平時鼓勵民眾施打疫苗，當疫情嚴峻時（例如2020年武漢肺炎流行），甚至執行強制隔離的措施。

參、政府預先察覺未來社會將會發生的潛在問題

例如數位落差或高齡化社會來臨。數位落差是指社會上某些人獲取資訊設備以及近用（access）數位資訊的機會與能力明顯高過於某些人，長久下來將會造成明顯的社會階層差距的問題。所以政府會在偏遠地區或是經濟狀況不佳的地區設置數位學習中心，以減少這種差距。而面臨高齡化社會的來臨，政府可能會透過長期照顧政策增加籌設安養機構以符合未

來需求、透過都市更新重建老舊而沒有電梯的社區以建立友善的老人生活環境、克服未來全民健保負擔沉重的問題等等。

肆、表達立場

例如針對性別或族群地位平等所制訂的政策，以宣示政府的重視立場。

伍、政府受到國際潮流或是外交上的壓力

兩個例子可以說明公共政策的制訂會受到國際潮流或是外交上的壓力。第一，1989年我國通過的野生動物保護法。第二，2012年7月，立法院臨時會召開，通過食品衛生管理法修正案，允許牛隻飼料添加萊克多巴胺，開放含萊克多巴胺的美國牛肉進入台灣市場。前者既是受到國際潮流影響也有外交上的壓力（國外生態保育團體的壓力），後者則是明顯受到外交上的壓力。

陸、政府基於選舉的考慮而制訂有關利益分配的政策[3]

例如在民主國家，政府在選舉之前經常制訂額外發放福利津貼或是幼兒保育津貼的政策，原因很有可能是為了選票。但是，政府當局通常

---

[3] 公共政策是為了解決公共問題而存在（出現）的這種說法是很正面的，也就是假定政府是以追求公共利益為主要目標。然而，有些時候情況並非如此，選舉之前制訂提供政策利益分配的政策就是其中非常典型的一種。

在公共政策研究領域當中另外有一派的學者（公共選擇學派）不相信政府公共政策的出現純粹是為了保障公共利益，也懷疑政府有充分的能力解決公共問題，他們認為政府介入經常會發生所謂的「政府失靈」現象（Wolf, 1993; Tullock et al., 2002）。例如Wolf認為當承擔政策成本者與接受政策利益者不屬

都不會承認這些公共政策是為了選票。政治經濟學者所做的實證研究發現，每逢接近選舉年，政府的支出會明顯高過於其他非選舉年，這種現象稱之為「政治景氣循環」（political business cycle）。不管這種現象是否真的屬實，反正選舉之前很多讓民眾開心的公共政策都會「很湊巧」地出現。

第三節 公共政策研究領域的緣起

從前面的討論，我們瞭解了公共政策的意義，我們也瞭解了社會上的一些公共問題必須靠政府的公共政策加以解決。所以公共政策在現代

於同一個團體時（稱之為脫鉤decoupling），獲利的團體將活躍於遊說政府繼續提供利益。這種脫鉤的現象又可區分為兩種情況，這兩種情況都會增加對於政府公共政策的需求。首先是少數剝削多數的脫鉤（micro-decoupling），利益是由少數優勢利益團體獲得，而成本則由大眾負擔。獲利的少數有強烈誘因進行遊說，維護利益。其次是多數剝削少數的脫鉤（macro-decoupling），這種現象的產生是因為政治權力掌握在擁有選票的大多數民眾手中，但是政府大多數的稅源卻來自於社會當中擁有較多財富的少數人。如果社會大眾不斷的向政府提出需求，政府通常會以重分配政策加以回應，這將會形成一種由「多數剝削少數」的情況。Wolf也認為，因為政府本質上的限制，所以他們並沒有充分的能力解決公共問題，這些本質的限制包括：第一，很難測量或定義產出（output）以及結果（outcome），所以不清楚到底有沒有達到目標；第二，單一生產來源，所以不需要面臨其他競爭者的比較或是創新壓力，因而表現出來的行為與態度經常是保守而獨斷；第三，生產技術的不確定性，所以沒有人知道用什麼方法解決問題才是最好的？這不僅是在教育政策領域，國家安全、產業發展、環境保護等等政策領域都有類似的問題。第四，缺乏底線和結束營業的機制，所以政府的供給經常超過實際的需要量，或是掺雜更多的政治考量。

本書在後續內容當中有關於政策現象觀察的部分，經常會有政府失靈的討論，例如第四章內容討論政治鐵三角、第七章政策執行內容關於Eugene Bardach（1977）所提到的執行賽局、第九章管制政策當中的俘虜現象或旋轉門現象、第十章分配政策當中的肉桶利益分配等等，都是屬於政府失靈的狀況。

社會扮演非常重要的角色，也因此吸引了很多人從事公共政策的研究。至於學術界正式投入公共政策研究到底是從什麼時候開始的呢？在公共政策這個研究領域當中，大家公認這個研究領域的源頭是在政治學者Harold Lasswell於1950年代提出所謂「政策科學」（policy sciences）一詞（Lasswell, 1951, 1971）。

　　Lasswell提出這一個名詞不僅僅是因為他在專業上的興趣，同時也是因為他在第二次世界大戰期間曾經在美國聯邦政府工作的實務經驗（Laswell擅長於政治宣傳議題，曾經擔任一個研究戰爭期間傳播的實驗部門主管）。這項實務經驗孕育了他想連結「社會科學專業知識」與「實務政治與政策制訂」的構想。他認為政策科學是一種應用的社會科學，他希望能夠填補「學術界所產生的知識」以及「真實世界所發生的政治與問題」之間的鴻溝。他也認為政策科學實際的操作模式就像是醫生的工作一樣，政策科學家的工作是診斷政府所面對的問題（ills of body politic），瞭解這些問題的成因與所代表的意義，然後推薦處方，最後評估這些處方的效果。就像醫生一樣，政策科學家必須擁有科學的訓練，但是不同於醫生的是，政策科學家利用這些訓練與知識是要提供更廣而且具有價值取向的目的，這種價值就是民主價值。以下我們歸納Lasswell認為政策科學應該有的幾項特質：

壹、問題導向（problem oriented）

　　政策科學應該關注政府所面對的重要問題。政策科學不必然只是關注「政策結果」而已（政策結果好或不好？），「政策過程」也應該是政策科學關注的重點。在政府所面對的重要問題這個大傘之下，政策科學關心的是政府政策選擇的形成（formation）、採納（adoption）、執行（execution）以及評估（assessment）。具體來說，政策科學家所要關心的不只是政策的某一個階段而已，而是要全盤關注政府所面對的

重要問題，這包括：我們應該做些什麼才能真正解決問題（政策制訂或規劃）？我們應該如何做（政策執行）？以及我們怎麼知道我們做了什麼（政策評估）？（what should we do to best address the problem? How should we do it? How do we know what we have done?）。

貳、多學科所組成（multidisciplinary）

Lasswell認為政策科學與政治學不是同義詞，政府所面對的問題種類很多，政策科學應該借用其他所有學門的模型、方法、研究發現，來協助處理政府所面對的諸多問題。

參、精心設計的方法論（methodologically sophisticated）

Lasswell他很清楚地瞭解，社會科學對於第二次大戰期間公共政策重要的貢獻是來自於社會科學精心設計的方法論。他具體提到經濟預測、心理計量學、態度的測量等等方法的改善，幫助第二次大戰期間的美國政府分配資源。他也為量化方法辯護，他認為我們不應該爭辯量化方法到底好或不好？而是應該思考如何應用量化方法來解決政府所面對的問題。

肆、精心設計的理論（theoretically sophisticated）

如果政策科學要協助政府處理問題，必須要充分瞭解存在於真實世界當中問題的因果關係。瞭解社會、經濟與政治系統如何個別運作以及如何彼此互動，這對於解決政府所面臨的問題來說是非常重要的事。這意味著政策科學家需要有一個強而有力的概念架構，來澄清真實世界的事件為什麼會發生？以及如何發生？政府如何做出決策？政府應該如何提供誘因，引導所期待的現象或行為出現（引導政策標的人口）？政策科學如果

要回答這些問題，需要一套精心設計的因果理論架構。

伍、價值導向（value oriented）

政策科學的發展要追求民主的價值，要發展出民主的政策科學（policy sciences of democracy）。也就是說，不管是政策規劃的內容、政策的推動過程或是政策產生的結果，都必須符合民主的精神。

第四節　公共政策研究領域到底在研究什麼？

壹、政策階段論

早期研究公共政策的學者大部分都受到Lasswell的影響，而以公共政策過程的各種階段為研究的對象，即便到現在也是如此。如果說政策階段論是公共政策研究的主流，其實一點也不為過。大致上來說，政策過程包括「議程建立」、「政策問題的產生與認定」、「政策規劃」、「決策」、「政策合法化」、「政策執行」與「政策評估」。

Lasswell提出的政策科學不僅重視實證基礎（empirical basis），也就是說必須利用科學的方法來觀察政策過程的現象；同時也重視規範訴求（normative），也就是希望能夠以科學方法所得出的研究結果為基礎，進一步提出好的政策來幫助政府改善社會。不過，在Lasswell提出政策科學論點之後的政策階段論研究，有的研究只著重在政策現象的觀察；有的則是著重在實務需要，提供政府機構一些政策實務操作（know how）的知識與建議；而有的則兼而有之，例如政策執行研究在探究為什麼政策執行會成功或失敗的原因之後（政策現象觀察），這些影響因素就會成為政策實務運作上很重要的知識，協助政府機構如何設計未來的執行機制

（政策實務操作）。

一、政策現象觀察的研究

這些研究主要的研究議題包括以下：

1.在政策發展階段的初期，有些研究觀察政策問題如何產生與形成？政策問題如何被轉換成為政府議程？政策（內容）從哪裡來？也就是說，影響公共政策形成的因素有哪些？例如利益團體理論、政治鐵三角理論、議題網絡理論、政策倡導（議）聯盟理論、斷續均衡理論、敘事政策架構等等。

2.公共政策其實就是一種決策，有些研究觀察究竟政府決策如何做成？

3.政策合法化是政策過程的一個重要階段，國會議員在這個過程扮演重要角色，有些研究觀察國會議員在政策合法化過程會出現哪些行為？行為背後的動機為何？以及這些行為對於最後立法機構所選擇的政策有何影響？

4.就政策執行來說，有些研究觀察政策執行為什麼會成功？為什麼會失敗？政策執行有哪些政策工具可供選擇？哪些因素影響政府在政策工具上的選擇？

5.政策評估是政策階段的最後一項，政策評估研究絕大部分都是從事實務操作（know how）的研究，觀察政策評估現象的研究幾乎沒有，頂多只是說說政策評估如何被利用作為攻擊、掩飾或拖延的工具而已。

二、政策實務操作的研究

政策實務操作的研究主要可分為兩種派別：第一種是「理性途徑」（the rationalist approach），又稱為「實證途徑」（the positivist approach）；第二種是「後實證途徑」（the post-positivist approach）。這兩種途徑的立場不同，對於政策實務操作上的主張也不一樣。以下內容會簡單地說明這兩種途徑的差異，至於詳細的內容則留待後續各章再來討論。政策實務操作的各種研究議題如下：

(一)政策問題的認定與解決方案的規劃

理性途徑主張利用客觀的事實來呈現問題；利用經濟學的效率當作是重要的政策目標；利用所謂理性的步驟與因果理論來研擬解決問題的政策方案。至於後實證途徑則強調價值勝於客觀存在的事實，他們認為政策問題並不是客觀存在的，而是社會大眾透過主觀價值所建構出來的。後實證途徑對於政策目標的界定是採取相對的看法（公平或是效率並沒有一定的標準，必須視情況而定），而不像理性途徑認為是絕對的（公平或效率可以用某些客觀的標準加以衡量）。在解決方案的規劃方面，後實證途徑則是強調利用審議式民主來操作。

(二)決策

在決策部分，理性途徑尋找做成良善決策的相關方法，例如微觀決策途徑的決策樹模型以及宏觀決策途徑的制度理性選擇等等。後實證途徑在決策這個部分雖然有些不同的見解，但是侷限在針對經濟效率所做的批評意見，實務操作的具體主張極少。

(三)政策合法化

在政策合法化的部分，理性途徑與後實證途徑對於法律的基本特性以及要追求什麼樣的法律，都有不同的主張。另外，法政策學領域的研究很務實地說明如何將政策以法律的形式表達出來。

(四)政策執行

理性途徑的看法與「由上而下」（top-down）的第一代政策執行理論

觀點一致，而後實證途徑的看法則與「由下而上」（bottom-up）的第二
代政策執行理論看法相同。除此之外，Deborah Stone（2012）的政策執行
誘因機制以及James Q. Wilson（2000）的官僚政治理論當中屬於基層人員
特質的內容，可以歸類為後實證途徑的主張。

(五)政策評估

理性途徑的政策評估主張以社會科學研究方法來評估政策發展的每
一個階段，例如利用客觀量化途徑以及實驗設計（準實驗設計）來評估政
策影響（Rossi et al., 2019；Chen, 2005；Vedung, 2009）。而後實證途徑
與理性途徑的主張大不相同，強調從利害關係人的主觀觀點來從事政策評
估，例如Guba與Lincoln（1989）的回應建構評估途徑。

貳、除了政策階段論，也有針對政策類型所做的研究

在政策階段論研究如火如荼進行的同時，Theodore Lowi在1964年發
表於*World Politics*期刊論文率先提出政策類型論（Lowi, 1964）。Lowi對
於政策階段論有一些意見，他批評，政策階段論認為公共政策是由許多政
治事件透過線性推展過程的產物，但是卻沒有說明透過這樣的程序到底會
產生哪一種類型的政策？Lowi之所以提出這項政策類型說，是因為他對
於政策學者無能力（或是興趣缺缺）區分政策產出的差異感到失望。政策
學者只是將政策產出視為單一而沒有變化的現象，缺少努力將政策類型區
分出來。

Lowi以兩個標準來區分政策類型，第一，政府強制力是否明顯？第
二，被政策影響的人是普遍多數人口或是特定的少數人口？將政策區分
為四種類型：分配政策（distributive policy）、重分配政策（redistributive
policy）、管制政策（regulatory policy）與全體政策（constituent
policy）。他認為不同類型的政策將會產生不同類型的政治過程與現象，

這些政治過程與現象包括國會議員、利益團體以及行政官僚的行為。Lowi當時提出這套理論主要是協助我們觀察政策現象，並非討論政策實務操作。雖然如此，但是後來許多政策學者在Lowi所提出的分配政策、重分配政策以及管制政策這三類政策的個別主題上面，仍然發展出政策實務操作的內容。至於全體政策，Lowi對於這個政策類型本來著墨就很少，之後的研究者也幾乎不談這項政策類型。

第五節　接續章節內容安排

在本書接續的內容當中，第二章先扼要回顧早期研究公共政策階段論的重要代表著作，除了Lasswell（1971）之外，也包括Charles Jones（1970）、James Anderson（1974）、Garry D. Brewer與Peter deLeon（1983）以及Randall B. Ripley（1985）等等，讓大家瞭解，所謂的政策階段論內容指的是什麼。

第三章至第八章則以公共政策的各個階段依序展開討論。有些政策階段論的研究既有政策現象觀察，也有政策實務操作的研究，而政策實務操作的研究也包含了理性途徑與後實證途徑的不同主張（例如政策問題認定與方案規劃、決策、政策合法化、政策執行等等政策階段的研究）；有些政策階段論的研究只有政策現象觀察（例如議程建立、政策形成的因素）；有些政策階段論的研究不著墨政策現象觀察，只有政策實務操作的研究，但是也包含了理性途徑與後實證途徑的不同論點（例如政策評估）。**表1-1**摘要政策階段論的研究內容，表中區分各個研究主題是否有政策現象觀察的研究？是否有政策實務操作的研究？政策實務操作的研究是否包含了理性途徑與後實證途徑？

表1-1　政策過程不同階段的相關研究內容

政策階段	政策現象觀察	政策實務操作	
		理性途徑	後實證途徑
議程建立	✓	✕	✕
問題認定與方案規劃	✓	✓	✓
政策形成	✓	✕	✕
決策	✓	✓	✓
政策合法化	✓	✓	✓
政策執行	✓	✓	✓
政策評估	✕	✓	✓

✓：有

✕：無

　　依序來說，第三章討論議程建立、問題認定與方案規劃；第四章
討論影響公共政策形成的因素；第五章討論決策；第六章討論政策合法
化；第七章討論政策執行；第八章討論政策評估。每章內容順序的鋪陳如
下：如果某一章所討論的某一個政策階段既有政策現象觀察的研究，也有
政策實務操作的研究，而政策實務操作的研究也包含了理性途徑與後實證
途徑的不同主張，那麼我們會先討論政策現象觀察的研究，然後再討論政
策實務操作研究當中的理性途徑以及後實證途徑。如果某一章所討論的某
一個政策階段只有政策現象觀察的研究，那麼我們僅呈現現象觀察的研
究。如果某一章所討論的某一個政策階段只有政策實務操作的研究，那麼
我們就按照理性途徑與後實證途徑的次序先後加以呈現。

　　第九章至第十一章討論Theodore Lowi有別於政策階段論的政策類
型。第九章討論管制政策，第十章討論分配政策，第十一章討論重分配
政策。這些內容雖然從Lowi的原始論述出發，但是已經超越Lowi的理論
範圍，不僅僅有各種類型政策現象的觀察，同時也有許多政策實務操作
上的討論（但是不像政策階段論的實務操作區分為理性途徑與後實證途
徑）。

參考書目

Anderson, James E. (1974). *Public Policymaking: An Introduction*. New York: Praeger.

Bardach, Eugene (1977). *The Implementation Game*. MA: MIT Press.

Bickers, Kenneth N. and John T. Williams (2001). *Public Policy Analysis: A Political Economy Approach*. U. S.: Houghton Mifflin College.

Birkland, Thomas (2001). *An Introduction to the Policy Process*. NY: M. E. Sharpe.

Brewer, Garry D., and Peter deLeon (1983). *The Foundations of Policy Analysis*. Homewood, IL: Dorsey Press.

Chen, Huey-Tsyh (2005). *Practical Program Evaluation: Assessing and Improving Planning, Implementation, and Effectiveness*. CA: Sage Publication

Cochran, Charles L., and Eloise F. Malone (1995). *Public Policy: Perspectives and Choices*. New York: McGraw-Hill.

Dye, Thomas R. (1987). *Understanding Public Policy*. Upper Saddle River, NJ: Prentice Hall.

Guba, E., and Y. S. Lincoln (1989). *Fourth Generation Evaluation*. CA: Sage.

Heclo, Hugh (1972). Review article: Policy analysis. *British Journal of Political Science, 2*(1), 83-108.

Jones, Charles O. (1970). *An Introduction to the Study of Public Policy*. Belmont, CA: Wadsworth.

Lasswell, Harold (1951). The Immediate future of research policy and method in political science. *American Political Science Review, 45*(1), 133-142.

Lasswell, Harold (1971). *A Pre-View of the Policy Sciences*. New York: American Elsevier.

Lowi, Theodore J. (1964). American business, public policy, case studies, and political theory. *World Politics, 16*(4), 677-715.

Ripley, Randall B. (1985). *Policy Analysis in Political Science*. Chicago: Nelson-Hall.

Rossi, Peter H., Mark W. Lipsey, and Gary T. Henry (2019). *Evaluation: A Systematic Approach (8th ed.)*. CA: Sage Publication.

Stone, Deborah A. (2012). *Policy Paradox: The Art of Political Decision Making (3rd ed.)*. N.Y.: W.W. Norton Company.

Theodoulou, Stella (1995). Contemporary language of public policy: A starting point. In Stella Theodoulou and Matthew Cahn (eds.), *Public Policy: The Essential Readings*. NJ: Prentice Hall.

Tullock, Gordon, Arthur Seldon, and Gordon Brady (2002). *Government Failure: A Primer in Public Choice*. Washington D.C.: Cato Institute.

Vedung, Evert (2009). *Public Policy and Program Evaluation*. NJ: Transaction Publishers.

Wilson, James Q. (2000). *Bureaucracy: What Agencies Do and Why They Do It*. CA: Basic.

Wolf, Charles Jr. (1993). *Markets or Governments: Choosing Between Imperfect Alternatives*. MA: MIT Press.

Chapter 2

政策階段論的扼要內容

🏠 第一節　概說

　　公共政策研究早期的發展受到Harold D. Lasswell的影響，他強調建立
政策科學理論的主要目標在於「獲得政策如何制訂以及政策如何付諸實現
的系統性實證知識」（systematic, empirical studies of how policies are made
and put into effect）（制訂政策，然後付諸實現，這就是強調政策活動的
過程順序）（Lasswell, 1971: 1）。在Lasswell所提出的這個焦點之下，政
策階段論（政策過程）在早期就順理成章成為政策研究的主流。

　　除了Lasswell（1971）以及他在1971年之前的作品之外（50年代提
出政策科學一詞的相關文獻），沿襲Lasswell論點的類似著作也相繼產
生，例如Charles Jones（1970）所著的*An Introduction to the Study of Public
Policy*；James E. Anderson（1974）所著的*Public Policy-Making*；Garry D.
Brewer與Peter deLeon（1983）所著的*The Foundations of Policy Analysis*；
以及Randall B. Ripley（1985）所著的*Policy Analysis in Political Science*。
在第二節當中，我們會很扼要地說明這些著作的內容重點。

🏠 第二節　早期討論政策階段論的代表性論著

　　本節扼要地討論Lasswell（1971）、Charles Jones（1970）、James E.
Anderson（1974）、Garry D. Brewer與Peter deLeon（1983），以及Randall
B. Ripley（1985）等等這些著作的內容重點，最後並提出學界對於政策階
段論的評價。這些政策階段論早期代表性的著作內容其實大同小異，觀點
非常類似。所以讀者在閱讀以下內容的時候，可能會覺得累贅，因為相
同的概念不斷地出現，不斷地重複。沒有關係，讀者不妨輕鬆地瀏覽就
好，只要知道政策階段論的幾個重要「階段」即可。因為政策階段論的每
一個步驟都會在本書後續章節當中詳細地討論。

壹、Harold D. Lasswell (1971)：*A Pre-View of the Policy Sciences*

Lasswell主要是談政策制訂者如何透過以下各種階段做出好的政策：

一、認知問題

公共政策是一門問題導向（problem oriented）的學科，如果政策問題被界定錯誤，除了浪費成本資源之外，也無法確實解決問題，所以如何適當地界定問題便成為政策制訂者所面對的重要課題。而政策制訂者通常會重視那些已經在社會中引起巨大紛爭或廣泛討論的議題，不過，Lasswell認為，一個積極的政策制訂者應該鼓勵社群當中的成員，主動發掘與意識到在他們的生活當中有什麼樣的問題應該被提出並被有效的解決。

二、針對問題的本質來蒐集資訊與搜尋解決方案

而當政策制訂者確實的界定問題之後，接著就要研擬出解決問題的適當策略與方案，通常要考量以下幾個面向：

第一，目標的界定要清晰：我們必須清楚瞭解我們的社會未來想要實踐什麼樣的理想，要往哪個方向走？

第二，詳實的描述政策問題變化的趨勢：瞭解政策問題從過去到現在的變化情形，如果政策問題隨著時間而有所改變，那麼問題改變的原因是什麼？要如何適當地加以解決？

第三，確實的分析問題情境：除了瞭解政策問題改變的趨勢之外，我們更需要知道有哪些因素對於該問題有直接的影響？如此才能夠對症下藥。

第四，規劃未來的發展：能夠預先設想政策問題未來的變化情形，而制訂前瞻性的政策方案。

第五，擬定、評估以及選擇備選方案：在考慮前述四個面向之後，

擬定各種備選方案，並分別加以評估，最後選擇一項能夠幫助我們達成目標以及最佳化（optimized）的結果。

三、執行解決方案

當選定方案後，透過正式的程序使其合法化，並透過公共權威加以執行落實。

四、政策終結並評價這個解決方案的優劣

Lasswell提出幾項評估政策的標準：第一，政策產出是否合乎經濟效率？第二，執行政策的行政人員專業能力是否足夠？第三，政策能否有效影響標的團體？第四，政策是否有足夠的彈性以面對不斷變遷的環境？第五，政策形成或執行的過程是否有提供足夠的管道讓民眾參與以及審議？

貳、Charles Jones (1970)：*An Introduction to the Study of Public Policy*

Jones依據系統分析的概念，將政策分析的過程，分成五個階段：

一、問題認定（problem identification）

人們透過認知、界定、集結組織與代議等等系列的活動，提出政策問題，藉以引起政府的注意與考慮是否將該問題納入議程，希望政府採取行動以解決該項問題。

二、政策發展（program development）

當政府認定公共問題的嚴重性，而認為必須採取行動加以解決時，便會歷經方案規劃、方案合法化與撥付預算款項等等的功能活動，發展出解決問題的政策。在這個階段，政策分析人員與議員扮演重要角色，前者

致力於尋找跟問題有關的各種資訊，並且審視公共問題對於社會可能造成的影響，以擬定合適的備選方案供決策者選擇；而後者則必須在選定了解決方案之後所進行的政策合法化過程中進行各種政治角力，促使政策得以產出。

另外，Jones也提出三種不同的政策形成與發展的類型：

(一)例行性（routine）

在現有的政策中，可能因為問題稍有改變而必須調整政策，這種政策通常不會受到太多阻礙而快速地進入議程。

(二)類比性（analogous）

社會當中發生了新的公共問題，不過這個新問題可以依循過去的經驗，透過類似的解決模式而擬定解決方案。

(三)創新型（creative）

同樣也發現了新的公共問題，不過因為沒有前例可循，因此需要大膽嘗試新的解決方案。

三、政策執行（program implementation）

Jones認為執行是「那些能夠使政策方案產生效果的活動」，也就是說它透過一些活動讓政策方案與政策結果連結起來，而這些活動包括詮釋（interpretation）、組織（organization）與運用（application）。「詮釋」是指對於應當施行的方案能夠以適當的方式轉化成為能夠理解的語言或指導方針；而「組織」則是指建立適當的執行單位並找出合適的執行方法；「運用」是指政策執行之後可能會形成一套例行性的運作方式供日後類似政策執行的依循原則。

四、政策評估（program evaluation）

政策經政府執行之後，政府有關單位對政策之施行加以說明、檢討與批評、評量與分析，以作為將來改進政策的參考。政策評估包括了幾個要素：清楚地知道要評估什麼？也知道採取何種測量方法去評估？如何分析所獲得的資訊？值得注意的是，因為評估結果有可能會使原本的方案繼續維持，但是也有可能必須調整政策，甚至捨棄該項政策，這都會讓相關的政策利害關係人受到影響，所以如何確保評估的過程與結果不受到過多的政治干預與扭曲便成為非常重要的課題。

五、政策終結（program termination）

政策在評估之後，評估當局認為原來的問題已經獲得解決或已經發生變遷，以致於原政策必須被終結或需要變更內容以應付新問題。不管是變更原政策或是終結原政策都會伴隨著許多既得利益者的抗拒，所以如何利用落日立法（sunset law）[1]的機制緩和反對力量是必須嚴肅思考的議題。

參、James E. Anderson (1974)：*Public Policy-Making*

James E. Anderson將政策運作的過程分為五個階段：

一、問題界定與議程設定（problem identification and agenda formation）

社會中總是充滿了各式各樣的問題等待政府解決，而通常只有那些

---

[1] 由立法機關定期檢視某特定政策方案或特定行政機關運作狀況，以決定該政策方案或機關是否應該繼續存在或是終結的一種機制。立法機關針對某一個政策方案或行政機關設定檢討的時間表，除非由重新立法的方式核准繼續運作，否則就自動失效終止。因為有了屆時終止的壓力，所以就迫使有關機關必須隨時檢討評估。「落日立法」被認為是消除政府機關不必要支出，及迫使立法機關對行政機關進行真正監督、評估績效的有效手段（資料來源：維基百科）。

能夠獲得政府官員關注的問題才能被排入議程，進一步規劃一些行動去解決問題。在這個階段，我們通常將焦點放在政策問題是什麼？是什麼原因使它成為公共問題？它是怎麼被安排進到政府的議事日程？

二、政策規劃（formulation）

當公共問題被排入議程之中，發展一套適當並且可以接受的解決方案是這個階段的核心議題。不過，政府除了規劃實質的政策法案、行政命令或施行細則之外，政府消極的「不作為」也是一種選擇形式。在這個階段我們好奇的是，解決問題的方案是怎樣被制訂的？什麼人參與政策方案的制訂過程？

三、政策採納（adoption）

當我們針對問題研擬了許多解決方案後，我們必須選擇其中最為適切的一種，並且透過一套程序使其合法化，如此一來，在執行時才能有所根據。在這個階段，我們關心政策方案是怎樣被正式通過和頒布的？經過何種過程？政策方案的通過需要滿足什麼樣的條件？被正式通過的政策內容是什麼？

四、政策執行（implementation）

當選定了備選方案，且通過合法化的程序後（政策採納），政策就必須透過國家權力的執行而落實。而執行的過程有賴各方面的配合，例如標的人口或是執行的資源等等。因此，在這個階段，我們會特別注意什麼人與政策執行有關？在執行政策的過程當中，到底採取了哪些具體的行動措施？這些行動措施是否依循原始政策內容所規劃的範圍與項目？

五、政策評估（evaluation）

當政策執行結束之後，通常需要透過一套程序對於政府過去所做的

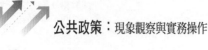

努力進行評量，檢視政策的實施是否達到預定的目標？如果沒有，那麼到底是哪些原因所造成的？在這個階段，我們關心如何衡量政策的效果和影響？由什麼人去評估政策？政策評估的結果是什麼？有無改變或廢止政策的要求？

肆、Garry D. Brewer與Peter deLeon (1983)：*The Foundations of Policy Analysis*

Garry D. Brewer與Peter deLeon則把政策過程分為啟動、創造力與估算方案效益、選擇合適方案、政策執行、政策評估、政策終結等六個部分。

一、啟動（initiation）

第一階段是政策過程的啟動階段，這會跟公共問題的認知有關。Brewer與deLeon將公共問題的認知分為兩個層次——個人與組織層次的問題認知。首先，在個人層次方面，他們認為社會系統中的個人會在兩種情境下察覺到問題的存在：第一，人們具有相似的目標或期望時，因為彼此競爭，所以緊張與衝突就很有可能產生（大家都在競爭那些供給量少於需求量的資源）；第二，個人是不是很在意這種衝突？這也會影響人們對問題的認知。其次，當個人感知到問題的存在，還必須訴諸於擁有更多權力的組織層次，像是國會、媒體或公眾輿論，才能讓個人層次的問題能夠被更多人注意，也比較能夠促使政府採取行動。

二、創造力（creativity）與估算（estimation）方案效益

在理解了問題以後，接下來的重要工作就是擬定一系列的政策方案，這需要創造力。而在這個規劃方案的階段經常透過簡化的模型來預測事實，並且透過科學方法計算方案的效益與成本。

三、選擇（selection）合適方案

理想上，我們期待備選方案的選擇是要依循科學分析的原則，但是實際上卻充滿了政治妥協與操作的藝術。Brewer與deLeon認為，科學的分析常和政治運作有所衝突，因此即便透過精密的計算排列出的方案順序也未必能被決策者按照順位來考慮採納，因為決策者會有自己的政治偏好。所以，最後會被選擇的備選方案可能不是效益最高的那一個方案，而是政治上共識度最高的那一個方案。

四、政策執行（implementation）

如果政策沒辦法被好好的執行，那麼不僅先前估算政策或是選擇合適政策所做的努力將會白費，也有可能會讓原本的政策問題變得更加嚴重。Brewer與deLeon認為影響政策執行良善的因素在於：

第一，政策究竟是源自於誰？是誰提倡的？政策可能是由不同層次的人或機構所倡議，例如總統所宣布的某種計畫、國會通過的法案、民選官員的政見、行政人員的規劃等等。這些源起於不同部門與行政層次的政策背後代表著各種權力的消長，而這都有可能影響政策的執行。

第二，政策目標是否清晰地讓執行人員能夠理解？如果執行人員無法理解決策者所訂的目標，我們就無法期待執行人員的所做所為會跟決策者所訂的政策目標有關。

第三，政策利害關係人對於該項政策是否支持？

第四，政策執行是否牽涉到多個機關的合作？機關之間的合作可能是水平層次或是垂直層次的，當牽涉的機關越多，政策的執行就越困難，因為每個機關都有各自的期望、目標和行事方式，所以機關之間的協調溝通就非常重要。

第五，政策是否提供執行人員誘因？

第六，資源分配的情況如何？

五、政策評估（evaluation）

政策評估的焦點通常在於回答以下問題：為什麼某些方案能夠成功？為什麼某些方案卻無法如此？政策成果應該如何評估？如何選擇評估的指標？評估應該由誰來做？評估的結果應該如何運用？政策評估可以透過組織內部的評量機制來實施，也可以委由外在的監督審核機制來運作，例如會計公司等等。不過，在現今的社會中，評估的責任已經拓展到更多部門，例如透過國會與法院的監督、公民利用投票來制裁表現不佳的政策或民選官員、作為監督政府的「第四權」之大眾媒體等等。

六、政策終結（termination）

政策的終結可能是因為政策沒有發揮預期的功能、政策雖然發揮功能但是卻無法回應社會所需，或是政策產生了某些無法接受的副作用。從這個角度來看，政策終結是有正面意義的，因為這項政策如果繼續存在其實是多餘的。然而，當政策面臨終結之際，很有可能會出現一些阻撓政策終結的相關因素：

(一)組織因素

一個組織的首要目標是生存，組織所做的任何行為都是為了達到這個目標，政策終結很有可能會讓某些組織的地位被取代，或者更嚴重的也可能讓這個組織被裁撤，所以組織將會盡力去阻撓這個政策終結的行動。

(二)經濟考量

政策終結帶來的經濟成本除了對於相關參與者的補償之外，還包含了過去所投入的沉澱成本。當考慮這些成本時，政策終結的力道將會減弱。

(三)心理因素

延續前述的組織因素，政策終結會讓推動該項政策的組織之成員有極度的不滿情緒與不安全感。同時，原政策的既得利益者也將會產生許多不滿，因而阻撓政策終結。

(四)法律因素

法律可能在事前（政策制訂與合法化階段）提供保護，因而使得某些政策難以終結，機關難以裁撤。另外，對於法律的不同詮釋也成為某些機關抵抗政策終結的理由。

伍、Randall B. Ripley (1985)：*Policy Analysis in Political Science*

一、議程設定（agenda setting）

某一項問題存在於社會當中，並且它透過各種不同的管道讓政府注意；而政府認為這個問題是政府必須正視的議題，所以會將它列入政府的議程。

二、政策的規劃與合法化（formulation and legitimation）

政府與非政府組織提出解決問題的各種方案，並且選擇其中一個特定的方案。在這個過程當中，由於可能會出現不同的觀點，所以談判與妥協有其必要。這個政策過程階段最後的產出，可能是國會（立法機構）所制定的一項新法律，或者是修改一項既定的政策，這就是所謂的政策合法化過程。

三、方案執行（program implementation）

政策方案被選定並合法化之後，就必須要決定由哪些人或哪個機關

負責執行。執行政策的機關必須要有資源，並且要能解釋法令、制定命令、訓練幕僚、提供服務，以實現立法的目的。

四、評估方案的執行、績效與影響（evaluation of implementation, performance and impacts）

政策執行之後看看政策是否產生預期的影響？影響的程度是否也如預期一般具有良善的績效？也要評價政策執行對於政策影響的貢獻程度為何？

五、方案未來之決定（decisions about the future of the policy and program）

評估的結果可能會導致政策的終結，也可能導致政策改變，也就是重新進行另一個新的政策規劃與合法化過程，並加以執行。

陸、綜合以上論著的特色

第一，政策有不同階段，依序包括問題認定、議程建立、方案規劃、政策合法化、政策執行、政策評估。第二，每一個階段轉換至另一個階段都是連續、循環的線性過程（linear process in a continual loop）。第三，每一個政策階段都有其獨特的任務必須完成，研究者可以將每個部分區隔出來並單獨進行研究。

柒、總體評價（Smith & Larimer, 2017: 27-31）

一、優點

1.它提供了瞭解公共政策的基本參照框，也讓研究者根據不同的政策階段，發展出各種詮釋的相關概念架構，例如問題認定、議程建

立、政策規劃、政策執行、政策評估等等的概念架構。

2.符合簡化複雜世界（simplicity）以及具有指引方向（direction）的模型功能。

二、缺點

1.只生產片段（piecemeal）的理論：有人只關心問題認定，有人只關心政策執行，有人只關心政策評估。換言之，階段論其實是在分化（divide）而不是統一（unify）政策研究領域的各個概念架構。

2.強調政策各階段之間的線性關係，忽略各階段之間可能會有回饋（feedback）的現象。例如政策執行初期可能發現缺點而回過頭來重新修正規劃政策內容。

3.它只是敘述性地將政策過程按照生產線的次序分門別類，它只說明「發生了什麼事」，但是並沒有說太多有關於「為什麼會發生」的這個研究議題。換言之，它比較屬於敘述性，至於預測性則有其限制。

參考書目

Anderson, James E. (1974). *Public Policy-Making*. New York: Praeger.

Brewer, Garry D., and Peter deLeon (1983). *The Foundations of Policy Analysis*. Homewood, IL: Dorsey Press.

Jones, Charles O. (1970). *An Introduction to the Study of Public Policy*. Belmont, CA: Wadsworth.

Lasswell, Harold (1971). *A Pre-View of the Policy Sciences*. New York: American Elsevier.

Ripley, Randall B. (1985). *Policy Analysis in Political Science*. Chicago: Nelson-Hall.

Smith, Kevin B. and Christopher W. Larimer (2017). *The Public Policy Theory Primer*. Boulder, CO: Westview Press.

Chapter **3**

政策問題認定、議程
建立、方案規劃

　　本章將討論政策階段論內容當中，政策發展初期階段的一些活動，包括政策問題的認定、議程建立以及方案規劃等等。首先，政策現象觀察的研究很好奇為什麼在眾多的公共問題當中，僅有少數的公共問題會被政府重視而納入積極處理的狀態；其他的問題不見得輕微，但是仍然會被排除在外，這究竟是什麼道理？也就是說，某些政策問題為什麼會被認定以及如何被認定為重要的問題，並進而搶得優先處理順位的先機？這就是所謂的議程建立，我們將在第一節討論這項議題。

　　議程建立的研究議題主要是政策現象的觀察，觀察的範圍同時涵蓋了在議程建立過程當中，政策問題如何被認定以及解決方案如何產生的相關現象。另外，Lasswell期許政策科學家必須要像醫生一樣，精準地診斷公共問題，然後提出妥善的政策來解決問題。政策問題的認定就像是醫生的診斷，而妥善的方案規劃就像是醫生的處方。也因為如此，所以有相當多的政策實務操作的研究專注在政策過程當中的這兩項活動：診斷與處方。在這兩項活動當中，提出實務操作方法（know how）的相關研究又可區分為理性途徑與後實證途徑兩種不同主張，我們依序在第二節與第三節來加以討論。

第一節　議程建立：政策現象觀察的研究

壹、意義

　　政策制訂者必須面對許多公共問題以及這些公共問題背後的利害關係人（stakeholders）所提出的要求與意見。然而並非所有的公共問題以及背後的要求與意見都能夠順利地被政策制訂者所接受。換言之，政策問題從被認定開始一直到解決方案的提出其實是有選擇性的（selective）。凡是那些少數被政策制訂者納入處理的公共問題的過程，稱之為議程建立

（agenda setting）過程。

貳、議程的分類[1]

　　Cobb與Elder（1972）將議程區分為兩種，分別是系統議程〔systematic agenda，或稱之為大眾議程（public agenda）〕與政府議程〔government agenda，或稱之為制度議程（institutional agenda）〕。

一、系統議程

　　一般性議題、大家共同討論、範圍相當廣泛。這種議程如果沒有特殊條件的配合，是很難讓政府重視，而只是繼續在社會大眾之間討論。

二、政府議程

　　如果該系統議題為政府所注意，而且也到了非採取行動不可的地步時，該問題就進入了政府議程。為什麼系統議題會被政府注意，而且也讓政府覺得非採取行動不可呢？那是需要一定條件的配合。我們將在以下內容深入討論這些配合條件。

參、John Kingdon多元流程模型的議程建立理論

　　過去有不少的公共政策學者討論議程建立，例如Cobb與Elder（1972）提出的外在催生模型（outside initiative model）；Davies（1974）提出的動員模式（mobilization model）；Cobb、Ross與Ross（1976）提出內在催生模型（inside initiative model）；Nelson（1984）所提出的議題形成四階段模式等等[2]。由於這些論述內容大同小異，所以我

---

[1] 轉引自丘昌泰（2008：139）。

[2] 轉引自丘昌泰（2008：140-143）。

們選擇比較具有代性的著作——John Kingdon的多元流程模型（multiple streams model）來加以討論。

John Kingdon（1997）檢視美國在1970年代末期的醫療與交通政策，他特別聚焦在一些已經被制訂的政策案例，以及看似應該會被制訂的政策，然而卻沒被重視的政策案例，提出所謂的多元流程模型的議程建立理論。所謂多元流程是指問題、政治與政策三個流程。當這三個流程聚合在一起的時候，政府議程才會被建立起來，三者缺一不可。

一、問題流程（problem stream）

通常是由行政官員認知到某些社會狀況的改變，而且可能會變成一項公共問題，行政官員通常透過以下途徑來認知社會狀況的改變。第一，社會指標（social indicator）的改變：社會指標是指社會現象的數值資料呈現改變，例如在人口結構部分，包括出生人數、死亡人數、遷入與遷出人口、結離婚人數等等。例如在經濟結構方面，包括經濟成長率、家庭可支配所得、貧富差距等等。其他在治安、教育、社會福利、環境保護等等政策領域都有他們各自獨特的社會指標。社會指標的改變代表社會結構的改變，這些改變很有可能是因為社會狀態的失衡，而需要政府機關的重視。第二，巨大突發的變故：巨大突發的變故將會衝擊社會而形成重大的問題，需要政府重視。例如台灣在1999年發生的921地震或是2014年發生的高雄地下管線氣爆事件。第三，透過政策方案的回饋資訊：例如行政機關在政策執行過程當中，方案的監測系統所反映出來的訊息，或是民意代表透過提案來反映民眾的意見。

有時候行政官員認知到的狀況不見得能夠進入議程，除非符合以下的條件：第一，違反社會價值：這些狀況違反社會上的重要價值，並且會轉變成為公共問題，而且可能會越來越嚴重。第二，別人的經驗：根據其他國家或其他地方的經驗，一旦出現這種狀況，就很有可能轉變成為問題。第三，政策的定義：將某一個問題定義成為某一類容易被認定為亟需

解決的問題。例如某都市缺乏身障人士使用的公共運輸工具，這個問題可以被定義為公共運輸的問題，也可以被定義為人權的問題。當被定義成為人權問題時，那麼就很容易被視為是一項必須被重視的問題（所謂道德上的不可推卸性）。

不過，有些公共問題即使出現，因為以下原因，也會漸漸消失：第一，社會指標又改變了，狀況似乎好轉。第二，民眾已經習慣，所以不以為然。第三，新的議題產生，民眾的關注力轉到新的事物上面。

二、政治流程（politics stream）

政府議程建立也需政治條件的配合，包括以下幾種情況：第一，行政結構改變：選舉結束之後產生新的行政結構，而新的行政結構想要解決這項問題。第二，議會結構改變：選舉結束產生新的議會民意結構，而新的議會民意結構想要解決這項問題。第三，利益團體要求：利益團體對於政府處理該項公共問題殷切的需求。第四，政治氣氛（political atmosphere）的改變：政治氣氛的改變很有可能是因為選舉結束之後行政或立法結構的改變所造成，也有可能是因為發生突發事件而形成。在政治流程當中，參與者通常是檯面上的人物，例如行政首長、議員、媒體、政務官、政黨等。共識的建立通常是靠彼此討價還價的方式來達成。

三、政策流程（policy stream）

在公共問題產生的同時，對於一些可能的解決方案必須已經有了粗略的構想，否則也很難以進入議程。政策流程的參與者包括在檯面上的有形參與者，例如總統或國會議員；以及幕後無形的參與者，例如政策專家、文官、議會助理或幕僚人員。在政策流程當中，各種不同想法所產生的備選方案會彼此相互競爭，參與者之間共識的建立是靠說服。

Kingdon形容政策流程就像是政策原始的高湯（policy primeval soup），在這一鍋高湯當中，各種不同的政策想法（ideas）在高湯當

中漂浮（floating），等著被政府當中重要的行動者舀出來（scooped up）。Kingdon認為，政策備選方案的「產生」也許是隨機的，但是方案「被選擇」的過程卻不是隨機的（被舀出來）。除了政策備選方案的可行性（政治、行政、技術的可行性）、與社會價值一致的程度、公眾的接受度，以及預算的限制之外，也必須依賴政策企業家（policy entrepreneurs）所擅長的「軟化」（soften up）政策備選方案的技術。所謂的軟化是指將政策流程當中各種不同的想法與備選方案重新加以組合（recombination），獲得更多人的贊同，成為政治上可被接受的政策選項。

四、交合（coupling）

所謂的交合是指問題、政策備選方案，以及政治條件彼此連結起來。問題流程、政治流程以及政策流程個別有個別的特質，例如政治流程有它一定的時程（例如選舉時間）、政策流程有它政策成形的標準（政策可行性）、問題流程不見得可以預期（例如危機的發生）。只有三者能夠同時連結在一起的時候，才有較高的機會建立政府議程。

五、視窗（windows）

視窗指的是三種流程匯集交合起來的時機（timing）。有時候問題流程與政策流程都到位了，就等著政治條件出現。有時候政治條件已成熟，就等著政策連結到問題。一旦三個流程在同一個時間匯集，就代表視窗已經打開。視窗的打開有時候是可以預期的，例如問題與政策已經交合，就等著國會議員或是總統選舉結果。有時候是無法預測，例如一些突發事件的發生，2014年台灣發生嚴重的食安危機就開啟了嚴格管理食品安全訴求的政府議程視窗。

第二節　政策問題認定與方案規劃：政策實務操作的研究／理性途徑

壹、前言

當政府面臨一些重要的問題，例如預算赤字、人才缺乏、教育績效低落、經濟發展停滯、食品安全危機等等，浮現在政府官員腦海當中的問題是：我們應該做什麼？（What should we do?）這是公共政策實務操作上的研究問題。在公共政策研究領域裡，處理「我們該做些什麼」的相關研究議題，我們通稱為政策分析（policy analysis）[3]。然而公共政策研究領域對於「我們該做些什麼」來解決問題仍有基本價值上的歧異，分別是理性途徑以及後實證途徑的不同主張。我們在本節說明理性途徑對於政策問題認定與方案規劃所提出的內容。

貳、理性途徑

一、理性途徑主張從事政策分析的基本步驟[4]（Smith & Larimer, 2017: 120）

1.界定問題（define the problem）並確認政策目標：「問題」代表著

---

[3] Smith & Larimer（2017: 117）。

[4] Eugene Bardach（2000）也提出類似的政策分析步驟，不過步驟較多，包括：(1)定義問題（define the problem）：政策分析第一步工作是定義問題，它是一個非常重要的步驟，因為明確的定義問題所在，才知道你究竟要解決什麼問題，它也替未來搜尋備選方案的工作提供了一個方向；(2)蒐集證據資料（assemble some evidences）：資料乃能呈現事實。資料包括所有統計性的數據，但不只限於統計資料。政策分析人員需要證據來估計所要定義問題的本質與嚴重程度以及搜尋與評估各種備選方案；(3)建構備選方案（construct the

某些社會狀態在沒有政府干預（政策）之前，是令民眾不滿意或是民眾不想要的。而所要確認的政策目標就是打算將社會現狀改變至何種狀態？

2.認定備選的行動方案（identify alternative courses of action）：找出各種能夠解決問題的政策選項（policy options），也就是說，政策選項與問題之間具有因果關係的連結。

3.估計結果（estimate outcomes）：建立判準（criteria）來估計各種政策選項可能產生的結果。例如可以基於成本（哪一個方案比較便宜或昂貴？）、基於政策影響（哪一個教育方案才能增進學生閱讀能力？）、基於利益分配（誰負擔成本，誰獲得利益？合不合理？）來比較不同方案的結果。

4.比較備選方案（compare alternatives）：基於步驟三所估計出來的

alternatives）：政策分析的第三個步驟是建構解決問題的各項備選方案。備選方案也叫做政策選項（policy options）。開始建構備選方案時，應從「廣博性」（comprehensiveness）的觀點，去設計各種備選方案。稍後，可以捨棄某些顯然不當、合併若干方案及重組若干方案成為另一個方案等的方法；(4)選擇判準（select the criteria）：理性途徑最重視的評估標準是效率，例如「成本效能分析」（cost-effectiveness analysis）及「成本利益分析」（cost-benefit analysis）兩種方法所應用的就是此種效率標準；(5)預測方案結果（project the outcomes）：政策分析的第五個步驟是預估各備選方案的結果。簡言之，在此步驟政策分析必須針對每一個方案，預估所有政策可能產生的結果（或影響）；(6)面對取捨的問題（confront the trade-off）：政策分析必須基於服務對象的需要，面對各不同政策選項的不同結果，進行取捨。最常取捨狀況是：在「金錢」與「民眾所接受服務」之間的交換取捨，例如：圖書館開放的時間從晚上八時關閉延長至十時關閉，每年必須因此多支付600萬元，這樣是否划算？；(7)做決定（decide）：即使從事政策分析的人不見得就是「決策者」，但是此刻應可想像自己是一位決策者。然後，基於這項政策分析來決定「我們該做什麼」（what should we do）；(8)說故事（story telling）。以上內容轉引自吳定（2008）。Eugene Bardach and Eric M. Patashnik（2019）改版了Eugene Bardach（2000）這本書，政策分析的步驟仍然區分為八個步驟。

結果，將備選方案按照優先順序加以排列。

5.選擇最佳方案（choose the most preferred alternative）。

二、從以上理性途徑所主張的政策分析各個步驟所發展出來的理論與方法

主張理性途徑的學者在政策分析的各個步驟當中，發展出不同的理論與方法。以下我們分別討論政策問題認定、確認政策目標、建構政策備選方案、估計方案結果（含比較備選方案與選擇最佳方案）。當然，我們無法在本書當中窮盡所有的理論與方法，只能選擇性地討論一些重要而且經常在政策分析過程當中使用的理論與方法。

首先，在政策問題認定的部分：第一，我們討論量化社會科學研究方法如何運用在問題的認定；第二，我們討論William Dunn提出的兩種問題認定方法以及預測這些問題未來發展的三種技術；第三，我們討論近年來非常盛行的大數據分析（big data analysis）。因為資訊數位化的原因，很多資料的蒐集變得非常方便，而且觀察資料量也非常龐大，足以讓我們準確地認定政策問題的現況以及預測政策問題的發展。

其次，在政策目標的確認部分，我們討論追求效率的經濟理性相關理論，包含巴瑞多最適（Pareto optimality）以及消費者剩餘（consumer surplus）（Smith and Larimer, 2017: 122-126）。再來，在建構政策備選方案部分，我們討論如何利用方案理論（program theory）來建構政策內容。最後，在估計政策結果部分，我們討論成本利益分析（cost-benefit analysis）、成本效能分析（cost-effectiveness analysis）以及管制影響分析（Regulatory Impact Analysis, RIA）。至於比較備選方案與選擇最佳方案這兩個政策分析的最後步驟其實與估計政策結果是一體的，也就是說，一旦政策結果估計出來，這兩個步驟也就水到渠成（就能夠加以比較各不同方案的優劣，並選擇一個最佳的方案）。

(一)政策問題認定

1.利用量化的社會科學研究方法[5]

　　什麼是量化的社會科學研究方法呢？要回答這個問題，首先應該要回答什麼是社會科學研究方法？所謂的社會科學研究方法就是以證據為基礎，觀察社會現象與社會現象之間，以及人類行為與行為之間關係的方法。而量化的社會科學方法就是將我們所要觀察的社會現象與人類行為利用數值呈現，然後透過統計方法來估計現象之間或是行為之間的關聯度。量化的社會科學研究方法如何幫助我們界定政策問題呢？對於一位受過量化研究訓練的政策分析人員來說，他必須能夠很敏銳地發現某一項「公共問題」重複出現的規則性。因為是重複出現，所以就不是隨機發生，也因此應該加以關注。通常這位政策分析人員會用太多、太少、太快、太慢等等方式來描述這項問題的嚴重性（Bardach and Patashnik, 2019）。

　　如果問題夠嚴重，他接下來就會問：這項問題是在何時發生？在何處發生？為什麼會發生？問到了為什麼，就是要找出問題出現的原因，也就是政策問題的認定。這個時候，他會蒐集一些文獻或是過去經驗所累積的知識，開始追溯問題的根源。也許找到五個原因，這五個原因就是量化研究設計當中的自變數（independent variables），而最初他觀察的那一個問題就是所謂的依變數（dependent variable）。之後，他開始蒐集數值資料分別來代表自變數與依變數，這在量化研究設計當中稱之為操作化與測量。依照所研究的主題不同，他可以透過社會指標、行政機關過去所留存的記錄、調查（survey）或普查（census）來蒐集這些統計數據。最後，他利用統計方法來分析這五項自變數對於依變數的相對影響力（例如利用多元迴歸分析），判斷形成政策問題最重要的因素。

---

[5] 有興趣的讀者可以閱讀羅清俊（2016）。《社會科學研究方法：打開天窗說量化》。新北市：揚智文化出版公司。

　　我們舉一個例子來說明，例如你是某縣政府警察局的政策分析人員，經過你敏銳的觀察，整體來說，你發現貴縣近五年來犯罪率逐年增加，似乎越來越嚴重。而且你也發現某些鄉鎮市增加的比例高過於其他鄉鎮市。因此，你想要追溯問題的根源。首先，你選擇鄉鎮市為分析單位（unit of analysis）。所謂的分析單位就是你想要觀察與測量的對象，因為你發現縣轄區內的各鄉鎮市有明顯不同，所以利用鄉鎮市為分析單位。其次，你要確認自變數與依變數。依變數就是各鄉鎮市過去五年來每一年犯罪率增加的幅度。而自變數呢？根據你檢閱過的文獻、過去所受過的訓練以及工作經驗，你認為各鄉鎮市的經濟發展情況、貧富差距情形、居民平均教育程度、鄉鎮市所屬派出所的平均警察人力等等四項因素有關。所以你開始蒐集數值資料來代表所有的變數。最後，你利用多元迴歸分析找出來原因，例如統計分析結果發現（假設狀況），原來鄉鎮市所屬派出所的警察人力以及貧富差距的影響最大。警力少以及貧富差距越大的鄉鎮市，犯罪率增加的幅度最高。

2. 問題認定的方法與政策問題趨勢的預測

　　William Dunn（1994: 161-176）提出問題認定的方法與政策問題趨勢的預測：

(1)問題認定

A.腦力激盪法（brainstorming）：

　　a.對於某一項政策問題相當熟悉的人組成一個團體。讓他們針對問題產生的原因來做激盪。

　　b.想法（ideas）的產生以及對於這些想法的評估要分開來進行，避免過早的批評而限制想法的產生。先進行想法的提出，之後再針對各種想法一一做評估。

　　c.想法產生的階段必須維持開放與自由的氣氛。

　　d.評估各種想法必須在想法都已經窮盡之後，才來進行。

　　e.最後一個階段是將各種想法按照優先順序加以排列。

B.界限分析法（boundary analysis）：

a.利害關係人的滾雪球抽樣（snowball sampling）：如果想要瞭解某一項政策問題的原因，政策分析人員可以先找一位對於這項議題非常熟悉的人，探詢他對於政策問題產生原因的看法。然後由他推薦下一位同樣是熟悉這項政策問題的人，依此類推。

b.引出政策問題背後的原因（這些原因要具備代表性，也就是說它是造成某個政策問題的顯著原因）：透過對於利害關係人深入訪談，或是利害關係人所提供的文件資料，找出政策問題背後的原因。

c.界限估計：利用一個座標平面，如**圖3-1**所示，橫軸代表各個受訪利害關係人，而縱軸代表每一位利害關係人所提出造成政策問題的新原因，加上前幾位受訪者提出新原因的累積次數。當我訪問第一位時，縱軸可能呈現八個新原因，訪問到第二位時，新原

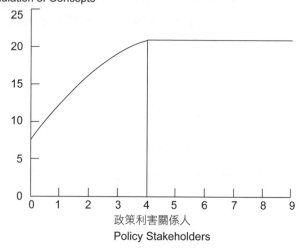

圖3-1　界限分析法圖示

資料來源：Dunn (1994: 165)

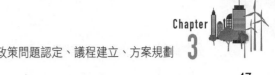
因累積至十二個，所以剛開始訪問幾位時，累積次數增加的幅度很高。但是當我訪問到後面幾位時，新原因就很少出現了，所以縱軸的曲線就漸漸平緩下來。當曲線平緩下來之後，我就可以準確地認定政策問題所涵蓋的範圍以及問題背後的可能原因。

(2)政策問題趨勢的預測

政策分析人員利用三種科學途徑預測未來，包括：

A.歸納邏輯的預測方法：外推的方式，以歷史趨勢來推斷未來。例如利用統計分析做線性趨勢的估計（古典時間序列分析），從過去十年的歷史資料預測能源未來十年的消耗量。屬於外推預測（extrapolative forecasting）。

B.演繹邏輯的預測方法：基於明確的理論前提加以推斷未來可能會發生什麼事。屬於理論性的預測（theoretical forecasting），例如理論追蹤法（theory mapping）是利用過去研究的成果加以推演，它有各種不同的型態：

a.聚合論證：兩個或兩個以上的前提支持某一理論。例如罷工數增加與集權化同時造成員工生產力降低。所以當我看到某一個企業的罷工次數增加，同時主管也很集權的時候，我可以預測這家公司員工的生產力很低。

b.分散論證：一個前提同時支持多個結論。例如集權化同時造成生產力降低與增加疏離感。所以當我看到某一個企業主管很集權的時候，我可以預測這家公司員工的生產力很低，而且員工的疏離感也會很高。

c.連續論證：一個前提支持一個連續性的結論。例如集權化降低生產力，生產力降低造成服務成本的提高。所以當我看到某一個企業主管很集權的時候，我可以預測這家公司員工的生產力很低。而當員工的生產力低落時，員工的服務成本勢必會增高。

d.循環論證：最後一個結論支持第一個前提。例如集權化造成疏離

感增加，疏離感增加造成生產力下降，生產力下降又造成集權化程度的增加。所以當我看到某一個企業主管很集權的時候，我可以預測這家公司員工的疏離感勢必會增高。而當員工疏離感增高時，員工生產力會下降。而當員工生產力下降時，公司主管會更加集權。

C.專家判斷的預測方法：基於專家經驗推估未來，屬於判斷預測（judgmental forecasting），例如「德菲技術」（Delphi Technique）。這種方法不僅可以讓專家預測某些政策問題在未來的趨勢（我們在這個部分討論的重點），也可以透過預測來搜尋未來的解決方案。「德菲」這一名稱起源於古希臘有關太陽神阿波羅（Apollo）的神話。相傳阿波羅具有預見未來的能力，而他在德菲（古希臘地名）有座神殿，是一個預卜未來的神諭之地，於是人們就借用此名，作為這種方法的名稱。1946年，美國智庫蘭德公司（Rand Corporation）為了避免集體討論存在的問題，包括會議的無效率、屈從於權威、盲目服從多數，以及人際之間衝突的缺陷等等，因此發展這種方法用來進行預測，後來該方法被迅速廣泛採用。德菲技術法也稱專家調查法，是一種採用多回合問卷調查方式個別徵詢專家意見，前一回合問卷調查的統計分析結果會呈現在後一回合的問卷內容當中，透過這種多次的匿名互動，逐步取得專家們比較一致的預測意見。

a.操作基本原則：

(a)選擇性的匿名（selective anonymity）：參與德菲的人在實施初始的幾個回合問卷調查階段是匿名的，但是經過多回合問卷調查，某些議題仍無法取得共識時，參與者必須在公開場合發表他們自己的看法。因為初期匿名，後期公開，所以才稱之為選擇性的匿名。

(b)參與者的選擇是基於參與者在預測議題上所擁有的知識與他們

個人的興趣（informed multiple advocacy）。

(c)統計值呈現出一致性與衝突性（polarized statistical response）：問卷回收之後，利用統計分析方法例如平均數、意見分布的強弱區間、標準差等等，呈現出所有參與者對於某些預測議題的一致性與衝突性。也可以進一步依照預測意見的不同（例如同意或反對社會某種現象未來的發展趨勢）將參與者區分為不同團體，然後利用統計方法（例如平均數差異的檢定）來觀察團體之間的一致性與衝突性。

(d)經由設計的衝突性（structured conflict）來激盪參與者對於議題預測的準確性：意見衝突不見得是壞事，很多準確的預測是要透過大家不同意見的激發才能產生。所以德菲法不排拒意見的衝突性。

b.實施步驟：

(a)界定議題：研究者所關心的政策議題（問題）。

(b)選擇參與者：十至三十人，利用滾雪球抽樣法。先找到一位研究者想要探索的預測議題領域當中具有影響力的人（熟悉該議題，大家也公認具有代表性），然後由他來推薦跟他意見相同以及意見不同的人各一位，依此類推。

(c)設計第一回合問卷並執行調查：以某特定問題發生的機會與原因為主軸，展開問卷設計的內容，並要求參與者作答。

(d)分析第一回合問卷：利用中位數或平均數呈現一致性以及一致性的方向（贊成或反對），利用標準差來呈現衝突性。

(e)實施第二回合問卷調查：第二回合的問卷設計要呈現第一回合問卷的分析結果，讓參與者可以在匿名的情況下與他人互動（觀察參與人集體的意見強度與分布）。互動的結果可能是參與人修正自己的意見，或是仍然堅持自己的意見。有些議題（問卷題項）經過互動之後，共識會形成；有些仍然維持衝突

性。研究者可以持續進行第三回合或是第四回合的問卷調查，一直到某些意見仍然無法收斂（達成共識）時，研究者就可以終止問卷調查，再進行下一個步驟，也就是大家要出現，面對面地來辯論每個人所堅持他們立場的理由。

　　(f)舉行面對面的會議。

3.大數據分析

　　大數據資料分析方法（也稱為巨量資料分析方法）的產生是因為資訊數位化以及數位科技高度發展的結果[6]，所以我們可以利用資訊技術蒐集大量或完整的資料從事我們想要從事的分析。

　　很久以前，我曾經在《數位時代》這個雜誌的廣告欄當中看到一篇廣告[7]。某家專門在做資料處理的公司（Teradata）宣傳他們如何幫企業賺錢，他們說，美國911恐怖攻擊事件之後的一段時間，美國境內小國旗賣得很好，因為恐怖攻擊事件激起了美國人的愛國主義。當時發了一筆國難

---

[6] 早期市場行銷的教科書經常可以看到一個例子，而這個例子跟巨量資料分析有關。例如在美國剛結婚不久，而且也生了小孩的男人，每週五上班之前，他的妻子會交代他回家的時候記得到超級市場幫小孩買尿片。下班之後，這位老兄就到超級市場買了尿片。買了尿片之後，他想想，今天是週末，晚上有球賽轉播（也許是大聯盟棒球，也許是NBA），這一週工作也辛苦，應該買一箱啤酒帶回家邊看球賽邊喝啤酒，犒賞自己一番。所以他同時買了啤酒與尿片。咦！奇怪了，不只他有這種行為，其他很多像他這種狀況的人也很多。因為超級市場結帳都用數位化的條碼（bar code），超級市場管理人員每經過一段固定時間都會分析物品銷售情形。他們發現，每週五下午六點左右，很多消費者會同時購買尿片與啤酒。沒有數位化的技術收集這些巨量的資料與分析（商品條碼以及分析），其實很難看到這個有趣的現象。當發現到這種現象之後，對於超級市場來說是一項重要的商機。因為他們依照這樣的發現，可以預測每週五下午會有這些男人來消費，所以可以展開促銷活動。比如說，每週五，買了尿片之後再買啤酒，則啤酒打八折。

[7] 轉引自羅清俊（2016）。《社會科學研究方法：打開天窗說量化》，第七章。新北市：揚智文化出版公司。

財，賣國旗賣到不斷貨的是沃瑪（Walmart），這是一家連鎖的超級市場公司，它的資料處理就是交由這家資料公司處理。在台灣，如果要買國旗，大概是在文具店；在美國，國旗（尤其小國旗）是在大型超商一堆一堆的賣。911恐怖攻擊事件發生之後，整個美國沃瑪分店小國旗的銷售量直線上升，透過條碼的銷售量管理與分析（也就是大數據分析），每隔一段很短的時間，資料庫便會被自動分析一次。當公司管理層發現小國旗銷售量的數據非比尋常地邊增時，他們可以在第一時間通知庫存補貨；如果依然供不應求，這個時候，可以立即通知製造廠商即時生產，於是沃瑪便在即時資料庫分析的支援下，即時補貨，也即時賺到一筆可觀的財富。這個例子說明了利用大數據分析可以準確且即時（real time）地觀察到問題的現況並掌握未來趨勢。

近年來因為數位科技的更為精進，所以大數據資料的分析更是風起雲湧。Viktor Mayer-Schönberger and Kenneth Cukier（2013）舉了一個2009年在美國流行的H1N1流感病毒的例子。他們說，在H1N1變成報紙頭條新聞的數週之前，谷歌（Google）公司的幾位工程師發表了一篇重要的論文，這篇論文解釋了Google能如何「預測」美國在當年冬天即將爆發流感潮，甚至還能精準定位到是哪些州。

Google使用的方法就是看看民眾在網路上搜尋些什麼。由於Google每天會接收到超過三十億筆的搜尋，而且都會把他們全部儲存起來，那就會有大量的資料得以運用。Google設計的系統可以根據關鍵詞的搜尋頻率，找出和流感流行的時間與地點有無統計上的相關性。他們用了高達四億五千萬種不同的數學模型測試各種關鍵詞，再與美國疾病管制局在2007年與2008年的實際流感案例加以比較。最後他們找出了一組總共四十五個搜尋關鍵詞，放進數學模型之後，預測結果與官方後來公布的全美國真實資料十分符合。Google竟然像美國疾病管制局一樣可以掌握流感疫情，而且是即時的掌握（Mayer-Schönberger and Cukier, 2013；林信宏

譯，8-9），這就是一個非常典型的大數據資料分析[8]。

如果更具體的放在公共政策領域來看，其實大數據資料分析可以做到很多過去我們做不到的事。我舉三個面向來說明（當然，實務上不限於這些）。首先，我們先來看看民意的探索。過去政府探查民意可能透過抽樣來執行民意調查，但是民意調查結果的正確性仍有許多爭議。因為一方面，抽樣調查必須承受一定程度的抽樣誤差；另一方面，侵擾式的民意調查並不能保證受訪者一定會誠實地表達意見。而現在的政府可以透過網路上公開的資訊，例如臉書或是推特的訊息，即時掌握「完整」的（不是抽樣獲得的）而且「外顯」的（不是隱藏的）輿情動向（這些資訊可以稱之為非結構性的資訊）。

其次，過去公共政策的分析仰賴許多經濟或社會指標，但是這些指標經常是落後現實有一段時間，例如政府統計報告通常一年公布一次，而且t時間點所公布是t-1時間點的資料，工商普查、農業普查或是人口普查的資料間隔時間更久（這些資訊可以稱之為結構性的資訊）。依賴這些數量既有限，時間點又落後的資料來從事政策分析，風險很高。如果我們能夠找出各個政策領域重要而且有意義的關鍵指標，同時也可以（或可能）即時的更新這些資料，那麼利用這些即時更新的大數據資料所產生的資訊將會迅速反映民眾需求與環境的需要。

最後，跟公共安全相關的政策如果能夠結合大數據的資料分析，那麼危機或悲劇出現的機會將會大大地下降。第一，例如2014年夏天在高雄市發生的李長榮化工廠地下管線氣爆事件，如果政府強制在地下管線設置區更密集地裝置各種偵測器，偵測壓力、溫度或是其他所有可能導致意外

---

[8] 建議讀者閱讀這本原著，Viktor Mayer-Schönberger and Kenneth Cukier (2013). *Big Data: A Revolution That Will Transform How We Live, Work, and Think*. UK: John Murray。遠見天下文化出版公司也翻譯了這本書，中文的書名是：《大數據——巨量資料掀起生活、工作與思考方式的全面革新》。由林信宏先生翻譯。

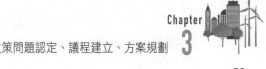

的因子,「即時」的蒐集管線狀況更「大量」的資訊,也許這項影響公共安全甚巨的悲劇就不會發生。其他類似的公共安全設施,例如橋樑、火車軌道、水庫等等都可以利用大數據資料分析的途徑,監控問題並預測可能發生的危機。第二,例如警政署在2016年成立巨量資料中心,開發大數據專屬系統。其中一項成果是運用刑案資料,以「地點」為單位進行犯罪研究,建立標準分析程序,將可能的犯罪地點製作成「治安熱點圖」,而各縣市警察局透過治安熱點大數據分析資料輔助,可進行重點查緝巡邏勤務規劃,提升犯罪防制成效。第三,又例如2020年武漢肺炎疫情嚴重,中央流行疫情指揮中心在清明假期期間對人潮較多地點,使用大數據觀察人潮移動狀況,分析出熱點,4月4日透過「災防告警細胞廣播傳染病警示訊息發送系統」發送兩則「國家級警報」,第一則針對一般景點如阿里山森林遊樂區、花蓮東大門夜市、嘉義文化路、台南關子嶺、虎頭埤、烏山頭水庫及湖境度假會館等埤塘風景區、高雄興達港、旗山老街、雲林北港朝天宮等。第二則針對屏東縣南州鄉以南、含墾丁觀光景點,提醒民眾出遊時應與他人保持室內一‧五公尺,及室外一公尺以上的社交距離,若無法保持社交距離,則應配戴口罩,保護自己及他人。

(二)政策目標的確認

利用經濟學「巴瑞多最適」與「消費者剩餘」的概念。

1.巴瑞多最適

經濟學強調效率,特別是資源分配的效率。他們認為最有效率的資源分配是社會福利(social welfare)的極大化。從這個角度來看,就是要符合所謂「巴瑞多準則」(Pareto criterion)。政府政策從現狀挪移到新政策的正當性是應該要滿足:「至少可以讓一個人獲得利益,但是不會傷害到其他任何人」。如果政策改變滿足了這項條件,就稱之為巴瑞多改進(Pareto improvement)。當找不到任何一個政策可以繼續產生巴瑞多改進時,最終端的這一項政策稱之為「巴瑞多最適」。

　　請大家看一下**圖3-2**，假設有A與B兩人，X軸代表A的利益，Y軸代表B的利益。水平虛線與垂直虛線有一個交叉點在W。假設W是目前社會的現狀（status quo），第一，如果政策改變讓W點水平一直往右，這個時候A的利益增加，雖然B的利益不變，但是總體社會的福利增加（利己不損人）。第二，如果政策改變讓W點垂直一直往上，雖然A的利益不變，但是B的利益增加，同樣地，總體社會的福利也會增加（利己不損人）。第三，如果W點往PWQ這個三角形內的任何位置移動，都會同時增加A與B的利益，而社會總體福利也會增加（利己也利人）。以上這三種情況都稱為巴瑞多改進，都會往巴瑞多最適的方向移動，移動的過程稱之為巴瑞多較佳（Pareto superior）（相對於W點來說）。但是因為政府資源有限，所以政策現況W點水平往右，垂直往上，或是往PWQ這個三角形內的任何位置移動都會有極限，極限就落在線段PQ上的任何一點。所以政策改變的位置如果落在線段PQ，就稱之為巴瑞多最適，這條界線稱之為巴瑞

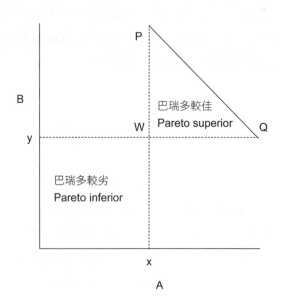

圖3-2　巴瑞多原則

資料來源：Smith and Larimer (2017: 123)

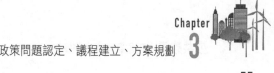

多效率邊界線（Pareto efficiency frontier）。

　　而當政策不是從W往上述三種情況移動時，都不是巴瑞多改進。當W往左上移動時，A損失，B獲益（損己利人）。當W往右下移動時，A獲益，B損失（損人利己）。當W往左下移動時，A與B同時損失（損人又不利己），所以往左下移動的狀況最差，稱之為巴瑞多較劣（Pareto inferior）（相對於W點來說）。

　　然而在真實世界當中，大部分的政策並不符合巴瑞多較佳或巴瑞多較劣。幾乎所有的政策都是某些人承擔成本，而其他人享受利益，而落入**圖3-2**的左上方或右下方。例如中低收入戶津貼、急難救助津貼、在某地區興建核能發電廠等等。為了解決這個問題，經濟學利用所謂凱爾德—希克斯補償原則（Kaldor-Hicks compensation principle）來處理。也就是說，因為公共政策改變而受益的人，如果能夠以某種移轉性支付的方式補償受害者，而且雙方在補償之後都喜歡新的政策勝過現狀政策，則從現況移動到新的政策也是一種巴瑞多改進。這種修正原則成為許多環境保護政策補償原則的基礎。然而，就受害者來說，什麼才是「足夠的補償」仍舊是爭議的問題，因為「人際之間的效用比較」有相當程度的困難（每一個人對於效用的標準並不相同）。

　　儘管仍有限制，但是「巴瑞多準則」以及「凱爾德—希克斯補償原則」提供了一個明確定義以及可以操作化的社會利益概念，亦即它是一種測量不同政策比較價值（comparative worth）的方法。這種社會利益的概念，本質上是功利主義（utilitarianism）的特質，它判斷能夠產生最多整體利益（the most overall benefits）的方案為最佳方案。

2.消費者剩餘

　　另外，經濟學也經常透過消費者剩餘的概念來估計政策對於整體社會的社會福利所帶來的淨利（net benefits）。例如**圖3-3**的例子。**圖3-3**呈現民眾對於停車收費的需求情形（D是需求線）。當政府將每小時停車費訂在5元的時候，大家都嫌貴，所以沒有人願意將車停在政府所劃定的停

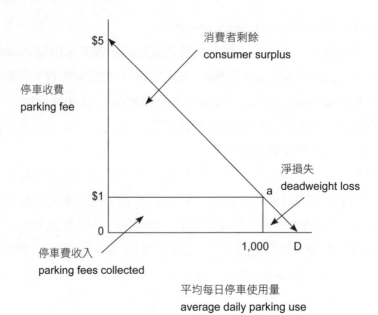

圖3-3　停車場的假設需求曲線

資料來源：Smith and Larimer (2017: 125)

車格當中。而當停車費從5元往下降時，漸漸地就有人願意停了，而且數量越來越多。而當政府決定將停車費降低訂在1元時，政府獲得的停車費總收入是1元乘以1,000，等於1,000元（也就是0、1、a、1,000這四個點所形成的長方形面積）。即使政府不將價格訂在1元，介於5元與1元之間的價格，其實已經有人願意停了。所以當政府將價格訂在1元時，這些願意支付介於5元與1元之間停車費的人就算是賺到了差價。願意支付4元的人賺3元，願意支付3元的人賺2元，依此類推。這些願意在1元至5元支付停車費的人所賺到的總差額，就稱之為「消費者剩餘」。消費者剩餘就是**圖3-3**當中1元、5元、a所形成的三角形面積，好的政策方案必須能夠擴大消費者剩餘。至於a、1,000、D所形成的三角形面積就是所謂的政府淨損失（deadweight loss），這代表社會上有些人，停車費即使訂在1元，他們也嫌貴而不停，甚至有人希望應該免費停車。

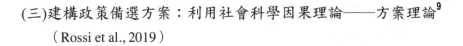

(三)建構政策備選方案：利用社會科學因果理論——方案理論[9]

（Rossi et al., 2019）

1.意義

　　政策備選方案的建構（也就是規劃政策內容）必須基於方案理論。所謂的方案理論是指一套具體的內容，明確指出要達成所希望的「目標」，究竟應該要做些什麼？做了之後會有什麼樣的「預期影響」？具體來說，政策方案的設計都是基於一些理論前提，基於這些理論前提來判斷到底需要什麼樣的行動來解決某一個社會問題，以及解釋為什麼這些問題與行動密切相關，這些理論前提稱之為方案理論。有效的方案理論必須具有嚴謹的因果關係，而社會科學因果理論能夠提供政策設計所需要的素材。例如到底要建構什麼樣的政策方案才能預防國中生加入幫派呢？刑事司法學當中的自我控制（self-control）與社會學習理論（social learning）針對如何預防青少年加入幫派有很完整的實證研究基礎。所以，可以利用這些理論來設計政策方案。

2.方案理論的成分

　　方案理論包括影響理論以及過程理論，分述如下：

(1)影響理論（impact theory）：所謂的影響理論就是描述現象之間的因果關係，解答何種行動會導致何種結果？政策方案的設計必須洞悉這種關係才能設計出有效的政策。

(2)過程理論（process theory）：政策備選方案的建構內容除了必須具備因果理論之外，其他支持性的相關措施也必須同時考量。而這些支持性的措施，必須能夠啟動影響理論當中的因果關係。

A.服務計畫（service utilization plan）：政府提供適當的服務，以

---

[9] 方案理論同樣也會應用在政策評估的階段，我們在第八章也會更詳細地重述方案理論。

　　啟動影響理論當中的因果關係，而使得公共問題得以解決或社會需求因此而減緩。

　　B.組織計畫（organizational plan）：提供服務計畫所需要的所有組織配置，包括人力、資源、設備及支援系統等等。

(四)估計與預測政策方案的結果

1.成本利益分析

　　成本利益分析是將政策方案所需的成本以及將會獲得的利益轉換成為貨幣單位[10]，判斷政策方案的利益是否超過成本，以決定政策方案是否值得推動。由於政策方案的成本之承擔以及利益的實現不見得會在第一時間出現，也就是說成本也許一次投入，也許逐年分攤；利益也許第一時間就產生（比較少見），也許要延遲至第三年之後才逐年產生。既然成本與利益牽涉到時間，因此就有幣值隨著時間不同而不同的問題。成本利益分析以折現率（discount rate）來反映貨幣在不同時間點上的價值，通常我們會將不同時間點的成本與利益貨幣價值透過折現率轉換成現值（present value）。假設今天你提供勞力付出，理應從接受你勞力服務的對方手中獲得100元，但是對方跟你說明年此時才能付錢給你。如果當時的貼現率是4%，所以明年此時的100元換成現值，計算式是$100/(1+0.04)^1$，現值大約只有96.15元；如果對方跟你說兩年後才付錢給你，兩年後的100元換成現值，計算式是$100/(1+0.04)^2$，現值大約只有92.46。

---

[10] 成本利益分析在實務操作上面經常會碰到的困難是有些成本或利益並沒有市場上直接對照的價格，特別是在利益方面。例如社會治安好轉的利益到底是什麼？例如修建公園的利益是什麼？經濟學家發展出相當多的方法，嘗試利用間接的近似指標來估計這些無法直接給予貨幣單位的利益。所以社會治安好轉可以利用當地房地產價格上漲的價格來估計；修建公園的利益可以利用有多少人願意花多少錢的交通費（或花多少時間到達公園，然後利用時薪來轉換貨幣價值）來到公園活動。讀者可以參考以成本利益分析為主題的書籍，進一步去瞭解不同的估算方法。

　　我們舉兩種成本利益分析常用的計算方法，一個是淨現值法，一個是益本比法。其實這兩種方法的概念很簡單，淨現值法是將各時間點的利益減去成本，轉換成為現值之後，然後再加總起來，我們期待這個數值最起碼要大於0，當然越大越好；益本比法是將「所有各時間點的利益轉成現值加總起來」除以「所有各時間點的成本轉成現值加總起來」，我們期待這個比率最起碼要大於1，當然越大越好。除了以上兩種基本方法之外，我們也討論成本利益分析當中的敏感度分析（sensitivity analysis）。

(1)淨現值法

　　計算方法是將各期淨效益（即各時間點的利益減去成本）的現值加總，如下面的式子，決策準則是淨現值愈大的政策，愈值得採行：

$$NPV = \sum_{t=0}^{n} \frac{B_t - C_t}{(1+i)^t}$$

NPV：政策方案的整體淨效益（現值）

B_t：第t年的總利益

C_t：第t年的總成本

n：政策方案預期持續年限

i：折現率

　　我們舉一個淨現值法的計算案例：例如某政策在第0期（年）的總成本為380,000元，該政策在未來十期（年）（$t = 1, ..., 10$）每年能產生的總利益如下表所示：

期數	1	2	3	4	5
總效益	50,000	57,000	75,000	80,000	85,000
期數	6	7	8	9	10
總效益	92,000	92,000	80,000	68,000	50,000

若折現率為12%，該政策方案的淨現值為：

$$NPV = \frac{0-380000}{(1.12)^0} + \frac{50000}{1.12} + \frac{57000}{(1.12)^2} + \frac{75000}{(1.12)^3} + \frac{80000}{(1.12)^4} + \frac{85000}{(1.12)^5} + \frac{92000}{(1.12)^6} + \frac{92000}{(1.12)^7}$$

$$+ \frac{80000}{(1.12)^8} + \frac{68000}{(1.12)^9} + \frac{50000}{(1.12)^{10}} = 23696$$

通常一個政策方案的淨現值必須為正值才值得去執行，淨現值越大的政策越值得採行。

(2)益本比法

所有利益現值總和除以成本現值總和之比例，如下式：

$$B\!\!\Big/\!C = \frac{\sum\limits_{t=0}^{n} \frac{B_t}{(1+i)^t}}{\sum\limits_{t=0}^{n} \frac{C_t}{(1+i)^t}}$$

B_t：第t年之總利益

C_t：第t年之總成本

n：政策預期持續年限

i：折現率

若益本比大於1，表示此政策的整體利益大於整體成本，值得採行。

益本比法計算案例：我們繼續以上面的例子來計算其益本比

$$= \frac{\frac{50000}{1.12} + \frac{57000}{(1.12)^2} + \frac{75000}{(1.12)^3} + \frac{80000}{(1.12)^4} + \frac{85000}{(1.12)^5} + \frac{92000}{(1.12)^6} + \frac{92000}{(1.12)^7} + \frac{80000}{(1.12)^8} + \frac{68000}{(1.12)^9} + \frac{50000}{(1.12)^{10}}}{380000}$$

$$=1.0624$$

益本比的值大於1時，表示該政策方案的採行可使整個社會的利益提高，值得去執行。反之，益本比的值小於1時，則表示政策方案的實施會

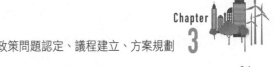

使整個社會的利益降低，不值得去執行。如果用益本比法來比較多個政策方案時，應該優先選擇益本比較大的政策方案。

(3)敏感度分析

我們另外舉一個我在教學上使用的例子，取材自Patton與Sawicki（1986: 231-235）（以下成本與利益的金額都是以美金為計算單位）。例如新北市政府打算挖一條海底隧道貫穿淡水與八里，此隧道的成本預估為64,000,000元（不過有人認為興建成本可能不只這些，很有可能增加50%）。該海底隧道每年維修費20,000元，每十年要花500,000元做細部維修，隧道的壽命約五十年。興建此隧道的利益在於取代維修渡船（頭）每年500,000元的費用，節省旅客時間（每天5,000人次，每人節省半小時，每小時預估的利益為8元），同時節省3,000部交通工具每天1.5元的進出船艙操作費（一年二百五十個工作天）。大家同意用8%的貼現率計算現值。假定此決策主要考慮的因素為效率，亦即最小成本達成最高利益，我們可以計算方案的成本與利益的現值（net present value）加以計算比較。以下的計算原理與上面淨現值法的原理是一樣的。

成本：64,000,000+每年20,000+500,000（第十、二十、三十、四十、五十年）

利益1：每年節省的成本500,000（維修渡船頭）

利益2：旅客每年節省時間利益：每週5天×50週×5,000人×0.5小時×8元

利益3：每天3,000輛交通工具×1.5×250工作天

利益1＋利益2＋利益3＝每年的利益＝6,625,000

以淨現值計算（我們可以查表得知在多少貼現率水準之下，第幾個年期的現值是多少，一般與財務管理或管理科學的相關書籍均有此表。例如以下累積五十年的成本式子當中，每十年必須負擔500,000，因此第

一個十年的成本是500,000乘以0.4632，這個0.4632所代表的是，在利率為8%的情況下，十年之後1元的現值。第二十年的1元換成現值是0.2145，第三十年是0.0994，第四十年是0.0460，第五十年是0.0213。又例如以下累積五十年的成本式子當中，因為每年都要花20,000元維修海底隧道，式子當中的12.2355就是當下的1元現值就是1元、一年之後1元的現值、兩年之後1元的現值……一直到第五十年之後1元現值的加總）：

累積五十年的利益＝6,625,000（12.2355）＝81,060,187

累積五十年的成本＝64,000,000＋20,000（12.2355）＋500,000
（0.4632＋0.2145＋0.0994＋0.0460＋0.0213）＝64,666,910

利益－成本＝＋16,393,277

所以本開發案值得操行

現在我們可以從事敏感度分析了，就這個例子來說，可能變動的因素（爭議性最高）有三個：「貼現率」、「每人每天省下的時間，每一小時值多少錢」以及「隧道預估的成本增加多少百分比」。

從敏感度分析中我們可以看出究竟貼現率在什麼水準之下、到底省下的時間值多少錢時、到底隧道預估的成本增加多少百分比時，該興建工程就毫無效益可言？這些資訊都可以提供決策者做出合理的判斷。我們可以透過以下兩種不同的方法來回答以上問題。

第一，損益平衡分析（break-even analysis）。損益平衡分析是將可能會變動的貼現率以及可能會變動的時間價值，分別以各種不同的數值加以測試，測試此開發案在不同的貼現率以及不同的時間價值之下，總體利益與成本之間的差異。下表先測試貼現率，我們可以發現，當貼現率介於10～11%之間時，該方案的報酬率將趨於0。也就是說，當貼現率大於這個數值之後，其他條件不變，則這個開發案的效益會是負的，不值得開發。

貼現率	利益現值	成本現值	益本差現值
0%	$ 312.50百萬	$67.50百萬	＋$245.00百萬
6%	$ 104.42百萬	$64.91百萬	＋$39.51百萬
8%	$ 81.06百萬	$ 64.67百萬	＋$16.39百萬
10%	$ 65.65百萬	$64.51百萬	＋$1.14百萬
11%	$59.90百萬	$64.45百萬	－$4.55百萬
12%	$ 55.02百萬	$64.42百萬	－$9.40百萬

接下來，我們再測試另外一個變數：到底每人每天省下的時間，每一小時值多少錢的水準之下時該方案就沒有效益可言？請看以下表格，我們發現當每小時的時間值大約5.8元以上時，該方案才具有效益。

每一小時的貨幣價值	益本差
$0	－$44.28百萬
$1	－$36.63百萬
$2	－$28.98百萬
$3	－$21.34百萬
$4	－$13.68百萬
$5	－$6.04百萬
$6	＋$1.60百萬
$7	＋$9.25百萬
$8	＋$16.39百萬
$16	＋$78.08百萬

第二，條件分析（contingency analysis）。條件分析的使用時機是當方案的基本前提改變時可加以利用。例如本例當中，有人認為隧道的興建成本可能會增加50%，那麼成本就變成96,000,000。如果其他的條件不變，則該方案的效益：

累積五十年的利益＝6,625,000（12.2355）＝81,060,187
累積五十年的成本＝96,000,000＋20,000（12.2355）＋500,000

（0.4632＋0.2145＋0.0994＋0.0460＋0.0213）＝96,000,000＋

244,710＋422,200＝96,666,910

利益－成本＝－15,606,723

這種情況下，該方案當然不可取。可是問題是興建的成本受到原料、工資等等因素的影響，它的確會漲價。我們到底要如何預估漲價的幅度在什麼範圍之內，該方案才有效益可言？我們利用以下的簡單代數加以計算：

試問當利益的現值減去成本的現值等於0時，成本究竟是原來成本64,000,000增加多少百分比？

利益－成本＝0

81,060,187－（64,000,000×y%）－20,000（12.2355）－500,000

（0.4632＋0.2145＋0.0994＋0.0460＋0.0213）＝0

81,060,187－20,000（12.2355）－500,000（0.4632＋0.2145＋0.0994

＋0.0460＋0.0213）＝64,000,000×y%

80,393,277＝64,000,000×y%

y%＝1.26

所以當原預估成本增加超過約26%時，該方案並不具有經濟效益。

2.成本效能分析

利用成本利益分析來估算政策方案的經濟可行性，所面臨的困境是成本與利益有時候很難加以貨幣化，特別是利益的部分（成本相對來說比較容易估計），例如長期利益、潛在利益，或政策外溢的利益等等就不容易估量。而成本效能分析就是希望能夠補救這個部分。成本效能分析的基本概念在於：當成本固定不變時，也就是說所有的政策備選方案的成本都相同的情況之下，到底哪一個政策方案的產出（output）會最多？例如雖然政策方案的內容設計不同，但是政策目標都是希望服務偏遠地區學童的課

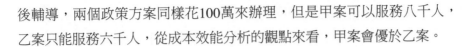
後輔導，兩個政策方案同樣花100萬來辦理，但是甲案可以服務八千人，乙案只能服務六千人，從成本效能分析的觀點來看，甲案會優於乙案。

3.管制影響分析[11]（RIA）

　　管制影響分析是一種政策決定的工具，它是從成本、利益以及風險的角度，預先分析管制措施是否適當？或是利用何種方式的管制才適當？唯有利益大於成本的管制措施才能被提出來。當政府機構考慮任何一項新的管制措施或是針對既存的管制措施所做的修正，都需要事前從事管制影響分析。其實政府政策大部分都具有管制的內涵，所以管制影響分析其實也可以視為一般政策的影響分析。RIA的操作概念是來自於1978年美國卡特政府時期，針對通貨膨脹所造成的影響之分析（Inflation Impact Assessments）。後來在雷根政府將這種分析加以擴充，使用成本利益分析來估計新管制措施或修改既存管制措施的必要性。另外一個早期採用RIA的國家是1985年的澳洲。一直到1990年代的中期，十二個OECD國家採行RIA，截至目前，所有的OECD國家均已採行（http://en.wikipedia.org/wiki/Regulatory_Impact_Analysis）。讀者也可以進一步參考OECD關於RIA的實施內容，網址為http://www.oecd.org/gov/regulatory-policy/ria.htm。大致上來說，管制影響分析依序有三個步驟（陳銘祥，2011：44-61）：

(1)詳細說明政府必須引進一項新的政策（管制措施）或是針對既存政策（管制措施）所做修正的理由與必要性：政府必須清楚說明目前面臨什麼問題？這些問題因為不會自然消失，所以非得靠政府新的政策（管制措施）或是改變既有政策（管制措施）不可。同時要有足夠的理由說明政府的政策（管制措施）可以改善這些問題，而且也要說明能夠改善至什麼程度。

(2)列出解決問題各種可能的政策方案（管制措施）：管制措施通常

---

[11] 我們在第八章政策評估也會重新詳細討論管制影響評估的內涵。

會依照管制程度的不同一一列出來。例如，政府也許只是提供資訊給民眾，解決民眾與管制標的之間資訊不對稱的問題，例如政府提供各個幼兒園評鑑結果給民眾，讓民眾根據評鑑結果來選擇。又例如政府直接介入，定期或不定期稽查這些幼兒園，以維持幼兒園的品質。

(3)針對各個政策方案（管制措施）從事成本利益分析：利用前述成本利益分析的方法，判斷究竟哪一個政策方案（管制措施）最有利，同時也要判斷負擔成本的群體及享受利益的群體，在享受與負擔程度上的合理性。

三、理性途徑的發展與評價（Smith & Larimer, 2009: 112-116; Smith & Larimer, 2017: 126-129）

理性途徑已經成為目前政策分析的主流，理性途徑的政策分析提供了許多資訊協助我們選擇「我們應該做什麼？」的決策。理性途徑的技術也越來越進步，例如成本利益的分析、計量經濟預測、決策理論等等都提供了理性政策分析完備的工具。

儘管如此，但是理性的政策分析途徑仍然面臨一些問題。舉例子來說：第一，關於衡量方案優劣判準的問題。首先，衡量判準是理性途徑重要的部分，因為有了衡量標準與各個判準的權重（weight）才可以客觀選出最佳政策。在個人決策的場域，你可以依照自己的想法對於不同的選擇（備選方案）賦予權重。但是，就一位政策分析人員來說，他不能以自己所選擇的判準來代表集體利益的公共政策價值。其次，每個人對於衡量判準（也就是政策目標）的定義不見得一致。如果教育績效是政策目標，那麼什麼是教育績效？是學測分數嗎？還是畢業之後的就業率？既然沒有定論，那麼政策備選方案如何依照這些判準客觀地加以排序？

第二，理性政策分析所產生的知識與消費這些知識的政策決定者（decision makers）之間存在落差。落差在於理性政策分析是事實驅動

（facts-driven）的，而政策決定則是價值驅動（value-driven）。決策者會基於他個人的意識型態與偏好，來決定如何使用這些透過理性途徑所產生的知識。符合決策者偏好的知識會被運用，不符合則可能被擱置在一旁。

截至目前為止，雖然理性政策分析途徑沒有衰退的跡象，但是「實證主義與量化方法所產生的知識」與「真實、混亂以及以價值驅動的政治世界」這兩者之間連結的問題仍然存在。知識與政治之間的落差正是後實證途徑企圖替代理性途徑而茁壯成長的主要因素。

第三節　政策問題認定與方案規劃：政策實務操作的研究／後實證途徑

壹、後實證途徑：總論

後實證途徑的基本主張可以從他們對於理性途徑批評的內容看出來（Smith & Larimer, 2009: 116-121; Smith & Larimer, 2017: 129-132）：

一、事實（facts）與價值（values）在公共政策上的意義

理性途徑其中一個前提（assumption）是認為好的資訊（廣博且準確的資訊，亦即充分的資訊）可以塑造好的政策。後實證途徑則認為政策是屬於政治場域的事物，因此它就不可能對於所謂客觀中立的實證研究（empirical research）的訴求做回應，不管這些實證研究的技術有多精密，理論有多嚴謹。既然後實證論者認為政策就如同政治，那麼它就是一種強調價值勝於數據資料解讀的一種活動。例如某一個政策問題的本質以及處理這項問題的政策備選方案都不會是依據中立與客觀的觀察，而是依照用來解讀世界的社會價值。

歸納來說，後實證論者看待公共政策是一個表意性（expressive）而不是工具主義（instrumentalist）的詞彙：他們不像理性途徑將公共政策當作是一個客觀的手段去達成清楚界定的目標，而是將公共政策當作是明確地溝通、執行以及驅動政治價值（explicitly political values）的一種手段。整個公共政策場域都充滿著價值，如果政府的行動是要維護自由民主的規範以及被民眾賦予正當性的話，政策分析就必須交代這些價值。

二、民主價值

就理性途徑的看法，公共政策是為了解決問題，重點目標是效率，所以政策分析的工作不管是理論上或是方法上都是努力去認定最有效率的方案來解決問題。在這種情況之下，政策分析似乎是專家在主導，技術官僚提供資訊給他的委託人（client，例如決策者），但是不直接涉入政治場域的運作。

這違反了Lasswell政策科學所追求民主價值的目標，John Dryzek在1989年發表於*Polity*的期刊作品中，對此提出非常深刻的批評：第一，理性途徑將政策當作是政治菁英操縱因果系統來達成目的的一種手段。並且非常簡單化地看待目的，認為目的在本質上是固定不變的，可以操縱的，明顯地忽略政治辯論（political debate）與衝突（conflict）。第二，理性途徑只偏好他們自己喜歡的價值——效率，錯誤地認為一般民眾同意這種價值。第三，理性途徑提倡政策制訂的過程應該讓技術官僚充分掌控，以致於民眾在政策制訂過程當中幾乎沒有影響的空間。結果強化了官僚體系的權力，以致於政策明顯地呈現「維持現狀」的偏差[12]。綜合上述，歸納來說，政策分析追求理性的結果反而犧牲了民主價值。

---

[12]官僚體系偏好維持穩定，這也是Max Weber設計官僚組織最理想的狀態。

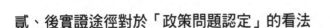

貳、後實證途徑對於「政策問題認定」的看法

如前所述，後實證途徑認為政策就如同政治，既然如此，那麼它就是一種強調價值多於數據資料解讀的一種活動（interpretative exercise）。例如某一特定問題的本質，不管是它的存在、嚴重程度，以及解決這項問題的政策備選方案等等，都不是依賴中立與客觀的觀察，而是依照當時的社會價值來解讀世界。理性途徑過度重視經驗（實證）數值所呈現的意義，但是卻忽略了社會價值對於問題本身所賦予的意義。兩個例子來說明後實證途徑對於政策問題認定的看法：

一、貧窮

貧窮是一種社會問題，如何認定？如果依照理性途徑，所謂的貧窮是指所得在某一個水準之下的人或家庭就是所謂的貧窮。如果從後實證途徑來看，統計數字所呈現所得或是資產的分配情形並沒有真正定義出貧窮，是否貧窮或是貧窮的程度必須由社群的利害關係人自己來界定。統計數值雖然呈現出你屬於貧窮階層，可是說不定你根本都不覺得自己窮，你周圍的人也不覺得你窮，反之亦然。

二、環境汙染

例如台灣早期對於環境汙染問題的認定，四、五十年前我們對於環境汙染不重視，那是因為當時台灣處在經濟低度發展時期，我們為了生存而不得已地從事一些高汙染性的產業，例如電鍍業、紡織染整業、造紙業等等。在那個年代，環境汙染並不是一個嚴重的政策問題，因為當時的社會價值是力求經濟上的生存，既然為了那個時候的生存，環境汙染的問題在當時就不會是一個問題[13]。

---

[13] 台灣早期的生態保育或是野生動物保育也是跟環境汙染的情況一樣，這些都不是當時社會價值之下的政策問題。為了填飽肚子，當時很多人吃了現今社會價值之下所不允許吃的動植物。

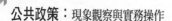

參、後實證途徑對於公共政策所追求「目標」的看法有別於理性途徑

這個部分我們扼要討論Deborah Stone（2012: 39-105）提出公共政策主要追求的目標，我們在這邊選擇性地討論效率（efficiency）、福利（welfare）與公平（equity）三個政策目標的論點[14]，這些屬於後實證途徑的論點是相對於理性途徑的主張。

一、效率

如前所述，理性途徑的政策目標主要是追求經濟學上的效率。他們認為效率的達成必須滿足兩個條件，一個是自願（voluntary）交易，另一個是充分的資訊（包括客觀資訊：價格、量；主觀資訊：偏好）。但是Stone認為這種看法與真實政治世界所發生的事情有所差距。

(一)自願或非自願交易很難區分

表面上來看，我們在市場上所做的任何交易行為似乎都是自願的（至少是自己所發動的交易行為）。但是事實上，這些交易行為可能受到家庭、同儕、歷史傳統、輿論、政治聯盟的壓力等等因素的「潛在」影響。例如我們會因為廣告而造成非理性的購買行為；例如我們因為相信醫生、律師、會計師、公關人員、地政士的專業意見而非自願地受他們的影響（The preferences of consumer are shaped by sellers, not by buyers）；例如窮人被迫加入勞力市場是為了生存而非興趣；例如交易行為有時是因為參照團體（reference group）或同儕團體（peer group）給予的無形壓力。

(二)充分資訊是不可能的

真實世界的資訊是不完整、充滿主觀的解釋性以及被策略性壓制。

---

[14] Stone（2012）在她第三版的著作當中另外討論了自由（liberty）與安全（security）兩個政策目標。

首先，真實世界的資訊永遠都是不完整的，否則我們早就知道利用何種方案解決某種問題。所以我們經常利用猜測或靈感來掌握訊息。另外，資訊也並非垂手可得，有時候牽涉到相當多的成本，有時候又牽涉到專業技術而令人難以理解。其次，資訊也許客觀存在，但是更重要的是如何來「詮釋」這些訊息（Interpretations are more powerful than facts）。政治人物最擅長這點，例如某某民選首長明明在任期最後一天仍然無法實現某一項大家最在意的政見，可是在連任競選活動當中，他仍會找到各式各樣的理由來解釋為什麼他無法實現，而且這些理由都跟他無關！解釋資訊這件事情也不是政治人物的專利，小時候我們會向老師解釋為何作業遲交，長大當了老師之後會向學生解釋為什麼期中考考完一個月了，但是考卷仍然還沒改好！最後，真實世界當中的有些資訊是被刻意壓制（秘密），因為一旦公布，情況就難以控制。如果我們認為所有的資訊都是中立無害的，那就未免太天真了。

二、福利[15]（也就是社會需求）

政府重要政策目標之一是滿足民眾的基本需求，這是政府的基本職能。公共政策理性途徑認為需求是可以被客觀計算與定義的，例如物價指數或是貧窮線（poverty line）等等絕對標準的訂定。但是在真實政治世界當中，社會需求的界定並非如此單純。因為社會需求有各種不同的面向，而不只是單純如上述「物質」上的意涵而已，所以政策制訂者在設定「福利」這項政策目標時，必須特別注意這個部分。Stone在2012年第三

---

[15] Stone（2012）的第三版著作將舊版本標題為「安全」（security）的政策目標改為以「福利」（welfare）為標題的政策目標。舊版本「安全」討論的是民眾的需求，目前以「福利」的命名的確比較貼切一些。而第三版的「安全」議題討論的內容則是涵蓋戰爭、心理、風險管理的安全議題。

版著作將需求的面向從舊版本的五類，重新組合編排成為六類[16]。不過，就內容以及主要論點來說，其實我個人認為這兩個版本大同小異（雖然她加了一些新的觀念與新的政策案例）。在以下的內容當中，我還是以舊版的面向為架構，但是會綜合這兩個版本的論點加以討論。

(一)物質需求與象徵需求（material needs vs. symbolic needs）

物質有象徵性的意義（material things have symbolic meanings），人們不僅僅只是需要物質需求而已，他們對於需求有他們自己的看法（People do not just have needs, they have ideas about their needs）。以食物為例，食物除了讓人免於飢餓之外，仍有歸屬、社會地位與宗教上的意義。首先，在歸屬方面，居住在同一地區的人會有相同的飲食習慣。例如台灣的粽子有南部粽與北部粽之分，做法不同，口感也不一樣；居住在台灣南部的人吃番茄沾薑末與醬油，這與其他地區吃番茄的方法不同；中部的豬血湯加大腸與酸菜，北部豬血湯則加韭菜與沙茶醬。怎麼吃就可以知道你是哪裡人。其次，在社會地位方面，有錢人吃魚翅與鮑魚，喝限定酒莊的紅酒以彰顯地位。最後，食物也有宗教上的意義，例如回教徒不吃豬肉。

(二)相對（relative）與絕對（absolute）的需求

絕對的需求是指將需求定義為固定的數值點上面，例如產業界要求政府從5%的營業稅降低至2.5%，這是絕對需求。而當傳統產業要求營業稅調降的比例要比其他產業更低時，這就是所謂的相對需求。相對需求的提出經常是因為相對剝奪感的原因（為什麼你可以調降那麼多，而我沒有？）。又例如身心障礙者團體對於政府補助的需求經常出現相對的需

---

[16] 這六類需求面向包括：物質上的需求與象徵性的需求（material needs vs. symbolic needs）、本質上的需求與工具需求（intrinsic needs vs. instrumental needs）、反覆無常與安全需求（volatility needs vs. security needs）、量與質的需求（quantity needs vs. quality needs）、個人需求與關係需求（individual needs vs. relational needs）、絕對需求與相對需求（absolute needs vs. relative needs）。

求,某些障別團體認為他們的需求應該比其他障別的團體更多。

(三)直接需求（direct needs）與工具需求（instrumental needs）

　　簡單地說,直接需求就是直接給需求者魚吃,例如提供失業者失業救濟金;而工具需求則是教導需求者如何釣魚,例如提供職業訓練。我們來舉一個例子,例如政府想要協助脊椎損傷的朋友（無法站立,只能靠輪椅行動）,因此決定補助輔具的經費。雖然輔具的補助對他們來說很重要,但是他們可能更需要政府提供就業訓練。原因是脊椎損傷的朋友都非常年輕,面對漫長的歲月,如果沒有一技之長（最好是具有高經濟價值的技術）,他們很難養活自己。所以他們最期待的資源是訓練他們面對未來生活的能力,而不只是輔具而已。

(四)避免未來風險的需求

　　現代人面臨的生活風險種類越來越多,風險發生機率也越來越高。包括丟掉工作的風險、薪資驟減的風險、環境災難風險（水災、風災、寒災、熱浪災害、地震）、恐怖攻擊的風險、公共危險的風險、個人意外受傷的風險、年老的疾病風險等等。民眾對於上述變故在心理層面的恐懼與害怕,以及實際上發生這些悲劇如何妥善處置,都必須融入「福利」這項政策目標的設定。

(五)社區、歸屬或人際關係的需求

　　民眾也需要社區、歸屬或人際關係上的需求,這三種需求可以視為一體。例如:我希望住在熟悉的社區裡,因為我從小住在這裡或是它對我有深遠的意義,所以我屬於這裡;這裡有我的親友,大家可以互相照顧。我們舉一個所謂「就地老化」的老人安養議題加以說明。對於老人安養機構的設置,有人主張規模經濟化,所謂的規模經濟化是指興建一個大型的安養機構,因為可以同時容納許多人,所以可以將大部分的資源投注在這裡,設備與人力都可以充分運用達到規模經濟。但是因為將資源集中

在這一個大型的安養機構，所以勢必會有一些老人家必須離開自己長久居處的故鄉，來到這個人生地不熟的安養機構所在地。有人認為這樣的安排非常不人性化，老人家已經很孤單了，還要他們離開他們熟悉的社區，離開熟悉的親友。所以「就地老化」的構想就出現了，也就是說，為了讓老人家滿足社區、歸屬或人際關係的需求，可以在不同的社區設置安養機構，機構雖然小而不能達到規模經濟，但是卻可以讓這些老人家不用離鄉背景接受安養服務。因為生活在熟悉的社區環境當中，可以看到熟悉的親朋好友，所以生活起來將會更健康快樂。

三、公平

理性途徑對於公平這個政策目標的界定是很直接，也很直覺。公平的議題大都發生在資源的分配上。Deborah Stone舉了一個在課堂上分配蛋糕給同學吃的例子來說明理性途徑認為公平的事情，但是在真實政治世界當中其實不見得是公平的。假設有一天某一位教授帶了一個大蛋糕來到課堂請同學吃。如果這位教授遵循理性途徑的公平原則，他會主張將蛋糕均等切割來分配。然而這不一定是公平的！

(一)不公平的理由

1. 因為有人未能先獲得教授要請大家吃蛋糕的訊息，所以他們認為不公平（equal slices but unequal invitations）：老師在前一次上課並沒有事先通知今天可以吃免費蛋糕，所以缺課的人抱怨這是不公平的。數位學苑上面也沒有公布修這門課的同學有免費蛋糕可以吃，所以沒有選這門課的同學也抱怨不公平。

2. 有人認為應該要按照修課同學的成績來分配蛋糕才算公平（unequal slices for unequal merit, but equal slices for equal merit）。立刻舉行隨堂考，成績拿A的人吃大塊的蛋糕，成績拿B的人吃小塊，拿C的同學嚐一小口。

3. 有人認為應該按照系上的組織結構來分配才公平（unequal slices for unequal ranks, but equal slices for equal ranks）：有人認為，應該按照系上的組織結構來分配才公平，系主任對系上貢獻最多，所以應該吃最多；其次是正教授、副教授、助理教授、助教、博士生、碩士生、大學部的學生。這種所謂「公平」的分配（利用個人在組織內的位階）經常出現在組織當中的資源分配，例如績效獎金、新建辦公室或研究室的分配等等。

4. 有人認為按男女先分成一半，再就每一種性別團體平均分配才公平（unequal slices but equal blocs）：假設這一班的學生女生比男生多，男生抱怨如果蛋糕讓所有的人來均分是不公平的。男生抱怨地說，女生在成長過程經常會吃到蛋糕，因為經常會跟著媽媽在廚房做糕餅之類的食物，邊做邊吃。男生則被鼓勵要在外面運動，例如棒球、籃球、足球等等。所以男生吃到蛋糕的機會相對來說比女生少很多。既然如此，這一個大蛋糕應該先均分為兩大半，一半給男生，一半給女生。男生與女生再來針對分到的蛋糕做均分，這樣才公平。這種所謂「公平」的分配在實務上也經常看到。例如社會上的少數族群在過去所分配到的資源利益相對於多數族群來說可能比較少，而當他們開始為自己的權益伸張時，他們可能會主張先將所要分配的資源利益區隔一半，少數族群與多數族群再針對個別獲得的一半做均分。

5. 因為蛋糕不夠分，教授多帶了其他點心來補償，這也算是一種公平（unequal slices but equal meals）：因為課堂人數實在太多，很難讓每一個人吃到蛋糕。怎麼辦呢？這位教授另外準備了洋芋片、薯條、蠶豆酥等等的食物，讓那些沒有吃到蛋糕或是分配到蛋糕很少量的人吃。在實務上的政府資源分配，我們也經常看到這種現象，例如早期台灣的公立學校老師或是軍人的薪資待遇非常微薄，所以當時的政府利用美國援助的麵粉和米來補貼這些人的日常生活所需。

6.有些人不見得喜歡吃蛋糕，所以寧可少吃一點（unequal slices but equal value to recipients）：課堂上有些學生並不喜歡吃蛋糕，所以即使他們少吃，他們也覺得是公平的。

7.發給每個人叉子，大家各憑本事來獲取蛋糕，這才是公平（unequal slices but equal starting resources）：這種公平的主張就是政策實務上所謂的立足點的平等。通俗一點來說就是：你最後能吃到多少蛋糕我並不清楚，但是我可以保證大家都在相同的起跑點上，各憑本事來競爭你想要吃的蛋糕。

8.蛋糕不夠分，所以用抽籤來決定才公平（unequal slices but equal statistical chances）：蛋糕如果不夠分，那就用抽籤來決定。政策實務上也經常看到這種現象，例如政府蓋了平價國宅，想要買的人太多，怎麼辦？抽籤決定最公平，如果是隨機，那麼大家被抽中的機會是一樣的。

9.大家投票，看誰可以吃，或吃多少（unequal slices but equal votes）：另外一種有人認為公平的方式是讓課堂上的學生投票，看看哪些學生可以吃蛋糕或是可以吃多少？

(二)平等的面向（dimensions of equality）

從以上Stone所提出來各種所謂「公平」的說法，可以歸納成為以下三個面向，這是所有涉及資源（利益）分配的公共政策所關注的面向。每一種面向當中的公平有著多元的標準與弔詭（paradox），也就是說，公平的定義不是絕對而是相對的，這絕不是理性途徑想像中的那麼單純。第一個面向是利益的獲得者，也就是說要如何定義誰能獲利（recipients – who gets something）？例如上述不公平理由當中的1、2、3、4項。第二個面向是分配何種利益給受益者（item – what is being distributed），例如上述不公平理由當中的5與6。第三個面向是分配的過程，也就是說要決定如何分配利益（process – how is the distribution to be decided upon and carried out），例如上述不公平理由當中的7、8、9。

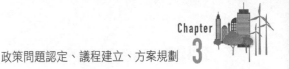
肆、後實證途徑所主張使用的政策分析方法：審議式民主[17]

一、意義

審議式民主（deliberative democracy）是一種規範性的觀念，它是指公共政策的制訂必須透過民眾、政治人物以及利害關係人彼此之間的對話所產生。它是將小團體面對面民主（face-to-face democracy）的特質帶到大規模的國家層次（Fishkin, 1991）。他們希望透過資訊充分的情況之下的審議（informed deliberation）與共識（consensus），找到「我們應該做什麼？」的最好答案。

二、實務上如何操作審議式民主？

(一)與理性途徑截然不同的認識論

理性途徑著重在發現世界的普遍法則；而後實證途徑則著重在人類賦予事物某種意義，以及大家一起來溝通這項事物的意義。

1.基本假設：政策分析植基於「政治世界是社會建構[18]」的假設之上。

2.個人觀點的重要性：世界如何被解讀取決於每個人的觀點，在這觀

---

[17] 這個部分的討論內容主要來自於Smith & Larimer（2009:121-123）以及Smith & Larimer（2017: 133-135）。中文的資料建議閱讀黃競涓（2008）。〈女性主義對審議式民主之支持與批判〉。《臺灣民主季刊》，5(3)，35-37。黃東益、陳敦源（2004）。〈電子化政府與審議式民主之實踐〉。發表於《電子化民主新趨勢研討會》（9月2日），高雄國賓飯店：行政院研考會。

[18] 社會建構主義（social constructivism）強調個體心理能力的發展歷程受到社會及文化的影響，也就是個別的主體和社會組織相互連結。這是由20世紀著名的思想家米歇爾‧福柯在其《性史》第一卷中提出的。他認為，性並不是一種獨立於外界條件的觀念，而是文化建構的結果，而這種建構會隨著時代和社會的改變而不同。（資料來源：維基百科全書）

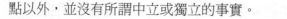

點以外，並沒有所謂中立或獨立的事實。

3.強調對話：

(1)否定理性途徑：後實證途徑的政策分析否定線性、客觀的解決問題途徑，而贊成對話（discourse）。

(2)政策分析工作的內涵：政策分析工作的內涵是去瞭解不同人的不同觀點，瞭解這些觀點為何會產生衝突，以及這些衝突觀點如何在政府有目的性的行動或是不行動的情況之下相互調適。企圖將政治世界當中的不同故事（different stories or narratives）轉換成為一個前後一致的論點或論證（coherent argument）；企圖將不同觀點關於「是什麼」（what is）的各種故事轉換成為一個「應該做什麼」（what ought）的整合性想法。

(3)政策分析人員的角色：政策分析人員所扮演的角色是詮釋者（interpreter）、協調者（mediator）以及促進溝通的引導人（facilitator）。

(二)操作方法：參與的政策分析（Participatory Policy Analysis, PPA）

1.讓各行各業擁有不同觀點的民眾齊聚一堂，針對某一個政策議題或問題加以教育，讓他們商議「我們應該做什麼？」。

2.這個團體只商議單一議題，同時必須持續一段相當長的時間。

3.政策分析的專家（所謂理性途徑的專家）也必須參與，並提供他們的觀點與經驗。專家的觀點連同其他人的觀點提供了充分資訊下審議的基礎（provide a basis for informed deliberation）。

三、實務上曾經操作過的相關案例

(一)美國科羅拉多州柏德市（Boulder, Colorado, U.S.A.）

一個大約一百五十人的商議團體提供該市公共運輸計畫極為關鍵的

意見投入。

(二)丹麥科技委員會（Danish Board of Technology）

1.實施非常類似於PPA的共識會議（consensus）。

2.這個共識會議是將專家知識以及對於爭議性政策（例如核能）經常會產生衝突的社會、政治與經濟觀點加以整合起來。

3.這個會議由二十五位各行各業民眾組成，針對單一議題花費好幾個月持續會商，過程是由一位擅長溝通與合作技術的引導員來加以引導。

4.討論結果的報告會呈送給丹麥政府（通常會透過高曝光度的媒體來報告），這些報告在丹麥政府的政策形成上扮演非常重要的角色。

(三)台灣的案例

從2004年開始，台灣已經有針對代理孕母、北投社造協定、高雄跨港纜車、青年國事會議、稅改、竹科宜蘭基地、產前篩檢與檢測、台北市汽機車總量管制問題，陸續舉辦具有審議式民主精神的公民會議（杜文苓，2007：73）。這些公民會議雖然影響正式政策內容的程度不一，但是可預見的是這些前導的公民會議勢必影響未來台灣政府的政策制訂。

另外，參與式預算（participatory budgeting）是審議式民主的一種形式，讓民眾透過公民審議及溝通協調方式，來決定一部分公共預算的支出，也就是說對公共資源的分配扮演更直接的角色。台北市政府於2015年率先全國開始推動參與式預算，之後，新北、台中、高雄市、文化部等，也陸續展開了零星的參與式預算實驗，並獲得部分效益，未來是否足以成為民眾參與公共政策的一部分，值得持續檢討與關注（蘇彩足，2017）。

四、審議式民調（deliberate polling）

類似上述公民會議的實驗透過審議式民意調查也在全球各地紛紛展

開。操作的方法非常類似剛剛我們討論的參與式政策分析。首先，先將有代表性的民眾聚集起來；其次，提供專家資訊給這些民眾，並提供促進溝通的引導人來協助匯集他們的意見；最後，要求他們針對重要政治議題做審慎的會商，之後再針對他們做民意調查（問卷調查）。

伍、對於後實證途徑的評價：後實證途徑仍然不是政策分析的主流[19]

雖然後實證途徑的主張言之成理，但是仍然不是政策分析的主流。目前理性途徑的架構仍然普遍地運用在政策分析[20]，而受理性途徑訓練的政策分析人員也比受後實證途徑訓練的政策分析人員來得多。為什麼會這樣呢？除了後實證途徑本身的限制之外，主要還是因為理性途徑對於後實證途徑批評理性途徑的有效反駁。理性途徑認為，後實證途徑誤解了理性途徑，並且後實證途徑也沒有提供一個完整且系統性的政策分析替代方法（取代理性途徑所主張的方法）。

一、理性途徑對於後實證途徑批評的反駁

(一)價值中立？

1.後實證途徑批評：理性途徑雖然自稱價值中立，但是他們將效率當作是評斷政策良善的唯一判準，本質上就是一種價值，哪來的價值中立？

2.理性途徑反駁：的確，理性途徑是以效率當作是最重要的政策評斷

---

[19] 這個部分的討論內容主要來自於Smith & Larimer（2009: 123-125）。Smith & Larimer, 2017: 126-129）。

[20] 例如美國國會預算辦公室（Congressional Budget Office）所做的理性途徑政策分析，對於2009年與2010年美國醫療保險政策相關的辯論影響很大，進而催生了前總統歐巴馬時期推動的Patient Protection and Affordable Care Act這項醫療保險政策。

判準。因為政府資源非常有限，利用效率來評斷政策資源分配是否達到社會最佳利益有何不當呢？效率當然不是評斷社會福利的唯一方法，但是它至少是評斷公共政策相對價值（relative worth）的一項站得住腳的方法。

(二)忽略公平正義？

1.後實證途徑批評：理性途徑忽略政策資源的公平分配。

2.理性途徑反駁：理性途徑並沒有忽略分配正義。理性途徑所使用的方法之一——分配權重的成本利益分析（distributionally weighted cost-benefit analysis），將標的團體或民眾所承受的成本與享受的利益一一加以分解，看看究竟是誰獲得利益？誰承擔成本？這種分析方法不僅可以估計在某一項政策之下，誰贏或誰輸（誰獲得？誰失去？）？也可以估計輸贏多少？這些訊息不僅可以讓我們辨識輸贏者是誰，以及因為這種輸贏所造成的政治衝突，也可以針對輸贏不平衡提供準確的估計，進一步可以在這些衝突還沒有發生之前，減緩這些衝突。簡單地說，理性途徑認為他們能夠生產一些有用的資訊，而這些資訊可以充分地處理政策所追求的一些目標（例如除了效率之外，也包括公平正義）。

二、後實證途徑自身的限制

後實證途徑也有一些自身的限制。首先，他們所主張的相對主義（relativism）無法累積知識。相對主義是一種哲學上的價值理論，與絕對主義對立。相對主義認為社會價值會隨社會文化、個人的背景而不同，沒有一個價值能普遍的適用於所有時空之下，一個社會價值的正確與否必須看它是不是跟當時的公共認知相符。如果放在政策分析的脈絡來看，在追求政策不同的目標上，理性途徑與後實證途徑最大的差異在於：理性途徑清楚地界定他們所追求目標，而且提供清晰與系統性的方法來排序政策備

選方案；而後實證途徑則是因為主張相對主義，所以他們所使用的概念與方法就很難在複雜的世界當中，理出有系統的秩序。

其次，因為後實證途徑有著「將觀點等同於事實」（perspective-equals-truth）的主張，所以充滿意識型態的人或是不見得完全知情的人之意見很可能就會被當作是決策所需要的重要資訊，在這種情況之下，誤判情勢的風險其實很高（Smith & Larimer, 2009: 124）。

最後，審議式民主所設計的「對話」仍然有其限制。各種利害關係人不同的主觀觀點即使透過對話（後實證途徑非常強調的重點：對話），也不見得能夠形成一致的意見。有很多意識型態的立場或是成見，是無法透過對話就能達成一致的意見。例如美國保守派（共和黨）或自由派（民主黨）對於市場機制與政府角色的不同看法。又例如我們很難想像在台灣主張統一與主張獨立的人士，在經過對話之後就能輕易地達成共識。

參考書目

丘昌泰（2008）。《公共政策：基礎篇》。台北：巨流出版公司。

吳定（2008）。《公共政策》。台北：五南出版公司。

杜文苓（2007）。〈審議民主與社會運動：民間團體籌辦新竹科學園區宜蘭基地公民會議的啟發〉。《公共行政學報》，23，67-93。

林信宏譯（2013）。《大數據——巨量資料掀起生活、工作與思考方式的全面革新》。台北：遠見天下文化出版公司。

黃東益、陳敦源（2004）。〈電子化政府與審議式民主之實踐〉。發表於《電子化民主新趨勢研討會》（9月2日），高雄國賓飯店：行政院研考會。

黃競涓（2008）。〈女性主義對審議式民主之支持與批判〉。《臺灣民主季刊》，5(3)，35-37。

陳銘祥（2011）。《法政策學》。台北：元照出版公司。

羅清俊（2016）。《社會科學研究方法：打開天窗說量化》。新北市：揚智文化出版公司。

蘇彩足（2017）〈公部門推動參與式預算之經驗與省思〉。《文官制度季刊》，9(2)，1-22。

Bardach, Eugene (2000). *A Practical Guide for Policy Analysis: The Eightfold Path to More Effective Problem Solving*. New York: Seven Bridges Press.

Bardach, Eugene and Eric M. Patashnik (2019). *A Practical Guide for Policy Analysis: The Eightfold Path to More Effective Problem Solving (6th Edition)*. CA: Sage Publication.

Cobb, Roger, and Charles Elder (1972). *Participation in American Politics: The Dynamic of Agenda-Building*. Boston, MA: Allyn and Bacon.

Cobb, Roger, Jennie-Keith Ross, and Marc Howard Ross (1976). Agenda building as a comparative political process. *American Political Science Review, 70*(1), 26-138.

Davies III, J. Clarence (1974). *How does the Agenda Get Set? The Governance of Common Property Resources*. MD: Baltimore, John Hopkins University Press.

Dunn, William (1994). *Public Policy Analysis: An Introduction*. N.J.: Prentice-Hall.

Dryzek, John S. (1989). Policy science of democracy. *Polity, 22*(1), 97-118.

Fishkin, J. S. (1991). *Democracy and Deliberation: New Directions for Democratic*

Reform. New Haven: Yale University Press.

Kingdon, John W. (1997). *Agendas, Alternatives, and Public Policies (2nd ed.)*. Boston: Little and Brown.

Mayer- Schönberger, Viktor and Kenneth Cukier (2013). *Big Data: A Revolution That Will Transform How We Live, Work, and Think*. UK: John Murray.

Nelson, Barbara J. (1984). *Making an Issue of Child Abuse: Political Agenda Setting for Social Problems*. Chicago: University of Chicago Press.

Patton, Carl V. and David Sawicki (1986). *Basic Methods of Policy Analysis and Planning*. NJ: Englewood Cliffs.

Rossi, Peter H., Mark W. Lipsey, and Gary T. Henry (2019). *Evaluation: A Systematic Approach (8th ed.)*. CA: Sage Publication.

Smith, Kevin B. and Christopher W. Larimer (2009). *The Public Policy Theory Primer (2nd ed.)*. Boulder, CO: Westview Press.

Smith, Kevin B., and Christopher W. Larimer (2017). *The Public Policy Theory Primer (3rd ed.)*. Boulder, CO: Westview Press.

Stone, Deborah (2012). *Policy Paradox: The Art of Political Decision Making (3rd ed.)*. N.Y.: W. W. Norton Company.

Chapter **4**

政策從哪裡來？

政策到底從哪裡來？這個研究問題主要是想要瞭解影響政策形成
（policy formulation）的相關因素。政策形成不是政策規劃（或方案規
劃），「政策規劃」是要想出一些辦法來解決公共問題，不管是透過理性
途徑或是後實證途徑皆然；而「政策形成」則是要回答哪些人主張的政策
內容能夠勝出？需要配合什麼樣的情境條件？更具體地說，哪些人能夠掌
控政策過程，讓某一項政策拍板定案，而滿足他們的需求[1]？

現象觀察的公共政策研究非常關心影響公共政策形成的因素。當瞭
解並掌握了這些因素之後，不僅可以解釋創新政策（過去完全沒有的政
策）的形成原因與過程，也可以解釋既存政策被改變的原因與過程。我們
在以下內容逐一討論各種不同的理論學說。

第一節　利益團體理論

壹、多元主義理論（pluralism）

David Truman在1951年提出所謂的多元主義（Truman, 1951），認
為政策形成過程是由有組織的團體（organized groups）之間彼此相互競
爭，希望政府注意到他們所關注的問題，並期待政府針對這些問題採取
特定的行動。而政策最終的內涵也可以充分反映這些大大小小不同團體
的需求，政府所扮演的角色是利益團體之間的仲裁者。持這種樂觀想
法的人，除了David Truman之外，也包括Robert Dahl（1961）與Charles
Lindblom（1959）。

---

[1] 乍看之下，這些問題很像是議程建立理論所要回答的。的確類似，但是我個人
認為還是有一些區分。議程建立理論是探索為什麼某些政策問題會被重視，而
某些政策問題則否；政策形成因素的研究則是更進一步具體的回答，當某些政
策問題被重視之後，誰的政策主張內容會被採行？為什麼會如此？

貳、多元菁英主義理論（plural elitism）[2]

政治現實（環境）漸漸的改變使得許多政治與經濟學者對於多元主義的實踐抱著懷疑的態度。例如Mancur Olson（1965）認為，因為組成任何利益團體所花費的成本（organizational cost）相當高，除非利益團體的訴求和參與的人利益交關，否則不同的人的各種不同利益很難匯集成為單一訴求的利益團體[3]；加上有些利益團體追求的利益偏向於公共財（public goods），所以經常會出現搭便車的困境（free-rider problem），使得這些團體對於公共政策的影響力大為減少。最後的結果就是政策內容僅能反映少數團體的利益。這些少數團體不僅具有規模小的特色（因為規模小，所以容易動員起來），同時，他們因為禍福與共（追求相同的利益），所以彼此的凝結力非常強，例如產業工會、商會、醫療專業團體等等的優勢利益團體。

Edelman（1964）認為一般未經過組織起來的社會大眾對於政治現實並沒有理性認知的能力，因此社會上少數具有影響力的利益團體常常會操弄民意，製造一些假象讓民眾誤以為某些社會問題已經解決，而進一步淡化大眾的注意力。這個時候這些有影響力的團體便會趁機在政策過程當中施展它們的影響力，對於政策利益予取予求。

Stigler（1975）認為政府過去所實施的經濟管制（economic regulation）雖然表面上是為了維持市場秩序，避免市場壟斷或寡占的情形發生。然而政府（或執政黨）為了選票以及能夠繼續執政，會跟大型且具有影響力的利益團體建立彼此交易（exchange）的關係。有影響力的利益團體會提供競選資金並動員選票，而政府則提供各式各樣的管制

---

[2] 以下內容轉引自羅清俊（1998）。〈分配政策研究的發展與應用〉。《人文及社會科學集刊》，10(4)，575-609。

[3] Olson認為，除非利益團體能夠提供選擇性的誘因（selective incentive）給成員，通常是利用物質利益（material benefit）才能吸引成員留在該利益團體。

措施（regulation）變相地照顧這些利益團體，大眾的利益反而被拋在腦後，這種現象稱之為俘虜現象（Capture Phenomenon）[4]。同時期也有許多學者提出類似的看法，例如Wildavsky（1984）、Niskanen（1971）、McConnell（1966）等等。這一派對於當時美國政治的看法統稱為利益團體的多元菁英主義，他們所歸納出來的現象也可稱之為利益團體鬱血症（interest group stasis）（McFarland, 1992）。

參、三元權力理論（power triad）[5]

1970年代末期開始，有些學者漸漸發現某些公益團體（public interest groups）對於公共政策的影響漸漸增加。例如美國在空氣汙染防制的政策中，環境保護團體對於政策實質內容展現相當程度的影響力（Jones, 1975; Ornstein & Elder, 1978; Ackerman & Hassler, 1981; Wenner, 1982）。其他同時期的研究也發現這種抗衡力量（countervailing power）（與優勢利益團體的相互抗衡），例如Jeffrey M. Berry（1977）、Andrew McFarland（1976, 1983, 1987, 1992）、Robert C. Mitchell（1984）、Mark V. Nadel（1971）、David Vogel（1989）與Jack Walker（1991）等人的研究。

除此之外，提倡國家主義（statism）的學者例如Eric Nordlinger（1981）與Stephen Krasner（1984）則認為行政機關事實上具有相當程度的自主權（autonomy），政策的形成不見得必然受到優勢特殊利益團體的影響。綜合這些1970年代末期以後的研究，Andrew McFarland[6]（1992）

---

[4] 我們在第九章政策類型當中的管制政策也會討論這種現象。

[5] 以下內容轉引自羅清俊（1998）。〈分配政策研究的發展與應用〉。《人文及社會科學集刊》，10(4)，575-609。

[6] Dr. Andrew McFarland是我在利益團體理論方面的啟蒙老師。1990年初期，我在美國伊利諾大學芝加哥分校唸博士學位時，不僅修過他所開設的兩門有關利益團體的課，他同時也是我博士論文的口試委員之一。他是利益團體這個研究領域非常重要的學者，學術地位崇高，令人尊敬。

認為多元菁英主義所描述的現象似乎已經轉變成為自主性的行政機關（autonomic agency）、優勢的利益團體（organized economic groups）與抗衡團體（countervailing power groups）的「三元權力」。因為抗衡團體存在的關係，特殊利益團體不敢過分明目張膽地影響行政機關，故而保持了行政機關的自主性（Wilson, 1980）；而行政機關在愈來愈重視專業主義的情況下，他們的自主性更是與日俱增（Wilson, 1980; Peterson, Rabe, and Wong, 1986）。所以，政策的形成不再只是操縱在優勢特殊利益團體的手中，而是抗衡團體（通常是公共利益的團體）、優勢的利益團體以及自主性的行政機關三者之間的權力平衡所產生的結果。

第二節　政治鐵三角理論

　　政治鐵三角理論認為政策是由國會（國會內部的常設委員會）、行政機關與特殊利益團體（special interest group）所形成緊密的三角聯盟來決定，他們犧牲大眾利益來獲取他們所需要的特殊利益。為了維護既得利益，鐵三角極為封閉，以致於政策改變不易。Theodore Lowi屬於這派理論的代表，他在其所著的《自由主義的沒落》（*The End of Liberalism*）一書當中描述這種現象，也相當程度地批評這種現象對於美國政治所造成的負面影響（Lowi, 1979）。

　　政治鐵三角當中的國會常設委員會、行政機關以及特殊利益團體之間是一種共生的關係。首先，我們來看看行政機關與國會常設委員會的共生關係。各個行政機關都會期待他們的預算能夠安全且成長，而這就需要國會議員的幫助了，特別是監督他們的某個國會常設委員會（standing committees）的委員。這些國會議員不會平白無故幫助行政機關，他們總需要一些誘因。通常這些國會議員會要求行政機關在分配聯邦政府補助利益時，特別照顧這些議員的選區。這樣就可以讓這些議員回到家鄉向選民

邀功，獲得連任成功必要的選票數，而通常行政機關都會配合演出。

其次，國會議員與利益團體之間是什麼樣的共生關係呢？國會議員競選需要競選資金，利益團體擁有足夠的財力提供政治獻金。同時，利益團體登高一呼所號召的利益團體成員選票也是議員迫切需要的。利益團體當然也不會只是做功德地幫助議員，他們需要國會議員在國會當中維護他們的利益。

最後，我們來看看利益團體與行政機關之間的關係。行政機關需要利益團體支持他們所推動的政策。想想看，如果農業利益團體不支持農業部，產業界不支持經濟部，那麼這兩個行政機關還能推動政策嗎？同樣地，利益團體不會平白無故支持行政機關，他們期待行政機關制訂有利於他們利益團體的政策。

當這種共生關係建立之後，加上美國國會制度的特質（國會議員彼此互惠，常設委員會彼此之間互惠，這種現象在參議院與眾議院皆然），使得各種不同的政策利益分配呈現寡占的現象。具體來說，美國國會的權力重心是在常設委員會，而常設委員會之間彼此互惠是相當常見的非正式規範。這種互惠關係所造成的結果是某一個常設委員會所提出來的法案，在院會當中被全盤否決的機會相當少。在這種情況之下，農業政策就會由農業部、國會農業委員會、農業利益團體這些少數成員所掌控；國防政策就可以由國防部、國會國防委員會、國防工業利益團體這些少數成員所掌控。因此，每一種政策領域就會形成一個政治鐵三角，最後各式各樣政策領域的鐵三角就因此而形成。有人形容，這種政治鐵三角現象是小政府（little governments）的呈現。所謂的小政府是指不同的政策領域都是由一個利益寡占且成員很少的鐵三角所掌控。各個政治鐵三角為了保護既得利益，所以顯得相當封閉，所制訂的政策很難符合公共利益。這也是當時Theodore Lowi最憂心的事，所以那本著作名為《自由主義的沒落》，也就是說以照顧弱勢民眾為依歸的自由主義已經漸漸消失。

第三節　政治鐵三角理論的修正：議題網絡理論

壹、政治鐵三角理論的修正

1970年代與1980年代初期，公共政策學者們修正鐵三角理論，他們認為實際的政策過程並不是鐵三角理論所描述的那麼封閉，其實政策過程是比較開放的，有許多公私組織牽涉其中。除了國會與行政部門之外，還包括智庫、研究機構、利益團體、一般民眾。分權（decentralization）與分殊化（fragmentation）極為常見，政策過程也允許非正式聯盟的參與。

貳、以Hugh Heclo為代表

提出這種說法的學者以Hugh Heclo（1978）為代表。藉由1970年代對於美國聯邦政府政策制訂過程的觀察，他注意到美國各個州政府角色的提升以及許多府際間遊說（intergovernmental lobby）活動的增加，也因此帶動許多利益團體參與聯邦政策過程的活動。所以，對他來說，政治系統是分權也是分殊的，這比鐵三角理論所描述的政策形成過程更為動態。他提出兩個重要概念，分別是議題網絡（issue networks）與技術政治家（technopols），內容如下：

一、議題網絡

(一)自發性的政策次級單位

他觀察1970年代美國聯邦政府政策制訂過程，發現利益團體、公私組織與一般民眾所結合的非正式聯盟有明顯增加的趨勢。這些團體針對某些政策議題（例如交通、治安或環境保護政策議題）彼此結合起來形成自

發性的政策次級單位（autonomous policy subunits）[7]，這些自發性的政策次級單位對於政策制訂過程產生極為重大的影響力。因為他們在某項政策領域（政策議題）有著共同的興趣而形成緊密的關係，所以稱之為議題網絡。

(二)議題網絡傾向於高度的流動性（highly fluid）或不穩定

議題網絡的擴充或是縮減完全要看議題本身所展現的吸引關注程度。當議題很吸引人，也有很多人關心這項政策議題，那麼便會有很多的個人或團體進入這個議題網絡。然而一旦政策問題被解決了，或是大家不再覺得新鮮，議題網絡的參與者便會很快地離開這個網絡。

(三)議題網絡的形成對於政策制訂的品質是有幫助的

可以歸納成以下兩點：

1. 議題網絡反映了民眾的一般性觀點（general sentiment）：這些民眾比較不受涉及意識型態的政黨認同限制，他們傾向認同以政策議題為導向基礎的政治。
2. 議題網絡提供了國會與行政機關更多的政策選項，所受的限制更少：政策議題的相關資訊會因為議題網絡的形成而變得更多元與豐富，所以國會與行政機關在選擇政策備選方案時，將會有更多的政策選項。所以，他們在政策制訂過程當中受到的限制將會比在政治鐵三角當中來得少。

二、技術政治家

雖然議題網絡理論建議政策過程當中應該要有許多影響政策的開放點（open points of influence within government），但是隨著公共政策複雜

---

[7] 稱之為次級單位是因為他們是這項政策形成過程的外圍組織而非主體，主體是擁有權威負責制訂政策的機構。

性越來越高，複雜的政策漸漸由議題網絡當中擁有專業知識的「技術政治家」所控制。由技術政治家所運作的議題網絡，截斷了民眾與政策過程之間的連結。Heclo認為，依賴專家的議題網絡在政治系統當中同時造成了「推」與「拉」的效果（push-pull effect）。也就是說，當公共政策的責任從聯邦政府與政治鐵三角手中被「推」離時（從集權與封閉轉換成分權與開放），過度依賴技術政治家卻將政策制訂過程「拉」得與民眾距離更遠，這似乎是民主政治的一項缺憾。

第四節　倡導聯盟架構

「倡導聯盟架構」（Advocacy Coalition Framework, ACF）的理論主要是由Paul A. Sabatier所提出來（Sabatier, 1988, 1999; Sabatier & Jenkins-Smith, 1993; Sabatier, 2007; Sabatier & Weible, 2007）。圖4-1就是Paul A. Sabatier不斷修正之後的倡導聯盟架構（Sabatier & Weible, 2007: 189-220）。

壹、政策制定是發生在政策次級系統

他認為政策制定是發生在政策次級系統（policy subsystem）（圖4-1的最右邊）。因為整體的政策系統是相對穩定，例如政策問題的基本特質、自然資源的分配、社會文化基本價值與社會結構，以及基本憲政結構。任何政策會改變，其實都是發生在政策次級系統內的行政機關所做的決策。

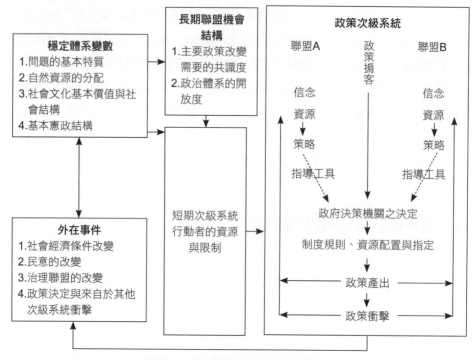

圖4-1　倡導聯盟分析架構圖

資料來源：Sabatier & Weible (2007: 202)

貳、創新政策的形成或既存政策的改變：政策次級系統內部倡導聯盟的運作

　　創新政策的形成或既存政策的改變，最主要是來自於政策次級系統當中倡導聯盟之間角力，有時候政策掮客[8]（policy broker）也會介入其

---

[8] 政策掮客指的是可以在不同的政策倡導聯盟之間促進意見的交流與整合的人。不同的倡導聯盟之間是一種競爭的關係，但是如果任何一個倡導聯盟的政策主張都無法獲得社會大眾的認可時，那麼彼此妥協讓步就成為最後的選擇。政策掮客可以扮演聯盟之間的媒介角色，協調不同意見，進而協助政策次級系統找到大家都可以接受的妥協方案。

中。請參閱**圖4-1**最右邊，如果倡導聯盟A所擁有的信念、所擁有的資源，以及策略上所使用的指導工具都明顯比倡導聯盟B要來得優勢，那麼政策決策機關所決定的政策將會符合倡導聯盟A的主張，因而形成創新政策或改變既存政策（當然，有時候在某一個政策次級系統當中的倡導聯盟可能超過兩個）（Sabatier & Jenkins-Smith, 1993）。扼要地說，倡導聯盟是指成員彼此有著共享信念（shared belief），在某一個政府特定政策議程出現時，大家會彼此協調各自的行為與活動，透過擁有的資源，善用合適的策略（指導工具的使用），與其他倡導聯盟相互競爭，希望能夠影響政策內容。倡導聯盟通常是由議員、利益團體、行政機關、政策研究者、媒體等所組成，他們在政策形成過程當中企圖施展影響力。

一、政策次級系統行動者的信念

政策次級系統的行動者擁有三個層次的信念：

(一)深層核心信念（deep core belief）

這種信念是屬於最核心的信念，具有規範面的特質，也就是說它牽涉到根深柢固的價值觀。它涵蓋大部分的各種政策次級系統（span most policy subsystems），也就是說不管這個政策次級系統是處理環境保護、教育、國防、產業發展、治安、農業政策等等，大家都共同擁有某一種深層的核心信念。例如：大家對於自由與平等二者的相對重要性都有一致的看法。

(二)政策核心信念（policy core beliefs）

它是從深層核心信念發展出來的信念，涵蓋「某一個」政策次級系統的全部（span an entire policy subsystem）。例如在某一個政策次級系統當中的成員對於政策問題產生的原因或是對於政策工具選擇的優先順序，都有他們共同的想法。如果我們舉環境保護政策次級系統為例，各個

倡導聯盟在政策工具的選擇上可能偏好經濟誘因的設計或偏好政府直接管制的設計。Sabatier認為這種信念是政策形成與變遷最關鍵的原動力。

(三)次級信念（secondary beliefs）

它是比較狹隘與枝節的信念。例如：對於某一個政策方案適用的法令或預算分配的看法。

不管在哪一種政策次級系統，凡是在同一個倡導聯盟裡面，成員如果共同擁有的信念越強（特別是政策核心信念），那麼倡導聯盟影響政策形成的力量將會越強。

二、政策次級系統行動者所擁有的資源

政策次級系統行動者可能擁有以下不同的資源：

(一)制訂政策的法定權威（formal legal authority）

某一個倡導聯盟如果擁有比其他倡導聯盟更多的成員位居制訂政策的法定職位，那麼該聯盟將擁有相當程度的優勢。這些職位包括行政官員、國會議員或是法官。

(二)民意（public opinion）

民意是倡導聯盟另一項資源。所謂民氣可用，所以倡導聯盟會想辦法抓住公眾的支持。當民意支持程度越高，掌握的籌碼越多。

(三)資訊（information）

倡導聯盟如果掌握充分的資訊，包括政策問題的嚴重性、問題的成因、備選方案的成本與利益等等資訊，那麼該倡導聯盟很容易可以提出具有說服力的辯證理由，讓決策者接受該聯盟所主張的政策，也可以吸引一般民眾的支持。

(四)能夠被動員的支持者（mobilizable troop）

倡導聯盟如果能夠動員一些與他們具有相同信念的關注大眾[9]（attentive public）參與政治活動，例如示威遊行、競選或是募款活動等等，則將會有優勢影響政府決策。

(五)財力資源（financial resources）

倡導聯盟如果擁有足夠的財力，就可以挹注資金到研究組織或智庫，來獲取重要的政策資訊；也可以資助政治人物參選議員或民選行政首長，獲得接近決策的重要位置；也可以購買廣告獲得民意支持或是推銷倡導聯盟的政策立場。

(六)技巧的領導（skillful leadership）

倡導聯盟如果擁有類似政策企業家技巧一樣的領導人物，那麼他們會很有效率地利用既有資源並吸引新的資源進入倡導聯盟，並且運用各種策略促使既有政策的改變。

三、策略：指導工具的運用

策略上，倡導聯盟可以運用不同的指導工具（guidance instrument）來影響政策的形成或改變（Sabatier & Pelkey, 1987: 242-245）。

1. 透過法令的權威（statutory authority），倡導聯盟的成員可以想辦法改變法令，進而引導政策的轉變。
2. 利用法院的判例（court decision），引用對自己聯盟有利的判例來增加說服力。
3. 利用預算審核（budget review），透過各種途徑改變預算分配成為倡導聯盟期待的方向，預算分配一旦改變，政策便會轉向。

---

[9] 特別關心公共事務的社會大眾。

4.政務官的任命（appointments），嘗試介入政務官的任命來改變政策方向。

5.外部人員的參與（participation by outsiders in agency decisions），想辦法召開公聽會或是透過各種方式參與行政機關決策。

6.政策評估研究的發表（publication of evaluation studies），倡導聯盟可以適時地發表有利於該聯盟政策主張的政策評估研究報告。

第五節　斷續均衡理論

壹、特別關注政策的改變或是政策的變遷

斷續均衡（punctuated equilibrium）這套理論主要是Frank Baumgartner、Bryan Jones、James True等人所提出來的。同樣是詮釋政策形成的過程，但是它特別關注政策的改變或是政策的變遷[10]。它嘗試回答的問題是：政策為什麼改變？如何改變？

貳、過去解釋政策改變的主流觀點：漸進調適主義

過去在政策研究領域回答政策為什麼改變？如何改變？大都基於Charles Lindblom（1959）所提出的漸進調適的觀點（incrementalism）。Charles Lindblom認為因為時間與（或）政治的限制，決策者很難明確界定政策目標，所以很難以廣博的分析來搜尋政策備選方案，只能依循過去的決策經驗為基礎，逐步且片段地修改政策。Aaron Wildavsky（1966）運

---

[10] 其實，更準確地說，他們認為他們的理論可以同時解釋政策穩定停滯（stasis）與劇烈的變化（rapid change）兩種現象（True, Jones, and Baumgartner, 2007）。

用這個觀點詮釋美國聯邦政府預算，發現預算的編列的確是片段修正，年度與年度之間差異不大。於是，漸進調適主義就成為解釋政策呈現穩定狀態的主要模型。

參、批評漸進調適主義

漸進調適主義雖然可以解釋政策穩定，但是政策不會一直都是片段修正，漸進調適的。Frank Baumgartner與Bryan Jones（1993）批評漸進調適主義並沒有辦法解釋為何政策會激烈地改變。他們認為，政策改變的步調並非總是固定節奏（constant）或是線性（linear）的。他們觀察美國很長一段期間內，媒體報導的論調（tone）以及在幾個政策議題之下國會立法的相關活動。他們發現，某些期間的政策過程的確穩定，這符合漸進調適觀點；但是有些期間的政策過程卻是會快速與明顯的改變。他們將政策明顯變化（遽變或是快速變化）的現象稱之為斷續（punctuation），也就是中「斷」了過去連「續」且穩定的政策（中斷了過去舊的均衡點）；雖然中斷了過去連續且穩定的政策，但是政策仍然會移動至另外一個「均衡」點（equilibrium）（新的均衡點）而穩定下來（Jones & Baumgartner, 2005; True, Jones, and Baumgartner, 2007）。因為具有這種特色，所以這套理論才叫做「斷續均衡」理論[11]。

肆、政策為什麼遽變？

然而問題是：到底是什麼因素中斷了過去政策的均衡點，遽變至另一個均衡點？是什麼樣的力量搗亂了漸進調適的政策過程，並加速政策制訂方向的驟然移轉？Frank Baumgartner與Bryan Jones認為，那是因為某

---

[11] 國內應用斷續均衡理論的個案研究不少，可參考葉峰谷（2013）。《公共政策制訂過程的均衡與斷續：以毒奶粉處理事件為例》。台北：致知學術出版社。

個或某些政策次級系統崩潰所導致。在解釋政策次級系統為何會崩潰之前，我們需要先瞭解一下幾個他們所界定的概念，然後再一一將這些概念串起來（內容有點抽象，請讀者耐心閱讀）：

一、政策次級系統與總體政治系統

　　首先他們將政治系統區分為「政策次級系統」與「總體政治系統」（macropolitical system）兩種。這裡所說的政策次級系統就是指不同的政策領域（policy areas），例如環境保護、經濟發展、教育、農業、勞工、外交、國防等等都是不同的政策領域，這些政策次級系統組成分子包括擁有正式權威的行政主管機關、特殊的利益團體（special interest groups）、專家、媒體等等。而總體政治系統指的是美國國會或總統層級的政治場域（venue）。

二、接續處理與平行處理

　　基於Simon（1947）有限理性（bounded rationality）的觀點，他們認為總體政治系統就像是人類（human）一樣只具備有限理性，無法在同一個時間點同時處理他們所面對的所有重要議題，而只能一次處理一項或是少數幾項重要的問題，處理完之後再接續處理其他問題，這種處理方法稱之為「接續處理」（serial processing）。例如國會無法在同一個時間點處理很多議案，所以必須要排定議程，一件一件來；總統也是如此，他一個人沒有辦法同時處理所有重要的大事。而相對於接續處理的是「平行處理」（paralleling processing），所謂平行處理是指可以在同一個時間點處理很多事情，這些平行處理的工作就是各種政策次級系統平常在做的事。也就是說，在同一個時間點，教育政策次級系統處理他們自己的教育政策議題、國防政策次級系統處理他們自己的國防政策議題、環境保護政策次級系統處理他們自己的環境保護政策議題等等。

三、政策壟斷次級系統

因為總體政治系統只能接續處理重大的議題，所以在平時，政策次級系統就成為總體政治系統可以仰賴同時平行處理各種政策議題的機制（Jones, 1994）。各種不同的政策議題可以同時在單一且不同種類的政策次級系統當中被平行處理。通常這些政策次級系統是一種結構性的安排（structural arrangement），由一小群對這項政策有高度興趣的人或專家掌握政策制訂過程的權力。當某一個政策次級系統完全被某一種單一利益所掌控（dominated by a single interest）的時候，也就是說這個政策次級系統所追求的利益單一化，成員之間並無不同意見的衝突時，則這個政策次級系統就可以稱為政策壟斷次級系統（policy monopoly）。

四、政策改變的時機

但是有時候某個或某些政策次級系統平行處理的機制會崩潰，這個時候政治系統就必須透過主要包括總統與國會在內的總體政治系統出面，以接續處理的方式來解決政策次級系統崩潰的問題，政策大幅度改變或變遷通常出現在這個階段。

五、為什麼政策次級系統平行處理的機制會崩潰？

(一)政策議題的定義改變

只要政策議題的定義（issue definition）不改變，則這項政策議題之下的政策次級系統是不會改變的，政策也就會穩定。但是，當這項政策議題的論調以及定義改變時，它就能引導大眾對於這項政策議題關注程度（the level of attention）的改變，醞釀了這項政策議題的形象（image）以及制度性場域的改變（institutional venue）（例如過去決定這項政策的制度性權力機構，如國會的某個常設委員會、某個行政機關以及利益團體）。

簡單地說，議題定義的改變將會改變政策次級系統的結構安排，打破政策壟斷次級系統，並為政策激烈的改變鋪路。通常，政策議題的定義與政策形象之所以會改變，是因為發生危機或是政策企業家引導社會大眾的注意。例如1950年代美國民眾對於核電的形象是肯定的，它是乾淨且便宜的能源。政策壟斷次級系統也在這種核能正面形象之下形成，並從中獲利（這個次級系統包括政府管制機構以及許多核能產業）。但是，當美國三哩島事件發生之後，核電的形象整個翻轉。大家對於核能關注的高強度以及核能政策定義的完全改變（轉變成為：核能是危險而且對於環境有重大危害），這種改變讓總體政治系統不得不帶進不同的決策團體進去原先的政策壟斷次級系統，於是便打破了原來的政策壟斷次級系統。最終的結果就是政策從原來對於核能發電的認可，改變至突然撤走核能發電的經費。

(二)負向回饋消失與正向回饋的出現

1.負向回饋（negative feedback）

當某項政策問題或議題被提出，如果被排除於政策壟斷次級系統之外的政策利害關係人保持沉默，那麼政策壟斷次級系統就能維持原狀，使得政策僅會出現小幅度的改變，這種現象就稱之為負向回饋（True, Jones, and Baumgartner, 2007: 159）。所以，負向回饋代表著政策壟斷次級系統可以繼續穩定地壟斷這個政策領域。

2.正向回饋（positive feedback）

當政策壟斷次級系統面對外在環境要求改變的壓力夠大的時候，過去沒有涉入的政治行動者與政府機構便會積極干預這個次級系統。一般來說，「夠大的壓力」是來自於原來的政策形象（policy image）有了實質上的改變。而當政策議題被重新界定、新的政策面向變得很鮮明，或是新的政策行動者認為他們對於政策議題可以展現權威加以改變時，政策巨幅改變的機會就會出現，這就是所謂的正向回饋（True, Jones, and Baumgartner, 2007: 159）。

　　True、Jones與Baumgartner（2007: 160-161）進一步利用美國聯邦政府積極介入犯罪防制的政策為例說明正向回饋的現象。1960年代末期之前，美國聯邦政府只是中度地介入犯罪防制政策。但是當美國總統Lyndon Johnson提出一些補助方案來協助州政府與地方政府從事犯罪防制，美國國會在1968年通過Omnibus Crime Control and Safe Street Act（加強犯罪防制的綜合法案），結果從1969～1972年之間，美國聯邦政府在犯罪防制的預算增加了2倍。為何如此？的確，在當時，犯罪率一直上升，但是更重要的是當時民眾不安的感覺不斷地升高，因而引起一般人與政府官員關注犯罪的問題。當時，三種重要現象同時出現：第一，媒體報導犯罪的版面增加；第二，越來越高比例的美國人認為犯罪問題是美國面臨最重要的問題；第三，國會針對犯罪問題所舉行的聽證會增加許多。用John Kingdon的詞彙來說，機會之窗已經打開，美國聯邦犯罪防制政策在當時因為正向回饋而產生非常大的轉變。然而，過了這段期間之後，以上三種趨勢通通滑落，於是犯罪防制政策從總體的政治系統又回了政策次級系統。所以，正向回饋代表著某項政策將會因為總體政治系統出面處理而出現重大改變，過去穩定且連續的政策將會中斷（punctuated），但是當社會的注意力轉向或減弱時，這項政策又會回到平行處理的政策次級系統，並漸漸形成另一個穩定均衡的政策壟斷次級系統。

第六節　敘事政策架構

壹、什麼是敘事政策架構（Narrative Policy Framework, NPF）

　　Michael D. Jones、Mark K. McBeth和Elizabeth A. Shanahan可以算是「敘事政策架構」這套理論的代表人物。Michael D. Jones在2018年於*Policy Studies Journal*以「敘事政策架構」為專刊的序文當中，利用兩段

文字描述相同的一個人，但是這兩段文字所凸顯這個人的特質重點並不相同，因此給人的印象也不會相同。他利用這個例子來說明敘事政策架構的意涵。

第一段：我出生於加州，我有五個姐姐，一個哥哥，但是這些兄弟姊妹當中沒有任何一個人跟我有相同的父親或母親。你一定覺得我的童年很艱苦。我經常搬家，有時候在寄養家庭，有時候在中途之家，經常被學校退學，我也販賣毒品，也吸食毒品，我同時也是暴力的受害者與加害人，最後我進入青少年感化院。出來之後，我搬到愛達華州。很快地，我變成一位單親家庭的父親，我兒子的媽媽吸毒而不顧家庭，後來進入監牢。儘管環境艱困，但是我不屈不撓。我努力地在一家影印店做大夜班工作，一週工作超過四十個小時，並且進入學校當全職學生。雖然花了一些時間，但是不久之後，我努力唸書完成博士學位，然後進入哈佛大學從事博士後研究。我現在是一位專職的教授，我自力更生地把自己撐起來，成為現在的我！

第二段：我出生於加州，我有五個姐姐，一個哥哥，但是這些兄弟姊妹當中沒有任何一個人跟我有相同的父親或母親。你一定覺得我的童年很艱苦。我經常搬家，有時候在寄養家庭，有時候在中途之家，經常被學校退學，我也販賣毒品，也吸食毒品，我同時也是暴力的受害者與加害人，最後我進入青少年感化院。出來之後，我搬到愛達華州。很快地，我變成一位單親家庭的父親，我兒子的媽媽吸毒而不顧家庭，後來進入監牢。儘管環境艱困，但是我很幸運。我接受政府撥發的食物券、房屋與日間照顧津貼（照顧我兒子）與學生貸款。一路走來，我受惠於許多來自於他人的輔導與仁慈對待。雖然花了一些時間，但是不久之後，我終於獲得博士學位，因此而進入哈佛大學從事博士後研究。我現在是一位專職的教授，如果沒有大家的協助與幫忙，不可能成就現在的我！

這兩段的文字數幾乎相同，第一段強調個人選擇，利用各種證據來支持這個人的英雄角色來實現他的人生；第二段強調社會結構的因素，忽

略個人選擇，利用證據去強調其他因素的重要性，將過去幫助過他的人當作是英雄。Michael D. Jones說，上述兩個故事都沒有錯，但是它們利用截然不同的方式描述這一個人。不管你相信哪一個故事，不管你帶著哪一個故事看待這個世界，你相信的這個故事就會指導你日後的任何行為（行動）。所謂的「敘事政策架構」就是研究上述這種現象（說故事）所扮演的角色；因為敘事政策架構關心的是政策，所以它觀察的焦點特別放在這些現象如何產生新的公共政策？或是讓原有的政策改變（Jones, 2018）？用更正式的方式來定義，「敘事政策架構」這套理論的核心概念在於：政治系統當中的行動者（actors in the political system），如何利用環繞在某一項政策周邊的故事或敘事（stories or narratives），顯著地影響公共輿論並引發政策改變。所以，影響政策形成的重要因素是政策背後被描述的那一個故事的精彩程度（說服別人的程度）！敘事政策架構這套理論認為，我們可以利用實證與量化的方式來研究環繞在政策周圍的各種故事（story）、符號（symbol）與意象（image），這些研究結果可以提供給我們關於政策如何改變以及為何改變的相關知識。

貳、敘事政策架構的前提（assumptions）

符合以下五種前提才叫做敘事政策架構（以下以NPF簡稱）：

一、政策實體的社會建構（social construction of policy realities）

NPF接受獨立於人類感知之外有一個客觀的世界（實證論）的這種看法；但是NPF也假定實體的重要部分並非完全如它所呈現的那麼客觀真實，而是人們相信這個實體是什麼，那麼它就會是什麼（NPF assumes that the important part of reality is not so much what is, but rather what people believe something means）。簡單地說，NPF聚焦在人們用來解釋與定義這個世界的社會建構。

二、有限的相對性（bounded relativity）

　　雖然人們對於無數的客觀事物所詮釋的意義種類非常多，變異性也存在，但是這些詮釋意義的範圍既不是毫無界線，也不是隨機的。在能力上來說，人們各式各樣的解釋能力其實是有限的。而人們也會想辦法讓他們針對這個世界所做的瞭解井然有序，換言之，人們會發現或是創造一些系統性的方式來詮釋這個世界。既然如此，針對這個世界所做的詮釋就不會是毫無界限範圍，所以，強調相對性的社會建構內容之變異程度就會很有限。

三、敘事有能夠通則化的成分（narrative have generalizable components）

　　例如NPF的型態當中的劇情或人物角色，在各個敘事政策的背景，都可以被認定、數量化與比較，所以，可以被通則化。

四、三種層次的分析

　　NPF可以做三種不同層次的分析，首先，微觀（micro）：分析政策敘事如何影響個人層次的意見？其次，中層（meso）：分析政策敘事可以影響團體層次的意見？例如政策敘事長時間會影響在次級系統當中的信仰與意見的發展，倡議聯盟就可以用政策敘事來擴充或縮小聯盟的大小來達到政策的改變。最後，宏觀（macro）：分析政策敘事如何長時間影響對於整個社會或制度？

五、人類都會受敘事影響（Homo narrans model of the individual）

　　敘事內容（narrative）關鍵性地影響個人如何處理訊息、如何溝通以及如何推理。

參、政策敘事的型態（policy narrative form）與內容（policy narrative content）

NPF通常會描述故事的型態（form）與內容（content）。所謂型態是指故事的結構（structure），而內容指的是政策脈絡（policy context）與主題（subject matter）。雖然從後實證途徑的角度來看，任何政策背後的故事之「型態」與「內容」都有它們的單一獨特性，無法通則化推論。但是NPF則認為，首先，政策背後的故事「型態」並不是單一獨特性，它都可以被推論至其他的時間與空間，換言之，任何一個政策敘事的背後故事都有情境、人物、劇情與寓意等四種型態都可以被挑出來。

其次，至於政策背後的故事「內容」，NPF則認為，雖然不見得像前面所說的故事型態那麼明確地可以從一項政策推論至另一項政策，但是故事內容的變異程度（variation）卻是可以從不同政策的敘事策略（narrative strategies）與信仰系統（belief system）被觀察出來。換言之，NPF提出「策略」與「信仰系統」這兩種途徑來減緩政策敘事內容的變異性，增加NPF的通則化程度。

一、政策敘事的型態

就政策敘事的型態來說，NPF聚焦在四個政策敘事的核心要素（four narrative core elements）：

(一)情境（setting）

政策敘事會跟政策問題有關，也會跟這個政策問題所身處的特定政策脈絡有關，例如憲政或法律體制、地理區位、經濟狀況、道德規範，或其他社會狀況，這就好像舞台劇的擺設與背景一般。

(二)人物（characters）

政策敘事必須至少有一位人物或角色。就像一個好的故事，有受害

者（victims，因為政策問題而受害的人）、有加害者（villains，政策問題產生的一方）、也要有英雄（heroes）出現來拯救受害者或解決問題。

(三)劇情（plot）

劇情指的是就是上述人物所建立的角色關係，以及這些人物與情境（政策脈絡背景）之間的連結，並呈現彼此之間的因果關係。

(四)寓意（moral）

就是政策解決方案，它給予劇中人物（英雄）採取行動的誘因與目的。

二、政策敘事的內容（policy narrative content）

如前所述，每一個政策背後的故事內容會隨著不同的政策特質而有變異（因為社會建構的緣故），雖然如此，但是NPF認為：人們「決定什麼事情代表什麼意義」的能力相當有限，也就是說社會建構的範圍是有限的，因為人們的信仰範圍有限，人們面對可供選擇的方案有限。在這種情況之下，政策敘事內容的變異程度就相對有限。截至目前為止，NPF建議可以利用「信仰系統」與「策略」這兩個層面來通則化不同政策敘事的內容。

(一)信仰系統（Jones and McBeth, 2010: 341-342）

首先，NPF認為，在美國可以觀察黨派性（partisanship）與意識形態（ideology）。前者是共和黨與民主黨，後者是左派與右派，他們在政策立場上有固定的偏好，並且彼此不同。因此即使在不同的政策敘事內容，都可以簡化至黨派性與意識形態的差異。

其次，NPF認為，文化理論（cultural theory）測量信仰系統是以「人們喜歡與團體互動的程度」以及「預期這些團體會限制個人信仰與行為的程度」這兩個面向，然後將個人區分為四種類型：分別是：宿命型

（fatalist）、主導型（hierarch）、個人主義（individualist）、平等主義者（egalitarian）。不同的政策敘事內容可以依循文化理論當中的這項分類，通則化解釋屬於不同信仰系統的人所擁有不同的政策偏好與意見。

(二) 策略（Shanahan et al., 2018）

政策敘事策略是被用來影響政策的過程，目前NPF聚焦觀察三種策略以減少政策敘事內容的變異性。首先，衝突的範圍（scope of conflict）：NPF學者研究發現，政策敘事會採用擴大或縮小政策議題範圍的策略，如果政策敘事描繪他們自己是敗方，他們的策略將會是希望擴大衝突的範圍；如果政策敘事描繪他們自己是勝方，他們的策略將會是縮小議題至維持現狀。

其次，因果關係的機制（causal mechanism）：因果關係的機制是指策略性地安排敘事內容，來歸咎某項政策問題存在的責任。NPF以 Stone（2012）所提的四種因果理論為基礎，包括因為故意所造成的政策問題（intentional）、因為怠慢與輕忽所造成的政策問題（inadvertent）、因為天災意外所造成的政策問題（accidental）、因為機械式的原因所造成的政策問題[12]（mechanical）。也就是說，敘事內容所描繪的政策問題因果關係可以簡化歸類為這四種。

最後，魔鬼與天使的移動（devil-angel shift）：「魔鬼的移動」（devil shift）是指敘事內容會出現政策行動者（policy actors）以誇張的手法宣染對手的惡毒動機、行為與影響。反過來說，「天使的移動」（angel shift）是指敘事內容會出現政策行動者強調他們有能力來解決問

---

[12] 機械式因果關係指的是人們的行為究竟是自發或是被驅使（就像機械一樣，究竟是哪個零件控制哪個零件）？Stone舉了營養失調的例子，她說營養失調這項政策問題有幾種不同的因果論述：第一，是因為人們不知道如何適當地飲食（有意的行為，但是無意的結果）。第二，人們把買食物的錢去買了啤酒與垃圾食物（有意的行為，也是預期的結果）。第三，因為廣告的關係，人們被操控地去吃垃圾食物。

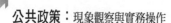

題，而且不去強調加害人（引發問題的人）。NPF測量魔鬼與天使的移動就是在比較敘事者A認定另一方（反方）的敘事者B為加害人的程度比較高呢？還是敘事者A認定自己為英雄的程度比較高？

肆、研究案例

我們舉Melissa K. Merry在2018年*Policy Studies Journal*「敘事政策架構」專刊當中發表的研究結果作為例子來加以說明[13]（Merry, 2018）。她以2008～2017之間，美國「贊成管制槍枝團體」（9個團體）與「支持擁有槍枝權利團體」（6個團體）在臉書上的58,000個貼文內容作為NPF的實證分析對象。她檢視兩類立場不同團體如何描繪受到槍枝暴力的受害者（NPF型態當中的人物——characters），特別是針對受害者的種族與年紀；她也檢視兩類立場不同團體所強調的槍枝暴力種類（例如謀殺、自殺、大規模濫殺、自我防衛槍殺）（NPF型態當中的情境——setting）。

她透過內容分析的實證研究發現，「贊成管制槍枝的團體」透過強調兒童受害者以及大規模濫殺來擴大議題爭議的範圍；而「支持擁有槍枝權利的團體」也是採取類似的策略，不過比較強調自我防衛的槍殺。儘管根據過去統計資料顯示，槍枝暴力主要跟美國的少數族群密切相關（受害者或是行兇者有相當比例是屬於非裔美國人男性與拉丁裔美國人男性），而大規模濫殺的行兇者大部分是白人男性；使用槍枝致命最高比例的是自殺（63.5%），其次是一般謀殺（32.6%），至於大規模濫殺的槍枝暴力的發生比例相對較少。但是這兩種不同立場的團體卻很少在貼文內容當中談到種族議題，也很少談到槍枝致命比例最高的自殺議題。

作者認為這兩個團體所採用的策略是利用所謂的「鄰近類似性」（proximity），也就是讓人們覺得大家跟受害者在各方面都很類似與接

---

[13] 在當期的期刊論文總共有10篇關於敘事政策架構的實證研究論文，有興趣的讀者可以閱讀參考。

近，或是讓人們覺得大家所面臨的處境都很類似與接近；同時，也強調被害者在社會大眾眼中是被正面社會建構出來的（positively constructed victims）（兒童是善良且必須受到保護）。利用這兩種敘事內容來擴大議題與衝突的範圍，以吸納更多的支持者。Merry認為這兩個立場不同的團體扭曲了美國槍枝管制政策問題的本質，槍枝暴力明明跟少數族群有關，敘事內容卻閃躲；大規模濫殺的槍枝暴力發生比例明明相對較低，但是贊成管制槍枝的團體所表達的敘事內容卻有相當高的頻率談到它。雙方團體為了影響民眾或支持聯盟的支持度，都不願正面碰觸而編織了一套與事實有所差距的敘事內容。

伍、小結

任何政策設計的內容都是從社會實體（reality）當中建構出來的（後實證途徑），而量化方法論是很適合用來描述這個社會實體是怎麼樣（how）被決策者使用（或濫用）來尋求政策改變（Smith and Larimer, 2017: 87）。NPF可以說是新實證途徑（neo-positivist approach），一個系統性與科學性的途徑來瞭解實體世界的社會建構（Shanahan et al., 2013: 455）（A systematic, scientific approach to understanding the social construction of reality）。

參考書目

葉峰谷（2013）。《公共政策制訂過程的均衡與斷續：以毒奶粉處理事件為
例》。台北：致知學術出版社。

羅清俊（1998）。〈分配政策研究的發展與應用〉。《人文及社會科學集刊》，
10(4)，575-609。

Ackerman, Bruce A., and William T. Hassler (1980). Beyond the New Deal: Coal and the Clean Air Act. *Yale Law Journal, 89*(8), 1466-1571.

Baumgartner, Frank R., and Bryan D. Jones (1993). *Agendas and Instability in American Politics*. Chicago: University of Chicago Press.

Berry, Jeffrey M. (1977). *Lobbying for the People*. NJ: Princeton University Press.

Dahl, Robert A. (1961). *Who Governs? Democracy and Power in an American City*. New Haven: Yale University Press.

Edelman, Murray (1964). *The Symbolic Uses of Politics*. Urbana, IL: University of Illinois Press.

Heclo, Hugh (1978). Issue networks and the executive establishment. In Anthony King (ed.), *The New American Political System*, 87-124. Washington, D.C.: American Enterprise Institute.

Jones, Bryan D. (1994). *Reconceiving Decision-Making in Democratic Politics: Attention, Choice, and Public Policy*. Chicago: University of Chicago Press.

Jones, Bryan D., and Frank R. Baumgartner (2005). *The Politics of Attention: How Government Prioritizes Problems*. Chicago: University of Chicago Press.

Jones, Charles O. (1975). *Clean Air: The Policies and Politics of Pollution Control*. Pittsburg, PA: University of Pittsburg Press.

Jones, Michael and Mark K. McBeth (2010). A Narrative Policy Framework: Clear Enough to Be Wrong? *Policy Studies Journal, 38*(2), 329-353.

Jones, Michael (2018). Advancing the Narrative Policy Framework? The Musings of a Potentially of a Potentially Unreliable Narrator. *Policy Studies Journal, 46*(4), 724-746.

Krasner, Stephen D. (1984). Approaches to the State: Alternative conceptions and historical dynamics. *Comparative Politics, 16*(2), 223-246.

Lindblom, Charles E. (1959). The science of "muddling through". *Public Administration Review, 19*(2), 79-88.

Lowi, Theodore J. (1979). *The End of Liberalism*. New York: W. W. Norton.

McFarland, Andrew S. (1976). *Public Interest Lobbies: Decision Making on Energy*. Washington, D.C.: American Enterprise Institute.

McFarland, Andrew S. (1983). Public interest lobbies versus minority faction. In Allan J. Cigler and Burdett A. Loomis (eds.), *Interest Group Politics*. Washington, D.C.: Congressional Quarterly Press.

McFarland, Andrew S. (1987). Interest groups and theories of power in America. *British Journal of Political Science, 17*(2), 129-147.

McFarland, Andrew S. (1992). Interest groups and policymaking process: Sources of countervailing power in America. In Mark P. Petracca (ed.), *The Politics of Interests: Interest Groups Transformed*. CO: Westview Press.

McConnell, Grant (1966). *Private Power and American Democracy*. New York: Knopf.

Merry, Melissa (2018). Narrative Strategies in the Gun Policy Debate: Exploring Proximity and Social Construction. *Policy Studies Journal, 46*(4), 747-770.

Mitchell, Robert Cameron (1984). Public opinion and environmental politics in the 1970s and the 1980s. In Vig J. Norman and Michael E. Kraft (eds.), *Environmental Policy in the 1980s: Reagan's New Agenda*. Washington, D.C.: Congressional Quarterly Press.

Nadel, Mark V. (1971). *The Politics of Consumer Protection*. IN: Bobbs-Merrill.

Niskanen, William A. (1971). *Bureaucracy and Representative Government*. Chicago: Aldine, Atherton.

Nordlinger, Eric A. (1981). *On the Autonomy of the Democratic State*. Cambridge, MA: Harvard University Press.

Olson, Mancur, Jr. (1965). *The Logic of Collective Action*. MA: Harvard University.

Ornstein, Norman J., and Shirley Elder (1978). *Interest Groups, Lobbying, and Policymaking*. Washington, D.C.: Congressional Quarterly Press.

Peterson, Paul E., B. Rabe, and Kenneth Wong (1986). *When Federalism Works*. Washington, D.C.: Brookings Institution.

Sabatier, Paul A. (1988). An advocacy coalition framework of policy change and the role of policy-oriented learning therein. *Policy Sciences, 21*, 129-168.

Sabatier, Paul A. (1999). *Theories of the Policy Process*. Boulder, CO: Westview Press.

Sabatier, Paul A. (2007). Fostering the development of policy theory. In Paul A. Sabatier (ed.), *Theories of the Policy Process*, 321-336. Boulder, CO: Westview Press.

Sabatier, Paul A., and Hank C. Jenkins-Smith (1993). *Policy Change and Learning: An Advocacy Coalition Approach*. Boulder, CO: Westview Press.

Sabatier, Paul A., and Neil Pelkey (1987). Incorporating multiple actors and guidance instruments into models of regulatory policymaking: An advocacy coalition framework. *Administration and Society, 19*(2), 236-263.

Shanahan, Elizabeth A., Michael D. Jones, Mark K. McBeth, and Ross R. Lane (2013). An Angel on the Wind: How Heroic Policy Narratives Shape Policy Realities. *Policy Studies Journal, 41*(3), 453-483.

Shanahan, Elizabeth A., Michael D. Jones, Mark K. McBeth, and Claudio M. Radaelli (2018). The Narrative Policy Framework. In Christopher M. Weible and Paul A. Sabatier (eds.), *Theories of the Policy Process*, 173-213. Boulder, CO: Westview Press.

Simon, Herbert A. (1947). *Administrative Behavior*. New York: Free Press.

Smith, Kevin B., and Christopher W. Larimer (2017). *The Public Policy Theory Primer (3rd ed.)*. Boulder, CO: Westview Press.

Stigler, George J. (1975). *The Citizen and the State: Essays on Regulation*. Chicago: University of Chicago Press.

Stone, Deborah (2012). *Policy Paradox: The Art of Political Decision Making (3rd ed.)*. N.Y.: W. W. Norton Company.

True, James L., Bryan D. Jones, and Frank R. Baumgartner (2007). Punctuated-Equilibrium Theory: Explaining Stability and Change in American Policymaking. In Paul A. Sabatier (ed.), *Theories of Policy Process*, 155-187. Boulder, CO: Westview Press.

Truman, David B. (1951). *The Governmental Process*. New York: Knopf Press.

Vogel, David (1989). *Fluctuating Fortunes: The Political Power of Business in America*. New York: Basic Books.

Walker, Jack L. Jr. (1991). *Mobilizing Interest Groups in America: Patrons, Professions, and Social Movements*. MI: University of Michigan Press.

Wenner, Lettie Mc Spadden (1982). *The Environmental Decade in Court*. Bloomington:

Indiana University Press.

Wildavsky, Aaron (1966). The political economy of efficiency: Cost-benefit analysis, systems analysis, and program budgeting. *Public Administration Review, 26*(4), 292-310.

Wildavsky, Aaron (1984). *The Politics of the Budgetary Process*. Boston: Little, Brown.

Wilson, James Q. (1980). *The Politics of Regulation*. New York: Basic Books.

Chapter 5

決　策

　　公共政策是在國家強制力為後盾之下所做的選擇，所以公共政策這個學門也可以說是在研究決策（decision making）。早期有許多政策學者投入決策的研究，在這個研究議題上，以政策現象觀察的研究是在瞭解政府的決策到底是如何做成的？而政策實務操作的研究則是提出一些決策的理論與方法來協助政府做出好的公共政策。

　　在本章的第一節，我們討論以觀察政策現象為目的的研究是如何描述與解釋政府決策現象？在第二節當中，我們討論理性途徑所主張的政策實務操作之決策理論與方法，第三節則是討論後實證途徑針對這些理性決策方法的批評。儘管後實證途徑對於理性決策方法提出許多批評，但是他們在實務操作上並沒有相對地提出積極的主張或建議。

　　大家在閱讀本章時，請特別留意一下。因為政策現象觀察的研究所解釋的各種決策現象包含了「理性決策」，這個理性決策當然就是所謂的經濟理性。但是政策現象觀察的研究只是描述與解釋這種決策過程的特質與現象，這並不等同在政策實務操作研究當中，理性途徑引介理性程序與方法所做決策。前者是闡述事實，後者是提供實務操作技術，請讀者務必區分這兩者之間的差別。

第一節　決策的特質與現象：政策現象觀察的研究

壹、企圖達成完全理性的決策，但是無法達成

　　完全理性就是掌握充分的資訊做出決策，這當然是政府企圖達成的目標。早期的政策學者也嘗試利用完全理性來解釋政府決策，但是因為沒有任何一項公共政策的決策可以達成完全理性，所以這種解釋徒勞無功。無法達成完全理性的原因有兩個，首先是政治上的理由（political）。民眾通常期待政府立即解決問題，因此壓縮了決策者的

處理時間以及限制了決策者理性搜尋決策的能力。其次是實務上的理由（practical）。大部分的政策議題都非常複雜，因為人類認知能力的限制，所以無法做成理性的決策。

貳、有限理性

一、Herbert Simon提出有限理性的看法

他在1947年的著作《行政行為》（*Administrative Behavior*）一書當中闡述政策選擇如何做成。他說人類並不是完全理性的行動者（completely rational actors），而是侷限在認知與環境的限制之中。政策行動者在做決策時，並沒有擁有完整的資訊，所以也就沒有辦法澈底地從事成本利益分析。實際上，決策者一直都是在妥協與適應實際的環境。

二、Simon認為完全理性是不可能達成的

Simon認為，基於三個原因，所以完全理性是不可能達成的：第一，人類對於政策後果的知識是暫時性的（temporary，也就是說這項知識是不確定的）：理性需要完整的知識來預測每一個政策選擇所產生的結果，然而人類對於政策後果的知識是暫時性的。第二，利益[1]很難預估：因為政策結果發生在未來，在缺乏經驗的情況之下，不得不利用想像力將一些利益項目依附在這些政策後果的預估上，但是利益不可能完美地被估計出來。第三，有限的方案數量：理性是需要在所有可能的備選方案當中做選擇，但是決策者實際上只能搜尋到少數方案，並在這些少數可能方案當中做考慮。

---

1 Simon的原稿是用價值（value）這個字，因為我擔心讀者會想像成包含主觀判斷的「價值」，所以我改用利益（比較偏向物質上的價值）這個詞彙。

三、有限理性

既然如此，決策者到底如何做決策？Herbert Simon稱之為有限理性的決策。也就是說，人類企圖要達成理性（intendedly rational），但是因為認知上的限制（cognitive limitations），所以決策行為看起來並非完全理性。

四、滿意的決策

決策者在各種限制之下所做成的決策，雖然不是最好的（completely optimal），但是在各種條件限制之下來說算是夠好的（good enough），所以稱之為滿意的決策（satisficing）。

五、實質理性與程序理性的差別

(一)完全理性就是實質理性（substantive rationality）

就是經濟學所說的，人類擁有充分的資訊做決策，有能力將所有備選方案的成本利益賦予不同的權重，並加以排序以利最後決策的產生。

(二)有限理性就是程序理性（procedural rationality）

這個概念是來自於認知心理學（cognitive psychology）。人類因為心智能力的限制，所以影響處理資訊的能力，進而影響了比較各種不同備選方案好壞的能力。程序理性意味著決策者在處理資訊時會依賴心智上的捷徑（mental shortcut）。當決策者碰到新的問題時，他不會搜尋新的解決方案，他會將新的問題連結到既存的問題，然後用既存的方案加以解決。

六、有限理性並非不理性

(一)不理性（irrationality）

從經濟學的觀點，所謂不理性是指缺乏一致的偏好。

(二)有限理性

　　決策者雖然追求理性受到限制，但是他們理性的意圖仍然存在，表現出來的依然是目標導向的行為。換言之，決策者的偏好是一致的，所以有限理性並非不理性，差別只是理性程度的差異而已。決策者因為環境的限制而不符合最理想狀態的理性決策者，但是他們仍然有能力做出「逼近」理性的決策。

參、漸進調適主義或是片段主義

一、Charles Lindblom所提出

　　Lindblom（1959）直接應用了Herbert Simon有限理性的概念來研究公共政策的決策。他認為決策者並不是從事廣博理性的方式來更新公共政策，決策是透過「顛顛簸簸」（muddle through）的方式，從過去既存的政策當中所做的小改變。決策者之所以會如此，那是因為決策者受限於時間、財力以及心智能力，所以只能藉助於過去的經驗，以過去的決策為基礎，片片斷斷地來改變。

二、樹根與枝葉的差異

　　Lindblom利用樹根（root）與枝葉（branch）的差異來區分理性決策與漸進調適的決策。

(一)樹根

　　1.理性的決策：樹根的成長很像理性的決策，因為理性的決策是將每一個決策視為彼此獨立的事件，就像是樹根的成長，每一條樹根都是獨立紮在地底下生長。

　　2.將目標與手段區分開來：決策者先決定要達到什麼目標，然後再決定採取最好的手段來完成目標。

(二)枝葉

1. 漸進調適的決策：枝葉的成長很像漸進調適的決策，因為漸進調適的決策將任何一個決策視為過去決策的延續，就像是枝葉的成長，末端的枝葉一定是前端枝葉所延續出來的。

2. 目標與手段的混合：決策是一種「連續性的有限比較」（跟過去的決策做比較，successive limited comparison）過程，每一個決策都是過去的決策所衍生出來的。過去的目標是現在要達成未來目標的手段，所以目標與手段是混合在一起的，不像理性決策是將二者獨立看待。

3. Lindblom承認漸進調適的決策雖然忽略了最好（the best）的手段與目標之間的關係，但是它卻是對於決策行為最真實的描述。

三、漸進調適決策也是理性的（有限理性）

漸進調適決策是達成政策同意（policy agreement）最有效率的途徑（讓有政策需求的大眾開心）。決策雖然不是最好的（optimal），但是可以讓政策過程往前推進，不會停滯不前。

四、漸進調適決策的實證檢驗

Davis、Dempster與Wildavsky（1966）觀察美國聯邦政府預算的決策，他們的實證研究證實漸進調適的決策，今年的預算編列與審核都是根據過去的預算做些微的改變而來。

第二節　決策分析的方法：政策實務操作的研究／理性途徑

壹、微觀層次的理性決策方法[2]

　　微觀層次的理性決策方法大部分的情況是運用在個人決策，但是仍可擴展至政府決策。這類的決策方法很多，我們在這邊討論一些最基本的決策方法。由於陳敦源教授在一本專書的篇章當中，非常清楚地介紹這些方法（余致力等，2008：210-215），對於初學者來說非常有幫助，所以本書就直接引用過來，並稍微修改了一下內容[3]。

一、決策樹：風險之下的決策

　　決策樹是理性途徑常常運用在實際決策的方法。當決策者不知道該採取什麼樣的行動時，決策者可以依循期望值極大化的原則（principle of expected utility）來決定。例如，有兩個行動方案A_1與A_2，有兩種未來可能的狀態S_1與S_2，其結果的效用分別是：$U\left(A_1|S_1\right)=O_{11}$；$U\left(A_1|S_2\right)=O_{12}$；$U\left(A_2|S_1\right)=O_{21}$與$U\left(A_2|S_2\right)=O_{22}$，假設狀態$S_1$與$S_2$發生的機率分別為$P_1$以及$1-P_1$，則決策者會選擇行動$A_1$的條件為：

$$U\left(A_1|S_1\right)\times P_1+U\left(A_1|S_2\right)\times(1-P_1)\geq U\left(A_2|S_1\right)\times P_1+U\left(A_2|S_2\right)\times(1-P_1)$$

　　最常看到的例子是某人出門到底要不要帶雨傘的決策。假設A_1是「帶傘」，A_2是「不帶傘」，而外在世界的狀態S_1是「沒下雨」，而S_2是

---

[2] 微觀層次與後續所談到的宏觀層次的理性決策方法，是作者自己依照決策方法的特質自行命名為微觀層次或宏觀層次。

[3] 感謝國立政治大學公共行政學系陳敦源教授慷慨應允本書作者直接引用他的著作當中所討論的理性決策方法。

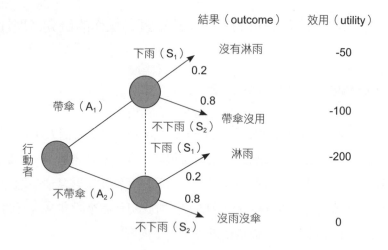

圖5-1　決策樹

「下雨」，我們可以利用決策樹來表達它的結構如**圖5-1**。利用決策樹做決策還需要一組估計今天下雨機率（probability）的數值。假設這位老兄昨晚看了氣象報告，知道今天降雨機率是0.2，那麼他應不應該帶傘出門呢？判斷的標準就在於比較帶傘與不帶傘這兩種行動，哪一種行動的期望效用比較高，就選擇哪一種行動。在這個案例當中，如果依照決策樹的原則來計算，這位老兄應該會選擇不帶傘出門，因為不帶傘出門的效用-40比帶傘出門的效用-90來得高（請參見決策樹下面的運算式）[4]。

---

[4] 讀者一定會疑惑，各種情況的原始效用數值到底是從哪裡來的？這些數值是根據當事人個人的喜惡程度所給予的效用分數。為什麼最好的情況（不帶傘沒下雨）是0呢？因為不帶傘沒下雨本來就應該是常態，對當事人來說一點都沒佔到便宜，所以是0。雖然原始效用數值是根據當事人的喜惡程度所給予的效用分數，但是它仍然有客觀的基礎，因為這是根據當事人過去的經驗所給予的數值。對這些議題感到興趣的讀者，可參閱Clemen and Reilly (2003). *Making Hard Decisions*. NY: Duxbury.

$$U(A_1) = \sum_{i=1}^{2} P(S_i) \times U(A_1, S_i) = 0.2 \times (-50) + 0.8 \times (-100) = -90$$

$$U(A_2) = \sum_{i=1}^{2} P(S_i) \times U(A_2, S_i) = 0.2 \times (-200) + 0.8 \times 0 = -40$$

上述的決策樹決策方法通常稱為「風險之下的決策」（decision under risk）。所謂風險之下的決策是指決策者對於環境的狀態有某種程度的認識或掌握，能夠針對不同的狀態做一定程度的判斷。以「今天出門要不要帶傘」的決策為例，決策者收看氣象報告之後，給予下雨或不下雨這個「互斥」（mutual exclusive）狀態的機率分布。之後，基於這些資訊，決策者便可以依照效用極大化的決策標準，計算出要不要帶傘出門的決策了。

二、不確定狀況之下的決策（decision under uncertainty）：五種不同的決策標準

相對於「風險之下的決策」，當決策者對於環境狀態是「有所不知或是不可知」（unknown of unknowable）（應知而未知或無從得知）情況下所做的決策稱之為「不確定狀況之下的決策」（decision under uncertainty）。以出門要不要帶傘的決策來說，決策者可能忘了看氣象預報，或是電視台根本沒報導氣象，但是早晨出門之前仍然要做帶不帶傘的決策。因為資訊不足，決策者可能選擇效用極大化之外的一些決策標準（decision criterion）。通常隨著決策者個人態度的不同，他們所選擇的決策標準也會有所差異。大致上來說，決策標準有五種：分別是「最小獲利值極大化原則」（maximin principle）、「最大獲利值極大化原則」（maximax principle）、「最大平均原則」（maximum-average principle）、「樂觀—悲觀原則」（optimism-pessimism principle）、「最大懊悔值極小化」（minimax regret principle）。我們以**表5-1**虛擬的例子來分別說明五種不同的決策標準。

表5-1　決策者的決策背景

<table>
<tr><td></td><td></td><td colspan="4" align="center">環境狀態</td></tr>
<tr><td rowspan="5">可能採取的行動</td><td></td><td align="center">S_1</td><td align="center">S_2</td><td align="center">S_3</td><td align="center">S_4</td></tr>
<tr><td>A_1</td><td align="center">4</td><td align="center">3</td><td align="center">1</td><td align="center">0</td></tr>
<tr><td>A_2</td><td align="center">2</td><td align="center">2</td><td align="center">2</td><td align="center">2</td></tr>
<tr><td>A_3</td><td align="center">3</td><td align="center">3</td><td align="center">3</td><td align="center">0</td></tr>
<tr><td>A_4</td><td align="center">3</td><td align="center">2</td><td align="center">2</td><td align="center">1</td></tr>
</table>

　　根據**表5-1**，假定決策者對於環境狀態的掌握度不足，所以對於S_1至S_4四種可能出現狀態的機率分布並不清楚，這個時候決策者應該如何決定採取A_1至A_4當中的哪一種行動呢？

(一)最小獲利值極大化原則

　　根據**表5-1**，決策者首先找出A_1至A_4每一個可能行動在S_1至S_4的各種狀態之下的最小獲利值。例如，如果採取行動A_1，最小獲利值0是發生在S_4狀態下。依此類推，則其他可能行動的最小獲利值分別為：Min $(A_2) = 2$；$Min (A_3) = 0$；$Min (A_4) = 1$。接下來，決策者在四個最小獲利值當中挑選數值最大的那一個行動。在這個例子中，決策者應該選擇行動A_2。

(二)最大獲利值極大化原則

　　根據**表5-1**，決策者首先找出各個可能行動當中最大的獲利值，結果是$Max (A_1) = 4$；$Max (A_2) = 2$；$Max (A_3) = 3$；$Max (A_4) = 3$。接下來，決策者再選擇最大獲利值的行動。在這個例子當中，決策者應該選擇行動A_1，因為這是唯一能夠讓決策者有機會得到4單位效用的行動。最大獲利值極大化是在不確定當中願意「博大」的一種原則，相對來看，上面所述最小獲利值極大化的原則相對來說就保守許多。所以決策者會使用哪一種決策標準，得看決策者的個性與態度而定，以下的決策標準也反映這種特質。

(三)最大平均原則

　　決策者假定每種狀態的出現機率相同（在沒有資訊的情況之下，我們經常會這樣做），理性的決策者會挑選「期望效用」最高的行動為之。在這個例子當中，如果甲採取行動 A_1，他的期望效用：$MAV(A_1) = 0.25 \times 4 + 0.25 \times 3 + 0.25 \times 1 + 0.25 \times 0 = 2$。而其他行動的期望效用分別為：$MAV(A_2) = 2$；$MAV(A_3) = 2.25$；$MAV(A_4) = 2$。因此，決策者應該採取行動 A_3。

(四)樂觀—悲觀原則

　　決策者對於任何行動的最大報酬值與最小報酬值，分別給予一個固定的權重（weight）。如果給予最大報酬值的權重是w，則最小報酬值的權重就是1–w。如果決策者給予的w權重值逼進1，那麼就代表這位決策者非常看重最大報酬值，用俗話說就是想要賭大一點，反之則是較為保守的決策者。例如，決策者給最大報酬值的權重是0.6，則最小報酬值的權重就是0.4。在這種情況之下，他應該選擇哪一個行動呢？如果決策者採取行動 A_1，他的加權期望值應該是 $HC(A_1) = 0.6 \times 4 + 0.4 \times 0 = 2.4$。基於同樣的計算方法，$HC(A_2) = 2$；$HC(A_3) = 1.8$；$HC(A_4) = 2.2$。所以決策者應該會採取行動 A_1。

(五)最大懊悔值極小化

　　「懊悔值」的定義如下：在**表5-1**當中，假定決策者選擇行動 A_2，事後發現狀態會是 S_1，所以他的報酬為2，但是他如果事先能夠知道 S_1 將會是實際狀態，則一定會選擇行動 A_1，因為選擇 A_1 所獲得的報酬是所有可能行動當中最高的（4個單位效用）。因此，決策者在狀態 S_1 之下，選擇行動 A_2 的懊悔值是 $U(A_1, S_1) - U(A_2, S_1) = 4 - 2 = 2$。依此類推，針對每一個狀態之下的每一種行動選擇，決策者都可以計算出他的「懊悔值」來，如**表5-2**所示。

表5-2　決策者的「懊悔值」表

環境狀態

可能採取的行動		S_1	S_2	S_3	S_4
	A_1	0	0	2	2
	A_2	2	1	1	0
	A_3	1	0	0	2
	A_4	1	1	1	1

接著，決策者從**表5-2**各種可能行動當中，找出在狀態不明之下的最大可能懊悔值，行動A_1、A_2、A_3最大可能懊悔值都是2，而行動A_4的最大可能懊悔值是1，依照最大懊悔值極小化的決策標準，他應該會選擇A_4。因為不論狀態為何，決策者可以保證他的懊悔值不會高於1。

當然，如果決策者事先能夠知道各項狀態可能的機率分布，那麼我們就回到決策樹：一個風險之下各種可能行動「期望值」（expected value）的抉擇問題了。例如，根據**表5-1**，如果各種狀態未來發生的機率分布是 $(S_1, S_2, S_3, S_4) = (0.2, 0.3, 0.4, 0.1)$ ，行動選項A_1的「期望貨幣價值」（Expected Monetary Value, EMV）是 $EMV(A_1) = 0.2 \times 4 + 0.3 \times 3 + 0.4 \times 1 + 0.1 \times 0 = 2.1$ 。依此類推，則 $EMV(A_2) = 2.0$ ； $EMV(A_3) = 2.7$ ； $EMV(A_4) = 2.1$ 。所以，決策者應該選擇行動A_3，因為它給甲帶來最高的期望貨幣價值。相反地，如果決策者是以「期望機會損失」（Expected Opportunity Loss, EOL）來做決策，選擇期望機會損失最少的行動時，決策者的計算基礎應該是**表5-2**的懊悔值表。例如，對於行動A_1，期望機會損失是 $EOL(A_1) = 0.2 \times 0 + 0.3 \times 0 + 0.4 \times 2 + 0.1 \times 2 = 1$。依此類推，$EOL(A_2) = 1.1$；$EOL(A_3) = 0.4$；$EOL(A_4) = 1$。因此，決策者應該也會選擇行動$A_3$，因為它給決策者最低的期望損失。

貳、宏觀層次的理性決策方法

相對於微觀的理性決策方法聚焦在個人決策的技巧，宏觀層次的理性決策方法則是牽涉到組織或制度，儘管決策的主體仍是個人，但是產生的效果卻是集體性的。

一、公共選擇學派

(一)公共選擇學派是什麼？

公共選擇學派（Public Choice School）主張將經濟學的想法應用在公共部門，將市場如何運作的邏輯與理論轉換至政治場域。他們也主張政府應該像私人企業運作一樣的方式來提供公共政策或服務，換言之，政府應該回應顧客的需求，這裡的顧客指的就是民眾（citizen）。政府必須提供公共政策與服務讓民眾選擇（消費），透過這種準市場（quasi-market）的力量，政府將會有效率地提供民眾所需要的服務。

(二)公共政策決策理論當中最具參與性的觀點：公共選擇學派

政策分析的理性途徑（緣起於經濟學的思維）與後實證途徑最大的差異是，前者有意無意地傾向於專家主導政策，後者則是主張政策分析應該由下而上讓民眾參與。弔詭的是，同樣是來自於經濟學家族的公共選擇學派，反而是以最具參與性（most participatory）的觀點來詮釋誰應該作決策（who should make policy decisions）以及決策應該如何被作成（how they should be made）？為什麼公共選擇學派所主張的決策理論最具參與性呢？簡單地說，因為他們認為政府應該要回應顧客需求，所以任何公共政策的決策應該要取決於民眾的偏好。在公共選擇學派的決策理論當中，以Charles Tiebout（1956）所提出「用腳投票」（vote with their feet）的理論最具代表性。這項理論的要點如下：

1.理論緣起

　　Tiebout在一篇關於公共服務傳送的論文當中（A pure theory of local expenditures），描述地方治理最理想的結構。

2.集中化（centralized）的政府結構產生無效率

　　地方政府主要的目標是藉由提供服務來滿足民眾，包括汙水處理、垃圾收集、治安維持等等，這些服務都是屬於公共財貨。Tiebout認為，由於這些公共財貨具有不可分割的特性，所以傳統上都是交由集中化的政府結構來處理。而因為集中化的政府組織對於這些財貨的提供都屬於獨占業務，所以並沒有誘因來回應民眾的偏好，最後終於造成無效率的結果。

3.提供民眾選擇居住地的市場機制

　　如前所述，地方政府跟大型且集權的官僚組織一樣，並無法有效率地來提供公共財。但是，這些地方政府可以做的是提供比鄰近行政轄區更優質的服務，例如控制自來水品質、垃圾收集、教育的品質或是調整民眾的賦稅負擔。透過服務水準的差異化，地方政府事實上給予民眾究竟要在哪裡定居的選擇機會。這個選擇就是Tiebout模型最大的特徵。當民眾表達了他們對於某些地區的喜好程度勝過於其他地區的時候，這樣就改變了集中化政府結構提供服務的壟斷性。地方政府必須回應民眾的需求，否則民眾將會搬到其他地區定居，政府可能因此而流失稅基。當民眾基於服務品質來決定居住地點，而地方政府也提供這樣的選擇時，市場均衡模型就會出現。因此，對Tiebout來說，民眾的選擇是改進組織效率的重要關鍵。這種民眾的選擇權，只能在分權（而非集權）的地方政府型態當中呈現出來。

4. Tiebout的模型有兩個前提

　　(1)充分資訊（perfect information）：民眾必須是一位理性的決策者，他非常清楚自己所居住的地方政府以及鄰近地方政府所提供服務

的內容。

(2)完整的移動能力（perfect mobility）：民眾有能力可以隨時搬遷到令他滿意的居住地點。他們評斷的標準是地方政府提供的服務品質，至於其他的因素，例如就業機會，Tiebout則認為沒有關聯（這個論點遭受很多批評）。

5.決策主權下放到民眾手中

(1)Tiebout的理論影響日後的政策：在公共選擇學派當中，Tiebout這篇文章是討論公共服務輸送最具影響力的理論之一，他的思維一直影響到日後許多政策（當然，也有很多爭議），例如學校券（school voucher）的政策。學校券政策是由政府提供給家長公立學校券（等同現金的學費），家長可以依照學校辦學的績效來決定到底要將他們的孩子送到哪個學校就讀，而不侷限於居住地學區的學校。這種制度創造了供需的市場機制，學校如果要生存，必須有足夠的學生，所以會好好辦學以吸引學生；家長為了讓孩子受到好的教育，就會嚴選學校的品質。

(2)決策權下放給民眾：這個理論有趣的地方是因為他將主權從地方政府的政策制訂者手中下放給一般民眾。政策制訂者必須回應民眾偏好，否則民眾就可以「用腳投票」。當民眾用腳投票時，這些民眾正是在表達對於目前政府政策的不滿，所以決策者必須加以回應，透過改善公共服務的品質以維持地方政府的競爭性。這項以民眾為政策決策者的理論，提供了解決無效率公共財的理論基礎。

6. Tiebout的模型被許多人挑戰

Lyons、Lowery與DeHoog（1992）及Teske等人（1993）的實證研究之間的對話指出，民眾遷徙居住地的決策比Tiebout所提出來的想法複雜許多。有些民眾的確可能用腳投票，但是民眾做這項遷徙決定絕對不像

Tiebout所說的那麼普遍與簡單。例如，雖然地方政府提供的服務品質不佳，但是這個地方是他長久居住的家鄉（可能好幾代了），他可能勉為其難留下來。即使他真的想走，但是其他地區能找到合適的工作嗎？後續根據Tiebout模型所做的實證研究發現仍然相當分歧。

即便Tiebout所討論的現象真的會實現，那麼民眾的遷徙決定很有可能進一步造成美國境內種族與經濟的不平等（racial and economic disparity）。因為有能力遷徙的人是那些擁有足夠財力的上層階級，造成的結果可能會是某一行政轄區都聚集一些財力較佳的民眾，而這些財力狀況較佳的人可能就會是白人（在美國）。Howell-Moroney（2008）歸納從Tiebout提出假設迄今的相關研究指出，Tiebout模型維護了效率與經濟，但是卻忽略了公平（equity）。

二、制度的理性選擇

(一)意義

某些學者認為，規則或制度可以用來改善個人決策的理性程度，進而改善政策的品質。這種研究途徑以制度理性選擇（institutional rational choice）為名，關心「制度如何影響個人所面對的誘因以及因此而產生的行為」。這個途徑最具代表性的學者Elinor Ostrom主張：制度設計可以用來解決集體行動的問題（collect-action problem），可以使人做出「比理性更佳」的決策。簡單地說，制度理性選擇途徑是將制度或制度規則當作自變數，詮釋這些制度或規則如何影響個人決策（依變數）。

(二)制度理性選擇的相關研究

1. John Chubb與Terry Moe提出的制度主義與學校的選擇

(1)Chubb與Moe的論點：John Chubb與Terry Moe（1988）利用美國公立學校的例子說明制度如何影響行為。

(2)美國公立學校的缺陷：美國公立學校因為是獨占的服務，所以學

校並沒有誘因來回應他們的消費者（學生、老師與家長）。Chubb
與Moe認為，其實公立學校只是在回應民選的政府官員（elected
officials，例如議員與行政首長），因為民選官員掌握了學校財務
預算的生殺大權。所以，學校行政人員關心的是如何爭取財務資
源，而不是滿足顧客，結果傷害了學校在專業上的表現（讓學生
的成績變好）。

(3)改變制度設計就能改變現況：Chubb與Moe認為是因為制度設計
的缺陷，而導致教育政策的兩難困境。解決這個困境的方法是重
新設計制度，讓制度可以回應公立學校的主要顧客（學生、老師
與家長）。怎麼做呢？我們可以將政策服務的傳送機制（policy
delivery mechanism）從民主控制（democratic control）當中移出，
也就是減少民選官員對於學校的干預。因為民主控制造成學校的
無效率，所以應該切斷學校行政人員與民選官員之間的連結，不
再讓民選官員控制學校的預算，而轉而讓家長掌控，提供家長決
定到底應該將小孩送到哪一個學校的選擇權利，也就是提供選擇
離開的機會（exit option）（這是Tiebout的想法，我們之前提過，
後來關於教育券的設計就是基於這樣的理論基礎）。這樣才可以
迫使學校行政人員回應顧客，留住學生才能維持學校的基本財
源。

2. Elinor Ostrom提出的「制度分析與發展」（IAD）

　　我們在第一章討論市場失靈時，曾經舉美國NBA的例子說明個人理
性的決策不見得會帶來集體的理性結果。Elinor Ostrom認為，因為制度可
以塑造個人的偏好，所以利用制度的規則可以解決集體行動的問題。

　　Elinor Ostrom[5]這位2009年諾貝爾經濟學獎得主（與知名的Oliver
E. Williamson共同獲得）和她的同事從制度理性選擇的角度出發，發

---

[5]Elinor Ostrom於2012年6月12日辭世。

展一套制度主義理論來解決共享資源的困境[6]（common-pool resource dilemmas），稱之為「制度分析與發展」（Institutional Analysis and Development, IAD）。她之所以要專注於共享資源的問題，主要是因為共享資源的困境缺乏任何種類的制度規則，如果人類可以在沒有外在權威（政府的強制權威）之下，透過某種制度規則而自行解決這種困境，那麼就可以提供我們如何解決集體行動困境的有效辦法。

　　Elinor Ostrom在1990年所出版的專書*Governing the Commons: The Evolution of Institutions for Collective Action*當中[7]，系統性地將她針對這項主題的主張以及過去的研究發現有系統地整理出來。過去主張共享資源困境的解決方法主要是透過政府強制力的介入（這也是我們在第一章所討論為何需要公共政策的理由之一），也有人主張利用市場結構當中的私有財產途徑來解決（private-property approach，例如將共享的、供畜牧用的草地依照飼養戶數平均區隔，由他們來承租，各自負責。不過共享的自然資

---

[6] 例如五戶牧羊人共享飼養羊隻的一片草地，因為天候不穩定，草地生長的穩定情況不如從前可以讓所有的飼養戶天天隨心所欲地讓羊隻到草地吃足夠的草。為了大家的生存，大家非正式協議（但是沒有懲罰違反約定的飼養戶，即使有罰則，但是也沒有監測的設計），每戶每週可以讓羊吃草的時段，但是必須保留數個時段讓草地休養生息，不准將羊隻送至這片草地。但是理性的這五戶牧羊人很有可能會偷偷在草地休養生息時段讓自己家的羊來吃草，結果草地枯竭，沒有任何一戶的牧羊人可以繼續生存下去。

[7] 這本專書算是Elinor Ostrom早期將她過去的研究整理出來的著作，比較能夠看出她對於這項研究議題最原始的想法與主張。相對來說，比較近期的作品可參閱：Ostrom, Elinor (2005). *Understanding Institutional Diversity*. NJ: Princeton University Press. Ostrom, Elinor (2007). Institutional rational choice: An assessment of the institutional analysis. In Paul A. Sabatier (ed.), *Theories of the Policy Process*, 21-64. Boulder, CO: Westview Press.; Ostrom, Elinor (2011). Background on the institutional analysis and development framework. *Policy Science Journal, 39*(1), 7-27. Ostrom, Elinor and Christina Chang (2012). *The Future of the Commons: Beyond Market Failure and Government Regulations*. London: Institute of Economic Affairs.

源如果是海洋漁產或是流動的水源,這種方式就很難解決)。但是Ostrom
認為,制度的選擇不見得只有以上兩種,她舉了全球各地各種共享自然資
源的成功管理案例,說明了在沒有外在權威之下,使用自然資源的人類可
以透過他們自行設計或調整出來的制度規則,解決集體行動的困境。

例如,Elinor Ostrom在1990年的專書引用Margaret A. McKean
(1986)針對日本德川時期(Tokugawa, 1600-1867)共有土地管理使用的
成功案例。McKean估計,日本在德川時期大約有1,200萬公頃的森林以及
沒有耕作的山林綠地是由數以千計的農村共同管理(目前仍有300萬公頃
是由這種方式管理)。McKean具體描述了德川時期在平野(Hirano)、
長池(Nagaike)以及山之神(Yamanoka)這三個農村如何透過規則
(rules)、監測(monitoring)以及懲罰(sanction)來自我治理他們居住
周圍的森林資源。這些農村的位置都是在陡峭的山腰,農人在自己私人的
土地耕作,種植稻米與蔬菜,飼養馬隻。而大家共有的森林生產了種類
很多的高價值森林產物,例如木材、提供作為鋪設屋頂與編織所用的茅
草、餵食動物的飼料(草)以及工作燃料的木材與木炭等等。

早期日本農村的治理是由農村每一戶的戶長組成一個類似議會結構
的組織來負責,這個組織對於這個農村的大小事務有決策的權力。家戶
是早期日本農村最基本與最小的單位,不管是義務的承擔與利益的獲取
(共享資源的獲取)都是以家戶為單位(不是以個人)。也因為如此,所
以除非獲得大家同意,否則一個家戶不能任意再衍生成數個家戶。

在平常,共有森林都是封閉的(封山,不准進入)。開山(開放家
戶進入森林獲取共享資源)的日期是由農村的村長決定,對於那些產量比
較多的植物,只要它們成熟了,就可以進入採摘。而對於比較稀有的植
物,家戶必須遵守特殊的收割規則。例如某一個農村對於供應冬天飼養幼
小動物的飼料(草)獲取就規定得非常嚴格:在飼料(草)產區劃分一
塊塊相等面積的區域,每一個區域由數個家戶所組成的「組」(Kumi)
進行採收。每一個「組」每年所採收的區域都不同,大家輪流採收不同

的區域，這樣才能符合公平原則（因為每一個區域每年的收成情形不相同）。每一個家戶只能派一位成年人進入收成區域採收。在指定的日期，每一位家戶的代表進入指定的Kumi區域，等待寺廟鐘聲響起而開始收割。因為收割是用鐮刀，所以為了安全起見，每一個Kumi區域的人大家都排成一列，整齊畫一的從一個方向收割至另一個方向，一直到全部收割完為止。等到飼料（草）乾了之後，大家依照一個Kumi裡面有幾個家戶，然後再將這些飼料（草）綑綁成一束束相同分量，各個家戶都可以獲得一份的飼料（草）。最後，各家戶再來抽籤，看看可以獲得哪一束的飼料（草）。

為了增進以及維持共享森林資源的收穫量，農村也需要大家一起來工作，例如每年都要在森林裡燃燒植物製作肥料（家戶要留意火苗，萬一失火，必須協力滅火）、砍掉會妨礙其他植物生長的特定樹木與茅草。每一個家戶都有義務做這些農村集體的工作，如果沒有特殊的理由（例如家中無成年人），家戶不能逃避這些工作，否則會被懲處。

每一個農村也設計他們的監測系統與處罰系統。因為森林大部分時間是封山的，如果在封山期間進入森林就是違反規定。大部分的農村會僱用巡山人員，每天一組，每組兩人騎馬巡邏森林。有些農村則是所有的家戶大家輪流來巡邏。有些農村則是讓農村的年輕人來做巡邏的工作。

如果有人違反規定而被抓到的時候，怎麼辦？為了保護大家共享的資源，這些農村都有明確的罰則針對違反規定的人做處罰。處罰的輕重會看違反規則的嚴重性以及違反者過去的行為而定。如果是偶犯者，而違反的情況也算輕微，通常巡山人員會用簡單而且不張揚的方式加以處罰，處罰違反者繳交現金以及「清酒」（sake），這些都會放在農村娛樂會場的儲藏區，讓農村聚會時可以使用。比較嚴重的或是慣犯，除了繳交罰金之外，也會取消他們使用共享資源的權利，沒收他們的農作設備或是馬隻。更嚴重的會被驅逐，強迫他們離開這個農村。

除了日本的這個例子之外，包括瑞士Torbel森林管理的案例、西班

牙Huertas灌溉水源的案例、菲律賓Zanjera灌溉水源的案例，讓Ostrom歸納出這些成功案例的制度與規則設計的共通點[8]，包括以下幾項（Ostrom, 1990: 90）：

  (1)清楚地界定範圍（clearly defined boundaries）：能夠擁有權利獲得

---

[8] 制度與規則設計的涵蓋面很廣，成員之間的溝通也可以是一種制度與規則的設計。Ostrom等人另外在1992年有一項有趣的發現（Ostrom, Walker, and Gardner, 1992）。他們透過實驗設計的發現證明，溝通（communication）可以解決因為個人理性所造成集體行動的不理性（困境），而溝通就是一種制度的規則。這項非常著名的實驗設計之成果發表在1992年《美國政治評論》（Covenants with and without sword: Self-Governance is possible. *American Political Science Review, 86*(2), 404-417）。我們摘要這篇論文的發現如下：

1.作者們首先邀請美國印地安那大學（Indiana University at Bloomington）的大學部學生參加此項共享資源的實驗。實驗之前，發給每位參與者若干籌碼，參與者可以在以下兩種市場當中選擇投資：

 (1)第一種市場：根據參與者個人投資至市場的金額獲取固定報酬（fixed return），類似於定期存款。

 (2)第二種市場：參與者所獲得的報酬視其他參與者所投資於這個市場的金額而定，這就是共享資源（Common-Pool Resource, CPR）的市場。這會如賽局理論所預期的，因為這種市場牽涉到高成本與高風險，所以每一位參與者都會有搭便車的強烈企圖。這正是Ostrom想觀察的標的（所以後續我們呈現的研究發現是屬於第二種市場的實驗），他想要觀察在這種市場當中，如果有制度的規則規範彼此行為（例如彼此溝通何時進場投資，投資多少），那麼大家的平均共同報酬率是否會比沒有制度規則來得更高？

2.以CPR市場沒有任何處置（treatment）為基準值：也就是參與成員之間既沒有溝通，也沒有設定懲罰規定的情況之下，參與這個市場的成員平均報酬率為基準。

3.實驗結果發現：

 (1)發給參與成員每人十個籌碼時（輸贏較小時）：

  a.無處置時的平均獲利率：34%。

  b.重複溝通的平均獲利率：99%。

 (2)發給參與成員每人二十五個籌碼時（輸贏較大時）：

  a.無處置時的平均獲利率：21%。

  b.一次性溝通的平均獲利率：55%。

共享資源的個人與家戶必須清楚界定出來。

(2)獲取共享資源以及維持共享資源的規則必須與共享資源所在地的狀況切合（congruence between appropriation and provision rules and local conditions）：獲取共享資源的規則裡面所限制的時間、地點、獲取資源使用的技術以及獲取資源的單位等等；以及維持共享資源的規則裡面所規範需要的人力來源、物品與金錢，都要與地方上的狀況切合。也就是說，如果共享資源的需求與供給都跟地方脫節，那麼居民就沒有誘因遵循這些規範。

(3)集體選擇的安排（collective-choice arrangement）：受到規則影響的個人或家戶有權利參與這些規則的修訂。

(4)監測（monitoring）：擁有監測的機制與能力來約束違反規則的人。監測者有責任監控獲取共享資源的人。

(5)漸進式的懲罰（graduated sanctions）：對於違反規則的人之懲罰，必須依照違反的嚴重程度適用不同的罰則。

(6)衝突解決的機制（conflict-resolution mechanisms）：當爭議發生時，可以很快速地透過低成本的方式解決問題。

(7)有權利建立制度（minimal recognition of rights to organize）：共享資源的人有權利設計他們自己的制度（institutions），而不會受到外在政府權威的挑戰。

---

c.重複溝通的平均獲利率：73%。

d.只有懲罰的平均獲利率：37%。

e.有懲罰機制，也有一次溝通機會的平均獲利率：85%。

f.有權選擇懲罰機制，也有一次溝通機會，而如果成員沒有選擇懲罰機制時，則平均獲利率：56%。

g.有權選擇懲罰機制，也有一次溝通機會，而如果成員選擇懲罰機制時，則平均獲利率：93%。

這些發現的政策意涵在於：制度規則將會是產生好政策的關鍵。當某些制度規則容許個人彼此協調他們的個別行為而達到比較有效率的結果時，那麼制度就應該依循著這樣的原則來設計。

第三節　決策分析的方法：政策實務操作的研究／後實證途徑

壹、類似後實證途徑的主張與批評

有些關於決策這項研究議題的論點雖然不是舉著後實證途徑的旗幟來反駁理性決策，但是他們的論點類似後實證途徑的主張。我們舉三個例子說明：

一、Amitai Etzioni（1988）所提出的「規範與情感的決策模型」（normative-affective decision-making）

他認為人類做決策最常用的方式不是理性的，而是情感的涉入與價值的承諾。客觀的資訊不必然是決策的主要依據，情感會率先進入決策者的考慮，有時候決策者偏好的價值也會率先進入最好的決策位置而排除其他政策方案的選項。簡單地說，決策者可能會先決定一項在情感上或是道德上所偏好政策，然後再來找理由來支撐。

二、J. Elster（2000）認為決策是非理性的行為

它是一種沒有選擇的選擇（choice without choice），愛、恨、上癮、自我欺騙都會對決策行為造成影響。

三、Cohen、March與Olsen（1972）提出垃圾桶決策模型

他們認為決策受限於外在機會與條件，不是決策者想要如何就能如何。Cohen等人認為，任何的組織活動或者決策情境經常都會出現三種普遍的特徵，包括模糊的偏好（problematic preferences）、模糊的決策技術（unclear technology），以及流動性參與（fluid participation），因而形成

「組織化的無秩序」（organized anarchy）的決策情境。

(一)模糊的偏好

是指整個組織所要追求的目標並不具體清楚，對於各種施政目標的優先順序也不明確。

(二)模糊的決策技術

指的是對於如何達成目標的手段或方法並不清楚。組織的成員通常只知道與自己職責相關的業務，對於整個組織的運作只有一些很基本和粗淺的認識。組織內的成員需要去嘗試錯誤，從經驗中去學習，甚至要在面對危機時摸索和思考解決的辦法。組織是一個鬆散的結構，有時甚至是先決定了解決方案再去找問題，而不盡然像理性途徑所主張的依照邏輯思考的決策步驟來解決問題。

(三)流動性參與

指的是在政策形成的過程中，參與決策人員具有相當程度的流動性，也就是說參與決策的人可能前後完全不同，同樣的政策因為是由不同的成員參與，所以結論也就可能與原先規劃的內容截然不同。例如交通政策，台中市原本在台灣大道推行公車捷運系統（Bus Rapid Transit, BRT），但因為選舉後首長換人（原市長競選連任失敗），執政班底大搬風，政策風向改變，僅試營運一年的BRT遭到廢止，而原本的專用路段改為實施公車專用道，開放市區公車行駛。

貳、後實證途徑對於微觀理性決策方法的批評

Deborah Stone對於理性決策有極為深刻的批評（Stone, 2012: chapter 11）。Stone批評決策樹（或是成本利益分析）的決策方法與我們所處的真實世界做決策有明顯的差距。

一、目標清晰明確？

(一)理性途徑

在理性決策方法當中，決策者想要達到的目標必須非常清楚明確地陳述，在決策樹相關的決策方法就是效用極大化（utility maximization），在成本利益分析方法就是要極大化益本比或益本差（請參見本書第三章）。

(二)後實證途徑

然而，Stone認為在真實世界當中，決策者所陳述的政策目標不僅僅是願望與企圖而已，它還要能爭取政治上的支持。既然如此，決策者寧可讓目標模糊（ambiguity），讓大家都可以接受，有時候甚至隱藏真正的政策目標，避免一翻兩瞪眼的零和賽局。

二、窮盡所有的備選方案？

(一)理性途徑

透過腦力激盪法或是各種途徑窮盡可能的備選方案。

(二)後實證途徑

真實政治世界當中，控制以及壓制備選方案的數量與種類是政治遊戲的本質。決策者為了讓自己偏好的備選方案能夠獲得支持，通常會縮短備選方案的清單，以免節外生枝；甚至會讓自己偏好的方案看起來好像是唯一的政策備選方案。

三、所有的備選方案彼此之間是互斥的嗎？

(一)理性途徑

理性途徑認為所有的備選方案彼此之間是互斥的。例如本章決策樹例子當中的帶傘或不帶傘，不確定狀況之下A_1～A_4的不同行動方案；例

如成本利益分析當中，理性途徑也主張各個方案彼此互斥。也就是說，選了一個就不是（能）選另外一個行動方案。

(二)後實證途徑

真實世界當中，決策者會利用「修辭」（rhetorical）的設計，在互斥的政策備選方案之間找出另一項可能的備選方案，避免選擇一個明確的備選方案而引起強烈的反對（彈）。Stone舉1979年發生在美國賓州三哩島輻射外洩的例子，說明當時賓州州長Thornburgh如何在下令疏散與不疏散之間，利用修辭選擇另一種備選方案。

三哩島輻射外洩事件發生之後，沒有人知道反應爐是否會熔化而導致更嚴重的輻射外洩。在決策樹的概念之下，如果州長下令撤離，則撤離過程可能會有人因為恐慌而受傷。如果不撤離，而反應爐沒有熔化（可算出機率），則沒人會受傷。但是，如果不撤離，而反應爐卻熔化（可算出機率），則會造成許多人的傷亡。理性途徑雖然可以計算出到底州長應該如何做決策，然而當時州長並沒有做出下令疏散或不疏散的決策。最後，他「建議」（recommend）「懷孕婦女」與「五歲以下的兒童」離開這個區域。雖然他當時所傳遞的官方立場是認為該區域是安全的，但是非官方的立場其實是認為不安全的。雖然建議懷孕婦女與兒童離開，但是這個訊息仍然會讓其他人擔憂。因為對於懷孕婦女與兒童很危險了，難道對我來說不會危險嗎？母親與兒童是「保護人種存留」與「未來」的象徵，雖然州長只建議母親與兒童疏散，但是當時很多居民因為害怕，所以也跟著離開了。所以，州長雖然沒有下令（做決策），但是也造成（cause）了部分居民的疏散。「建議」（recommend）這個修辭，將疏不疏散的決策責任轉嫁到居民自己手中。賓州州長Thornburgh利用修辭（建議）與符號（懷孕婦女與兒童撤離）同時選擇了疏散與不疏散的政策備選方案，所以這不像是理性途徑的主張，也就是必須在兩個行動方案之中選擇其一。

四、客觀評估政策備選方案？

(一)理性途徑

在理性決策分析當中，評估各種不同政策備選方案的效用時，不能受到個人情感的影響。

(二)後實證途徑

然而，真實政治世界恐怕不是這樣。有時候備選方案本身的名稱或是代表政策方案的文辭標籤會影響到評估的結果。Deborah Stone引用Kahneman與Tversky（1982）一項心理實驗結果[9]。假設有一波嚴重的流行性感冒可能會奪走600條人命，政府因而有一些應對方案。政府當局考慮兩個可能的疫苗接種方案：

A方案：採用傳統疫苗接種，預計可以救活200條人命。
B方案：採用實驗性的疫苗接種，有1/3的機會可以救活600人，但是會有2/3的機會沒有辦法救活任何一個人。

如果你是政府當局的決策者，你怎麼辦？

接下來，再來假設一種情況，如果你必須在兩個方案C與D當中做選擇：

C方案：採用傳統疫苗接種，根據過去經驗，會有400人死亡。
D方案：採用實驗性的疫苗接種，則有1/3的機會無人死亡，但是會有2/3的機會600人全部死亡。

---

[9] Kahneman, Daniel and Amos Tversky (1982). The psychology of preferences. *Scientific American, 246*(1), 160-173。第一作者Daniel Kahneman是2002年諾貝爾經濟學獎得主。2011年出版*Thinking, Fast and Slow*一書，涵蓋他過去重要的論述。天下雜誌出版公司將它翻譯成中文，書名為《快思慢想》（洪蘭譯，2012）。Daniel Kahneman曾在2013年3月應天下雜誌的邀請，來台演講。

如果你是政府當局的決策者，你怎麼辦？

依照理性決策理論與方法，上述所有決策選擇的結構都是一樣的。A與C確定400人死亡；B與D像是賭盤，但是期望值同樣都是400人喪生（請讀者依照決策樹方法來運算）。決策者在這兩種情境當中，也就是說不管是在A或B之間做選擇，或是C或D之間做選擇，決策者必須在「確定400人會死亡」以及「期望值是400人死亡的賭盤」這兩者之間做抉擇。心理實驗結果發現，就大部分的人來說，當政策方案標示為有多少生命可以被「拯救」時，他們會選擇「確定」的方案（情境一當中的政策標籤強調獲救，所以會選擇確定的方案A而不是賭盤的方案B）；而當政策方案標示為有多少人會「死亡」時，大部分的人會選擇「賭盤」的方案（情境二當中的政策標籤強調死亡，所以會選擇賭盤的方案D而不是確定的方案C）。

為什麼會這樣呢？那是因為當不同政策方案被標示成為不同的標籤（label），也就是說被強調的重點不同時，那麼將會決定人們到底是要逃避風險（risk averse）或是追求風險（risk seeking）。心理學家相信政策備選方案的標籤創造不同的參考點（參考基準），進而影響到人們對於備選方案所做的評估。Kahneman與Tversky的實驗結果顯示，政策標籤強調「獲救的人們」（people saved）的方案創造了一個參考點，這個參考點就是這600人其實是劫數難逃，而在這種情況之下，如果你還要選擇賭盤，那麼就等同於本來可以確定救200人（A方案），可是你卻放棄這個方案而將命運交給上帝，自己什麼都不做（B方案），所以A方案會是偏好的方案。而在政策標籤強調「死亡的人們」（people die）的方案所創造的參考點是這600人其實存活的機會很大，如果我們放棄賭盤（D方案），而選擇確定會有400人死亡的方案（C案），那麼就等於還沒嘗試就宣判這400人死刑。

五、效用、利益與成本能否客觀的加以貨幣化？

(一)理性途徑

效用、利益、成本可以貨幣化。即使有困難，也可以利用近似指標來逼近所要測量的效用、利益或成本。

(二)後實證途徑

1. 無形的效用、利益或成本：如果效用、利益或成本是無形的（例如是精神或文化藝術層次），也很難找到市場價格可以參照，那怎麼辦呢？

2. 專斷：指定數值有時候是很專斷的（arbitrary）。例如我們在第二節談到決策樹分析的例子，憑什麼帶了傘也下雨的效用是-50，而帶了傘卻不下雨的效用是-100。憑什麼在S_1～S_4的環境狀態下，A_1～A_4各種行動的結果是表格當中的哪些數值？這些數值也許有實證上的基礎，但是為什麼是這些數值而不是其他數值？

3. 策略性：在真實的政治世界當中，指定數值至效用、利益或成本其實不僅很專斷，也很策略性（strategic）。任何一個政策備選方案有不同的成本，也可以產生各式各樣的後果。決策者憑什麼只採計某些項目的成本而不採計其他項目的成本？決策者為什麼只採計某些項目的效用或利益，而不採計其他項目的效用或利益？也就是說，決策者自己如果偏好某一個方案，他可能策略性地選擇某些成本、效用與利益的項目，而忽略其他項目，最終可以讓他所偏好的政策備選方案成本最低，而效用與利益最高。

六、極大化社會總體的福利？

(一)理性途徑

用單一判準，也就是政策備選方案能不能極大化社會總體福利（total

welfare）來決定最後的方案，例如巴瑞多最適或消費者剩餘等等。

(二)後實證途徑

在真實世界當中，決策者所選擇的政策備選方案表面上似乎回應社會上的每一個人，其實只是回應了社會上有被組織起來的民眾（organized constituencies），例如優勢的利益團體。很多的政策選擇其實是優勢利益團體（有權力的利益團體）之間彼此合作（logrolling），犧牲社會大眾的利益來成就他們自己的利益。

參考書目

余致力、毛壽龍、陳敦源、郭昱瑩（2008）。《公共政策》。台北：智勝文化。

洪蘭譯（2012）。《快思慢想》。台北：天下文化出版公司。

Chubb, John, and Terry Moe (1988). Politics, markets and the organization of school. *American Political Science Review, 82*(4), 1065-1087.

Clemen, Robert T., and Terence Reilly (2003). *Making Hard Decisions*. NY: Duxbury.

Cohen, Michael D., J. March and J. Olson (1972). A garbage can model of organizational choice. *Administrative Science Quarterly, 17*(1), 1-25.

Davis, Otto A., M. Dempster, and Aaron Wildavsky (1966). A theory of the budgetary process. *American Political Science Review, 60*(3), 529-547.

Elster, Jon (2000). *Strong Feelings: Emotion, Addiction, and Human Behavior* (Jean Nicod Lectures). A Bradford Book.

Etzioni, Amitai (1988). *The Moral Dimension: Toward a New Economics*. The Free Press.

Howell-Moroney, Michael (2008). The Tiebout hypothesis 50 years later: Lessons and lingering challenges for metropolitan governance in the 21st Century. *Public Administration Review, 68*(1), 97-109.

Kahneman, Daniel and Amos Tversky (1982). The psychology of preferences. *Scientific American, 246*(1), 160-173.

Kahneman, Daniel (2011). *Thinking, Fast and Slow*. New York: Farrar, Straus and Giroux.

Lindblom, Charles E. (1959). The science of "muddling through". *Public Administration Review, 19*(2), 79-88.

Lyons, W. E., David Lowery, and Ruth Hoogland DeHoog (1992). *The Politics of Dissatisfaction: Citizens, Services, and Urban Institutions*. New York: M. E. Sharpe.

McKean, M. A. (1986). Management of traditional common lands in Japan. In *National Research Council, Proceedings of the Conference on Common Property Resource Management*, 533-589. Washington, D.C.: National Academy Press.

Ostrom, Elinor (1990). *Governing the Commons: The Evolution of Institutions for Collective Action*. NY: Cambridge University Press.

Ostrom, Elinor (2005). *Understanding Institutional Diversity*. NJ: Princeton University Press.

Ostrom, Elinor (2007). Institutional rational choice: An assessment of the institutional analysis. In Paul A. Sabatier (ed.), *Theories of the Policy Process*, 21-64. Boulder, CO: Westview Press.

Ostrom, Elinor (2011). Background on the institutional analysis and development framework. *Policy Science Journal, 39*(1), 7-27.

Ostrom, Elinor, James Walker, and Roy Gardner (1992). Covenants with and without sword: Self-Governance is possible. *American Political Science Review, 86*(2), 404-417.

Ostrom, Elinor and Christina Chang (2012). *The Future of the Commons: Beyond Market Failure and Government Regulations*. London: Institute of Economic Affairs .

Simon, Herbert A. (1947). *Administrative Behavior*. New York: Free Press.

Stone, Deborah A. (2012). *Policy Paradox: The Art of Political Decision Making (3rd. ed.)*. N.Y.: W.W. Norton Company.

Teske, Paul, Mark Schneider, Michael Mintrom, and Samuel Best (1993). Establishing the micro foundations of a macro theory: Information, movers, and the competitive local market for public goods. *American Political Science Review, 87*(3), 702-713.

Tiebout, Charles M. (1956). A pure theory of local expenditures. *The Journal of Political Economy, 64*(5), 416-424.

Chapter 6

政策合法化

在民主國家當中，所有的政策都必須有法源基礎，也就是說必須經過立法機關完成立法的程序。即使行政機關基於自由裁量權（亦即行政裁量權）所制訂的行政命令或是行政指導原則也都必須基於母法的精神。簡單地說，政策合法化之後才能取得正當性。

過去有許多公共政策教科書在政策合法化的內容會介紹政策法案三讀立法的程序，不過我們不打算在這裡討論這些內容，想要瞭解我國立法三讀的程序，請逕自造訪立法院網頁，網頁當中有詳細的制度介紹。

針對政策合法化，觀察政策現象的研究非常關心國會議員立法行為（legislative behavior）背後的原因（邏輯），以及這些立法行為所造成的結果。國會政治或是議會政治的研究領域有相當多這方面的研究成果，而因為本書的內容定位在公共政策的導論性質，所以我們僅討論比較具有代表性的著作讓讀者入門。我們將在第一節討論Douglas Arnold所提出的國會議員行動邏輯的理論（the logic of congressional action）（Arnold, 1990）；之後再討論Morris Fiorina（2013）的論著*Congress: Keystone of the Washington Establishment*當中關於國會議員為了追求連任而造成政治體系非預期的一些負面結果。

而在政策實務操作的研究方面，理性途徑與後實證途徑對於「法律本身的特質」與「法律內容所追求的目標」各有主張，我們將在第二節引用Deborah Stone（2012: 289-310）的論述，同時以對照比較的方式呈現這兩種途徑的不同主張。

嚴格說起來，公共政策學者或政治學者在政策合法化這個主題上，能夠更積極討論實務操作（know how）內容的研究相對來說比較少，大部分都是法政策學領域的學者所從事的研究。針對這個部分，我們引用陳銘祥教授的論著《法政策學》當中有關於「政策與法律的連結」的相關內容。這些內容相當精采，對於政策實務操作有相當重要的參考價值，我們會在第三節討論這個部分（陳銘祥，2011：第六章）[1]。

---

[1] 感謝淡江大學公共行政學系陳銘祥教授慷慨應允本書作者直接引用他的大作之部分內容。

第一節　政策合法化：政策現象觀察的研究

壹、Douglas Arnold的論述：國會議員行動的邏輯

　　民主國家政策合法化的戰場主要是在國會（議會），國會議員對於政策法案的通過與否扮演著非常重要的角色。Douglas Arnold（1990）嘗試解釋在政策合法化過程當中，影響國會議員立法行為的重要因素。Douglas Arnold認為國會議員的立法行為受到三個因素的影響：第一，受到政策法案的聯盟領袖（coalition leaders，例如國會黨團領袖、常設委員會召集人、行政院長、總統）的操縱；第二，受限於他們預期他們的選民在未來的選舉可能會有的投票行為；第三，國會議員的自由意志。所以，想要瞭解國會議員的行動（congressional action），就必須瞭解政策法案聯盟領袖、選民以及國會議員自己所關心的事，以及三者彼此之間的互動關係。

一、國會議員關心什麼？

　　國會議員關心自己未來的連任之路。對於國會議員來說，他們最注意的事情是他們在立法行為上的任何決策對於未來選舉的影響。當國會議員面臨立法行為上的任何決策點時（究竟要贊成還是反對？），他們一定會先這樣問自己：如果我贊成（或反對），這會增加我成功連任的機會嗎？如果國會議員發現選邊站（贊成或是反對）的確對於連任有影響，他們一定會選擇站在有利的一端。例如2020年新冠肺炎疫情嚴重，我國行政院為此編列600億「中央政府嚴重特殊傳染性肺炎防治及紓困振興特別預算案」送立法院審議，在野黨立委雖然認為紓困的細節規劃尚未成形，但在防疫當前、民意期盼不可擋之下，仍是依循朝野合作原則，火速通過預算案。如果他們認為沒有影響，那麼他們才會依照自己心中的判準來決定

採取何種立場：也許他們認為A政策法案內容會比B政策法案內容更能解決問題，所以就贊成A法案；也許他們想討好黨團領袖或行政首長，所以就順他們的意；也許他們會回報其他國會議員或是聯盟領袖過去給予的協助，所以就站在他們那一邊。

二、聯盟領袖關心什麼？

聯盟領袖關心他們所推動的法案是否能夠通過。對於聯盟領袖來說，他們不像一般的國會議員必須針對政策法案在「是或否」以及「贊成或反對」之間做選擇，因為政策內容就是這些聯盟領袖在主導。他們的主要目標就是要讓他們所主導的政策法案能夠通過。聯盟領袖可能是在國會內，例如可能是一般的國會議員、常設委員會的召集人、政黨領袖（黨團領袖）；也可能是在國會外，例如行政院長、總統，或是利益團體領袖。聯盟領袖非常清楚，如果他們所提出的政策法案內容要獲得多數國會議員的支持，聯盟領袖就必須預估（anticipate）國會議員在立法上可能的決策，如此才能設計出讓多數國會議員支持的法案內容與策略。具體來說，因為國會議員到底要採取贊成或反對的立場，取決於國會議員判斷他們的選民會因為他們的立場而可能產生的反應。所以成功的聯盟領袖就必須有能力預估國會議員的選民可能會有的反應，也就是說，聯盟領袖要嘗試著「穿國會議員的鞋」，以個別國會議員的角度去思考政策法案的內容。

三、選民

(一)選民投票行為與議員的政策立場有關聯嗎？

一些研究發現，大部分的選民並不知道他們所選出來的國會議員之政策立場，所以國會議員不必太在意他們在國會的立法決策對於連任的影響。儘管研究發現是如此，但是國會議員仍然非常擔心！

　　的確，並不是每一位選民都會投注精力與時間留意選區國會議員的政策立場。但是一旦到了選舉，議員的競爭對手會將這位議員過去在國會所有的立法決策紀錄（投票或發言紀錄）全部拿出來檢視。如果這些立法決策傷害了選區選民的利益，競爭對手便會毫不留情地加以攻擊。除此之外，其他關注公共事務的民眾、媒體、還有因為過去某項政策而遭受損失的團體，他們基於自身的利益或立場，也會揭露跟這位現任國會議員有關的資訊。在這種情況之下，即使平常不關心議員政策立場的一般選民，也會很清楚地知道他們選區的國會議員在過去任期內的所作所為，所以議員的政策立場是很難掩藏的。既然如此，國會議員很難不去擔心他們的政策立場以及立法決策是否會影響未來連任之路。

(二)政策屬性會塑造選民的政策偏好

　　既然國會議員那麼擔心他們的政策立場會影響連任，所以準確地估計選民的政策偏好就變成非常重要的事。因為唯有如此，他們在國會才能做出正確的決定。可是問題是：要如何估計選民的政策偏好呢？Arnold認為政策的兩種屬性會塑造選民的政策偏好，所以國會議員要特別留意。第一種屬性是關於政策成本與政策利益的影響範圍；第二種屬性是連結「政策工具」[2]與「政策影響」的因果關係鏈。

1.政策成本與政策利益的影響範圍

　　(1)影響範圍的種類

　　政策成本與政策利益的影響範圍決定了誰獲得利益？誰承擔成本？

---

[2] Arnold使用的政策工具（policy instrument）一詞，與政策執行領域當中所謂的政策工具，這兩者所指涉的意涵並不相同。Arnold在這裡所說的政策工具其實很廣泛，它是一項政策的完整內容，不僅描述「為了達到政策目標應該要做些什麼」的因果理論，同時也描述「要如何做才能達到政策目標」。後者所說的「要如何做才能達到政策目標」才是政策執行領域所稱的政策工具，依照政府介入程度的多寡有各式各樣的政策工具，例如自行生產、向外購買、禁止、強迫、課稅、補助等等政策工具。我們在第七章政策執行會討論這些內容。

獲利的選民當然會支持該政策法案，承擔成本的選民當然會反對。一般來說，政策的成本與政策利益的分布情形會有三類：

A.成本與利益可能分布在社會上的每一個人身上。就成本來說，稱之為普遍性成本（general costs），例如經濟衰退、通貨膨脹、流行病；就利益來說，稱之為普遍性利益（general benefits），例如經濟成長、穩定物價、醫療品質的改善。

B.成本與利益也可能集中分布在某些團體，例如職業團體、產業團體、專業團體、所得階層、族群、性別、年齡等等。就成本來說，稱之為團體成本（group costs）；就利益來說，稱之為團體利益（group benefits）。

C.成本與利益也可能集中分布在某些特定地理區域，例如美國的州或國會議員選區、台灣的縣市、鄉鎮市等等。就成本來說，稱之為地區成本（geographic costs）；就利益來說，稱之為地區利益（geographic benefits）。

有時候某些政策會同時包含以上各種成本與利益的分布，例如某個國家打算發展長程飛彈，普遍性的利益就是國防安全、普遍性的成本是所有納稅人一起分擔這項武器的發展費用、團體的利益就是製造飛彈的產業所賺的錢、團體的成本就是其他不是飛彈武器的製造商、地區利益是生產飛彈相關零件的工廠所在地、地區成本就是飛彈未來所部署地點的人來承擔。有時候某些政策只是以上各種成本與利益的部分組合，例如桃園航空城計畫獲利的是桃園市居民，也就是地區利益；而開發成本則是由全國納稅義務人負擔，也就是普遍性成本。又例如提高最低工資的政策是由資方團體承擔成本，也就是團體成本；勞方享受利益，也就是團體利益。又例如環境保護政策提高水汙染排放標準，承擔成本的是造成汙染的產業，也就是團體成本；而空氣品質因此變好了，那就是全民的利益，也就是普遍性利益。

(2)什麼因素會讓選民感受到政策成本與政策利益？

瞭解了政策成本與利益影響範圍的種類之後，接下來我們會問，選民到底會不會感受到政策成本與政策利益？這會跟下列幾項因素有關：

A.成本與利益的大小規模（magnitude）：例如汽油價格每公升漲5角和漲2塊錢對於一般人來說，感受截然不同，每公升漲2塊當然會很痛，漲個5角，咬咬牙就過去了。另外，成本利益的規模不僅牽涉到絕對價值（例如漲價5角與2塊的差別），也牽涉到相對的概念。例如某項政策要求汽車製造商設置汽車安全裝置，這些成本當然會轉嫁至消費者身上。但是如果這項汽車安全裝置只是提高一、兩萬元的成本而已，相對於車價動不動就近百萬台幣來說，選民感受到的增加成本其實並不會太強烈。

B.成本與利益的集中程度（concentration of cost and benefit）：成本或利益如果集中在少數人、團體或區域的話，選民當然感受深刻；但是如果成本或利益分散的話，因為被稀釋掉了，所以選民就不會有太多的感覺。

C.成本與利益實現的時間點（timing）：承擔的成本或享受的利益如果很快就會實現，就容易感受到。例如某項政策限制農民每年所獲補貼上限從20萬變成10萬，損失馬上可以感受到。如果很久才會實現，選民就比較無感，例如減少企業的營業稅，是希望促進企業投資而達成經濟成長，讓所有的人享受經濟成長的好處。但是企業比過去少繳的營業稅到底有沒有用在投資？投資到哪裡？這些並不容易察覺。而這些投資對於經濟成長的貢獻到底有多少也不容易確認。更重要的是，這需要一段很長的時間才會實現（一般納稅義務人馬上要承擔成本，但是利益是在遠期實現且不明顯）。

D.鄰近效應（proximity effect）：選民如果跟其他承受相同的成本或利益的人在空間上緊鄰的話，那麼這些選民也會特別注意到這些

政策的成本與利益，例如跟自己住在鄰近的人、一起工作的人、一起運動的人。他們彼此之間會傳散相關政策成本或利益的訊息。特別是住在鄰近的人更是明顯，例如某地區打算要設置殯葬園區或是垃圾焚化爐，住在鄰近的人會彼此加強大家對於承擔成本的感受。

E.煽動者（instigator）：是否有煽動者出來協助揭露政策的成本或利益，也會影響選民對於成本與利益的感受。例如美國在1970年代，知名的社會運動家Ralph Nader成立所謂的Common Cause組織，倡議消費者保護運動，喚醒一般民眾應該保護自己的消費權益，就是一個典型的例子。

所以，當政策成本或政策利益規模很大、成本利益實現的時間點很早、成本利益的分布越集中、鄰近效應越明顯、有煽動者出現，那麼選民對於政策成本與政策利益的關心程度就會增加，對於政策偏好的形成機會就會增加。相對來說，當政策成本或政策利益規模小、成本利益實現的時間點很晚、成本利益的分布越分散、鄰近效應不明顯、沒有煽動者出現，那麼選民對於政策成本與政策利益就不會太關注，因此也就不容易形成針對政策成本與政策利益的特定偏好。

(3)政策偏好的強度

選民在感受到政策的成本與政策利益之後，便會漸漸形成政策偏好。政策偏好除了會有方向，也就是贊成或反對之外，也會有強度。強度會反映在選民感受到成本與利益之間的差異大小。如果差異大，則強度高。如果是成本大於利益很多，則選民的政策偏好傾向反對該項政策，而且強度很高。如果是利益大於成本很多，則選民的政策偏好傾向贊成該項政策，而且強度很高。一般說來，選民對於承擔成本的感受大過於獲得利益的感受，但是當獲利的時間越持久，大家會視為當然，一旦被剝奪，則反對的強度也會很高。

(4)選民不只是關心物質上的成本與利益而已

選民有時候不只關心物質上的成本與利益而已，他們的政策偏好也可能出現在幫助弱勢團體（例如身心障礙者），甚至關心瀕臨絕種的野生動物等等（鯨魚、櫻花鉤吻鮭、台灣鱸鰻、山羌）。不容否認的，對於國會議員來說，當政策影響到選民的私人利益時，是比較容易估計他們的偏好，但是如果政策牽涉到普遍的利益時（例如幫助弱勢團體、保護野生動物），國會議員便很難知道選民究竟如何看待這些政策。雖然沒有單一的資料來源可以準確估計，但是因為他們是居住在議員選區裡面的選民，所以國會議員會比其他人有更多的優勢來估計民眾在普遍性利益的偏好。對於自己選區選民基本價值與信念瞭解得更多，估計起來將會更容易一些。

2.連結政策工具與政策影響的因果關係鏈

(1)因果關係認定的種類：前瞻與回溯

這裡所說的因果關係鏈是指它連結了國會議員的決策（政策立場）與政策成本利益影響範圍的改變（新政策或是原政策改變之後就會改變原先成本利益分布的情形）。討論政策工具與政策影響的因果關係鏈的時候，通常會有前瞻（prospective）與回溯（retrospective）這兩種不同的方式。前瞻方式是針對新的政策方案，預先判斷這項新的政策將會產生何種結果？回溯方式是當社會上出現一些狀況（可能是好的也可能是不好的），然後回過頭來判斷究竟是過去哪些政策造成這種結果？

(2)選民的政策偏好能否形成，決定於因果關係鏈的長短

不管是用前瞻或是回溯的方式來連結政策的因果關係，我們必須先瞭解，政策的效果會牽涉到直接或是間接的效果。所謂直接的效果是指政策手段與政策結果之間沒有中介步驟（intermediate step），政策的因果鏈很短，例如提高酒駕的刑度立即會有嚇阻作用。相對來說，間接的效果是指政策手段與政策結果之間有中介步驟，政策的因果鏈很長。例如政府提高教育支出提升教師薪資，教師薪資提升之後就會吸引很多優秀人才投入

教育界，然後就可以培養產業界所需要的一流人力資源，然後國家整體的經濟力便會提升。

如果某項政策的因果鏈很短，利用前瞻或回溯方式認定政策因果關係的差異不大，因為很容易認定，所以選民政策偏好的形成相當容易。但是如果政策的因果鏈很長，那麼不管是用前瞻或回溯方式認定政策的原因幾乎是不可能達成，所以選民的政策偏好就很難形成。就回溯來說，如果我們問，為什麼台灣目前食品安全的問題那麼嚴重？要追溯原因的源頭就很困難。是因為稽查體系不夠嚴密嗎？如果稽查體系不夠嚴密，那麼是什麼原因造成的？是稽查人力不足嗎？而稽查人力不足究竟是什麼原因造成的？利用前瞻方式來認定也是困難重重，例如剛剛我們說的，政府如果想要增加教育支出以提升教師薪資，而教師薪資提升是否能夠吸引優秀人才投入教育界？是否可以因此而栽培許多產業界需要的人才？國家的經濟力是否因此而得以提升？

(3)專家、民眾、議員對於政策因果關係的不同認知

人們對於瞭解這個世界如何運作的知識以及預測某項政策結果的能力因人而異：

A.專家：專家是最瞭解的，他們認為世界是很複雜的，對於任何的政策因果推論非常小心謹慎，因此他們所推薦的政策方案通常會是間接的、有多個政策階段，比較長的因果鏈。

B.一般民眾：一般民眾對於政策因果的知識與判斷能力有時候來自專家，有時候來自個人經驗，有時候來自直覺。他們對於政策因果關係的思考或偏好是傾向於單一步驟的政策，也就是沒有中介步驟，或是因果鏈較短的解決方案，直接針對問題來處理問題。

C.國會議員：國會議員是介於這兩者之間，他們經常請教專家，邀請專家來參加公聽會或座談會發表對於政策議題的看法。雖然如此，但是他們對於政策因果關係的看法不見得只來自專家，也來自於他

們自己的直覺與觀察。更重要的是他們會受到選民偏好的影響而修正他們的想法與立場。

(4)利用政策實例區分以上三者的不同

Arnold舉一個跟環境、健康以及安全方面的政策來區分這三種人在政策因果關係上的不同看法。

A.民眾：大部分的民眾傾向於直接的管制方案來處理這類問題，例如禁止工廠排放特定廢棄物質、稽查危險的工作環境、管制農藥的使用。這些管制措施都是直接處理問題，通常政策因果鏈很短，而且也很容易讓人瞭解。

B.專家──經濟學家：但是經濟學家就不是這樣想問題了。大部分的經濟學家反對直接管制，他們提出很多複雜的誘因機制，例如徵收產業汙染排放稅、徵收工廠因為沒有提供安全工作場所的傷害稅、提高道路使用費以減緩尖峰時間的塞車問題。

C.國會議員：國會議員在決定選擇什麼樣的政策時，他們必須要同時考慮政策結果與政策手段。為什麼呢？因為一般民眾在評估國會議員所做的決策究竟是好或壞時，他們可能會依據政策手段，也可能會依據政策結果，或者二者都有，所以國會議員都必須顧及不同民眾的偏好。既然如此，儘管經濟學家所設計的誘因機制會有好的政策結果，但是國會議員也不願意支持徵收汙染稅的政策手段。因為國會議員擔心未來競選連任時，競爭對手會跟選區選民說：某某議員支持的政策是在賣汙染執照給工廠。雖然選民對於真實的政策因果關係並不很清楚，但是他們所「相信」的因果關係對於國會議員來說卻是非常重要。因為這會影響到選民對於政策議題的偏好，並進一步反映在未來國會議員選舉的投票行為。

四、國會議員行動的邏輯[3]

基於以上的討論，Arnold認為國會議員行動的邏輯（立法行為背後的原因）取決選民、國會議員自己以及聯盟領袖三個團體成員的不同決策：

(一)選民的決策

1.選民政策偏好的形成

選民會先看看某一項政策的內容，看看這項政策的結果會不會影響到他們？政策的結果是會讓他們承擔成本嗎？承擔的成本有多少？享受利益嗎？享受的利益有多少？成本與利益的差距有多大？成本與利益馬上會兌現嗎？還是很久以後才會兌現？這項「政策」與「他們所承擔的成本或是享受的利益」之間的因果關係是不是很明確？

2.選民選擇未來要支持（或不支持）的國會議員候選人

接下來，選民會先檢視所有國會議員候選人（包括現任國會議員）在某項政策的立場是什麼？如果選民因為這項政策而承擔很多成本，他們會判斷每一位國會議員候選人的政策立場與政策結果之間的關聯性高不高？對於那些政策立場與政策結果關聯性很高的候選人，選民就不會將選票投給他們。相對來看，如果選民因為這項政策而享受很多利益，他們會判斷每一位國會議員候選人的政策立場與政策結果之間的關聯性高不高？對於那些政策立場與政策結果關聯性很高的候選人，選民就會投票支持。

(二)國會議員的決策

首先，國會議員會透過各種途徑來估計選民潛在的政策偏好。其次，他們同時也會估計在接續舉行的國會議員選舉，選民以他們自己的政

---

[3] 因為本書定位在公共政策導論，所以這個部分的內容是Arnold（1990）的簡要內容。更詳細的內容請參閱他的原著：Arnold, R. Douglas (1990). *The Logic of Congressional Action*. New Haven, Yale University Press.

策偏好來投票的可能性有多高？最後，基於以上這兩項評估，國會議員決定自己在國會當中應該支持或反對哪一項政策。

(三)聯盟領袖的決策

聯盟領袖會先預測國會議員在選舉上的盤算，也就是上述(二)，並且以此為基礎來研擬政策法案內容的不同策略，以便能夠讓國會議員願意支持聯盟領袖所提出來的政策法案。如果聯盟領袖研擬的政策法案內容符合國會議員的決策條件，也就是上述(二)，那麼國會議員就會考慮加入這個聯盟，否則他們只會維持他們平常做決策的模式。

我們舉例來說明國會議員行動的邏輯：解決弱勢家庭孩子陷於低學歷、低技術及低社會參與的貧窮循環，一直是重要的社會政策議題。為此，蔡英文總統於2016年提出了「兒童與少年未來教育及發展帳戶」的競選政見（執政黨聯盟領袖的決策）。這個政策是藉由政府提供長期儲蓄的鼓勵措施（採「一比一」方式存款，即家長存多少，政府相對提撥多少），協助弱勢兒童及少年從出生後至18歲以前，累積教育及生涯發展的基金，自立脫貧。一般民眾（選民）可能認為這項政策並不會造成他們太大的負擔（成本分散），甚至可以減少社會問題發生，所以不反對這項政策，受益弱勢家庭對這個政策更是支持。因此，這項福利政策在2017年6月開始試辦的一年內，已有三千七百多個家庭參與，而且攸關這項政策的「兒童及少年未來教育與發展帳戶條例」也在立法委員（國會議員）的支持下，於2018年5月經立法院三讀通過。

貳、Morris Fiorina的自利定律推論

一、自利定律下的國會議員、行政官僚、選民

Morris Fiorina（2013）利用自利定律（self-interest axiom）引申國會議員、行政官僚以及選民在政策形成過程（立法過程或合法化過程）當中

的個別特質，以及這些特質所衍生出來的問題。

國會議員主要的目標是能夠連任（reelection），不管議員擔任國會議員最終目的是為了制訂好的公共政策或是增加權力，如果沒有在這個位子上，什麼都別談。行政官僚呢？行政機關的地位與它的重要性二者呈現等比例關係，而重要性的測量指標則是預算與人員規模。任何一個行政機關只要相信他們存在的必要性，就必然會想擴充財力與人力。至於像我們一樣的選民呢？我們都在期待從政府獲得最大的利益，而自己付出最少的成本，更簡單的說，我希望獲得利益，成本最好別人負擔。

二、自利的國會議員為了連任所採取的策略

當國會是一群以連任為首要目標的議員所組合而成時，我們會看到國會的哪些現象呢？我們會看到這些議員的日常活動都是安排一些能夠增加成功連任機會的活動，我們也會看到這些議員會設計或是維持某些制度來促進他們的成功連任。

國會議員平常做三件事：首先，制訂政策（立法）；其次，爭取地方利益（俗稱的肉桶行為）；最後，為選民打通關節（為了選民而跟行政機關打交道）。這三種活動當中，制訂政策（立法）對於連任的風險最高，因為議員在立法過程當中必須在政策立場上表態，除非議員選區的選民同質性很高，否則選擇任何一個政策立場就會得罪另一種立場的選民（順了姑意就會違了嫂意）。即使立法的結果對選區有利，議員也很難說清楚通過該項法律是自己單獨的功勞，因為議會畢竟是合議制。而爭取地方利益與為選民打通關節這兩種活動對於議員連任來說則是穩賺不賠，因為幫助地方爭取利益以及幫助選民解決問題不僅選民心存感激，更重要的是選民知道究竟應該感激誰！

三、自利的議員造成政策立法最終的結果：行政權的擴充

既然如此，國會議員漸漸不願意在立法過程當中表態，而是利用

模糊的法律條文內容或是授權給行政機關，以規避政策立場的選擇。同時，因為國會對於行政機關最重視的預算以及新政策的授權有決定權，所以每一位國會議員都有強烈動機跟行政機關交換條件，要求行政機關提供他們自己選區的服務，包括分配肉桶利益以及服務選民（國會議員與行政機關彼此交易，議員放寬監督，行政官僚提供選區服務）。在這種情況之下，行政機關的職權就漸漸擴充起來，行政官僚體系的影響力也會無所不在。而這種現象將會越來越嚴重，也就是說當行政機關所提供的公共財或服務範圍越來越大時，選民對於行政機關的依賴會越來越多，需求也將會越來越高。私人的獨占廠商還可以利用價格控制顧客需求，但是國會議員卻無法如此。當選民的需求不斷增加時，國會議員沒有其他選擇，他們只能繼續要求行政機關提供更多的利益與服務。

第二節　政策合法化：政策實務操作的研究／理性與後實證途徑的比較

壹、法律的基本特性

一、法律的基本特性：情境與行為

　　法律有兩個重要部分：規定在「某種情境」（situation or context）之下，人們可以做某種「行為」（action）。所以「情境」以及「行為」就是法律的兩個重要部分，通常會利用「如果……就」的方式加以表達。上面所稱的情境可能牽涉到四種情形：第一，也許是個人的特性（personal identity）：例如年滿18歲的男性必須登記為役男，隨時等待被徵召。第二，也許牽涉到地點：例如此地為吸菸區，你可以在這裡吸菸。第三，也許牽涉到時間：例如某個十字路口規定週一至週五上午七時至十時，汽機車禁止左轉。第四，也許情境同時牽涉到個人特性、地點與時間：例如如

果你是有執照的醫師，目前在醫療院所執業，也身處在允許執業的地區範圍，同時也獲得患者的同意，那麼你就可以幫人家動手術。

所以法律的適用決定在情境，因為我們看待行為的方式，不管是行為的價值，或是行為在道德上的接受性，都是決定在情境。如果你問你的律師，某種行為是否合法？他的回答通常是：看情況！也就是說，同樣一項行為，在某一個情境之下，可能合法，在另外一種情境之下，可能不合法。

二、理性途徑的看法

法律依照行為的動機，將情境與行為相同者歸為一類，不同者歸為另外一類。當在適用法律時，我們會問：是否情境和行為與在法律上的規定一致，如果是，那麼法律就適用了。

例如我國「溫泉法」第22條規定：「未依法取得溫泉水權或溫泉礦業權而為溫泉取用者，由主管機關處新臺幣六萬元以上三十萬元以下罰鍰，並勒令停止利用……」。第23條規定：「未取得開發許可而開發溫泉者，由直轄市、縣（市）主管機關處新臺幣五萬元以上二十五萬元以下罰鍰，並命其限期改善……」。

首先，「溫泉法」第22條將某一種情境與行為相同者歸為一類，23條將另外一種情境與行為相同者歸為一類。第22條就是歸類「未依法取得溫泉水權或溫泉礦業權而為溫泉取用者」，而第23條就是歸類「未取得開發許可而開發溫泉者」。

其次，第22條規定「未依法取得溫泉水權或溫泉礦業權」就是「情境」，而為溫泉取用就是「行為」；如果溫泉業者滿足這條的法律規定，那就適用這條法律而由主管機關處新臺幣六萬元以上三十萬元以下罰鍰，並勒令停止利用。第23條規定「未取得開發許可」就是「情境」，而「開發溫泉」就是「行為」；如果溫泉業者滿足這條的法律規定，那就適用這條法律而由直轄市、縣（市）主管機關處新臺幣五萬元以上二十五萬元以下罰鍰，並命其限期改善。

三、後實證途徑的看法

後實證途徑的學者Deborah Stone（2012: 289-310）則認為：法律經常要分類，被分類在優勢一邊的人會很開心，而被分類在劣勢一邊的人當然就很不高興而想辦法要排拒這項法律，所以法律創造了不同的聯盟（alliance）。法律的分類不必然是客觀而且自動形成的，它是靠人去區分的，包括法律的研擬、適用以及施行都是如此。因為分類會決定其他人的命運，所以法律的制訂與施行經常都是權力的運作。

貳、追求理想的法律

一、理想的法律是要追求明確？還是要追求彈性？

法律制訂過程當中，理想上到底是要追求明確（precision）呢？還是追求彈性（flexibilities）呢？這一直都有爭議。

(一)明確

明確的本質就是情境與行為都被清楚地界定而沒有模糊空間。明確的法律奠基在三個基礎之上，因此讓人得以遵循：

1. 公平性：明確的法律是指相同的案件會以相同的方式加以處理（like cases will be treated alike）。
2. 法律是政府的法律，不是某個人的法律：明確的法律可以排除執法者的一時興起、歧視、情緒以及袒護心態。
3. 預測性：法律是固定且必須事前宣布，明確的法律可以提供預測性（predictability），預先告知什麼樣的行為是被允許的，如果做出被禁止的行為將會有何種後果。

(二)彈性

也就是法律的模糊性（vagueness），它的功能如下：

1.法律的模糊性留下許多彈性與自由裁量的空間

法律明確訂定立法基本原則，至於其他細節則因地因人而制宜。例如美國在1970年代推動的綜合補助款制度（block grant）就具備這樣的精神，聯邦政府分配給各州的補助款僅規定補助款的支用類別，例如教育綜合補助款，至於各州要用到教育政策的哪些項目，完全由各州自主。

2.模糊的法律可以涵蓋隱含的知識或稱之為心照不宣的知識

人們知道一些事物，但是很難行諸於文字。當然，民主制度通常不信任心照不宣的知識（tacit knowledge），所以法律與政策的模糊性以及自由裁量權經常被批評。可是事實上真的沒辦法，有些需要立法的政策領域只存在一些心照不宣的知識，例如性騷擾。美國聯邦最高法院大法官Portter Steward在處理一件猥褻（obscenity）案時，賦予心照不宣知識的正當性，他說：「我無法定義什麼是猥褻，但是當我看到了，我就知道。」心照不宣的知識最常見的是以下兩種：

(1)直覺：律師或法官有時候會利用第六感的直覺來判斷當事人可能是有罪或是無辜。

(2)專家判斷：例如醫生有時候擁有一種連電腦儀器都無法判讀出來病症的特殊判斷力量。例如政治人物可以在某一項議題上召集支持力量，但是卻無法行諸於文字告訴別人該如何做。例如當民選政治人物在競選時，透過跟選民握手的感覺就知道對方會不會投他一票，這種能耐也很難用文字形容。

3.模糊的法律提供重要的象徵性功能（symbolic function）

模糊的法律可以表達象徵性的社區理想，例如「公共利益」或「純淨的水與空氣」等等。

二、理性途徑與後實證途徑的不同看法

以下是理性途徑所主張的各種理想之法律（理性途徑當中也有不同

派別的主張），包括「明確與彈性之間的最適平衡」、「追求完整與明確的法律」、「追求彈性的法律」以及「制訂中立（neutral）的法律」。在以下分項敘述的過程當中，我們同時比較後實證途徑[4]的相對看法：

(一)我們可以在明確與彈性之間找到最適平衡

1.理性途徑

　　某些理性途徑的學者主張我們可以同時尋求法律的正式化（也就是明確）與自由裁量（彈性）之間的最適平衡（Davis, 1971）。這種論調奠基在這二者各有優點，也認為我們有能力區辨在使用上的必要（necessary）與非必要性（unnecessary）。也就是說我們有能力區分什麼時候應該明確？什麼時候應該彈性？

2.後實證途徑

　　後實證途徑並不同意以上的見解，他們質疑必要性或非必要性究竟要如何認定？必要性並不是一項客觀的標準，而是跟受到法律影響的人們所掌握的權力與資源有關，也跟他們的價值認知有關。例如警察認為維護治安必要的舉動不見得會跟嫌犯與被告律師所認知的必要性相同（通常是相反）。所以，到底要給警察多少裁量權？這並不是在必要裁量權與不必要裁量權之間的選擇，而是在警察對於自由的價值以及嫌犯對於自己人身保障價值之間的選擇（後實證途徑強調價值）。至於誰的價值能夠勝出？這就會牽涉到兩造雙方所掌握的資源與權力。

(二)追求明確的法律

1.理性途徑

　　理性途徑另一個派別主張法律內容應該要清楚界定各種情境以及行為規範，完全沒有模糊地帶。

---

[4] 取材於Deborah Stone（2012: 291-300）的見解。

2.後實證途徑

　　後實證途徑認為這幾乎是不可能的事。因為政策問題太過複雜與善變，所以法律無法針對政策所要解決的問題，界定出所有可能的適用情況與例外事件。以下四種情況當中，前兩種情況說明有些時候模糊的法律是必然的結果，第三種情況是說明法律無法訂定得完整無缺，因為法律的內容掌握不到政策標的團體究竟在想些什麼？會做什麼？第四種情況是說明儘管法律能夠訂定完整且明確的內容，但是政府官員不見得百分之百遵照正式的法律來執行，很多時候他們是依循非正式的經驗法則或稱之為潛規則（rule of thumb）來執行法律。

　　(1)危機的壓力會讓法律內容趨向模糊

　　新制訂的法律或是管制措施，很多情況是因為發生了危機，例如天災、人禍或醜聞。危機創造了人們認為以後這些危機絕對要避免的心態。危機或災難自然而然變成全民公敵，民眾會暫時團結一致，不分黨派，忘掉過去彼此的衝突。這種氣氛會產生口號（slogan），而不是產生用準確文字書寫成的法律。民眾要求排除這些危機，在這種情況之下，政治人物被迫必須用模糊但是很堂皇的承諾，例如「安全有效的用藥」、「工作機會均等」、「舒適且付得起的房子」、「安全的工作環境」。也因為氣氛如此，所以限制了政策制訂者質疑法律可行性的能力（質疑法律的模糊性），或是放棄了批判質疑的立場而以軟性態度處理。

　　(2)民主體制當中立法機構的特質導致法律趨於模糊

　　立法機構當中的議員會同時擔心連任以及實質政策議題。每一位議員經常得面對自己選區內部不同選民在利益上的衝突。閃躲衝突以及避免與自己選民疏遠的辦法就是躲開會傷害自己選民的法律，怎麼做呢？很簡單，利用模糊的條文隱藏自己的立場。例如誰會去責難某一位議員支持電力公司獲取「合理的報酬率」？誰會去責難某一位議員反對企業之間「不公平的競爭」？

(3)被誤用的誘因（perverse incentive）

因為法律總是要求人們做一些他們不見得想做的事（或是要求人們不要去做他們想做的事），所以人們會潛在性地逃避或是不服從。也因此法律經常會建立誘因以引導人們遵從。然而這些誘因有時候會被誤用，而引發新的問題或是讓原本想要解決的問題更加嚴重。

例如前蘇俄在1930年代推動經濟發展方案，要求紡織業者的生產目標是必須在某一個固定期間內生產一定「長度」的布。由於紡織業者無法跟上進度，所以紡織業者決定縮短織布機的寬度來生產細長的緞帶以符合「長度」的要求。又例如政府醫療保險規定，醫院能夠向政府提出核銷的經費是以病人生病平均持續時間長短（average duration）以及病症的種類來訂定。由於醫院發現這種新制度將會減少醫院的收入，所以便會將原本不是很嚴重的病症視為嚴重的病症來診治（延長時間），或者當某位病人用完他的病症所擁有的額度時（政府規定的額度），就不再診療他們了。

誘因被誤用多半是法律設計時的缺漏，但是我們真的能夠完全避免嗎？其實很難！法律是規範或壓抑人們行為的設計，只要人們還保存著企圖心（willful）的行為以及創意（creation），那麼誘因被誤用的現象根本無法消除（所謂上有政策，下有對策）。所以，法律的研擬者只能在初始設計時，「穿」政策標的團體的「鞋」來猜測他們到底會怎樣想？會怎麼做？

(4)經驗法則或俗稱潛規則

政治世界當中，正式法律的施行有時候會依照一些非正式經驗法則。負責執行法律的政府官員很少完全依照正式的法律來懲罰所有違反法律的案件。實際上，他們會發展一些非正式（或只是一種直覺）的指導原則來懲罰違反法律事件，以符合他們所認知的公平正義。這種認知來自於非正式的規則，例如社會風俗、同儕之間的規範、道德信仰或是大家約定成俗的法律施行狀況等等。例如高速公路速限如果是100公里，通常都會有10%的緩衝，也就是說你可以開到時速110公里而不會受罰。又例如，

美國所得稅稽徵機構IRS（Internal Revenue Service）對於漏報稅額美金100元以下的報稅案件，通常不會理會。以上這些政府官員執行法律所依循的經驗法則（潛規則）漸漸就會傳散開來，變成街頭的智慧：汽車駕駛人很清楚在高速公路可以開到速限加10%，美國納稅義務人也知道漏報金額只要低於100元美金，通通沒事。

(三)追求彈性的法律

1.理性途徑

理性途徑的另外一個學派追求彈性的法律。法律只確定目標，但是並不需要具體界定要利用哪種特殊機制來達成目標。

2.後實證途徑

後實證途徑認為，如果是這樣，這根本就不是法律，因為它根本沒規範任何情境與行為。

(四)制訂中立的法律

1.理性途徑

理性途徑也有一個學派主張法律應該追求中立的立場。理論上來說，所謂中立的法律是指法律影響每個人的程度通通類似，並沒有特別照顧到某些人或是傷害到某些人。哲學家Friedrich Hayek（1944）舉交通相關的法律來說明所謂中立的法律，例如速限以及汽車靠右行駛。他說這些法律並沒有針對特定的目的或是特定的人，因為我們事先並不知道會有哪些人適用這些法律（我們不知道哪些人會違反法律）。

2.後實證途徑

後實證途徑認為，即使這些交通法律看似中立，但是仍然會有正面與負面影響。速限成就了安全，但是追求更多的安全性卻犧牲了方便與快捷。任何法律總會讓某些人獲利，也同時讓某些人受到傷害。就速限這個

例子來說，初期獲利的是大部分的民眾，因為獲得安全，而受到傷害的則是運輸業者，因為快捷是運輸業者能夠生存的基本條件。不過，只要法律存在且持續了某一段時間，擁有資源與技巧去操控法律運作的人自然會想辦法影響法律，而讓法律最後的內容符合他們的利益（運輸業者會動員他們的政治資源，想辦法修改法律）。正如之前我們所討論的，法律的本質是要分類情境與行為，進而才能讓法律具備適用性，但是法律的分類絕對不是客觀而中立的，而是有權力的人掌握分類的方法。所以，速限的規範到最後就可能受到運輸業者的影響，而全面性地從時速100公里放寬到110公里。

⌂ 第三節　政策合法化：政策實務操作的研究／法政策學的主張

公共政策希望能夠解決公共問題，以期達到政策目標進而促成社會的變革。在政策合法化的過程，必須將企圖解決問題的公共政策以法律形式，妥適且完整地表達出來。簡單地說，就是將政策轉換成為法律。法政策學者陳銘祥（2011：第六章）在這個主題上有相當完整與精闢的論述，我們在這個地方扼要地整理出部分的內容，有興趣的讀者可以參考其原著。

一、政策轉換成為法律前之確認事項

在決定將政策轉換成為法律之前，必須確認以下幾件事情：第一，有必要立法嗎？非得立法才能解決問題嗎？第二，所立的法可以執行並達成政策目標嗎？有些法律雖然立了法但是卻無法落實，可能是因為執行技術不存在、因為資源不足、因為違反憲法或法律原則、因為違反執行者偏好（所以執行者不願執行）、因為會造成執政者的選票流失。第三，立法要怎麼干預？立法會干預到民眾的哪些生活領域？私密性高的生活領

域，如果用法律規範等於是沒規範，因為執行成本太高。立法要干預到什麼程度？用軟性的柔性法嗎？例如讓政策標的團體自我約束嗎？還是用強制性的正式法律呢？第四，要用什麼形式來立法？利用單一目的的法律？還是結合幾個立法目的，合併處理而訂一個法律？

二、將政策轉換成為法律

(一)確認政策的因果關係進而表現在法律內容當中

用實證研究方法的術語來說，政策目標是依變數，而基於因果關係理論，我們進一步找到影響政策目標的自變數，然後利用立法來連結（操縱）自變數與依變數之間的關係。

(二)誘因的設計

也就是以誘因啟動自變數，進而達成政策目標。誘因包含正面與負面誘因，正面誘因就是獎勵，負面誘因就是懲罰。對於誘因適用對象的界定也要適當，避免過度涵蓋或涵蓋不足。過度涵蓋就是過度浮濫，在正面誘因來說就是浪費資源，在負面誘因來說就是濫用國家的強制權與命令權。而涵蓋不足是指法律規範並沒有完全適用到立法想要干預的對象，在正面誘因來說就是應得到獎勵卻未得到，在負面誘因來說就是應受到懲罰卻閃躲掉了。一般來說，正面誘因與負面誘因可以同時使用，但是必須留意設計正面誘因與負面誘因的等級與差距[5]，以便在適用時能依情況之不同而異，也能增加政策標的人口遵守法律的動機。

---

[5] 陳銘祥（2011）提出三項設計差距的策略：(1)讓遵從法律的人獲利，違反法律的人付出代價，而且這中間的差距越大越好；(2)讓遵從法律的人獲利高於不遵從法律的人獲利，讓遵從法律的人所付出的代價低於不遵從法律的人所付出的代價，並且增加彼此差距；(3)如果遵從法律的人獲利低於不遵從法律的人獲利，或遵從法律的人所付出的代價高於不遵從法律的人所付出的代價，則應該要縮短彼此獲利差距以及付出代價的差距，讓行為人選擇寧可遵從法律。

(三)執行機制的設計

所謂執行機制其實就是指在法律內容當中適當地安排正面誘因與負面誘因，將它們適當地組合起來，以期啟動政策內容當中的自變數與依變數（政策目標）之間的因果關係。

(四)指派執行組織

法律內容必須規範執行組織，執行組織可以是政府機關，也可以轉嫁給政府機關以外的組織。指派執行組織必須考慮執行機關有無執行能力，如果既存的機構無法承擔執行政策的能力，立法者可以利用法律設立一個專責的行政機關來執行。另外，立法者也必須考慮到執行成本，也就是說必須給予執行機關相對應的資源，否則將會稀釋執行機關的執行力。

三、適度控制執行法律的行政機關

(一)做事前的控制

執行機關執行法律難免會碰到解釋法律條文的機會，這可能是立法當時所無法預期的情況，或是立法當時故意模糊，等到執行機關執行時，依個案情況做合適的解釋或是適用。執行機關在解釋法律條文過程難免會摻入機關本位立場，而偏離原始政策的目標。所以立法者在立法之初，應該很明確地說明立法目的，並表明未來解釋法律的原則與立場，甚至在法律內容當中限制執行機關的自由裁量權。

(二)做事後的控制

要求執行政策的行政機關提出執行績效的評估報告，看看是否跟當時立法的目的與政策目標吻合以及吻合的程度。

除了以上要點之外，立法者與執行政策的行政機關必須預先因應司法審查。法律執行結果如果有紛爭，最後都是由司法機關加以審理。司法

機關對於法律以及法規命令的解釋會影響到該法律或命令的適法性，進而影響到該項公共政策是否可以繼續執行。司法審查所強調的是法律問題，而非政策問題。司法機關只關心法律及命令的合憲性以及適法性，而不關心法律之合目的性或政策正當性（是否能解決公共問題不是司法所關心的）。為了避免法律無法通過司法審查，所以立法之初，立法者或是行政機關必須嚴守法律的位階關係，也就是說法律不能牴觸憲法，命令不能牴觸法律與憲法。所以，立法者在立法時，法律條文內容都不能牴觸憲法；同樣地，行政機關依據委任立法而在制訂子法時，也不能便宜行事，而違背了母法的適用。

參考書目

陳銘祥（2011）。《法政策學》。台北：元照出版公司。

Arnold, R. Douglas (1990). *The Logic of Congressional Action*. New Haven: Yale University Press.

Davis, Kenneth Culp (1971). *Discretionary Justice*. Urbana: University of Illinois Press.

Fiorina, Morris (2013). Congress: Keystone of the Washington establishment. In Stella Z. Theodoulou and Matthew A. Cahn (eds.), *Public Policy: The Essential Readings*. New Jersey: Pearson Education Inc.

Hayek, Friedrich (1944). *The Road to Serfdom*. Chicago: University of Chicago Press.

Stone, Deborah (2012). *Policy Paradox: The Art of Political Decision Making (3rd ed.)*. N. Y.: W. W. Norton Company.

Chapter **7**

政策執行

執行才是政策的開始！從政策執行的角度來看，當政府正式宣布要做什麼時（經過立法部門決定或授權），政策才是真正的開始而不是結束。換言之，政策執行是要將政府所宣稱的意圖付諸實現。付諸實現的工作通常交給行政部門來做，行政部門在接到執行政策的指令之後，立即面臨兩大挑戰：第一，行政部門必須充分瞭解這些政策的意圖（政策想要達成的目標）；第二，他們必須想出辦法來完成這項政策目標。而即使行政部門克服了這些挑戰，政策執行的後續工作也絕對不是簡單的差事，例如，政策意圖清晰，行政部門也依循法律授權逐一制訂行政法規，但是這過程當中仍然會有各式各樣的公聽程序、各種不同政黨或利益團體也會提出彼此競爭的想法。而假設透過這些程序之後，也產生了第一線執行人員可以明確依循的執行準則，而他們也很願意忠誠地執行。這個時候仍然可能會出現協調的問題，行政部門當中各單位可能在詮釋法令上有不同見解，或甚至大部分的行政法規無法涵蓋所有的例外事件（Smith and Larimer, 2017: 165）。

　　政策執行的研究就是在研究政府意圖（government intention）與政策影響（policy impact）之間的因果關聯程度。簡單地說，就是嘗試瞭解政策如何可以運作良善（how a policy works）。當然，除了如何（how）的問題之外，政策執行研究也同時回答為什麼（why）的研究問題，例如為什麼政策立意甚佳，可是執行結果卻令人失望，到底是什麼原因造成如此後果？

　　其實還蠻令人訝異的是，系統性的政策執行研究卻是遲至1973年Jeffrey Pressman與Aaron Wildavsky的研究才開始，這距離Harold. D. Lasswell在1950年代初期提出政策科學的論點已經間隔了二十年。儘管從1973年起開始吸引了許多政策學者投入政策執行研究，但是系統性瞭解政策執行的這項目標仍然有好長的一段路要走。

　　本章第一節將率先討論現象觀察的研究如何看待政策執行？我們將討論從1973年Jeffrey Pressman與Aaron Wildavsky的研究開始迄今，政策執

行理論的歷史發展脈絡以及目前所面對的困難。第二節我們討論政策執行實務操作研究當中的理性途徑與後實證途徑之不同主張。

第一節　政策執行：政策現象觀察的研究

Goggin等人（1990）將政策執行研究按照時間的先後區隔成為三個世代的理論，每一世代的理論都嘗試建立新的理論基礎，都嚴肅地評價個別世代理論所面對的挑戰，也持續不斷地爭論是否執行研究已經往前推進而實現最初政策執行研究的初衷？或是執行研究的發展已經停滯，而來到了理論發展的瓶頸，必須全部放棄（Lester & Goggin, 1998）。

壹、第一代政策執行理論：強調由上而下的執行模式（top-down model）

一、基本概念：承襲古典行政模式

(一)官僚體系

　　行政組織的結構是集中式的科層體制，所以上級政府所制訂的政策與規範，下級單位有義務忠誠執行。

(二)政治與行政分離

　　政治負責制訂政策，行政負責執行政策。

(三)效率原則

　　如同科學管理原則，任何事情必須清楚分工，最重要的目標便是在追求效率。

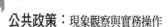

二、代表性的研究著作

(一)政策執行研究的先河：Jeffrey Pressman and Aaron Wildavsky (1973). *Implementation: How Great Expectations in Washington Are Dashed in Oakland*. CA : University of California Press.

1.研究問題：這項研究觀察美國聯邦政府企圖在加州奧克蘭市創造三千個工作機會，兩位作者關心為什麼這項政策會失敗而無法達到它原先所設定的目標？令人驚訝的發現是，這項政策之所以會失敗是因為政策系絡（policy context）出了問題，可是明明這個政策系絡看起來應該是可以讓政策成功的，為什麼會這樣呢？這是兩位作者在這項研究當中所提出的研究問題。

2.當時的政策系絡應該可以讓政策執行成功，因為：

(1)大家都同意這項政策的目標。

(2)沒有組織性（organized）的團體阻礙。

(3)政策目標也很清晰（就是在加州的奧克蘭市創造就業機會）。

(4)大家也覺得這項政策在1960年代的美國很值得去做（因為隨著富裕白人從種族多元混雜的都市都會區，遷移到郊區後，即所謂的white flight，都市的高失業率與缺乏經濟發展機會，特別是種族之間的衝突問題，造成社會不安）。

(5)該項政策針對的只有一個都市，一點也不複雜。

(6)單一聯邦專責機構推動（美國聯邦經濟發展局），同樣一點也不複雜。

(7)經費也不是問題，資源非常充沛。

3.既然如此，為何會失敗？原因是聯邦政府與地方政府之間一層一層需要複雜的合作行為（joint action）讓協調失靈，例如管轄地盤的爭議以及管理方式的衝突等等。

(1)雖然大家同意政策目標，可是卻不見得同意執行手段：聯邦政府
有聯邦政府的想法，州政府有州政府的想法，市政府有市政府的
想法，甚至市政府內部不同單位也有不同的看法。

(2)這項研究給予政策執行最大的啟示在於：「決策點」（decision
points）以及「控制與協調重要性」的看法。從聯邦政府一路往
下至地方政府，當決策點增加之後，協調與控制的困難度增加，
處理的時間與程序也就不斷地變複雜了。

(二)Donald Van Meter and Carl Van Horn (1975). The Policy
Implementation Process: A Conceptual Framework.
Administration and Society, 6, 445-488.

這兩位學者參酌Jeffrey Pressman與Aaron Wildavsky的著作以及當時
的一些政策執行實證研究，他們發現過去這些研究缺乏理論建構的觀點
（theoretical perspective），因此他們以組織理論（特別是社會學的組織
控制理論、官僚組織抗拒改變、執行人員與標的團體的順服分析）、公
共政策對於社會的影響（impact of public policy），以及政府之間的關係
（inter-governmental relations）等等三大區塊的理論，建構他們分析政策
執行的理論架構。他們提出影響政策執行成功的六項因素如下，請讀者參
閱圖7-1。

1.明確的政策標準與目標。

2.提供充分的資源與誘因。

3.政府組織之間關係的品質必須良善，否則協調會有問題。

4.執行機關的特質：例如組織的內部控制必須完整，以便掌握執行機
關的執行措施與政策目標一致。

5.經濟、社會與政治條件的配合。

6.執行人員的意向（disposition）與反應：包括執行人員的認知（是
否瞭解政策意圖）、反應（接受、中立或是反對政策），以及這些

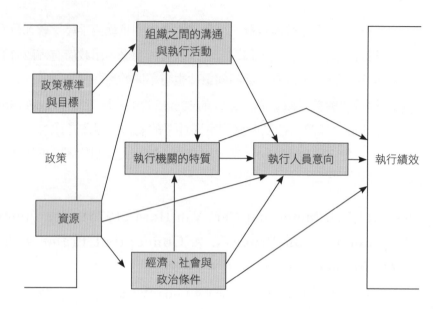

圖7-1　Donald Van Meter and Carl Van Horn（1975）的政策執行架構

反應的強度（接受、中立或是反對政策的程度）。

(三)Geoge Edward III (1980). *Implementing Public Policy*. Washington, D.C.: Congressional Quarterly Press.

Geoge Edward III很明確地將影響政策執行力的因素歸納為四項，如**圖7-2**所示。他認為政策執行成功必須掌握下列這些關鍵因素，否則再完善的政策內容也無法獲得實現：

1. 溝通：政策命令必須具有明確性與一致性，否則執行人員會誤解政策原意或是過多的裁量權而造成執行的失敗。所以政策規劃機構與執行機構之間必須有效溝通，以確認政策的原始目標。
2. 資源：執行人員、設備、資訊、權威必須充足。
3. 執行人員意向：執行人員的執行意願牽動執行成效，所以必須強化誘因機制的設計，以增加執行人員的配合度。

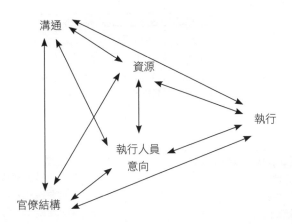

圖7-2　Geoge Edward III（1980）的政策執行架構

4.官僚結構：

(1)標準作業程序（SOP）：必須謹慎制訂標準作業程序。標準作業
程序固然可以在執行過程節省很多時間（因為制式化），但是要
特別注意在新政策剛剛付諸執行時，因為大家都在摸索，所以嚴
謹的標準作業程序不見得適合，甚至會造成執行人員抗拒改變、
延遲或是一些不該出現的執行行為。

(2)分殊化（fragmentation）程度：分殊化程度越高（職權分散至很
多行政機關），協調會困難。所以要適度集中權限，並建立機關
之間常態性的合作關係，以免因為多頭馬車而致協調失靈，影響
政策執行績效。

(四)Daniel Mazmanian and Paul Sabatier (1983). *Implementation and
Public Policy*. IL: Scott Foresman & Co.

　　Mazmanian與Sabatier將法定正式的政策目標當作是依變數，他們
認為政策執行研究最重要的是要認定出影響法定政策目標達成的相關因
素。Mazmanian與Sabatier將影響政策執行成效的因素區分為以下三類，總
共有16個自變數會影響政策執行，請參閱**圖7-3**。

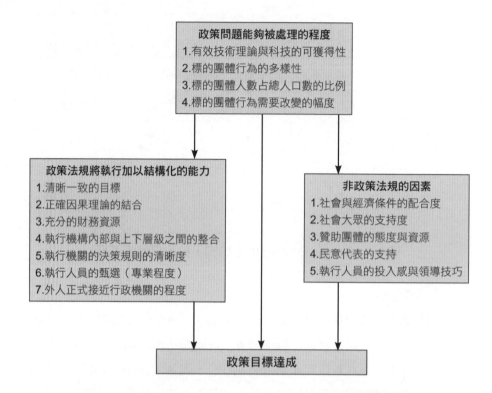

圖7-3 Mazmanian and Sabatier（1983）的政策執行架構

1.政策問題能夠被處理的程度（tractability of the problem）：也就是
　說某些政策問題比其他問題容易處理。棘手的政策問題在執行上當
　然有許多挑戰。

　(1)有效的技術理論與科技的可獲得性：有些政策問題的解決需要
　　有足夠的 科學技術協助。例如汽車超速的偵測、毒性物質的檢
　　測、危險建築物結構的偵測、地震與氣象的預報等等。缺乏有效
　　的技術支援，即使我們有意圖解決問題，仍然很難實現。

　(2)標的團體行為的多樣性：標的團體行為的多樣性越高，執行人員
　　越難以掌握。想想看困擾台灣民眾那麼多年的詐騙集團，手法不
　　斷推陳出新，讓人防不勝防，行政機關對這些問題也感到頭痛。

此外，隨著網路普及與資通訊技術快速發展，透過網路進行遊戲、購物、聊天、傳送郵件等等，顯得如此便利，然而伴隨的網路色情、賭博、販售違禁品、霸凌等等違規犯紀型態，亦不斷翻新，除了挑戰現行法令規定，也增加執法取證的困難。

(3)標的團體人數占總人口數的比例：比例越高，執行人員所花的執行成本將會越高。

(4)標的團體行為需要改變的幅度：人都有惰性與慣性，當某項政策要求標的團體改變的行為幅度很大時，標的團體的順服程度將會越低。

2.政策法規（政策內容本身）將執行加以結構化的能力（the ability of statute to structure implementation）：也就是政策內容是否很有系統地將政策執行所需要的重要事件組織起來。

(1)政策內容有清晰一致的目標。

(2)政策內容基於正確的因果理論（就是我們在第三章所談到的方案理論當中的影響理論）。

(3)財政資源支援程度。

(4)執行機關內部及上下層級之間的整合。

(5)執行機關的決策規則的清晰度。

(6)執行人員的甄選（執行人員的專業程度）。

(7)外人正式接近（formal access）行政機關的程度：行政機關外部人員（outsiders）接近行政機關的正式管道越多，執行過程受到干擾的程度會越高，例如如果立法機關可以透過聽證、利益團體可以透過遊說介入行政機關的執行工作，那麼行政機關在執行政策的過程中，就會覺得綁手綁腳。

3.非政策法規的因素（non-statutory variables）：

(1)社會與經濟條件的配合度。

(2)社會大眾的支持度。

(3)贊助團體的態度與資源。

(4)民意代表的支持。

(5)執行人員的投入感與執行人員的領導技巧。

三、第一代政策執行理論的困境

(一)個案研究的推論程度有限

第一代政策執行研究做了相當多的貢獻，但是他們也面對許多缺點。最大的缺點就是他們雖然做了很多的個案研究，但是每一項政策執行的個案（case studies）都有時間與空間的獨特性，所以很難推論到一般性的狀況（很難通則化）。也就是說，當他們研究某一段時間在某個地方所推動的某一項政策，雖然他們努力且深入地去瞭解政策執行過程發生了什麼事，但是卻無法將他們的研究發現系統性地推論到其他系絡（context）的其他政策。

(二)由上而下的執行模式對於達成政策執行績效有其限制

1.期待能幹的領導人，由上而下的執行模式才能成功，但是這種期待可遇而不可求。

2.執行過程涉及多元化的組織，大家相互依賴，因此互動頻率很高，並不是只靠單一組織的權威與資源就能順利執行政策。

3.期待每一位執行人員能夠忠誠地執行政策顯得有些不切實際。

貳、第二代政策執行理論：強調由下而上的執行模式（bottom-up model）

一、基本概念

第二代政策執行理論認為有效的政策執行取決於以下條件：

(一)執行共識

上下層級對於政策執行要有共識，這些共識包括對於政策目標與採用哪些執行技術的共識。

(二)互惠關係

上下層級之間的關係是基於互惠，而不是科層監督的關係。

(三)自由裁量權

基層組織與執行人員為了達成目標，必須擁有足夠與適當的裁量權，否則沒有辦法因時或因地制宜。

二、代表性的研究著作

(一)Michael Lipsky (1980). *Street-Level Bureaucracy: Dilemmas of the Individual in Public Service*. New York: Russell Sage Foundation.[1]（街頭官僚或稱之為第一線的執行人員）

1.政策執行的核心在第一線的執行人員身上：政策執行過程當中關鍵人物是實際執行政策的那些人。

2.基層執行人員（street-level bureaucrats）代表政府與民眾之間的介面：大部分的民眾與政府打交道（或是接觸）都是透過基層執行人員，例如在街上巡邏的警員，例如自己孩子所唸小學的老師。民眾與基層執行人員的每一項接觸，都代表著政府所傳送的政策（policy delivery）。Lipsky認為這些基層執行人員是政策傳送的主要塑造者（primary shaper），因為他們在各種「現場」做各種不同的決策。想想看，當你碰到事情需要警察幫你處理，如果警察伯

---

[1]本書在2010年出版了三十週年擴充版（30th Anniversary Expanded Edition），可見這本著作的重要性。

伯處理的過程與結果不符合你的預期，你不僅會罵警察，也會罵政府。

3.基層執行人員不僅是執行者也是決策者：法律規定高速公路某些路段速限100公里，這項政策執行的準確性還得依靠高速公路警察勤奮地執行。如果警察只抓時速超過110公里的車子（10%的彈性區間），那麼他就是自己在做決策，而這個決策與法律的規定有所出入。

4.政策制訂者與政策執行人員之間的衝突：基層執行人員不僅經常要面對模糊的政策目標，也要處理政策執行的模糊地帶，例如一部車子在高速公路開時速103公里，規定的速限是100公里，到底要不要取締？還是放過他？以基層執行人員的經驗來說，政策制訂者所制訂的政策經常規定得不清楚、不公平也不實際，加上基層執行人員的預算與人員數量不足，所以經常會發生政策制訂者與執行人員之間的摩擦與衝突。政策制訂者要求基層執行人員順從政策目標，而基層執行人員則是想盡辦法尋求自主權（autonomy），這樣才足以應付他們每天所面對充滿困境或進退兩難（dilemmas）的工作（由於政策規定不清楚，有模糊空間，所以讓基層執行人員兩難）。

（二）Eugene Bardach (1977). *The Implementation Game*. MA: MIT Press.

Bardach將政策執行分類成為一系列的賽局（games），並利用這些賽局來理解政策執行。他之所以會將賽局當作是政策執行的隱喻（metaphor），主要是因為這種隱喻可以讓分析政策執行的人聚焦在執行過程的參與者、參與者手中所握有的籌碼、賽局的規則，以及每一位參與者在牌桌上的伎倆與策略。基於以上這些素材，Bardach創造了執行賽局（implementation game）的類型，他認為執行人員的四種逆向效果（adverse effects）會在政策執行過程當中發生，因而阻撓政策執行的成功

（1977：66）：

1.資源的轉移（the diverse of resources）：例如「預算賽局」（budget game）就是資源轉移的典型例子。預算賽局的發生是因為政府機關有著移動金錢（moving money）的動機與壓力。因為政府的支出（有沒有投入資源在某一件事情上）在短期之內就可以看出來（例如預算執行率），花了錢代表我做了事，至於花了這些錢跟政策目標有無關聯就不是那麼重要了！Bardach認為Pressman & Wildavsky所研究的奧克蘭計畫就發現這種現象，聯邦經濟發展局（EDA）投入資源到就業計畫並不是因為他們認為這是達成目標最佳的方法，而是可以呈現EDA已經開始動起來了。這幾乎是所有政府機構所玩的賽局（遊戲）：看看要怎麼移動錢？移動到哪裡？速度要快一點！因為他們有著要被人家看到在做什麼事的政治壓力！

2.政策目標的偏移（the deflection of policy goals）：例如「堆疊」（piling on）就是政策目標偏移最典型的例子。當一項政策成功地被制訂，隨著時間的進展，這項政策卻很有可能因為被堆疊了其他不相干的東西，而面臨衰敗的潛在危機。具體來說，所謂的「堆疊」是指當新政策制訂之後，行政機關內部固然有人期待該政策朝向應該走的方向，但是也有人會當作是新的政治資源出現之機會，他們可以將自己偏好的目標往上面堆疊（可以因此而獲得預算資源），但是這些個人偏好的目標卻與這項新的政策目標毫無關聯（通常會透過掩飾，讓個人的偏好看似與新政策目標密切相關）。當大量的、額外的、無關緊要的目標往這項新政策堆疊時，這項新政策的目標就會被稀釋與扭曲，到頭來這項新政策因為承受了太多無關聯的目標，所以遲早會崩塌。

3.抗拒被控制（resistance to control）：例如「象徵主義」（tokenism）。執行機關為了抗拒被別人控制，對於上級機關所制

訂的政策，不願意全心全力投入，只願意做出些微象徵性的努力而已（一旦真的認真投入，上級機關的手就會伸進來）。表面上看起來似乎對於上級機關所制訂的政策貢獻良多，其實只是擺擺樣子而已。

4. 浪費能量（the dissipation of energy）：例如「不關我們的事」（not our problem）的現象。行政機關固然希望增加預算以及擴充勢力範圍，但是一旦他們發現承接某項政策會增加沉重的工作量、容易發生爭議，或是他們沒有能力做的時候，他們寧可放棄預算與勢力範圍擴充的機會。某個行政機關如果發覺某項政策對他們不具吸引力（如上述的情形），他們就會想辦法將工作推給其他行政機關。這就是所謂「不關我們的事」的現象，而它浪費了行政機關（包括行政人員）很多的能量。

參、第三代政策執行理論：整合模式（synthesized model）

一、基本概念

政策執行過程是相當複雜的動態過程，並不是將觀察重點單獨放在上層或是下層組織與人員即可，必須同時觀察上層、下層，以及上下層之間互動的動態過程。

二、代表性的研究著作

Goggin等人（1990）在*Implementation Theory and Practice: Toward a Third Generation*提出所謂的「府際政策執行的溝通模型」，企圖整合「由上而下」與「由下而上」的政策執行理論。他們利用美國「毒性廢棄物處理政策」（hazardous waste disposal policy）、「家庭計畫政策」（family planning policy）、「都市廢水處理政策」（municipal waste-water treatment）三個案例來回答以下兩個研究問題：第一，執行人員的

行為為什麼會隨著時間的不同、政策種類的不同,以及所屬政府的層級不同而有所差異?第二,哪些利益、誘因以及限制會影響政治與行政菁英對於聯邦政府政策的詮釋,進而影響政策執行單位的執行工作?以下是模型內涵的說明:

(一)背景

這裡的府際關係指的是美國聯邦政府、州與地方政府(例如市、郡等等)之間的關係。在這個府際關係的溝通系統當中,充滿著許多訊息、傳送訊息者、傳送管道以及接受訊息者。州層級的執行人員成為聯邦政府與地方政府訊息溝通的重要樞紐。請參閱圖7-4。

(二)依變數

州政府層級的執行。

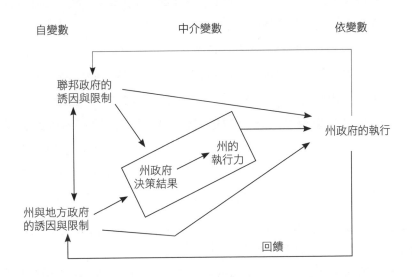

圖7-4 Goggin et al.(1990)府際政策執行的溝通模型

(三)自變數

1.聯邦政府的誘因與限制（federal-level inducements and constraints）

聯邦政策是由許多資訊（政策陳述內容）、期待（希望州與地方政府順服）、告誡（透過優勢資源與懲罰來影響州與地方政府）所組合而成，企圖影響州與地方政府的政策行動，這就是聯邦政府的誘因。當然，在實施過程當中總是會有所限制，例如懲罰或是獎勵州或地方政府的強度會因為法律規範而受到限制。

2.州與地方政府的誘因與限制（state and local level inducements and constraints）

州政府要不要接受？如果要接受，到底要接受到什麼程度？以上決定取決於以下條件：

(1)來自於聯邦政府層級的因素：聯邦政策的內容是否合情合理？訊息傳達的形式是否具有善意？傳達聯邦政策訊息的人之地位與聲望夠不夠高，足以讓我們信服？

(2)來自於州與地方政府層級的因素：州政府與地方政府會彼此互動，表達對於該項聯邦政策的看法，而這種互動所產生的訊息會傳達給州政府的執行機關與人員。這個模型特別強調州與地方上的組織之重要性，這指的是州政府與地方政府轄區內的利益團體、民選或官派官員，以及州政府內部重要的行政機關與人員，他們會彼此互動。透過互動而產生究竟要不要接受聯邦政策的氛圍，並將這個訊息傳送給州政府的執行機關與人員。

3.決策結果與州的執行能力（decisional outcomes and state's capacity）（也可視為中介變數）

(1)決策結果：聯邦、州與地方的誘因與限制都會影響到州的決策結果。也就是說，州政府到底要不要遵循聯邦政策？遵循到什麼程度？取決於來自於聯邦、州與地方各種訊息的流通（如前所

述）。

(2)州的執行能力：決定是否執行聯邦政策的決策產生之後，才會有
　　州政府執行能力影響政策執行的問題。兩類因素決定州的執行能
　　力：

　A.組織能力（organizational capacity）：組織結構、人力與財力資
　　源。

　B.環境因素的能力（ecological capacity）：州政府所處的經濟、政
　　治與社會環 境是否對於政策執行有所幫助。

肆、Goggin等人（1990）之後的執行研究

　　政策執行研究在Goggin等人（1990）提出所謂第三代政策執行理論
之後，其實並沒有什麼進展！甚至有些研究又回到第二代或是第一代執行
理論的觀點。

一、Matland的執行類型理論

　　Richard Matland（1995）理論發展的初始點起源於第二代執行理論在
「由上而下」與「由下而上」兩大陣營的爭論，但是他並沒有嘗試解決這
兩項觀點的爭議，而是退一步觀察這兩個陣營個別所關心的政策本質。
Matland認為兩大陣營關注的政策有所差異，「由上而下」與「由下而
上」的提倡者個別關心的政策種類是不一樣的。由下而上途徑所關注的政
策內容可能是「模糊且衝突」的政策，這種政策自然會將關鍵的決策委任
給基層官僚人員。由上而下途徑所關注的政策內容是「清楚且共識」的政
策，在這種政策之下，自然會傾向於明確地界定政策目標，然後再觀察執
行為何會成功？為何會失敗？原因為何？具體來說，Matland以政策模糊
度與衝突度區分為四種類型，如**表7-1**。

表7-1　Matland執行型態的分類

	共識	衝突
政策目標與內容清楚	行政執行 administrative implementation （由上而下）	政治執行 political implementation （由上而下）
政策目標與內容模糊	實驗執行 experimental implementation （由下而上）	象徵執行 symbolic implementation （由下而上）

(一)政策目標與內容清楚且有共識

　　政策目標與內容如果清楚，大家對於政策目標與執行手段也有共識，則適合利用「由上而下」的途徑來觀察政策執行。他稱之為「行政執行」（administrative implementation）。這種政策成功與否在於資源的多寡。在這種情況下，政策執行研究適合以政策結果當作依變數，並找出決定政策執行成敗的影響因素。例如幾年前我國政府發放消費券政策的執行。

(二)政策目標與內容模糊且衝突性高

　　政策目標與內容模糊，大家對於政策目標與執行手段的看法也非常不一致，那就比較適合利用「由下而上」的途徑來觀察政策執行。他稱這種政策的執行為「象徵執行」（symbolic implementation）。基層的聯盟力量會決定政策執行的結果（coalitional strength at the local level that determines policy outcomes），因為各種不同團體對於這種政策的目標之理解程度不盡相同。在地方層級，某一個團體的看法強度如果勝過於其他團體時，那麼這個團體的看法就會主導政策執行的過程。這代表著相同的一項政策，在各種不同地方轄區所產生的政策結果可能會很不一樣。因此，研究這類政策如果以政策結果當作依變數，就顯得沒有什麼意義。觀察的重點應該是執行人員的行為，因為不同執行人員的行為將導致不同的政策結果，執行人員行為的變動性才是這種類型政策執行的研究所要觀察的。

(三)政策目標與內容清楚但是衝突性高

　　這種執行類型稱之為「政治執行」（political implementation）。當政策目標與內容很清楚，但是執行場域當中有人贊成這些政策目標，有人反對。在這種情況之下，政策目標執行的結果決定在權力大小。有時候某個人或某個聯盟當中的某些人有足夠的權力貫徹他們的意志而影響其他人；有時候，執行場域的人必須訴諸談判才能達成妥協。成功的執行決定在誰擁有足夠權力影響其他人？或是誰擁有足夠的資源與其他人談判？換言之，強制力與報償性的機制可以決定政策執行的結果，也就是說，權力決定政策執行，所以適合利用「由上而下」的途徑來觀察政策執行。例如美國1960年代聯邦政府強制美國公立學校的校車不能黑白分離（黑人不能上白人的校車）。目標明確，但是衝突性高，因為有些州並不同意。然而聯邦政府（包括法院）擁有強制力，地方官員並沒有足夠的能力阻擋這項政策，所以「由下而上」的途徑並不適合觀察這一類的政策。

(四)政策目標與內容模糊但是有共識

　　這種執行類型稱之為「實驗執行」（experimental implementation）。政策目標與內容雖然很模糊，但是至少大家都有相當程度的共識。在這種情況下，政策結果取決於那些在執行過程當中參與活躍的行動者以及他們所擁有的資源多寡。換言之，環境系絡狀況主導執行過程（contextual conditions dominate the process）。既然受控於環境系絡，因此政策執行結果在每一個不同地區的變動性就會很高。他之所以稱這種執行為實驗執行，那是因為大家都在摸索實驗的過程當中從事執行的工作。例如政府推動生物醫學研究的政策，想要瞭解這類政策的執行過程，利用「由下而上」的途徑比較適當。

二、其他類似的研究

1. James Lester and Malcolm Goggin (1998). Back to the Future: The Rediscovery of Implementation Studies. *Policy Currents (September)*, 1-7.

   James Lester and Malcolm Goggin提出與Matland類似的政策執行類型，他們認為成功的執行受到政府的承諾（governmental commitment）以及機構的能力（institutional capacity）所影響。

2. Denise Scheberle (1997). *Federalism and Environmental Policy: Trust and the Politics of Implementation*. Washington, D.C.: Georgetown University Press.

   Denise Scheberle透過觀察執行人員彼此之間的信任程度以及他們的投入執行程度，企圖建立系統性的架構。

3. 許多學者批評，以上這些研究仍然無法建立簡潔的架構，協助我們瞭解複雜的政策執行。

伍、嚴肅地檢討執行理論的發展

Smith與Larimer系統性地將幾位政策執行研究學者們針對執行理論發展的檢討內容整理出來如下（Smith and Larimer, 2017: 180-182）：

一、James Lester與Malcolm Goggin（1998）

他們觀察執行研究學者的觀點，依照對於持續發展執行研究的正面評價與負面評價，以及是否相信執行理論需要顯著地修正，區分為四個陣營：

(一)負面評價者

1. 懷疑者（skeptics）：執行研究如果要持續，需要大幅改變理論結

構。

2.終結者（terminators）：實在很難再做下去了，收起來，不必做了。

(二)正面評價者

1.檢驗者（tester）：繼續努力從事實證檢驗，嘗試建立通則化理論。

2.改革者（reformers）：相信執行研究初始發展時的承諾，也認為需要在理論上以及實證研究上更進一步發展。

(三)Lester與Goggin的立場與企圖心

他們將自己歸類在正面評價的改革者陣營。他們認為，執行研究不要再將政策結果當作依變數了，應該要觀察執行人員的行為。因為政策執行過程的本質是指在實現政策意圖過程當中，某些必要任務適時而且滿意的表現（the timely and satisfactory performance of certain necessary tasks related to carrying out the intents of the law）。這意味著我們應該要放棄將執行二分為成功與失敗兩種類別，因為執行是由執行人員在冗長的執行過程當中，一個個不同行為所組成，只觀察執行成敗將遺漏執行過程的真相。他們建議應該要建立簡潔的政策執行理論，發展一套可以驗證的假設來解釋執行人員行為的差異（這種想法與本章第二節討論的James Q. Wilson基層人員的行為理論非常類似）。

二、Soren Winter（1999）

Soren Winter對於Lester & Goggin（1998）正面的回應：

1.執行研究的依變數應該是觀察執行人員行為的變動（variations）。

2.特別強調應該要用量化方法來研究政策執行。

三、Kenneth Meier（1999）

Kenneth Meier對於Lester & Goggin（1998）的回應：

(一)贊成需要做更多的實證研究

這是唯一正面呼應Lester & Goggin論點的地方。

(二)不同意將執行人員行為當作依變數

執行研究將執行結果當作觀察重點本來就是一件很自然的事。當我們解釋某項政策可不可行時，我們很自然地會想知道，當我們操縱某項自變數時，是否會產生我們所期待的政策結果。執行人員的行為固然重要，但是政策結果才是最重要的。

(三)質疑是否能夠將許多不同見解組合起來變成一套比較好的政策執行因果模型

過去的政策執行理論涵蓋了太多的見解（變數），只是反映出執行過程的複雜性，但是對於解釋這些複雜性卻是無能為力。執行研究唯一的希望是擴充它的範圍，觀察從政策正式被採行之後，所有在政策過程所發生的事。這意味著執行研究應該納入關於公共行政與公共管理的相關知識。

陸、第四代政策執行理論？

Smith and Larimer（2017: 183-184）認為，近年來執行研究發展，總共可以歸類為三種途徑，分別是強調公共管理的執行研究、政策體制途徑（policy regime approach）的執行研究以及方案執行（program implementation）的研究。如果勉強要說有第四代執行理論的話，那麼這三種途徑或類別的執行研究可以屬之。

一、強調公共管理的執行研究

Laurence O'Toole與Kenneth Meier可算是代表人物（O'Toole and Meier, 2014）。他們認為政策執行的依變數仍然應該觀察政策執行結果，也必須汲取公共行政與公共管理領域的重要見解，並且找出一些影響政策執行結果的關鍵自變數來從事實證分析。他們的理論前提其實是很容易理解：執行的重要關鍵元素就是負責經營政策執行的公共管理者之品質（a key element of implementation is the quality of the public managers responsible for running programs）。Meier講得更直接（Meier, 2009: 7）：好的管理者能夠在糟糕的環境當中，利用少數資源創造明顯的政策價值。

二、政策體制途徑（policy regime approach）的執行研究

以May & Jochim（2013）為代表的政策體制途徑將觀察重點放在想法（ideas）、制度安排（institutional arrangements）以及利益（interests）這三者之間的交互作用（interplay）如何逐漸演化成為支持或是損害政策目標的來源。

這個途徑特別強調「政治」如何讓政策在執行過程當中逐漸變遷。大部分的文獻視政治為政策執行的障礙，然而政策體制途徑反而認為政治可以藉由加強政策正當性（legitimacy）、凝聚力（coherence）以及持久性（durability）來改善政策執行的品質。這裡所謂的「政治」就是「體制」（regime）或是政策體制（policy regime），就是上面所提到的：想法、制度安排以及利益這三者之間的交互作用。強大的政策體制（strong policy regime）可以培植更多的政策正當性、更多的政策凝聚力以及更多的政策持久性（政策永續性）。

(一)想法（ideas）：政策體制的黏著劑（the glue of a policy regime）

民眾對於例如「經濟安全」、「負擔得起的醫療保險」、「酒駕零容忍」這些政策意圖（purposes）的理解共識，這些是政策制訂者獲得民眾政治承諾的重要基礎。理解與共識的強弱決定整合政策體制的能力，如果「想法」因為模糊或是沒有被背書而不被接受，則它黏著這個政策體制的功能是相當微弱的。強大的政治體制應該要擁有一項或多項核心想法（core ideas），如果這些核心想法很有意義，而且也可以得到重要的政治領袖或利益團體支持，則更能加強這些核心想法。

(二)制度安排（institutional arrangements）：結構導引的凝聚力（structure-induced cohesion）

政策制訂完成之後，解決這項問題的執行結構與制度設計便會形成。這會包括政府或非政府的任務指派、協調機制的設立、府際關係的建立、公私合作網絡的出現等等。這些結構的安排會導引出凝聚力，兩種方式衡量所導引出凝聚力的大小。第一，制度設計導引出來支持政策的關注（attention）、資訊（information）與組織關係（organizational relationships）的程度。第二，制度設計緊密連結相關執行機構的程度。

(三)利益（interest）：治理的能力（governing capacity）

基於利益考量的支持（interest support）可以協助建立體制的治理能力。更具體來說，當政策制訂之後，基於利益考量的支持或反對的程度會增加或減少體制的治理能力。過去研究美國亞特蘭大這個都市的體制政治（regime politics）的Clarence N. Stone發現（Stone, 1989），亞特蘭大市在戰後能夠建立成功的治理聯盟，其中一項重要的原因是亞特蘭大市的企業菁英能夠利用選擇性的誘因（selective incentives），包括例如信用資金、捐款、專業知識與技術、組織支持、人脈等等，以吸引政治菁英、中小企業、黑人中產階級與社區菁英以擴大治理聯盟的規模，進而形成長期

且穩定的公民合作體制[2]。

三、方案執行研究（program implementation）

方案執行研究擁有第三代政策執行研究的靈魂，因為它們也重視量化研究與假設檢定。不過，它們對於創造可通則化的理論架構（這是第三代政策執行理論的企圖），興趣缺缺；它們只偏好在於改善某一項特定方案（particular program）的運作與效能。方案執行研究可說是近十年來執行研究的重點，相關的研究發現，近年來，主流學門例如政治學、公共政策與公共行政領域當中，政策執行研究（policy implementation）稀稀落落；反倒是一些應用學門例如醫療、教育與環境等等領域興起熱烈的方案執行研究（program implementation）（Saetren, 2014）。

兩個原因解釋這種趨勢：第一，主流學門的政策執行研究一直無法突破瓶頸。第二，在醫療領域興起強調證據導向的方案執行研究。誠如前述，方案執行研究受到第三代政策行研究很深刻的量化分析影響，然而卻不想建立通則化理論；它們只想找到實務上可以讓方案運行無阻的手段與方法而已。

Sandfort與Moulton（2015）出版的*Effective Implementation in Practice: Integrating Public Policy and Management*一書就是很典型的方案執行研究範例，他們企圖整合「政治過程與權威」（political process and authority）、「治理與管理」（governance and management）以及「政策與方案評估」（policy and program evaluation）這三個領域[3]當中跟政

---

[2] 可參考王輝煌（2007）詮釋Clarence N. Stone所描繪亞特蘭大市的體制政治（regime politics）。

[3] 「政治過程與權威」的執行理論就是我們先前討論的各個世代的政策執行理論；「治理與管理」的理論則包含行政與治理的相關理論，包括網絡管理、多層次治理等等抽象的概念；而「政策與方案評估」這個部分，依照作者的說法，包含政策分析、醫學與社區心理學發展出來的執行科學，以及行為經濟學。

策執行相關的理論，形成他們所謂的「策略行動場域」（strategic action fields）分析架構，藉以分析多元層次的執行系統（implementation system at multiple levels）。他們認為，每一項政策都有它們特有的「策略行動場域」，這個場域包括該項政策所屬領域的特質與環境（policy fields）、相關的組織（organizations）以及第一線執行人員（front lines），政策執行研究或是實務上的管理應該要聚焦在這個「策略行動場域」。

柒、其他與政策執行相關的研究議題

一、政策網絡

(一)政策網絡既會影響政策制訂也會影響政策執行

政策網絡（policy networks）指的是在政策制訂或政策執行過程當中，政府以及其他的政策行動者（actors），彼此透過正式或非正式的連結，來分享經過大家討價還價之後的利益與信念。這種網絡的連結既會影響政策制訂，也會影響政策執行的績效。

政策網絡會影響政策制訂的這個概念，就是之前我們回答「政策從哪裡來？」的時候，Hugh Heclo所提出的議題網絡理論（請參閱第四章第三節）。後來英國政策學者R. A. W. Rhodes更進一步加以引申成為所謂的政策網絡分析（policy network analysis）。依照Rhodes的看法，政策網絡成員彼此的互動不僅影響政策的形成，同時也會影響後續的政策執行（Rhodes, 2008）。例如我國中央政府在2008年開始推動「長期照護十年計畫」，由中央政府以預算形式提供地方政府針對身障老人的居家、社區，以及機構的照護服務，除了縣市政府的長期照護中心是在縣市政府內的分支機構以外，幾乎所有的服務提供者不是第三部門就是私部門。這些非政府機構每年與政府簽約，協助執行長照政策，形成一個政策執行的網絡（陳敦源等，2012）。

(二)政策網絡對於政策執行的影響：管理層面研究

　　過去分析政策網絡對於政策執行影響的研究大多聚焦在網絡管理的績效，所以這些研究的自變數大多是管理層面的變數，例如網絡的特徵（網絡規模大小、彼此交流情況）以及網絡管理策略行動（有無彼此討論的平台、資訊交流是否公開等等）。這些研究當中以Kickert, Klijn, and Koppenjan (1997). *Managing Complex Networks: Strategies for the Public Sector*. London: Sage.（E. H. Klijn這位荷蘭學者更是代表性人物）為代表，主要是研究歐洲國家的案例，後續仍有許多實證研究是以這樣的架構展開。

(三)政策網絡對於政策執行的影響：政治層面研究

　　但是，除了管理層面的因素之外，政治因素也可能會影響網絡管理（政策執行）的績效，而這是E. H. Klijn等人所忽略的部分。美國學者O'Toole and Meier（2003）挑戰過去的研究，他們認為過去的網絡管理研究聚焦在如何建立並管理網絡系統，但是忽略潛在的政治因素可能影響網絡的運作。他們這一項有趣的研究顯示，個人的網絡節點（nodes）可能會讓組織運作偏差，而使得在網絡關係當中最具優勢的團體獲利，因而偏離了網絡管理績效（政策執行）的原始目標。

1.分析單位

　　兩位作者以美國德州的學區（school district）為分析單位，觀察這些學區的主管（superintendents）在教育政策的網絡關係是否會影響各個學區的績效？這裡的教育政策網絡關係是指主管會跟學區董事會的成員、地方上企業領袖、其他學區主管、德州州議員、德州教育局形成政策網絡的關係。

2.依變數：學區的績效測量

　　(1)TAAS通過率：利用各校學生在所謂Texas Assessment of Academic Skill分數的高低（學生必須通過測驗才能獲得畢業證書）為基

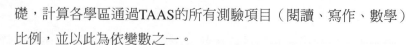

礎，計算各學區通過TAAS的所有測驗項目（閱讀、寫作、數學）比例，並以此為依變數之一。

(2)次級團體TAAS通過率：同時，作者也將各個學區通過率這個依變數加以拆解成為白人、黑人、拉丁人以及低收入戶學生等等次級團體的通過率成為其他的依變數。

(3)ACT（American College Testing）與SAT（Scholastic Aptitude Test）成績：另外，作者也將學區平均ACT分數、學區平均SAT分數，以及SAT成績在1,100分以上的人數比例當作是另外三個依變數。

(4)出席率（attendance rate）與輟學率（drop out rate）：各學區平均每天出席率以及各學區每年八年級之後的學生之輟學率。

3.自變數

學區主管與網絡各種不同成員之間互動的頻率。

4.其他控制變數

凡是會影響學區學生成績好壞的相關因素，例如學生家庭背景、教師薪資高低、州政府補助多寡……。

5.基本假設

學區主管會傾向照顧家庭背景佳的學生（提供更多的教育資源給這些學生），而不會特別照顧弱勢家庭出身的學生。因為家庭背景佳的學生家長參與利益團體的活動頻繁，而這些利益團體會提供資源給學校。

6.研究發現

(1)就整體TAAS通過率來說（不分學生族群）：學區主管與其他網絡成員互動越頻繁，則TAAS通過率越高。

(2)當依變數是拉丁人TAAS通過率、黑人TAAS通過率、低收入戶學生通過率、輟學率、出席率時：統計分析發現，學區主管與政策網絡成員互動越高並沒有讓以上這些弱勢族群獲益（增加通過

率）。

(3)當依變數是白人TAAS通過率、白人平均ACT分數、白人平均
SAT分數時：學區主管與其他政策網絡成員互動越頻繁，則這些
白人在以上各種分數就越高。換言之，學區主管努力經營政策網
絡關係，其實只嘉惠到優勢的白人。

(4)如果將學區主管與其他網絡成員的互動頻率拆解成為與董事會互
動頻率、與地方上的企業領袖互動頻率、與其他學區主管互動頻
率、與州議員互動頻率、與德州教育局互動頻率：主要的統計結
果發現，與地方上的企業領袖互動頻率越高，則學區白人學生的
成績越高，但是黑人、拉丁人與低收入戶學生的TAAS分數卻越
低。

二、政策工具

(一)意義

政策執行需要搭配所謂的政策工具（policy tools or policy
instruments），才能達成政策目標解決問題。所謂的政策工具的意義是指
達成政策目標所需要的機制（mechanism）或是誘導政策標的團體順服政
策目標的手段。

(二)類型

政策工具有哪些類型？依照O'Hare, M. (1989). A typology of
government action發表在*Journal of Policy Analysis and Management, 8*(4),
670-672（轉引自余致力等著，2007：14-17）。

1.自行生產（make）：由政府自行生產公共服務，例如政府自行設置
機構，編列預算經營托兒所、托老所、興建垃圾焚化爐、提供在職
教育等等。

2.向外購買（buy）：政府委託民間經營，例如BOT或BOO。

3. 禁止（prohibit）：禁止政策標的團體（或人口）的某項行為，例如禁止酒後駕車、禁止任意丟垃圾等等。

4. 強迫（oblige）：政策強迫標的人口做某項行為，例如強制垃圾回收處理（強迫與禁止可通稱為管制）。

5. 課稅（tax）：利用增加稅捐來抑制某些行為或現象，例如徵收奢侈稅減少貧富差距；或利用減少稅捐來鼓勵某些行為或現象，例如企業購買汙染防治設備可以抵扣稅款。

6. 補助（subsidies）：政府利用補助來鼓勵標的團體從事某項行為，例如為了環保，政府對於購買電動機車的民眾有所補助；又例如消防單位利用補助，鼓勵民眾將老舊的瓦斯熱水器更換為強制排氣的新型熱水器；又例如政府為了扶植某些特定產業（例如文創產業），利用補助來加以鼓勵。

7. 告知（inform）：政府透過學校教育或是政令宣導，告訴民眾某種行為是不好的。例如垃圾如果不分類，會對環境造成傷害；例如吸菸有礙健康。

8. 呼籲（implore）：這比告知更為積極，近乎懇求拜託。

(三)政策工具的選擇

1. 哪一種有效？利用向外購買取代自行生產曾經是一股潮流，但是研究指出這不見得是萬靈丹。國外研究案例發現，單純的告知與呼籲效果不見得差。不過這很難說，政治文化可能會是一個很重要的因素，也就是說這兩種政策工具在某些國家的政治文化脈絡之下可能有效，但是在其他國家卻不見得如此。另外，解除管制的潮流使得許多課稅或是補助的政策工具變成一種流行手段，例如可交易的汙染許可，但是仍然充滿爭議（余致力等著，2007：17-19）。

2. 政府對於政策工具的選擇會受到什麼因素的影響？Peters Guy（2002）認為有以下因素：

(1)利益（interests）：基於利益的考量，政策利害關係人會企圖影響政府選擇讓他們獲取利益最大，承擔成本最低的政策工具。例如藥商偏好成分標示勝於管制，偏好報備勝於核准。民選政治人物為了連任，所以偏好利用能見度低的政策工具幫助優勢利益團體，以免引起選民的反彈。例如為了協助某些產業發展，利用稅式支出（tax exemption）來取代直接補助以避人耳目（所謂的稅式支出指的是政府免除或降低某些產業原來應該繳納的稅捐）。

(2)觀念（ideas）：自由派（liberal）與保守派（conservative）不同的觀念會影響政策工具的選擇。自由派偏好政府直接干預，而保守派偏好自由競爭市場的機能。

(3)個人（individuals）：某些個人對於政策工具的選擇發揮關鍵性的效果，這些個人可以算是政策企業家（policy entrepreneur）。例如推動汽機車強制險政策柯媽媽（柯蔡玉瓊女士為了車禍喪生的兒子，到處奔走推動汽機車強制險）。

(4)機構（institutions）：某一個特定的機構（行政機關）對某些政策工具有固定的偏好。這種偏好來自於這個機構過去的歷史、學習經驗或是成員的專業訓練。例如財經部門比較傾向自由市場的政策工具；而社會福利部門為了保障弱勢團體，會比較傾向管制或是政府直接產製。

(5)國際環境（international environment）：受到國際上的壓力，某些政策工具的選擇是被強迫的。例如原本管制的美國牛肉，因為受到外交壓力而開放；又例如2002年放寬外資投資電信市場的上限（由管制市場至開放市場）。

第二節　政策執行：政策實務操作的研究／理性途徑與後實證途徑

壹、理性途徑：影響政策執行績效的關鍵因素

　　我們在第一節的內容討論的是觀察政策過程現象的研究，但是如同我們在第一章緒論所說的，觀察政策執行現象的研究並非就沒有實務上的取向，例如某些政策執行研究在發掘為什麼政策執行會成功或失敗，當發現重要的原因之後，這些影響因素就會成為政策實務操作上很重要的知識，協助政府機構如何設計未來的執行機制。在本章第一節所討論的各種政策執行理論當中，「由上而下」的執行模式（第一代執行理論）希望瞭解如何才能將正式的政策目標付諸實現，也就是說，他們的關注焦點在於當政策目標被決定之後，如何掌握關鍵因素才能將政策意圖轉換成為行動，並達成政策目標。這種政策執行的觀點就是所謂的理性途徑，因為他們以科學管理的原則追求效率（執行績效）。

　　在本節當中，我們就不再重複追求管理效率的第一代政策執行理論了，讀者可以回到本章第一節重新閱讀第一代執行理論當中的幾套理性途徑：第一，Donald Van Meter與Carl Van Horn（1975）所提出六項影響政策執行的關鍵因素；第二，Geoge Edward III（1980）所提出決定政策執行成效的影響因素架構；第三，Daniel Mazmanian與Paul Sabatier（1983）的政策執行分析架構。這三個架構隱含的意義在於：只要能夠掌握影響執行成效的重要關鍵因素，成功的政策執行是可以被期待的。這些因素包括資源、權威、執行人員意向、執行機關之間的充分協調、因果關係清晰的政策目標與手段、社會經濟條件等等的因素（請參閱本章第一節）。

貳、後實證途徑：重視基層執行人員與政策標的團體的感受與反應

而「由下而上」的執行模式（第二代執行理論）不希望政策執行受限於「由上而下」理論的見解。他們認為基層執行人員與標的團體的觀點應該注入政策過程的所有階段。他們關心執行人員的行為（behavior）與選擇（choices），這種觀點屬於後實證途徑的主張（deLeon, 1999）。儘管後實證途徑所主張的政策執行模式強調第一線執行人員角色與行為對於政策執行績效的重要影響，但是他們並沒有（或很少）明確說明實務面要如何做（know how），才能讓執行人員依循政策目標的規範忠誠地執行。本章第一節提到的第二代政策執行學者Eugene Bardach（1977）的研究是少數的例外，所以在這個章節，我們率先討論他的論點。

其次，James Q. Wilson（2000）的論著*Bureaucracy: What Agencies Do and Why They Do It*當中有關於基層執行人員行為的理論內容與第二代政策執行理論極為神似（雖然他並不是被歸類在公共政策的學者，但是論述內容與政策執行的內容是一致的），同樣是不同意利用理性途徑（經濟效率，由上而下）來詮釋官僚組織當中基層人員的行為。他不僅歸納出影響基層官僚人員行為的因素，同時也提出政策實務上應該如何適當管理的一些建議。

最後，Deborah Stone這位屬於公共政策後實證途徑的學者對於政策執行誘因機制（incentives mechanism）有其獨特的看法，她反對理性途徑的主張（Stone, 2012: 271-284）。

一、Eugene Bardach（1977, 1998）在政策執行實務上的看法與建議

在第一節的內容當中，我們知道Eugene Bardach利用賽局來詮釋政策執行當中執行機關與人員的抗拒或投機行為，並且舉出了幾種可能出現的型態（四種）（請參閱本章第一節第二代政策執行理論的內容）。因

此，為了政策執行能夠圓滿完成政策目標，他提出兩個建議：

(一)重視情境分析或情境劇本（scenario analysis or scenario writing）

既然執行過程像賽局，所以政策管理者應該預先設想各種可能出現的賽局，讓政策執行的負面狀況不會出現。也就是說，利用假想的情境分析，預想執行機關與人員會如何反應，而預先加以排除（例如制訂規則或安排策略）。

(二)修理或操縱遊戲（賽局）（fixing the game）

如果賽局實際上發生了，政策管理者就必須積極介入執行過程來「修理」或「操縱」賽局，以實現政策目標（台語叫做：撩下去！）。政策執行如果會失敗，理由應該是政策管理者缺乏持久的政治意志（political will）來修理或操縱執行賽局，而不是因為缺乏執行相關的知識（Bardach, 1977: 275）。

二、James Q. Wilson（2000）對於官僚組織當中基層執行人員的論述

(一)Wilson認為影響基層執行人員行為的五種因素

括環境因素（組織目標、情境的臨機應變、同儕的期待）、過去的經驗、專業規範、利益團體以及組織文化等等因素，以下分別加以扼要說明：

1.環境因素

(1)基層執行人員所屬機關的政策目標之清晰程度

例如發放國民年金的機關因為政策目標很清晰，基層人員的行為沒有太多自由裁量權。發放年金的執行人員只要按時將準確的金額匯到準確的帳號即完成任務，如果弄錯了，很難推卸責任。相對來看，外交部的政

策目標之一，「與友邦維持良好關係」就非常模糊。要如何跟友邦國家維持良好關係？做法就有千百種，對於外交人員來說，在外交業務上所做的每一件事情通通都會跟這項目標有關，所以外交人員行為的自由裁量空間就大了許多。

(2)情境的臨機應變（situational imperatives）

A.工作性質危險，所以會自行決定該怎麼做：有些基層人員因為工作內容相當危險，所以他們對於任務的界定會隨著服務對象的行為與所處的情境而改變（為了生存保命），有時候甚至會忘記組織目標。以下幾個例子可以說明：

a.巡邏警察：因為安全威脅大，所以他們會臨機應變。經常出現所謂的「街角社會化現象」（street-corner socialization），也就是員警依照現實狀況，決定應該如何界定他們的任務，所以經常會有偏離組織目標或是違反標準作業程序的現象。上級機關雖然想要革除這種現象，但是因為巡邏員警所面對的是無法預期、甚至是危險的情境（巡邏警察經常要處理搶劫、偷竊、幫派鬥毆，甚至要排解夫妻拿菜刀互砍的局面），所以很難改變。他們大部分的時間並不是執行法律（enforcing the law），而是處理狀況（handling the situation）。如果是處理狀況，那就有很多空間可以決定該如何「做」了。

b.獄政人員：獄政人員經常面臨到底要「矯正」受刑人還是要「控制」受刑人的兩難。法定的目標當然是以矯正為優先，但是監獄生活的現實面決定了獄政人員如何界定他們的任務——面對具有威脅性與人數眾多的受刑人，活下來（stay alive）才是獄政人員最重要的考慮。一旦監獄發生暴動，不僅會受到外在的不良評價，可能自己連小命都難保，所以獄政人員傾向以嚴峻控制的手段來管理受刑人，至於「矯

正」，隨緣就好！

B.其他工作安全威脅低的基層執行人員也有類似情形：

　　a.小學教師：小學老師經常陷於「維持教室秩序」或「激發潛能學習」的兩難。激發潛能當然是教育的最高目標，然而如果要激發小學生的潛能，通常在課堂上不能約束太多。可是約束一減少，這些活蹦亂跳的小朋友可能就會像脫韁野馬一般，開始暴衝。教室一旦混亂，這位老師不僅會受到正在隔壁教室上課其他老師的抱怨，校長如果巡堂發現，這位老師也一樣吃不完兜著走。終於，這位老師選擇「生存下來」，也就是先維持教室秩序，激發潛能的事情以後再說吧！

　　b.工業安全稽查員：目標雖然比較清晰，但是基層人員因為行事方便的考量（技術到底存不存在？），也會自己界定任務偏重某一項任務而刻意忽略另一項任務。例如美國職業安全健康署（Occupational Safety and Health Administration, OSHA）的基層執行人員到工廠執行稽查任務時，通常會面臨到底要處罰業者違反職場「安全」規定？還是要處罰業者違反職場「健康」規定？「安全」與「健康」都是美國職業安全健康署官方的政策目標，所以執行人員應該同時關注這兩項任務。不過，執行人員最終選擇「重安全、輕健康」的任務界定。為什麼會這樣呢？理由很簡單，告發業者違反安全規定不會招惹業者的抱怨或投訴，因為業者在安全設施上有沒有讓工作人員帶耳塞、帶安全頭盔、工廠機器與機器之間的擺設有沒有保持安全距離等等都是一翻兩瞪眼的規定，也就是說執行人員可以很清楚地發現，而業者也沒有空間賴皮。但是，執行人員如果告發業者工廠裡面空氣品質不佳，會導致工人呼吸道疾病，那麼業者與執行人員之間就有得吵了。因為造成呼吸道疾病的原因很多，業者會問執行人員：

你能證明給我看嗎？所以，執行人員通常不會自找麻煩，他們只要專注在「安全」這項任務就可以了。這也可以說是技術決定執行人員如何界定他們的工作任務，因為追溯影響健康因素的技術不全然存在（或不成熟），所以OSHA的執行人員便選擇「安全」來界定他們的工作任務了。

(3)同儕的期待

舉例如下：

A.戰爭：如何解釋戰場上絕大部分的士兵不逃兵？James Q. Wilson認為公共選擇學派認為官僚組織人員都是自利取向，這種說法有所偏頗，至少它無法解釋戰場上的士兵為何不逃兵（其實大家都想逃。inside every army is a crowd struggling to get out）。如果士兵是理性的，他們應該會選擇逃兵，因為：第一，儘管會有懲罰，如槍斃或絞刑，但是陣前脫逃與在戰場中當場被敵人擊斃兩者相較，陣前脫逃不僅比較不容易被敵軍擊斃（逃兵就是要脫隊，敵軍寧可朝一群人開槍，因為打中人的機率較高，也不願意將子彈浪費在單一個逃兵標的物），即使被捉到了，也許還可以多活一段時間等候軍事宣判。然而士兵為何不逃？第二，古代的戰爭也許會有戰利品，或是為了戰利品而戰。但是現代戰爭都是為了政治理由而戰。既然沒有戰利品，士兵為何不逃？另外，有人認為也許是士氣或是愛國心使然，所以不會逃兵。但是過去的研究指出，戰爭的成敗與士兵的士氣或愛國心之間的關聯度不高。既然如此，究竟是什麼因素讓士兵不逃兵？James Q. Wilson認為，同儕的期待才是關鍵！他舉滑鐵盧戰役的普魯士軍隊為例，說明普魯士之所以能夠獲勝，是因為普魯士軍隊團體的凝聚力讓士兵勇敢奮戰。當時普魯士部隊的組成是以士兵居住在相同地理區域，彼此熟識的人為作戰單位的基礎（local basis）。士兵如果面對敵軍而

逃逸，將會被這些熟識的同伴責難與恥笑。所以，士兵之所以願意戰鬥是因為他們身邊的人期待他戰鬥。除此之外，熟識的人在同一個作戰單位，也會讓士兵覺得安心而願意一起彼此照顧。

B.礦場員工行為研究（Gouldner, 1954）：礦工一旦坐著礦車進入礦場，便會認為自己是老闆，他們會說：Down here we are our own bosses! 他們會依照礦場當時的風險（礦場坍塌或是爆炸的風險），決定什麼該做，什麼不該做。這些礦工彼此會期待對方也是這種態度。簡單地說，團體凝聚力或同儕期待可以是激勵的來源，也可以決定什麼是可以接受的任務，什麼是不能接受的任務？

C.美國早期負責管制毒品的緝毒署幹員追查毒販的例子：同儕之間彼此期待應該要利用偽裝與臥底的方式深入毒窟，才能夠找出毒販背後最大的毒梟（Mr. Big）；而不是只用監聽找證據的方式，因為這種方式既不勇敢也永遠抓不到毒品的源頭。由於前者的勇氣被同儕與前輩所尊敬，所以他們也會期待新進人員也這樣做。

D.霍桑實驗：1930年代在美國芝加哥西邊，西方電器公司霍桑工廠（Hawthorne Plant，芝加哥290號公路往西邊走，就在一個叫做Cicero的地方）[4]所做的生產力實驗。這項生產力的實驗初期是研究照明與生產力之間的關係，雖然研究結果並沒有發現這兩者之間的顯著關聯，但是卻意外發現參加實驗的工人在實驗期間因為每天相處而發展出來的同儕期待。這種同儕期待會要求參與實驗的人不能生產（量）太多，因為那是馬屁精的行

---

[4] 本書作者在1990年到美國芝加哥市唸書，第一次開車走290公路往西邊走，在公路標示牌上看到Hawthorne Plant/Cicero的地標，令人興奮不已，因為大學時代行政學教科書所說的霍桑實驗地點竟然就在不遠的地方。

為；也不能生產太少，因為那代表你是滑頭鬼。只要生產得剛
剛好，大家都能夠生存下去就好了！

2.過去的經驗

新的政府機關成立時所聘用的人不可能是一張從未在其他行政機關
待過的白紙（除非初次就業的年輕人，但是畢竟是少數），而如果這些新
成立行政機關的目標比較模糊時，那麼組織成員過去的經驗就會影響該行
政機關任務的界定，進而影響到執行。Wilson舉了以下幾個例子說明：

(1)美國經濟合作署（Economic Cooperation Administration）1948年剛
成立執行援歐計畫（Marshall Plan，馬歇爾計畫）：這個組織剛
成立之際，組織成員大都從其他各種機構而來，例如國務院（外
交部）、農業部、商業部、內政部。成員對於馬歇爾計畫並不清
楚，因為部分成員曾經在二次大戰期間有過運送物資到歐洲的經
驗，所以他們決定運送物資作為馬歇爾計畫的主軸。

(2)美國的中央情報局（Central Intelligence Agency, CIA）：CIA正
式成立於1947年，目的是為了整合國務院與軍方關於國外情報的
協調機制。但是當美國聯邦政府打算從事地下秘密情報活動時，
找不到合適的機構來做，就只有交給CIA來做。因為這樣，CIA
晉用了很多過去曾在二次大戰軍事機構OSS（Office of Strategic
Service）工作的人。這群人既能處理間諜事務，又能在敵後從事
地下秘密情報工作。OSS的這群人注入了CIA新的工作文化，他們
主動積極、高度機密、執行能力很強。CIA成立初期，來自於OSS
的人員已經接近1/3，CIA在成立之後三年內的工作已經轉移至
OSS過去工作的內容，而脫離CIA原始成立的目的。

3.專業規範

執行人員的專業規範（professional norms）影響政策執行。兩個例子

說明：

(1)美國聯邦貿易委員會（FTC）

美國聯邦貿易委員會（Federal Trade Commission, FTC）性質類似台灣的公平交易委員會，主要任務是維持市場秩序，避免市場被壟斷或寡占。這樣的組織目標其實相當抽象也很模糊，所以執行人員的專業規範很容易影響任務的執行。可是問題來了，FTC包含了兩種不同專業訓練的人員，因為專業背景不同而經常會有衝突。

A.兩種成員：律師與經濟學家。這兩種成員的專業規範塑造了FTC的行為。FTC成員的工作任務界定受到執行人員究竟是律師專業或是經濟學專業的影響。

B.律師行為：具有起訴取向的心態，這與他們所受的專業訓練或是法院程序有關，也與他們想要好好表現以便日後進入民間大型法律事務所有關。

C.經濟學家行為：經濟學家評估案件都是看是否影響消費者的權益福利。律師認為可以起訴的案件在他們看來都是雞毛蒜皮的案件，不至於影響消費者權益。而且這些經濟學家大部分都是屬於芝加哥經濟學派（Chicago School）的人，強調自由競爭市場的社會利益。所以，律師認為經濟學家是案件成立的殺手（case killers）或是頑固的教條主義者在跟上帝打交道（God-playing，因為什麼才是良善的市場秩序只有上帝知道！）。而經濟學家則認為律師對於真理不感興趣，只對挖掘證據來支持自己預先認定違法的案件感到興趣。

(2)美國國家高速公路交通安全署（NHTSA）

美國國家高速公路交通安全署（National Highway Traffic Safety Administration, NHTSA）的職責是減少高速公路交通事故的傷亡。NHTSA可以選擇改善駕駛人的技術與習慣、加強道路安全設計，或是減少汽車設計上的缺點（安全氣囊、耐撞）來達成組織目標。不過，他們偏

好減少汽車設計上的缺點，因為該機構成員的專業背景大部分屬於機械工程。並且，減少汽車設計上的缺點比其他兩項工作更容易看到成效。

4.利益團體

James Q. Wilson雖然認為基層執行人員會受到利益團體的影響，但是他認為基層人員如果身處於不同性質的行政機關，則受到利益團體的影響程度會不同。依照行政機關所推動的政策是屬於成本集中或分散，利益集中或分散的情況，可交叉成為四種不同性質的行政機關，如**表7-2**所示。這四種不同性質的行政機關與基層人員所承受利益團體的壓力並不相同。

表7-2　James Q. Wilson區分四種不同政治特質的行政機關

	成本集中	成本分散
利益集中	利益團體政治 interest group politics	顧客政治 client politics
利益分散	企業家政治 entrepreneurial politics	多數政治 majoritarian politics

(1)顧客政治（client politics）

如果行政機關推動的政策具有成本分散在所有納稅義務人身上，而利益集中在少數人口的特質，例如農政機關提供給農民農產品保證價格的政策，又例如科技行政機關提供研發經費給學術專業團體從事學術研究，這類的行政機關稱之為顧客機關（client agencies），而呈現出來的政治現象稱之為顧客政治。這類行政機關的外環境通常會有一個強大優勢的利益團體支持該行政機關的政策目標，政策利益是由這個利益團體的成員獨享，而成本則是由社會大眾平均負擔。因為受益的人口少，所以受益者每人平均所獲得的利益額度也高，所以這些利益團體的成員會有高度的誘因集結起來給行政機關與執行人員壓力。相對來看，因為負擔成本的社會大眾人數很多，所以這些負擔成本的人很難集結起來抗衡這些優勢的利益

團體。而且每人平均損失很少，所以大家也並不很在乎。雖然這類型的行政機關很努力地想要避免受到外環境這個優勢利益團體的影響，但是很難成功。因為這類行政機關存在的理由就是要服務這些利益團體，而且很多日常政策推動工作的相關資訊都需要這些利益團體協助提供。

(2)企業家政治（entrepreneurial politics）

如果行政機關推動的政策具有成本集中在少數人口，而利益分散至一般民眾的特質，例如環保署管制汙染產業，成本集中在會產生汙染的產業，利益則由社會大眾共同分享，這類行政機關稱之為企業家機關（entrepreneurial agency），而呈現出來的政治現象稱之為企業家政治。對於這種行政機關來說，外環境會有一個優勢的利益團體（例如剛剛我們說的汙染產業），這個優勢的利益團體與這個行政機關的政策目標是敵對的（環保署的政策目標與高汙染產業是敵對的）。政策成本集中在少數這些產業身上，而政策利益（清淨的空氣）則平均分散至每一位社會大眾身上。利益團體因為所承受的單位成本很高，所以他們有很強的誘因集結起來阻止行政機關所推動的政策；相對來看，社會大眾因為平均每人的單位獲利少，人數也眾多，所以並沒有誘因集結起來抗衡這些優勢的利益團體。在這種情況之下，該行政機關推動的政策法案通常很難被通過。例如管制某種藥品上市的法律、控制某種毒性物質的管制法律，或是禁止易燃材質做成嬰兒衣服等等的管制法律都會面臨優勢利益團體的強烈反對（因為會增加這些產業的成本）。James Q. Wilson為什麼將這種情況稱之為「企業家政治」呢？一般民眾因為獲利少且人數眾多，所以並沒有誘因形成自發性的行動，也因此必須仰賴具有「企業家特質」[5]的人（例如像是美國Ralph Nader這種具有企業家特質的煽動者，也可以稱之為政策企業家），四處奔走、籌募資金、尋求媒體支持、揭露政商不當關係等等策

---

[5] 政策企業家與被管制的產業（或企業）的角色是敵對的，請讀者千萬不要混淆「被管制企業」與「政策企業家」這兩個概念。

略性的作為，才能與優勢的利益團體相互抗衡。負責執行這類政策的行政機關大都是社會運動的產物，也就是因為社會運動鼓吹而新成立的機構，專門對付他們應該要管制的利益團體，例如環境保護管制、食品與藥物的管制、消費者保護運動等等。通常這類新成立的行政機關在社會運動漸漸冷卻之後，或是政策企業家功成身退之後，就必須單獨面對這些具有敵意的產業，因而容易陷入孤立無援的處境。由於這類行政機關在執行管制所需要的資訊仍然需要依賴這些優勢利益團體（例如藥政管理機關需要藥商提供必要的實驗資訊），所以它們很容易被利益團體所左右。James Wilson認為，比較上來說，「俘虜」現象最容易在這種類型的行政機關發生。

(3)利益團體政治（interest group politics）

如果行政機關推動的政策具有成本集中在某些利益團體，而利益集中在其他利益團體的特質，這類行政機關稱之為利益團體機關（interest group agency），而呈現出來的政治現象稱之為利益團體政治。通常行政機關外環境有兩個或多個立場相互敵對的利益團體，有的支持這個行政機關的目標，有的反對該行政機關的政策目標。政策成本與利益均分別集中在這些利益團體身上，所以各個利益團體的成員動員誘因都很高。例如負責勞工業務的行政機關，外在環境有支持勞工權益的利益團體（勞方團體）以及支持產業降低成本的利益團體（資方團體）。這種行政機關基層執行人員的壓力表面上看來較輕（以外人的立場來看，會以為這種行政機關可以冷眼旁觀互相敵對的利益團體），其實不然，因為一來動輒得咎，偏袒任何一方都會承受無比壓力；二來因為上司經常會依照政治風向（通常是為了選票），隨時要求基層執行人員轉向（想想看：勞資雙方對於最低工資或每週最低工時的衝突意見之處理過程）。

(4)多數政治（majoritarian politics）

如果行政機關推動的政策具有成本分散而利益也分散的特質，這類行政機關稱之為多數行政機關（majoritarian agency），而呈現出來的政治

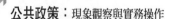

現象稱之為多數政治。通常在行政機關的外環境並沒有重要或明顯的利益團體，政策成本與利益均分散於全體民眾。社會大眾動員誘因低，因為對每個人來說，單位成本或利益都很低。例如公平交易法律關於聯合定價或是垂直整合等等規定的內容都相當模糊，因為它並沒有特別針對某一種產業，所以究竟是誰來承擔成本，其實並不清楚。而即使市場因為這種行政機關干預而趨於健全，民眾所感受到的利益也非常細微。

5.組織文化

(1)定義

它是組織人員對於組織內部主要任務（central tasks）以及人與人之間關係（human relationships）的固定思維型態，就像人的性格一般。它變化緩慢，而且會一代傳一代。Chester Barnard（1938: 279）形容組織文化是組織的「道德要素」（moral element），Philip Selznick（1957: chap 2）形容組織文化是「組織性格」（organization character）。組織文化不僅告訴成員我們應該做什麼（what shall we do?）？也告訴成員我們應該長成什麼樣子（what shall we be?）？組織文化對於人員的甄選或是新進人員的社會化影響尤其深遠。

(2)組織文化的影響

A.選擇性的關心（selective attention）：當組織被指派的任務與它既有的組織文化衝突時，組織不會將這項任務放在心上，資源也不會分配在新任務上面。

  a.治安的例子：例如1960與1970年代美國華盛頓特區軌道運輸系統與公車系統都是大眾運輸系統的一環。但是軌道運輸是組織的主流文化，所以雖然在公車上或公車站的犯罪率較高，但是安全人員多數被安排在軌道運輸系統上面。

  b.美國太空總署（NASA）的例子：美國太空總署在1986年1月28日所發射的太空梭挑戰者號（Challenger）在升空過程爆炸。造成這件意外事件的原因當然很多，但是NASA無所不能（can do

anything）的組織文化也逃不了責任。工程科學的訓練讓這一群幾乎是天才的工程師只相信數據分析的結果，因此他們所使用的語彙當中是不容許出現「我覺得」（I feel...）或「我想……」（I think...）之類的猜測或是沒有把握的表達方式。既然組織文化是如此，「感覺怪怪的」（something wrong）的事情就會被禁止或刻意忽略，因為那只是一種猜測！不過，「感覺怪怪的」有時候會是一種警訊，雖然科學數據並沒有顯示異常現象，但是仍然可能會發生問題，只是還沒到問題爆發的臨界點而已。太空梭挑戰者號發生事故之後，調查小組訪談NASA工作人員發現，在太空梭升空之前，其實已經有人覺得似乎怪怪的，但是因為科學數據呈現一切正常，所以工程師並不認為會發生太大的問題。

B.一個組織內部存在多種組織文化（multiple cultures）：很多行政機關內部有多元與競爭的組織文化（不止單一主流文化），組織面對這些這種現象如果管理不當，政策執行經常會受到負面的影響。例如美國空軍內部有所謂轟炸機、戰鬥機以及運輸機等等三種組織文化。美國空軍的文化長期以來都是以能夠駕駛搭載核子武器的飛行員占優勢，也就是轟炸機文化。特別是二次大戰之後更是如此，這代表戰鬥機或是運輸機的飛行員在組織當中居於劣勢。Arthur T. Hadley（1986: 35）觀察美國空軍建軍至1982年為止，並沒有戰鬥機駕駛員成為空軍重要將領，反而是駕駛轟炸機的空軍駕駛員占優勢，因為轟炸機文化是主流文化。運輸機的駕駛員更是落後在戰鬥機駕駛員之後，他們被戲稱是從事巴士（bus）服務的駕駛員，這些人很難晉升至重要的官階位置。

C.抗拒新任務（resistance new tasks）：

a.美國聯邦調查局（Federal Bureau of Investigation）主流文化傾向「事後調查」，因此拒絕以臥底方式偵查犯罪組織或查緝毒品的工作。

b.美國農業部拒絕承接食物券（food stamp）的工作：掌理美國食物券龐大預算的農業部一直以來都希望將這項業務移出，因為農業部是處理食物，與農民打交道。但是食物券卻是社會福利業務，本質與農業政策不同。所以在1970年代美國總統尼克森在重組聯邦機構時，農業部長一直嘗試說服總統將食物券業務移出農業部，但是仍然沒有成功。

c.美國空軍的例子：如前所述，二次大戰之後，轟炸機文化是美國空軍的主流文化，日後挑戰空軍轟炸機文化的並不是戰鬥機或是運輸機，而是飛彈。1960年代初期，美國研議發展洲際彈道飛彈（Inter-Continental Ballistic Missiles, ICBM），遭到空軍的抗拒（轟炸機文化的抗拒），因為飛彈將會取代轟炸機的地位。後來空軍雖然順從，但是並非心甘情願。

(二)適當地管理基層執行人員的行為

　　既然基層執行人員的行為受到各種不同因素的影響而呈現多樣性，那麼究竟應該如何適當地管理，才能讓政策執行不會偏離原始目標？James Q. Wilson提出實務操作上的做法，他認為不同性質的行政機關，管理基層執行人員的方式應該要不一樣。行政機關可以依照組織目標的產出（output）是否容易觀察？以及所造成的結果（outcome）能否測量？來加以區分成四種不同性質的組織。隨著不同性質的組織，管理方法可以有所不同，而基層執行人員的順服程度也會不一樣，請參閱**表7-3**。

表7-3　James Q. Wilson區分四種不同順服程度的行政組織

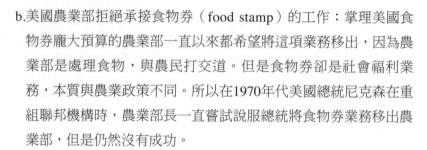

	產出 容易觀察	產出 難觀察
結果 容易測量	生產型組織 production organizations	工藝型組織 craft organizations
結果 難測量	程序型組織 procedural organizations	應付型組織 coping organizations

1.生產型組織（production organizations）

　　這類組織的特質是產出與結果均容易觀察與測量，例如稅捐機關執行人員行為的產出就是努力抓逃漏稅，結果就是政府的稅收增加，其他例如郵局或是負責發放年金的機關也是如此。管理者有機會在這一種類型的行政機關當中，利用成本利益分析來建立順服系統。不過，這類組織仍然面臨一些問題，因為這類組織會過度將注意力放在容易估計的結果，所以可能降低了服務品質。例如稅捐機關過度積極徵稅而擾民、職業媒合機關為了業績而提供不適當人員給業主（只計算引介數，而不計算媒合率）、警察或檢察機關為了業績而容易侵犯民眾權利、發放社會福利金的機關為了追求速度與效率（服務更多人數）卻錯誤百出。這類組織另一個問題在於：執行人員可能會在數字上動手腳。例如警察吃案、例如美國FBI在J. Edgar Hoover時期強調績效的統計數字，以致於幹員會想辦法捏造績效的數字或專注在容易產生績效的工作上。

2.程序型組織（procedural organizations）

　　這類組織的特質是產出容易觀察，結果難以測量。例如針對犯罪少年的諮商人員，行為的產出就是固定時間或是更密集地輔導少年受刑人，至於結果是否因此而讓受刑人改過向善，則很難測量。承平時期的軍隊也是一樣，沒有戰爭就每日按表操課，至於這些訓練是否有效？沒有戰爭發生的話，完全沒有辦法測量。其他類如精神療養院的醫護人員以及負責職業安全健康的稽查人員也面臨相同的情況。此類組織鼓勵專業主義的發展，也就是說，既然結果難以控制，就讓專業本身來約束自己。然而，我們並無法保證每位執行人員都會有高度的專業自我約束，所以這類組織的管理型態會傾向於手段導向的管理。透過標準作業程序（SOP），持續不斷地監督執行人員。

3.工藝型組織（craft organizations）

　　這類組織的特質是執行人員的產出難以觀察，但是所達成的結果是

容易測量的。例如刑警或調查局幹員辦案，破案或是查緝到違法事實是一翻兩瞪眼的事實（結果），至於他們平時是如何達成這項結果所從事的行為或活動（產出）則很難看得到。換言之，執行人員在這種組織工作，結果決定了一切，所以在管理上，需要讓成員擁有使命感（a sense of mission）。這類組織的管理者除了要求基層執行人員的執行結果之外，還必須防範這些平日不見蹤影的人員是否會濫用權力，例如接受賄賂。

4.應付型組織（coping organizations）

這類組織的特質是執行人員的產出與結果都很難被觀察到與測量，是最難管理的組織型態。這類組織的管理者只能保佑甄補到最優秀的人員，並加以適時的監督。例如我們在前面所提到的外交人員，外交人員所做的每一件事情似乎都跟外交工作有關，所以我們很難明確判斷他們的行為究竟有無意義。至於在結果上，如果我們跟某一個國家斷交了，斷交的原因有時候是超出外交人員所能控制的，所以也就很難歸咎他們。又例如大學教授，大學教授平常要做的事情很多，又要教學、又要研究、又要服務。如果你責難他們教學不力，他們會說他們把精力放在研究與服務上面；如果你責難他們研究做得差，他們會說他們把精力放在教學與服務上面；如果你責難他們服務做得不好，他們會說他們把精力放在教學與研究上面；如果你責難他們研究的數量不多，他們會說他們重視品質；如果你責難他們研究的品質不佳，他們會說他們在衝數量。在這類的組織裡，管理人員與基層執行人員經常會有衝突，例如老師遇到家長抱怨，學校主管如果偏向抱怨者，會讓老師覺得主管不挺他。但是因為這類組織的產出與結果都很難觀察與測量，所以主管很難找到強而有力的證據站在部屬這一邊。這類組織也跟程序型組織一樣，會強調標準作業程序，只有夠大膽的主管才會給部屬完全的自由裁量權。管理這類組織的基層執行人員異常困難，有時可利用殺雞儆猴的方式，但是效果只能持續很短的時間，之後可能故態復萌。

三、Deborah Stone（2012: 271-284）對於政策執行誘因[6]的看法

　　獎勵與懲罰是政策執行誘因機制當中的兩項工具，理性途徑認為這兩種工具與執行力之間呈現線性關係。也就是說，當獎勵越多或是懲罰越重時，執行成效會越好。然而在真實世界當中並非如此，因為誘因機制的設計者、執行這項誘因機制的執行人員，以及接受這項誘因機制的標的人口，他們兩兩之間的想法會有落差，也因為如此，所以理性途徑認為獎勵越多或是懲罰越重可以提高執行成效的期待通常會落空。

(一)誘因機制設計者與執行該項誘因機制的人員之間想法的落差

1.負面的懲罰會打破社會關係（人際關係）

　　誘因機制設計者如果要求執行人員懲罰違反政策規定的相關人等時，執行人員會因為擔心破壞社會關係（人際關係）而手軟。想想看，你還在小學唸書的時候，老師指派你當風紀股長，你經常為了顧及你跟同學之間融洽的感情而不願意舉發調皮搗蛋的同學。又例如政府如果要求律師公會或是醫師公會自己從事自我管制，懲罰不適任律師或不適任醫師時，除非這些不適任的律師或醫師「真的非常不適任」，否則公會不會貿然懲罰他們。因為這些專業背景的圈子很小，以後大家仍然會經常見面，既然如此，「相煎何太急」呢！又例如稽查工廠安全的執行人員對於違反安全規定的工廠，在懲罰上難免會保留一些空間，因為大家以後還是會見面，而且稽查人員在日後工作上仍然需要這些工廠的配合與協助（提供資訊）。

2.正面的獎勵會造成社會關係的緊張

　　誘因機制設計者如果提供正面的獎勵，讓執行人員分配給順服於政策或是表現特別突出的標的人口，執行人員通常會擔心造成標的人口之間

---

[6] Stone在2012年的第三版將舊版第十一章誘導（inducements）改名為誘因（incentives）。2012年版本將誘因安排在第十二章。

的社會關係（人際關係）衝突而不願意澈底執行。例如誘因機制設計者提供額度不低的績效獎金給組織當中表現傑出的前兩名或前三名成員，而要執行人員遵循實施，這將會造成組織成員之間彼此的激烈競爭，在激烈競爭的情況下，衝突或隱瞞理應共享資訊的情形將會經常發生。所以執行這項誘因機制的人員乾脆讓大家輪流獲得這項績效獎金，以免破壞了原來和諧的組織氣氛。

3.懲罰與獎勵都會增加執行人員的成本

(1)懲罰會增加執行人員的成本：我舉一個例子直接來說明，某一位初任大學的老師，剛開始教某一門必修課的時候，因為學校的要求，加上自我期許，所以對學生的訓練非常嚴格，每一學期都讓班上將近四分之一的學生不及格。第一年如此，第二年也是如此。然而，他慢慢感覺到他的教學工作一天比一天沉重，原因是被他當掉（flunk）的學生隔一年還要重新修習這門課，因此他的班就越來越多人，而且一年比一年多。學生一旦越來越多，他就越來越難控制上課的場面，而且批閱考卷或報告的數量也就越來越多。雖然學校提供大班教學的津貼，但是比起自己所花費的精力，根本不成比例。所以，這位老師從此以後就變得「慈眉善目」以及「悲天憫人」了！

(2)誘因機制設計者所設計的獎勵措施也可能會增加執行人員的成本：例如，教育部舉辦碩士論文獎甄選。某位碩士畢業生很想拿他的碩士論文參賽，但是按照規定需要指導教授寫推薦表格與信件，於是這位碩士畢業生就去找他的指導教授。他告訴他的指導教授事情的來龍去脈之後，他的指導教授遲疑了一下，因為這位指導教授平常很忙，如果還要寫一份冗長的推薦信實在是增加他很多的成本，更重要的是，這位碩士畢業生的碩士論文已經口試通過，現在如果拿出去參賽，還要在公開場合上接受很多人的品頭論足，而且還不見得能夠得獎。雖然碩士論文是這位畢業生

的，但是當別人批評這篇碩士論文時，也同時代表著這位指導教授得負一些責任。以上種種對於這位指導教授來說都是成本，於是，這位指導教授就開口問這位學生，如果獲獎會有多少獎金？學生說：有3,000元。指導教授說：那我給你5,000元，你不要參賽了！

(二)誘因機制設計者與接受該項誘因的標的人口在想法上的落差

1.懲罰被標的人口當作是獎勵

誘因機制設計者所設計的懲罰，經常會讓政策標的人口當作是獎勵。例如逮捕並懲罰「政治犯」只會讓他的知名度越來越高，或是他所主張的訴求越廣為人知，這些懲罰對於這些政治犯來說，其實是獎勵而不是懲罰，而這根本不是誘因設計者的原意。又例如問題學生也是如此，如果你還記得你在唸初中（國中）的時候，學校總是有一些調皮搗蛋的學生經常被學務處（我們那個年代叫做訓導處）用全校的廣播系統叫出名字，要他們到學務處找學務主任報到接受懲罰。每天都會廣播，有時候同一個人一天會被廣播數次，被叫到學務處接受「修理」。學務處以為懲罰到這些學生了，但是對這些學生來說，那是真正的獎勵，因為他們在學校同學當中的「地位」會隨著被廣播與懲罰的次數增加而越穩固。

2.獎勵被標的人口當作是懲罰

獎勵經常會被標的人口當作是懲罰。例如某一個縣市政府所屬的行政機關因為服務品質表現得太好了，獲得這個縣市內部各行政機關之間評比的第一名，於是這個縣市行政首長推派他們參加全國性的比賽。然而，這項「殊榮」得讓他們再忙上半年，增加一些額外的工作。

3.標的人口利用策略性的行為來逃避懲罰或是扭曲獎勵原意

(1)逃避懲罰：誘因機制設計者所設計的懲罰有時候會被標的人口利用策略性的行為加以逃避。我們經常說「上有政策，下有對

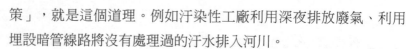

策」，就是這個道理。例如汙染性工廠利用深夜排放廢氣、利用埋設暗管線路將沒有處理過的汙水排入河川。

(2)扭曲獎勵原意：誘因機制設計者所設計的獎勵有時候也會被標的人口策略性的行為扭曲原意。有個故事可以當作例子，據說有一位剛上任的軍艦艦長為了解決軍艦上老鼠咬電線的問題，於是利用獎勵的方式希望軍艦士兵能夠自發性地來抓老鼠。凡是抓到一隻老鼠，可以放假半天，兩隻就放一天，依此類推。這項誘因機制執行之後，一個月之內的確軍艦上的老鼠遽減，因為士兵個個努力抓老鼠。可是一個月後，老鼠卻越來越多，甚至比過去還沒實施這項獎勵制度之前還要多。原來，士兵後來發現老鼠用抓的實在太慢了，乾脆抓幾隻公老鼠，抓幾隻母老鼠養起來，讓牠們用繁殖的比較快啦！

參考書目

王輝煌（2007）。〈從Clarence N. Stone的體制政治論民主治理理論〉。《東吳政治學報》，25(2)，1-65。

余致力等著（2007）。《公共政策》。台北：智勝公司。

陳敦源、柯立漢、柏門、呂佳螢（2012）。〈網絡管理與方案成效：台灣與荷蘭的比較研究〉。《台灣公共行政與公共事務系所聯合會年會暨國際學術研討會》（TASPAA），台南：成功大學。

Bardach, Eugene (1977). *The Implementation Game*. MA: MIT Press.

Bardach, Eugene (1998). *Getting Agencies to Work Together*. Washington, D.C.: Brookings Institution Press.

Barnard, Chester (1938). *The Functions of the Executive*. MA: Harvard University.

deLeon, Peter (1999). The missing link revisited: Contemporary implementation research. *Policy Studies Review, 16*(3-4), 311-338.

Edward III, George (1980). *Implementing Public Policy*. Washington, D.C.: Congressional Quarterly Press.

Goggin, Malcolm, Ann O'M. Bowman, James Lester, and Laurence O'Toole Jr. (1990). *Implementation Theory and Practice: Toward a Third Generation*. IL: Scott Foresman & Co.

Gouldner, Alvin (1954). *Patterns of Industrial Bureaucracy*. New York: Free Press.

Guy, Peters (2002). The Politics of Tool Choice. In Lester M. Salaman (ed.), *The Tools of Government: A Guide to New Governance*, 552-564. New York: Oxford University Press.

Hadley, Arthur T. (1986). *The Straw Giant*. New York: Random House.

Kickert, Walter, Erik-Hans Klijn and Joop F. M. Koppenjan (1997). *Managing Complex Networks: Strategies for the Public Sector*. London: Sage.

Lester, James and Malcolm Goggin (1998). Back to the future: The rediscovery of implementation studies. *Policy Currents (September)*, 1-9.

Lipsky, Michael (1980). *Street-Level Bureaucracy: Dilemmas of the Individual in Public Service*. New York: Russell Sage Foundation.

Matland, Richard (1995). Synthesizing the implementation literature: The ambiguity-conflict model of policy implementation. *Journal of Public Administration Research and Theory, 5*(2), 145-174.

Mazmanian, Daniel and Paul Sabatier (1983). *Implementation and Public Policy*. IL: Scott Foresman & Co.

May, Peter J. and Ashley E. Jochim (2013). Policy Regime Perspectives: Policies, Politics, and Governing. *Policy Studies Journal, 41*(3), 426-452.

Meier, Kenneth (1999). Drugs, sex, rock, and roll: A theory of morality politics. *Policy Studies Journal, 27*(4), 681-695.

Meier, Kenneth (2009). Policy Theory, Policy Theory Everywhere: Ravings of a Deranged Policy Scholar. *Policy Studies Journal, 37*(1), 5-11.

O'Hare, M. (1989). A typology of government action. *Journal of Policy Analysis and Management, 8*(4), 670-672.

O'Toole, Jr., Laurence J., and Kenneth J. Meier (2003). Desperately Seeking Selznick: Cooptation and the Dark Side of Public Management in Networks. Paper prepared for the 7th National Public Management Research Association Conference, Georgetown University, October 9-11, 2003.

O'Toole, Jr., Laurence J., and Kenneth J. Meier (2014). Public management, Context, and Performance: In Quest of a More General Theory. *Journal of Public Administration Research and Theory, 25*(1), 237-256.

Pressman, Jeffrey and Aaron Wildavsky (1973). *Implementation: How Great Expectations in Washington are Dashed in Oakland*. CA: University of California Press.

Rhodes, R. A. W. (2008). Policy network analysis. In Michael Moran and Martin Rein (eds.), *The Oxford Handbook of Public Policy*, 425-447. New York: Oxford University Press.

Saetren, Harald (2014). Implementating the Third Generation Research Paradigm in Policy Implementation Research: An Empirical Assessment. *Public Policy and Administration, 29*(2), 84-105.

Scheberle, Denise (1997). *Federalism and Environmental Policy: Trust and the Politics of Implementation*. Washington, D.C.: Georgetown University Press.

Selznick, Philip (1957). *Leadership in Organization*. IL: Row, Peterson, and Co.

Smith, Kevin B., and Christopher W. Larimer (2017). *The Public Policy Theory Primer*

(3rd ed.). Boulder, CO: Westview Press.

Sandfort, Jodi and Stephanie Moulton (2015). *Effective Implementation in Practice: Integrating Public Policy and Management*. CA: Jossey-Bass Publications.

Stone, Clarence N. (1989). *Regime Politics: Governing Atlanta, 1946-1988*. Lawrence, KS: University Press of Kansas.

Stone, Deborah (2012). *Policy Paradox: The Art of Political Decision Making (3rd ed.)*. N. Y.: W. W. Norton Company.

Van Meter, Donald and Carl Van Horn (1975). The policy implementation process: A conceptual framework. *Administration and Society, 6*(4), 445-488.

Wilson, James Q. (2000). *Bureaucracy: What Agencies Do and Why They Do It*. CA: Basics

Winter, Soren (1999). New directions for implementation research. *Policy Currents, 8*(4), 1-5.

Chapter 8

政策評估

本章討論政策階段論的最後一個步驟（主題）——政策評估。如同本書第一章所說的，幾乎所有的政策評估研究都是實務操作的研究，都是討論如何從事政策評估的相關方法與技術。所以本章就沒有以觀察政策現象為重點的政策評估內容，而是直接討論政策評估的實務操作研究。

　　本章第一節先扼要描述政策評估研究的歷史發展過程。第二節將討論理性途徑的政策評估方法，我會以Peter H. Rossi[1]、Mark W. Lipsey與Gary T. Henry（2019）的政策評估架構為主幹，並補充Huey-Tsyh Chen（2005）以及Evert Vedung（2009）的相關內容，這些內容都可以當作是理性途徑的代表性主張。理性途徑政策評估當中的影響評估，因為都會使用量化的社會科學研究方法來做影響評估，所以除了引用一些假設性的例子之外，我也會在這個部分放進去一項真實的政策評估案例。這一項真實的政策案例來自於我之前所承接的科技部研究計畫，名稱為「縣市合併的影響評估：回溯控制的干擾時間序列設計」（羅清俊，2016）以及藉由這項科技部研究計畫指導碩士班研究生的碩士論文（陳昭如，2016）。我們使用的方法是一項很標準的準實驗設計，稱之為回溯控制的干擾時間序列設計，利用量化資料來評估政策的影響效果。第三節則討論後實證途徑主張的政策評估方法，Guba與Lincoln（1989）所提出強調利害關係人觀點的政策評估方法是我們討論的重點。

第一節　政策評估研究的歷史發展[2]

　　系統性的政策評估研究是從20世紀起在美國展開。第一次世界大戰

---

[1]　PeterR ossi於2006年辭世（1921-2006），他對於政策評估領域的貢獻極為顯著。本書作者在碩士班就讀時，就開始閱讀他所撰寫的政策評估教科書。

[2]　本節內容摘要自Rossi et al.（2019）第一章。

之前大都是從事於減少文盲、職業訓練方案、健康醫療等等政策方案的評估。1930年代起，社會科學家開始在不同領域進行各種嚴謹的評估研究，例如西方電器公司在芝加哥西郊Cicero所做的霍桑實驗（Hawthorne Experiments）評估工作者的生產力就是著名的例子（評估照明設備與產量之間的關係）。

第二次世界大戰之後，美國聯邦政府以及私人基金會投注在美國國內都市發展、科技、文化教育、職業訓練、疾病預防等等活動的評估；他們同時也投入一些國際性的政策方案評估，例如家庭計畫以及健康與營養等等。1950年代末期，政策評估研究普及於美國與歐洲等許多國家，甚至一些開發中國家也展開相關評估研究，例如亞洲的家庭計畫政策、拉丁美洲的營養與醫療政策、非洲的農業與社區發展政策等等。在研究方法上也有所改進，例如調查研究與統計方法的運用等等。

實務上的政策評估在1960年代的美國快速成長，起因於美國大社會計畫（great society或翻譯成美好的社會）實行許多失業、犯罪防制、醫療等等計畫執行的成效令人失望，於是興起評估研究的需求。1970年代初期，評估研究成為社會科學的專業領域，這個時候也發展出政策評估的教科書，是由Rossi與Williams（1972）以及Weiss（1972）所著；以及第一本政策評估的學術期刊*Evaluation Review*，1976年由Sage出版公司開始發行。

1980年代美國雷根總統執政時期，為了因應通貨膨漲、減少赤字，所以刪減（除）了許多政策方案。在這種情況之下，評估研究愈形重要，因為它必須決定某些政策是否有效率，是否應該刪減預算。不僅美國如此，歐洲國家也面臨一樣的問題。直到21世紀的今天，我們更需要評估研究，因為我們擁有的資源越來越少，所以評估新方案的效率以決定是否採行；或是評估既有方案是否有效率以決定終止與否，這些都需要嚴謹的評估研究提供足夠的證據。

第二節　政策評估：政策實務操作的研究／理性途徑

　　什麼是「政策評估」（policy evaluation）？簡單地說，政策評估就是利用科學方法來辨識某項政策究竟有沒有價值？藉以決定另外採行新的政策或是修改原來既存的政策，以達到某種希望達到的結果。早期傳統的政策評估所回答的問題主要是：到底我們做了什麼？做得好不好？這種類型的評估通常是在政策執行結束之後，評價這項政策到底有沒有達到政策制訂初始所界定的政策目標？這種評估通稱為影響評估（impact evaluation）。這種評估有很濃厚的課責（accountability）意味，也就是說，如果評估出來的結果不好，那麼就可以追究所有與這項政策有關人員的責任。除了課責之外，它也提供我們修改政策或是終結原來的政策方案再搜尋其他有效政策方案的資訊（如果原來的政策被評估的結果不如預期的話）。儘管事後的影響評估能夠告訴我們政策到底有沒有達成目標？但是，如果政策失敗，僅依靠影響評估所提供的資訊並沒有辦法告訴我們究竟政策失敗是因為政策規劃內容不佳？還是執行過程出了差錯？

　　Rossi、Lipsey與Henry（2019）的政策評估架構就提出比較積極的看法與做法，他們擴大傳統政策評估的範圍成為「需求評估」（needs assessment）、「方案理論評估」、「執行過程評估」、「影響評估」以及「效率評估」等等五種類型的評估。他們認為政策評估不要只是做傳統的影響評估而已，評估人員可以更積極一些，除了影響評估之外，也應該評估政策規劃的內容（包括需求評估與方案理論評估）、評估政策執行過程，以及評估政策最終花費的成本與所獲得的利益之間的差異（效率評估）。這樣不僅可以知道政策是否達成希望達成的目標與達成的程度（透過影響評估），同時也可以知道政策如果失敗，失敗的原因到底是因為政策規劃的階段沒有做好需求評估嗎？政策內容背後的方案理論沒有效度（validity）或是效度不足？還是執行過程出了問題？最後，也可以知

道，不管政策目標有沒有達成，政策最終所獲得的效益與花費成本之間的差異狀況究竟合不合理？與預期相符嗎？

以下我們將依循Rossi等人（2019）所提出的架構，並且補充其他評估研究的相關內容，依序加以詳細討論。不過，在討論以下內容之前，有三點關於各種評估類型實施的時點（timing）必須事先說明，因為根據我自己過去的教學經驗，有很多正在學習政策評估的朋友非常困擾這個部分。Rossi等人（2019）所提出的五種評估類型都是針對政策執行結束之後所做的評估，也就是所謂「事後」的評估。評估人員針對某一項已經執行結束之後的政策，回頭去評估它初始規劃的時候有沒有做好需求調查（需求評估）？所引用的理論基礎是否有效（方案理論評估）？執行過程是否依循既定方向（執行過程評估）？政策結果是否如預期（影響評估）？益本比是否適當（效率評估）？但是，在政策實務操作上，這五種評估類型當中的某些類型的評估技術不只可用在「事後」，「事前」也可以使用；某種類型的評估可在「事後」使用，也可在「事中」使用；而某種類型的評估只適合在「事後」使用。**表8-1**呈現各種評估類型使用的適當時機。

表8-1　各種評估類型使用的適當時機

時機 評估類型	事前	事中	事後
需求評估	✓		✓
方案理論評估	✓		✓
執行過程評估		✓	✓
影響評估	○		✓
效率評估	✓		✓

✓：使用時機

○：近年來許多以「影響評估」之名所從事的評估都主張「事前」來做，例如社會影響評估、環境影響評估、管制影響評估……。但是如果我們回歸到影響評估真正的目的——測量政策的淨效果（排除干擾因素之後，政策影響社會狀態改變的程度），那麼唯有「事後」評估才能達成這項目的。

　　首先，同時可以使用在事前與事後的是「需求評估」、「方案理論評估」以及「效率評估」。依照Rossi的架構，「需求評估」與「方案理論評估」是政策執行結束之後，針對該政策規劃內容所做的評估。但是，讀者是否發現，我們在規劃任何政策的初始階段，其實我們也都在做跟「需求評估」與「方案理論評估」類似的工作。我們會調查政策需求，我們會比較各種不同的方案理論，然後選擇合適的方案理論當作是該政策的理論基礎。其實我們也是在從事「評估」工作，只是這裡的「評估」是「事前」的評估。甚至在政策規劃階段我們也會做「效率評估」，預先估計成本與利益來選擇最佳的政策方案[3]！所以，Rossi架構當中的需求評估、方案理論評估以及效率評估的概念與技術不僅可以在「事後」使用，也可以在政策規劃階段，也就是「事前」加以應用。當然，這彼此之間還是會有差異，差異在於事前評估是「預估」，也就是預先估計政策需求的狀態、預期方案理論的有效性、預先估計政策的益本比合理的程度；而事後評估則是以政策執行結束之後的既成事實為基礎所從事的評估，也就是回頭去評估當初所做的需求調查是否確實？當初所建構的方案理論內容是否有效？實際上所產生的益本比是否符合預期？

　　其次，同時可以使用在事後與事中的是「執行過程評估」。五種評估類型當中的「執行過程評估」可以是「事後」評估，也就是說，當政策執行結束之後，回過頭來評估到底執行過程有沒有問題？它也可以是「事中」的評估，也就是說，政策仍在持續地執行當中，我們可以在這個階段來評估執行過程當中到底有沒有「偏離」原始的政策目標？這種評估可以「即時」地矯正政策執行過程。

　　最後，「影響評估」是事後評估。五種評估類型當中的「影響評

---

[3] 既然需求評估、方案理論評估以及效率評估可以應用在政策規劃之初，所以讀者在閱讀以下關於這三種的政策評估內容時，你會發現其實跟我們在第三章討論政策問題認定與方案規劃的政策實務研究內容差異不大。如果內容有重疊的部分，我就會簡單的帶過去，但是會提醒讀者可以參閱第三章的哪些內容。

估」是在評估政策是否影響社會狀態的改變以及影響的程度，而這些改變是原先政策所希望達到的目標。既然如此，如果沒有政策執行結束之後的結果呈現，我們是沒有辦法從事影響評估。所以，「影響評估」是屬於「事後」評估。不過，近年來有許多掛名「影響評估」的評估類型所實施的時間點都拉到「事前」了，例如有的政策在規劃階段會實施所謂的「社會影響評估」（social impact evaluation）[4]，影響環境的開發案核准之前會進行所謂的「環境影響評估」（environmental impact assessment），以及我們在第三章以及後續第九章討論的「管制影響評估」（regulatory impact assessment）或是「管制影響分析」（regulatory impact analysis）等等。嚴格說起來，這些掛名「影響評估」的評估類型都只是「預估」。我個人當然贊成「事前」從事「社會影響評估」、「環境影響評估」以及「管制影響評估」，因為這些「事前」的評估可以當作是選擇適當政策方案的準據。但是如果我們回歸到影響評估真正的目的——測量政策的淨效果（排除干擾因素之後，政策影響社會狀態改變的程度），那麼唯有「事後」評估才能達成這項目的。

壹、需求評估

政策方案是為了改善社會狀況，因此整體來說，政策評估當中的需求評估就是要問：你所要評估的這個政策方案是否充分反映了社會需求？對於公共政策來說，社會需求的診斷極其重要，因為它可以決定政策規劃的妥適性，以及執行過程是否觸及到真正需要幫助的人與政策的核心問題。通常我們在做需求評估的時候，必須仔細觀察你所要評估的政策是

---

[4] 社會影響評估（Social Impact Assessment, SIA）包括分析、監測和管理可能推動的某項政府措施所引發的任何社會變化過程的社會影響，包括預期的和預期之外的，正面和負面的社會影響。它的基本目標是促進一個可以永續發展和公平的自然與人類環境。

否「妥善地」回答了以下問題：這個政策方案所要處理的社會問題的範圍與嚴重程度如何？政策標的人口是哪些人？如何描述標的人口組成當中對於政策需求程度的高低？標的人口需求的特質是什麼？

一、認定政策問題的範圍與嚴重程度

首先，必須確認社會問題是否存在？當確認社會問題存在之後，更要進一步瞭解它們的整體規模大小，分布情形（時間與空間的分布）與嚴重性的強度。當然，後面這些工作的難度會比只是發現問題高了許多。例如台北市有無遊民的問題？如果有，接下來要回答的問題是：到底有多少遊民？分布在哪些地區？各地區的嚴重程度如何？這些遊民有多少人罹患精神疾病？有長期酗酒的問題嗎？有身體障礙的問題嗎？以下是在認定社會問題的範圍與程度時，經常使用的方法，這在本書第三章也有類似的內容。

(一)利用既存的資料來估計（using existing data sources to develop estimates）

可以透過前人所做的調查（survey）或是普查（census）資料、利用社會指標、行政機關過去所留存的紀錄（可以瞭解標的人口被服務的情形，藉以估計社會問題的嚴重程度），或者是我們在第三章所討論的即時大數據資料（big data）都可以加以充分利用。如果這些直接的資料不存在，也可以透過間接的資料，例如可以利用某社區的學童接受免費營養午餐的人數來推估該社區貧窮家戶的發生率；利用「辦桌」來估計遊民的數量。

(二)評估者自己從事調查與普查。

(三)關鍵人物調查法（key informant surveys）

透過訪談一些因為工作或是經驗而對於某些社會問題有特別瞭解的人，可以讓我們知道標的人口的特質以及他們對於服務的需求狀況。例如

你想瞭解某個社區裡面有多少學童來自於問題家庭（家暴、父母感情不和睦）？瞭解這項問題的關鍵人物就會是這個社區裡面的小學老師、村里長、管區警察、診所醫師或護士，甚至是傳統市場裡面豬肉攤的老闆娘。

二、認定政策方案所要服務的標的團體或人口（政策方案要服務哪些人？）

(一)直接標的與間接標的

所謂標的人口是指接受政策方案服務的個人、團體或區域等等。標的人口也有直接與間接之分，一般來說，政策方案會提供服務給直接標的。但是仍有可能提供服務給間接標的，例如農村發展計畫先訓練一群有影響力的農民（種子教師），再由他們傳授給他們居住所在地的農民（間接標的）。

(二)標的團體的認定並沒有想像中的容易

標的人口或標的團體必須詳細界定，否則政策方案不知道要服務誰。表面上看來，定義標的團體似乎很容易，但是當我們想要利用這個定義來適當地排除或納入某些人接受政策方案的服務時，那就不容易了！例如詳細界定某一社區住民罹患癌症的人口時，誰罹患癌症？就是標的人口的定義。這個定義看似簡單，但是評估人員馬上面臨幾個問題：誰是社區住民？永久的住民？暫時的住民？還是戶籍在此，人已經在外地？癌症恢復者算不算？第幾期的癌症才算？

(三)準確地界定標的團體的三個原則

一般來說，界定標的團體範圍（target boundaries）的原則有三個：

1.界定標準不宜過寬

例如某項針對罪犯的矯正教育課程內容，如果將罪犯定義成為：曾經違反法律的人，則太為寬鬆。因為這種寬鬆的定義只會將嚴重犯罪與

輕微犯罪，以及將累犯與初犯的人混在一起，而無法區分他們之間的差異。針對不同犯刑程度的罪犯應該要有不同的矯正教育課程內容。

2.界定標準不宜過窄

例如對於被釋放的犯人（更生人）從事職業訓練，標的界定為這些人必須沒有酗酒或是吸毒的經驗。這就似乎太狹隘了，因為根據過去經驗，這些犯人或多或少都會有這些經驗。

3.界定標準也必須容易執行

例如某個職業訓練方案想要吸引民眾來參與，標的界定為：對接受職業訓練抱持積極態度的人。問題來了，「積極態度」恐怕很難判斷，所以這項界定標的團體的標準根本沒有辦法執行。

三、描述標的人口

(一)風險人口、需要人口、需求人口

Rossi等人（2019）利用風險（risk）、需要（need）、需求（demand）三個標準，來界定標的人口範圍的寬窄，由最寬鬆至最狹窄分別是：風險人口（population at risk）、需要人口（population in need）、需求人口（population at demand）[5]。而這種寬窄範圍的界定也顯示了不同標的人口接受政策方案服務的不同機率或意願。

1.風險人口

包含了可能有一定程度的機率接受政策方案服務的人口，以女性避孕的政策方案為例，風險人口是指所有可能會參與該政策方案的標的人口，例如包括具有生育功能的所有女性；以颱風災害防制政策為例，風險人口是指颱風路徑可能會通過的區域所有人口。

---

[5] 如果我們利用英漢字典查閱need以及demand，反正就是需要與需求，這中間似乎沒有太多的差異，但是在英文的字意上，這兩個詞在需要的強度上是不同的，demand比較強，need稍弱。

2.需要人口

指的是在特定區域的一群人，他們目前所顯示出來的狀況是某項政策方案所要解決的問題。一般來說，需要人口可以直接被測量出他們的狀況，例如經過識字測驗結果可以界定出哪些人需要政府協助改善識字的程度。又例如，政府改善貧窮政策方案的需要人口就可以界定為年收入在一定標準以下的個人或家庭。

3.需求人口

然而，被界定為需要人口的人們不見得就願意接受政策服務。渴望以及願意接受政策方案的需要人口才稱之為需求人口。因為資源有限，同時為了追求效率，政策資源配置的優先順序應該先指向需求人口，然後是需要人口，最後才是風險人口。

(二)發生率與普及率的描述方式

至於描述標的人口常用的方式包括發生率（incidence）與普及率（prevalence），這兩種數值所關心的重點不同。首先，發生率指的是指某一區域、某一段時間，某種新案例發生的數量。例如2020年5月份新冠肺炎新感染案例（發生率關心短期事件）。其次，普及率是指某一區域、某一段時間，該問題的現有案例情況。例如2020年截至5月份為止，所有的新冠肺炎確診的累積案例（包括2020年5月份新感染以及2015年1月至4月感染的案例）（普及率關心長期趨勢）。我們也經常使用比例（rates），例如每千人如何如何……來表達發生率與普及率，這樣更能夠比較區域之間以及時間之間的差異，因為不同區域之間的基準值可能不同，也就是各區域總人口數可能不同；不同時間點也是同樣的道理。

四、描述需求的本質（describing the nature of service needs）——質化方法運用

標的人口需求的本質必須經過詳細且實地的探索。需求評估必須探

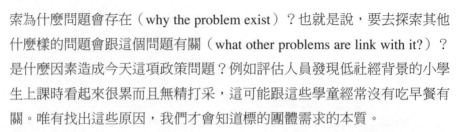

索為什麼問題會存在（why the problem exist）？也就是說，要去探索其他什麼樣的問題會跟這個問題有關（what other problems are link with it?）？是什麼因素造成今天這項政策問題？例如評估人員發現低社經背景的小學生上課時看起來很累而且無精打采，這可能跟這些學童經常沒有吃早餐有關。唯有找出這些原因，我們才會知道標的團體需求的本質。

另外，文化因素也會影響需求，例如文化因素影響美國阿帕拉契山原住民部落對於政府改善他們貧窮問題的需求。這些原住民雖然窮，但是窮得很有骨氣，不輕易接受政府的各種經濟性或非經濟性的服務，因為他們認為這是施捨。

除此之外，某些政策方案提供的服務雖然立意甚佳（例如提供中年失業者的第二專長訓練），也是標的團體期待的需求，但是標的團體卻被交通問題，或是找不到人幫忙照顧小孩等等原因所困擾，所以無法參加政策方案。就這個例子來說，標的團體不僅需要職業訓練，同時也需要交通運輸以及看顧孩子的需求。

因此以上這些問題（需求的本質）都必須仔細地探索，下列方法可供利用：第一，利用焦點團體法（focus group）；第二，利用關鍵人物估計法，並使用滾雪球抽樣，讓每一位關鍵人物推介其他的關鍵人物來陳述社會問題需求的本質；第三，可以先使用質化方法蒐集社會問題本質的相關資訊，然後利用量化方法估計社會問題嚴重程度與分布情形（包括時間與空間的分布）。

貳、方案理論評估

方案理論評估是要評估政策方案內容當中的概念結構及設計的形式是否合乎邏輯？這個部分我們在第三章已經扼要的討論過一些Rossi等人的內容，不過在這一章我們需要更詳細地來解釋與說明。

一、Peter Rossi等人（2019）的論點

如第三章所述，所謂的方案理論是指一套具體的內容，明確指出要達成所希望的目標究竟應該要做些什麼（以及如何做）？做了之後會有什麼樣的預期影響？也可以這麼說：政策方案的設計都是基於一些理論前提，基於這些理論前提來判斷到底需要什麼樣的行動來解決某一項社會問題、解釋為什麼這些行動與問題解決之間密切相關、同時也要說明透過什麼方式來落實行動，這些理論前提稱之為方案理論。

而方案理論的評估是指評估人員去評估既有的政策是否符合上述所說的邏輯關係？是否符合成功的要件？例如很多社會問題跟偏差行為（deviant behavior）有關，濫用酒精與藥物、犯罪行為、過早的性行為、少女懷孕等等。在過去，這些問題都是透過諮商以及與教育有關的政策方案來加以解決。這些政策方案的前提在於：如果這些人獲得足夠的資訊以及人際之間的支持，他們就會改變行為。然而，很多的經驗以及研究顯示，這些人即使獲得資訊與人際之間的支持，他們仍然抗拒改變這種偏差的行為。如果真的是如此，那麼就是這些政策方案背後的方案理論大有問題。從事方案理論評估可以依照以下的程序來做：

(一)先瞭解方案理論的成分

方案理論包括影響理論（impact theory）與過程理論（process theory），如圖8-1所示。

1.影響理論

描述現象之間的因果關係，說明何種行動會導致何種結果？結果又可區分為近端結果以及遠端結果。例如教育（行動）可以增進專業知識（近端結果），擁有專業知識就可以提高薪資改善生活（遠端結果）。評估人員所要評估的是既有的政策方案是否洞悉這種關係而設計出有效的政策？

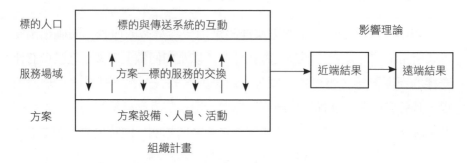

服務計畫

圖8-1　Rossi等人提出的方案理論圖

資料來源：Rossi et al. (2019: 65)

2.過程理論

(1)服務計畫（service utilization plan）：政策提供何種服務可以啟動影響理論當中的因果關係，而使得公共問題或社會需求得以減緩。

(2)組織計畫（organizational plan）：政策是否提供服務計畫所需要的所有組織配置，包括人力、資源、設備、支援系統等等。

(二)引出所要評估的政策方案背後的「方案理論」

評估者可以依循以下步驟，引出（eliciting）該政策方案背後所依據的完整方案理論：

1.找出所要評估的政策所界定的政策方案範圍：與評估相關人員保持密切接觸，包括評估的贊助者（sponsor，也就是委託評估人員做評估的人或機構），政策方案的決策者與行政人員等等。瞭解造成政策結果的所有大大小小的活動、事件或相關資源究竟是哪些？

2.詳細解釋所要評估的政策方案背後的方案理論。評估者可以透過檢視相關官方文件，訪談重要相關人員，實地訪視或觀察，或是透過

社會科學文獻來蒐集資料，來解釋所要評估的政策方案背後的方案理論。通常最有用的資料內容有以下兩種：

(1)能夠呈現所要評估的政策方案之目標（goal）與目的（objective）（目的指的是次級目標）的資料。

(2)能夠呈現所要評估的政策方案之成分（方案細部內容）、活動（達成目標與目的所需的活動）與功能（展現何種成效），以及這三者之間的因果邏輯關係。

3.最後確認所要評估的政策方案所依據的方案理論內容。

(三)「評估」該政策方案的「方案理論」

利用影響理論與過程理論為架構，可以嘗試回答以下的問題（這些只是一些原則性的問題，評估人員可以彈性運用而不侷限於此）：

1.問題一：該政策與滿足社會需求之間的關係如何？

(1)利用影響理論：例如某學校透過教育宣導健康飲食知識來改善學童飲食習慣，評估人員希望評估這個政策的方案理論。評估人員發現，學童飲食習慣很差，進一步又發現學童家庭或甚至學校餐廳並沒有提供多樣的健康食物供選擇。所以，單單透過教育宣導健康飲食知識來改善學童飲食習慣的方案理論是相當薄弱的。

(2)利用過程理論：例如某教育行政當局利用夜間借用高中教室提供教育課程，以減少成人文盲比例的政策方案。評估人員發現參與該政策方案的人數不多且效果不佳。評估人員以方案理論評估當中的過程理論發現，協助照顧參與者的孩童或是提供交通服務會直接影響參與者的意願；同時這些成人文盲也需要別人的鼓勵才願意去上學（因為自尊心很強），所以講師的寬容態度也很重要。凡此種種都沒有在服務計畫當中被提出來，所以這項政策背後的方案理論是不恰當的。

2.問題二：政策方案的邏輯與合理性如何？

評估者可以用以下問題來確認，1～3屬於影響理論的評估，4～6屬於過程理論的評估：

(1)政策方案的目標與目的界定得清楚嗎？

(2)政策方案的目標與目的有一定程度的可達成性嗎？例如消滅貧窮與降低失業率，前者沒有可行性，後者則有。因為貧窮永遠沒有辦法被消滅，只能減緩貧窮問題。

(3)政策背後的方案理論在描述政策行動與政策結果之間的改變過程到底合不合理？例如某政策方案認為只要廣為宣傳毒品影響健康的文宣品，就會讓長期海洛因吸食者戒除吸毒習慣。這個方案理論既不是基於實證研究證據，也沒有明白說明吸毒者會因閱讀文宣品而戒毒的因果過程。所以這是不佳的方案理論。

(4)標的團體的界定以及提供完整服務的步驟是否很清楚地說明？

(5)政策方案的細部成分內容、活動項目以及功能是否明白且充分的界定，三者之間的邏輯關係是否合理且清晰？

(6)方案的資源是否充分？

3.問題三：與過去的研究結果或是過去的經驗加以比較，看看是否吻合？

例如某教育政策方案透過現職警察連續九週針對國一學生，教導他們如何規劃人生目標、如何解決跟別人之間的衝突、告訴他們參加幫派會影響他們的生活品質等等，以協助青少年遠離幫派。這個政策方案符合警政研究的方案理論（符合刑事司法學當中的自我控制與社會學習理論）（Rossi et al., 2019: 82）。又例如正確地借用行銷理論當中研究婦女看電視節目的種類與時段的研究結果，利用婦女看電視的熱門時段來推廣乳癌防治的宣傳方案。

4.問題四：透過實地觀察加以評估，看看政策目標是否得以實現？

　　例如以夜間籃球活動減少青少年犯罪的政策方案，評估者可以觀察或訪談參與該活動的青少年，確認打籃球是否真的可以耗盡精力，減少他們的犯罪機會。

二、Huey-Tsyh Chen（2005）的論點

　　除了以上Rossi等人（2019）對於方案理論評估的討論之外，Huey-Tsyh Chen（2005）也有更詳盡的討論與說明。雖然Chen所使用的詞彙與Rossi等人（2019）不同，但是內容其實非常類似。Chen所稱的方案理論包含所謂的改變模型（change model）與行動模型（action model）。改變模型就像是Rossi等人所稱的影響理論，而行動模型就像是Rossi等人所稱的過程理論，如**圖8-2**所示。

(一)改變模型

　　Chen認為方案理論具有描述性（descriptive）的本質與前提。描述性的前提是指政策方案與想要解決問題之間的因果連結。例如：家暴（配偶之間）通常是因為施暴者無法控制憤怒或挫折的情緒，同時也缺乏家暴方面的法律知識。如果真的是這樣，以描述性的前提來說，政策方案的設計就會利用諮商途徑來協助施暴者發展管理憤怒的技巧，該途徑也會強調讓施暴者知道法律後果。但是，如果配偶之間的暴力不是來自於情緒控制的問題，而是來自於父系社會的結構因素（大男人主義或大女人主義），那麼這些諮商途徑是解決不了問題的，換言之，這個方案理論在描述性前提上是有問題的。

　　Chen所稱的描述性前提可以發展成為所謂的「改變模型」，也就是Peter Rossi等人（2019）所說的影響理論。改變模型的成分（components of the change model）包括以下三個：

資源

行動模型

執行組織 → 協力組織與社區夥伴 → 干預方案內容與服務傳送系統

執行人員 → 環境系絡 → 標的人口

改變模型

方案執行 ← 干預方案 → 決定因素 → 結果

圖8-2　Huey-Tsyh Chen（2005）提出的方案理論概念架構

資料來源：譯自Chen (2005: 31)

1.政策目標與結果（goals and outcomes）

　　目標比較抽象與寬廣，例如某個政策方案的目標是希望減少民眾對於社會福利的依賴。而結果就必須是可以測量出來的，例如接受社會福利津貼而找到工作的人數。

2.決定因素（determinants）

　　是指政策方案（干預方案）與解決社會問題之間因果關係的決定因素，也就是說政策方案要能解決問題必須取決於某些條件，這些條件就叫做決定因素。例如健康信念模型（health belief model）指出，影響個人對於自己某項健康問題採取行動（運動或醫療處置）的決定因素包括：自己感受到健康出了問題、自己感受到這項健康問題造成後果的嚴重性、自

已感受到如果採取某項行動就會有好處等等。一旦這三個決定因素被影響，個人就會為健康採取行動。

3.干預或處置（intervention or treatment）

是指政策方案當中所設計的內容，而這些方案內容希望能夠影響上面所說的決定因素，進而最終達成政策目標。

(二)行動模型

另外，Chen認為方案理論也具有處方性（prescriptive）的本質與前提。處方性的前提（prescriptive assumptions）指的是要讓政策方案成功，到底需要做些什麼才可以讓改變模型所描述的因果關係隨之出現。Chen所稱的處方性前提可以發展成為所謂的「行動模型」，也就是Peter Rossi等人（2019）所說的過程理論。

Chen認為行動模型的成分（components of the action model）包含以下六個部分：

1. 政策干預方案與服務傳送擬定書：政策干預方案擬定書（intervention protocol）指的是政策方案細部的操作程序；而服務傳送擬定書（service delivery protocol）指的是傳送政策方案到標的人口的特定步驟。

2. 執行組織（implementing organization）：建立執行組織足夠的能力。

3. 政策方案執行人員（program implementers）：晉用合適的人員並加以訓練，同時也要持續維持執行人員的能力與對於組織與政策的承諾（commitment）。

4. 與其他組織建立合作的夥伴關係（establish collaborations）。

5. 尋求外在環境的支持（ecological context: seek its support），包括以下兩種支持：

   (1)微觀層次的系絡支持（micro-level contextual support）：社會、

心理、物質上的支持讓政策方案參與者能夠持續參與。例如領受
社會福利津貼的單親媽媽被要求參加就業訓練以便找到工作，就
可以儘早離開貧窮。但是這些人持續參與訓練必須先幫她們解決
交通問題以及看顧小孩的問題。

(2)宏觀層次的系絡支持（macro-level contextual support）：社區規
範、文化、經濟面的支持。例如精神療養院設置在一般社區當
中，是否會引起住民的敵意？如何排除？

6.標的團體的認定、吸納、過濾與服務，在這個部分有三件事情非常
重要：

(1)認定與辨別適當標的人口或團體的有效判準。

(2)可以順利地找到這些標的人口，進而有效地提供服務給他們。

(3)標的團體願意承諾或認同（commit）該政策方案，或是對於政
策方案表達合作的態度。

參、執行過程評估

執行過程評估簡稱過程評估（process evaluation），主要是評估政策
提供的「服務」以及執行該項任務的「組織」之績效是否達到當初設計的
標準，也就是說，「應該做的」與「實際做的」之間有無差異？通常提出
的評估問題是：預期的服務是否被傳送到預期應該被服務到的人身上？有
沒有需要服務卻沒被服務到的人？是不是有數量夠多的標的人口接受完整
的服務？標的人口滿意政策方案提供的服務嗎？行政、組織以及人力等等
功能運作良好嗎？

而為了要從事過程評估，必須在執行過程當中持續地蒐集與記錄
政策方案是否如原先所預期的方式運作之資訊，我們稱之為過程監測
（program process monitoring）。過程監測是一個連續性的過程，持續性
地利用各種技術蒐集執行過程的所有相關紀錄（即時的大數據資料蒐集就

是一個很好的監測方法），包括服務的提供、執行人員的服務行為、標的團體的反應等等資訊，並隨時將資訊回傳給相關人員，以達成政策方案在執行上的有效管理。

　　政策執行過程的評估最重要的工作是選擇判準來判斷方案執行過程是否適當或符合預期，我們可以利用方案理論當中的過程理論（Rossi用的詞彙）或是行動模型（Chen用的詞彙）來評估。方案理論當中的過程理論或是行動模型是描述我們應該提供何種服務與組織功能，才能啟動政策行動與結果之間的因果關係，所以很適合當作是過程評估的判準。我們關心原先設定的過程理論或是行動模型當中的各種成分是否如預期地一一被實現？也就是說，這些應該要做的相關活動與服務以及應該要發揮的組織功能，到底有沒有被呈現出來？有沒有符合預期？

一、利用行動模型來評估政策執行過程

　　既然如此，如果我們依循Chen（2005）的行動模型來從事政策執行過程評估，則我們所要檢驗的是：

1. 政策方案細部的操作程序以及傳送政策方案到標的人口的特定步驟有沒有被遵守？遵守的程度如何？
2. 執行組織的能力是否被建立起來？
3. 是否晉用合適的執行人員並加以訓練？執行人員的能力以及對於組織與政策的承諾是否持續被維持？
4. 是否跟其他組織建立良好的合作關係？關係的程度如何？
5. 有沒有尋求外在環境的支持？支持的程度如何？
6. 是否確實地認定與過濾標的人口？是否吸引他們接受政策服務？是否準確地提供服務給標的人口？提供服務的程度如何？

二、標的團體實際接受到服務的程度如何？

　　由於政策執行最終的目的就是希望將政策所提供的服務準確地送達

到標的人口的手中，所以不管剛剛我們所談到行動模型成分的各個項目達成程度如何，我們最終應該是要評估標的團體是否接受到應該要得到的服務。所以我們就選擇這個部分來詳細說明，以下我們來看看Rossi等人（2019）在這個主題的討論內容。

(一)標的團體涵蓋範圍

涵蓋範圍（coverage）指的是政策方案所設定標的團體參與的程度或水準。涵蓋範圍通常會面臨到四種問題，包括涵蓋範圍不足、過度涵蓋、涵蓋不適當，以及涵蓋偏差的問題。

1.涵蓋範圍不足

所謂涵蓋範圍不足是指例如本來要服務一百位標的人口，結果才服務到五十位標的人口。原因有可能是預算不足或是執行人員執行不力。

2.過度涵蓋

過度涵蓋是指例如本來要服務五十位標的人口，可是卻來了八十人接受服務，而這八十個人當中，有三十位非標的人口。雖然這五十位標的人口實際上被服務到了，但是政策服務品質很有可能會被稀釋掉。Rossi等人舉一個有名的例子是1960年代美國聯邦政府為了協助剛移民到美國的兒童儘早融入美國社會，減少他們跟美國當地兒童美語能力的差距，因此設計了芝麻街電視美語教學節目。結果因為這個節目實在是太有趣了，不僅吸引了新移民兒童，也吸引了美國本土的兒童。這項結果不能說是不好，因為新移民兒童的美語能力的確變強了。但是因為美國本土兒童也愛看這個節目，所以新移民兒童與美國本土兒童彼此在美語能力上的差距並沒有拉近太多。

又例如，我國勞工保險的政策目的是保障勞工生活，標的對象為「勞工」，一般都是由雇主為勞工加保。然而，若是沒有一定雇主或是自營作業的勞工，就須透過職業工會申請加保。但是這類被保險人的工作型態與一般受僱勞工不同，行政機關在人力及資源等條件限制下不易查核，若工

會也未確實審查會員加保資格,將使工會成為非法掛名加保的管道,讓未實際從業者進到勞工保險體制內,從而產生了勞保過度涵蓋的情形。

3.涵蓋不適當(inappropriate)

涵蓋不適當可以用台灣一句台語的俗語來形容,就是:「豬沒肥,肥到狗!」。也就是說,本來要讓豬胖起來,所以準備了食物給豬吃,但是豬沒吃到,反倒是狗來搶食,以致於狗胖起來了,豬卻沒胖!簡單地說,標的人口完全沒受惠,反倒是非標的人口受惠。

4.涵蓋偏差(bias)

涵蓋偏差指的是,同樣是應該接受政策服務的標的人口,但是其中某些標的人口參與的比例高過於其他標的人口。導致偏差原因包括:

(1)某些標的人口比其他標的人口更積極參與:這是一種所謂自我選擇(self-selection)的問題。例如勞動部職訓單位開設了中年失業人口資訊技術職業訓練班,希望能協助中年失業人口找到工作。結果來報名參加的中年失業人口當中,有資訊技術基礎的人數多過於沒有資訊技術基礎的人數,這似乎不是該項政策的原意,該項政策的原意是希望兼顧各種專長背景的人。

(2)執行人員挑軟柿子的行為(creaming):例如違規停車拖吊的原則是──只要車輛違規就拖吊。但是,事實上你會發現大馬路違規停車被拖吊的機會將會比在巷子裡面違規停車被拖吊的機會來得高。原因是,拖吊人員在巷子裡拖吊違規車輛所花的氣力比在大馬路拖吊來得大。如果拖吊人員的業績是以每天拖吊車輛數量來計算,這種情況將會更嚴重。

(3)政策方案提供服務的易接近性(accessibility):這個易接近性可以是空間上的,例如政府提供民眾第二職業專長訓練的地點對於某些標的人口來說是方便的,可是對於其他標的人口則不然。易接近性也可以是時間上的,例如第二職業專長訓練的時間雖然安

排在晚上，但是有些標的人口經常要在晚上值班，所以對他們來說也很不方便。

(二)測量涵蓋範圍

1. 涵蓋不足的測量方法：計算標的人口參與該方案的比例（分母是標的人口總數，分子是參加政策方案的標的人口數），比例越低，涵蓋越不足，反之亦然。

2. 過度涵蓋的測量方法：在參與政策方案的所有人口當中，不是標的人口的總數有多少（分母是參與政策方案的總人數，分子是非標的人口的人數）？數值越大，過度涵蓋程度越高。

3. 評估偏差（bias）：檢視參與政策方案的標的人口人數、中途退出的標的人口人數，以及符合參加資格卻未參加的標的人口人數，然後比較三者人數的差異。如果參與政策方案的標的人口人數多，符合參加資格卻未參加的人數很少，而且中途退出的人數也很少，那麼這項政策涵蓋範圍偏差的機會就很低。如果參與政策方案的標的人口人數很少、符合參加資格卻未參加的人數很多、而中途退出的人數也多，那麼這項政策涵蓋範圍偏差的機會就很高。評估人員尤其應該找出中途退出者，以及符合參加資格卻未參加者背後的真正原因。例如中途退出是因為不滿意服務嗎？符合參加資格卻未參加是因為交通問題嗎？還是時間安排的問題？

4. 充分利用政策執行過程所留存的紀錄（program record），或是針對政策方案的參與者來做調查，可以評估政策方案是否提供服務給適當的標的團體。

三、過程監測：專注領先指標並評估它們的變化

在本節的前言當中，我們提到「執行過程評估」可以是「事後」評估，也就是說，當政策執行結束之後，發現政策結果不佳時，就可以回過

頭來評估到底是不是執行過程出了差錯？它也可以是「事中」的評估。也就是說，政策仍在持續地執行當中，我們可以在這個階段來評估執行過程到底有沒有「偏離」原始的政策目標？這種事中的評估可以「即時」地矯正政策執行過程。

　　就事後評估來說，如果我們利用Chen（2005）的行動模型當作判準來評估，則我們會蒐集他所提到的「行動模型」當中六種成分的資料，進一步評估政策執行是否與預期相符。就事中評估來說，過程監測到的即時資料可以發揮建設性的效果，矯正正在執行的政策方向（如果偏離的話）。在事中的評估過程當中，我們固然應該即時監測與蒐集「行動模型」當中六種成分的相關資訊，不過我們可以更積極一些，將行動模型六種成分轉化（操作化）成為所謂的領先指標（leading measures）。這些領先指標可以告訴我們，政策執行是否「正在」依循正確的政策方向移動（也就是政策規劃所設定的政策目標）？這個概念是從Sean Covey等人（2014）所著的 *The 4 Disciplines of Execution: Achieving Your Wildly Important Goals* 這本書而來。Sean等人在這本書提出提升執行力的四項紀律（主要是針對企業），包括鎖定極重要目標（focus on the wildly important）、從領先指標下手（act on leading measures）、設置醒目計分板（keep a compelling scoreboard）、適時的課責（create a cadence of accountability）。我們只在此地討論領先指標，因為它適合應用在公部門的政策執行。有興趣的讀者可以閱讀這本書的原著或是翻譯本[6]。以下我們就摘要作者在領先指標的討論內容，這些內容對於事中的執行過程評估有相當程度的啟示性。

(一)什麼是領先指標？

　　領先指標是相對於落後指標（lag measures）。落後指標告訴你，

---

[6] 天下雜誌出版公司在2014年5月由李芳齡（2014）翻譯本書並在國內出版發行。書名為《執行力的修練——與成功有約的四個實踐原則》。

你「是否」達成目標？領先指標告訴你，你「能否」達成目標？具體來說，所謂的落後指標就是我們所熟知的績效指標（在影響評估當中的結果指標），例如顧客滿意度、企業的營收、市場占有率等等。這些指標是測度最終結果。說它是落後指標是因為當我們看到這些指標的測量結果時，已經於事無補了，它呈現的不是成功（幸運的話）就是失敗，沒有太多的建設性。而領先指標指的是可以左右落後指標成敗的指標，它所要評量的是達成目標所必須做而且最有影響力的事。好的領先指標具有兩項特徵：第一，它能夠預測達成目標的可能性；第二，執行人員可以影響它。例如「減重」這個簡單目標，實際上減少的公斤數就是落後指標，「每天攝取的熱量」和「每天的運動量」就是領先指標。首先，這兩個領先指標具有預測性，因為只要控制每天攝取的熱量並且每天維持一定運動量，一週之後的體重就會下降。其次，這兩個領先指標是可以被影響的，因為要不要控制攝取熱量與願不願意運動操之在己。

作者也舉了一個大家應該都很熟悉的例子，布萊德‧彼特（Brad Pitt）主演在2011年上映的真實故事改編的電影《魔球》（*Money Ball*）。這個故事是在描述1990年代美國職棒大聯盟奧克蘭運動家隊（Oakland Athletics）如何改變球隊體質的過程。奧克蘭運動家隊因為戰績差，來看球賽的球迷少得可憐，因為球隊窮，所以也無法像紐約洋基隊一樣花大錢簽下明星球員。當時運動家隊總經理Sandy Alderson希望拯救球隊，招徠更多觀眾進場觀看球賽。可是要如何才能辦到呢？很簡單，就是要贏球。可是問題是：贏球的條件是什麼？有人認為球隊有明星球員才容易獲勝，但是運動家隊根本沒錢買明星球員。他和當時的助理經理Billy Beane（由布萊德‧彼特飾演）開始思考球隊如何在棒球場上獲勝，答案就是要得分，而且分數越多越保險（每一支美國職棒大聯盟的球隊都很剽悍，在第九局落後五分的球隊照樣可以逆轉勝）。既然如此，得高分這個目標的「領先指標」是什麼呢？他們利用統計分析發現，能揮出全壘打的強大打擊者，其實生產力不如想像中的高；生產力高的球員反而是那些上壘率高

的球員，他們不貪心，先上一壘，然後一壘一壘的推進，得分的生產力比強打者高許多，而且這些球員的價格又非常便宜。1998年Sandy Alderson離開運動家隊，Billy Beane接任總經理，全面執行他的構想。結果，運動家隊開始贏球，1998年獲得美國聯盟西區冠軍，1999年也是，很快地，他們跟強勁富有的紐約洋基隊爭奪大聯盟的總冠軍，雖然沒贏，但是已經非常了不起了。Billy Beane所找的球員都是上壘率高的球員，上壘率高的球員得分的機會也高。所以，「上壘率」是贏球的「領先指標」，只要確認所有球員上壘率都很高，那麼贏球當然是順理成章了[7]。

(二)領先指標的蒐集雖然費時費力但是非常重要

領先指標的資料蒐集相當費時費力，因為我們必須在執行過程的每一個時點蒐集，它不像落後指標，只需要在執行結束之後呈現即可。該書作者舉了美國亞利桑那州，專門承包住宅與商業建築工程和供應建築材料的楊格兄弟建築公司（Younger Brothers Construction）為例子。這家公司遭遇一個大問題：工安意外和受傷率升高。每次發生工安意外，不僅有工人受傷，也會造成原本就時程緊湊的建築計畫完工時間延後，保險費率提高，還可能導致該公司的工安評分降低。這家公司決定澈底改善這項問題，因此他們先訂定極重要目標（例如在今年年底之前，工安意外發生率從7%降至1%），之後他們決定以「工安規範遵守程度」作為「領先指標」。這項指標包括：戴安全帽、戴安全手套、穿安全鞋、戴護目鏡、使用鷹架以及屋頂護欄以防止工作人員從屋頂滑落。這六項次級領先指標可以預測工安意外發生率，同時也可以被影響。問題來了，蒐集這六項次級領先指標的資料非常費時費事，工安督導人員必須每天時時刻刻督促與記錄每一個人的遵守情形，不斷地追蹤，才能達成目標。楊格兄弟建築公司

---

[7] 最近職業棒球這個研究領域的討論內容指出，攻擊指數（On-base Plus Slugging, OPS，也就是上壘率加上長打率）比上壘率（On-Base Percentage, OBP）更適合當作是贏的領先指標。

真的這樣做了，不到一年，他們達到他們公司史上最佳的工安紀錄（非常低的工安意外發生率）。

(三)如何找出合適的領先指標？

可以利用腦力激盪會議找出所有可能的領先指標。依照重要性排序領先指標，選擇數個排在前面的領先指標。所謂重要性可以依照以下原則加以排列：第一，領先指標預測落後指標的程度；第二，領先指標可否被執行人員影響以及被影響的程度；第三，領先指標可不可以被衡量以及容不容易被衡量。如果我們想要利用Chen（2005）所提出的行動模型當中的六種成分來評估政策執行過程（如圖8-2），那麼我們就可以透過以上的途徑，找出這六種成分當中每一個成分的領先指標，並排列優先順序。

肆、影響評估

在正式討論影響評估之前，我們先來舉兩個生活上的例子，簡單說明影響評估到底是什麼。當然，影響評估絕對不是如以下例子般的簡單，但是至少會給您基本概念。不知道您是否矯正過牙齒？如果您有矯正牙齒的經驗，您應該記得醫師在矯正之前會先用X光照許多張您的齒顎的原始形狀，然後跟您討論他打算將您的齒顎矯正成什麼樣子。在完成了一段很長時間的矯正處置後，醫師同樣會用X光照許多張您的齒顎在矯正之後的形狀。他要您做「事前」與「事後」的比較，看看處置完之後，您的齒顎是否被矯正到當時他預定的位置，來證明您的錢沒白花！這就是影響評估的基本觀念，先確立目標，觀察處置之前的狀況，再來觀察處置之後的狀況，然後比較處置前後的差異，最後判斷處置是否成功。

再舉一個例子，您用過某一家化妝品公司生產的21日霜（面霜）嗎？這家公司號稱當您使用他們公司生產的21日霜，二十一天之後，您臉上的皺紋就會明顯消失。您信不信？您可以做一下影響評估。買一瓶這種面霜，在開始擦之前，用精密儀器測量您臉上皺紋的條數與深度，然後開

始擦面霜；用了二十一天之後，再用同樣一套精密儀器測量你臉上皺紋的條數與深度，比較看看您的皺紋條數是否減少？皺紋的深度是否變淺？當然，正式的影響評估程序也不會那麼簡單，例如您會說，如果不用這種面霜，我的皺紋照樣會變少，因為我已經沒有心煩的事了（不用考試了！）。或者您會說，因為您天生麗質，這個面霜其實效果沒那麼好，皺紋之所以變少是因為您的體質佳，恢復快。我們在這裡所談的就是面霜本身的「淨效果」，要找出淨效果，必須控制除了面霜本身之外，影響皺紋變少與變淺的其他干擾因素。以下我們就來正式討論政策評估當中的影響評估到底是什麼？實務上如何操作？

影響評估的目的是要評估政策方案的淨效果。換言之，它就是要比較政策方案在執行之前與執行之後，預期改善的社會問題是否真的已經被這項政策所改善？在討論影響評估或是從事實務的影響評估之前，我們必須先瞭解幾個關鍵概念：

第一，影響評估關心的是政策方案的結果而不是產出。所謂政策方案的結果是指政策方案改變標的人口或社會條件的程度，而產出只是政策方案服務的傳送。例如警察巡邏次數是政策方案的產出，而治安因此改善則是政策方案的結果。第二，政策方案執行之後雖然有了結果，但是它不見得代表標的人口或是社會狀況一定會改變。有時候不會改變，甚至有時候會變得更糟。第三，從事影響評估必須留意，標的人口或社會狀況的改變是不是純粹受到政策方案本身的影響，也就是說要排除其他因素的干擾。第四，辨識政策方案結果的水準（outcome level）、結果的改變（outcome change）與淨效果（net effects）之間的差別。

如何辨識政策方案結果的水準、結果的改變與淨效果（net effects）之間的差別呢？請讀者參照**圖8-3**，**圖8-3**的橫軸代表不同時間點，縱軸代表政策結果指標的變化情況。首先，政策方案結果的水準是指政策方案結果在單一時間點的情形，例如X_2時間點所對應的政策方案結果Y_2點。單單看某一時間點的結果指標所呈現的數值並無法知道政策方案的效果。其

次，結果的改變是指政策方案的結果在兩個不同時間點的差異，例如**圖**
8-3當中的$Y_2 - Y_1$的距離是時間點X_2與時間點X_1在結果指標上的差異。這
可能是政策方案所造成，也可能是受到其他因素的干擾所影響。最後，方
案淨效果指的是政策方案結果最終的改變，到底有多少成分是由於這個政
策方案而來？大家看一下**圖8-3**當中的S_1曲線，它代表因為採行了某項政
策之後，測量標的人口（或社會狀況）的結果指標變化之軌跡，假設結果
指標最終的改變落在時間點X_3所對應的Y_4。而S_2曲線則是代表如果沒有採
行這項政策時，結果指標可能變化的軌跡。在這條S_2曲線上，同樣是時間
點X_3所對應Y軸的結果指標是Y_3，所以$Y_4 - Y_3$的距離就是該政策方案的淨
效果。

　　瞭解了上述幾個關鍵概念之後，接下來我們依序討論實務上操作影
響評估的步驟。第一步驟：我們要先決定到底要測量什麼東西才能代表政
策方案的結果？第二步驟：我們要決定如何測量我們已經確認的政策方案

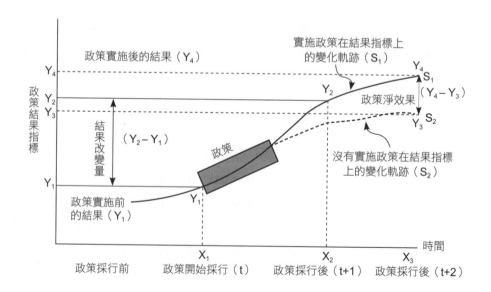

圖8-3　政策結果水準、改變量與淨效果

資料來源：修改自Rossi et al. (2019: 118)

結果？第三步驟：我們要決定利用什麼樣的研究設計來衡量政策方案的淨效果？第四步驟：我們要決定利用什麼樣的統計方法來估計政策方案的淨效果（要排除可能有的干擾因素）？

一、到底要測量什麼東西才能代表政策方案的結果？

(一)決定所要測量的政策結果指標是什麼？

透過以下管道可以幫助我們決定究竟要測量什麼東西才能代表政策方案的結果：

1. 利用方案理論：利用方案理論當中的影響理論（Rossi所用的詞彙）所界定的政策結果或是改變模型（Chen所用的詞彙）當中所界定的政策目標與結果。
2. 參酌過去的研究：也就是回顧過去的文獻或研究結果。評估人員在辨別及定義政策結果時，應該全面地檢視過去相似政策方案的評估研究，看看它們到底是如何認定方案結果。
3. 仰賴跟政策方案有關的人員（例如執行人員）：有時候政策會產生非預期的結果，而這些非預期的政策結果無法從影響理論（或改變模型）知悉，必須仰賴與政策方案相關人員直接接觸，獲得第一手資料（有時候過去的評估研究對於非預期政策結果也會有相當的參考與啟發價值）。

(二)政策方案結果的操作化（operationalization）

直覺上來說，原始的政策目標是什麼，我們就測量什麼，不是嗎？其實這不一定。如果政策目標很單純，例如就是要減少失業率，那就容易了，直接測量政策實施前與實施後的失業率變化情形即可（當然要排除其他干擾因素）。但是如果原始的政策目標是要「改善就業環境」，那麼除了降低失業率是政策方案結果之外，職場競爭的公平性也是屬於「改善就業環境」這項政策方案結果的一部分。如果是這樣，那麼我們該怎麼辦

呢？我們可以利用量化社會科學研究方法當中的「概念操作化」方法[8]。概念操作化指的是將政策目標的「成分」（components）完整地呈現出來，例如「改善就業環境」包括降低失業率與職場競爭的公平性；而職場競爭的公平性則又包含了性別平等與族群平等。後續在測量「改善就業環境」時，除了測量失業率降低的程度，也要測量職場競爭的公平性：包括測量在某一段期間內，男女就職比例有沒有差異以及不同族群人口就職比例有沒有差異等等。

二、如何測量政策方案結果？

當我們確認了所要測量的政策方案結果之後，接下來我們要面對的問題是我們要如何測量？請讀者依序掌握以下步驟：

(一)確認分析單位

首先，我們要確認分析單位（unit of analysis）是什麼？所謂分析單位指的是我們所要測量的對象是什麼？分析單位可以是個人，也可以是團體，這必須依照影響評估所關心的被評估對象是個人還是團體而定。例如我們想要評估某項教學方法對於學生數學能力的提升有無幫助，分析單位就會是學生個人，因為我們關心的是學生個人的數學能力。又例如我們想要評估新的人事制度實施於地方政府是否會減少人員的離職率，分析單位就會是地方政府，因為我們關心各個地方政府的人員離職率。

(二)蒐集代表政策結果指標的數值資料

其次，我們要確認到底要蒐集什麼樣的數值資料來代表政策結果的指標。我們可以透過問卷調查來獲取主觀意見的資料，也可以透過既存的客觀資料（archives，或官方資料或稱之為二手資料）。這必須要看我們

---

[8] 概念的操作化是指將抽象的概念加以分解，並以適當的指標來代表它們。請讀者參閱羅清俊（2016）。《社會科學研究方法：打開天窗說量化》。新北市：揚智文化出版公司。

所要測量的政策結果之性質而定。例如我們想要評估民眾對於政府施政的滿意度或是對於政府的信任度，因為滿意度與信任度都是主觀的認知，所以就必須透過問卷調查的方式來取得指標的資料；如果我們想要評估垃圾處理費隨袋徵收的政策是否減少垃圾量，那麼就要蒐集既存的官方資料，因為垃圾量是客觀存在的，而由環保機關定期公布。

(三)測量工具的要求標準

最後，測量政策結果的工具（例如問卷調查的量表或既存資料的指標），必須要考慮信度、效度以及敏感度[9]。信度是指測量工具反覆測量某樣事物都能獲得相同結果的程度（通常是問卷作為測量工具會特別關心信度）。常見的檢測方法包括重測信度（test-retest reliability）或內在一致信度（internal consistency reliability）的檢測。效度是指我們測量到我們想要測量標的物的程度，例如男女就業率無差異真的就能代表性別在職場競爭的公平性？例如某一套對於政府信任感的態度量表所測出來的東西，真的就是真實世界當中民眾對於政府的信任程度嗎？而敏感度是指測量工具是否能測得出改變（changes）與差異（differences），例如測量體重的磅秤與測量卡車載重的地磅，二者敏感度不同，磅秤敏感，地磅不敏感（我們當然期待測量工具要敏感）。造成測量工具不敏感的主要因素在於使用的測量工具包含太過廣泛的測量目標（包含了無關的評估項目），使得所要測量的事物實際改變的部分被稀釋掉了。判斷測量工具是否具有敏感度的方法通常是參照過去所使用過的測量工具。

三、利用什麼樣的研究設計來衡量政策方案的淨效果？

衡量政策方案的淨效果必須善用社會科學研究方法當中的實驗設計法。依照能夠達成因果推論的高低程度，依序可區分為以下幾種不同種類

---

[9] 請讀者參閱羅清俊（2016）。《社會科學研究方法：打開天窗說量化》。新北市：揚智文化出版公司。

的實驗設計（Vedung, 2009: 165-208）：

(一)隨機實驗設計：古典實驗設計（randomized controls: classic experiment）

隨機實驗設計又可以區分為以下幾種類型：

1.隨機區分為實驗組與控制組，方案實施前與實施後都要測量結果指標

(1)充分資訊的古典實驗設計（full information, classic experiment）

請讀者參照**表8-2**，操作步驟如下：

甲.將觀察對象隨機區分為實驗組與控制組，政策方案在實驗組實施，控制組則否。隨機分組的目的是要確認實驗組與控制組的參與者（可能是個人，可能是團體，就是我們之前所說的分析單位）在特質上相差無幾，否則無法判斷政策方案的淨效果。例如要評估某種數學教學法的效果，如果不隨機區分實驗組與控制組，那麼當實驗組的學生在教學法實施後的數學成績增加很多，我們就判斷此教學方法很好，這可能會有誤差，因為實驗組的學生並非隨機分組產生，說不定他們數學能力本來就比控制組的學生來得好。

乙.都要做政策實施前的測量與實施後的測量，測量什麼呢？就是要測量政策結果的指標。

丙.然後再計算實驗組前後測的改變量（就是**表8-2**當中的E，E＝$O_{12}-O_{11}$）。

丁.再計算控制組前後測的改變量（就是**表8-2**當中的C，C＝$O_{22}-O_{21}$）。

戊.最後以實驗組的前後測的改變量減去控制組前後測的改變量，即得方案淨效果（就是**表8-2**當中的E－C）。

表8-2　古典實驗設計──事前事後都測量

	指派	政策實施前	政策	政策實施後	政策結果差異
實驗組（E）	R	O_{11}	X	O_{12}	$E = O_{12} - O_{11}$
控制組（C）	R	O_{21}		O_{22}	$C = O_{22} - O_{21}$

R＝隨機指派　O＝結果指標的測量值　X＝政策

政策方案淨效果＝E－C

E、C＝實驗組與控制組分別在政策結果分數前後測的改變量

O_{11}、O_{21}＝實驗組與控制組分別在政策實施前的分數

O_{12}、O_{22}＝實驗組與控制組分別在政策實施後的分數

資料來源：修改自Vedung（2009: 171）。

　　然而這種實驗設計因為容易產生霍桑效應，也就是說，參與者都知道在做實驗，所以表現出來的行為並非正常情況之下的行為，也因此結果指標的測量容易產生誤差。所以有一些希望改善此問題的變種實驗設計如以下兩種：秘密與寬心劑設計。

　　(2)秘密（secrecy）

　　隨機區分為實驗組與控制組，但是實驗組與控制組的成員都沒有被告知正在做政策實驗。沒有告知參與者正在做實驗，這在倫理上有很大的缺失，因為參與者會覺得被評估人員操弄。

　　(3)寬心劑（placebo）

　　這種實驗設計不僅是操弄，也是欺騙。控制組實施虛擬的處置（dummy treatment）（處置一詞與實施政策方案是同義詞），也就是說，評估人員告訴控制組成員，他們和實驗組一樣，都是接受相同的處置，可是事實上控制組根本沒有處置。秘密設計與寬心劑設計都無法應用在真實世界的政策影響評估，因為民眾絕對無法容忍被政府操弄或欺騙，同時也違反民主社會開放性的原則。

2.僅有後測的實驗設計（post-program measurement only）

　　僅有後測的實驗設計簡化了許多步驟，如**表8-3**。隨機分組之後，不

做前測，便直接開始實驗，最後計算實驗組與控制組在結果指標上的差異，也就是$O_1 - O_2$，就可以確認政策方案的淨效果了。有人挑戰，如果不做前測，我們怎麼知道政策方案還沒實施前的基準值呢？其實答案很簡單而且很直接，既然我們都隨機分組了，當然這兩組在政策實施之前的結果指標分數理當相差無幾，所以前測其實是不必要的。

表8-3　僅有後測的實驗設計

	指派	政策實施前	政策	政策實施後
實驗組（E）	R		X	O_1
控制組（C）	R			O_2

R＝隨機指派　O＝結果指標的測量值　X＝政策

方案淨效果＝$O_1 - O_2$

O_1、O_2＝實驗組與控制組分別在政策實施後的分數

資料來源：Vedung (2009: 180).

(二)配對控制的準實驗設計（matched controls: quasi experiments）

實務上來說，隨機分組很難達成，特別是在公共政策的領域。這不僅牽涉到倫理的問題，例如為什麼我被當作白老鼠做實驗，而別人不必如此；它也牽涉到公平的問題，例如有些政策是要提供利益，控制組的人會抗議為什麼是別人獲利，而不是他。在這種情況之下，從事政策影響評估只能尋求退而求其次的設計了，這種退而求其次的設計稱之為準實驗設計（quasi experiments），因為無法做到完美的實驗設計，所以稱之為「準」實驗設計，我們在這裡先討論配對控制的準實驗設計。

配對控制的準實驗設計當中的實驗組與控制組並非隨機找出來的，而是依照實驗組成員的重要特質（實驗組也不是隨機找出來），然後依照這些特質，一一找出控制組可以配對的成員（跟婚姻上的門當戶對概念相近），以逼近隨機分組的效果。例如我想要評估某項職業訓練方案是否能夠提高受訓者未來在職場的薪資，我以受訓者為實驗組成員（不是隨機分派的），然後我針對每一位成員的特質，一一去找出非受訓者，但是

具有跟受訓者相同特質的人。假設甲受訓學員是女性、35歲、已婚有小孩、沒有工作持續三年，我就去找跟這位甲受訓學員在剛剛那些條件接近的人來當作控制組當中跟甲配對的參與者，依此類推，一位一位來找。**表8-4**顯示利用控制配對的「前測後測比較團體設計」（pre-test-post-test comparison group design），這是很單純的實驗組與控制組在政策實施前與實施後的比較，分組是基於配對，逼近隨機結果，淨效果會是（O_{12}－O_{11}）－（O_{22}－O_{21}）。

表8-4 前後測比較團體設計

前後測比較團體設計	指派	政策實施前	政策	政策實施後
實驗組	M	O_{11}	X	O_{12}
控制組	M	O_{21}		O_{22}

M＝透過配對指派（matching）　O＝結果指標的測量值　X＝政策
O_{11}、O_{21}＝實驗組與控制組分別在政策實施前的分數
O_{12}、O_{22}＝實驗組與控制組分別在政策實施後的分數
資料來源：Vedung (2009: 184).

(三)總括性的準實驗設計——總括性的控制設計（generic control）

政策方案只實施在一個國家（或某一個行政轄區）的部分人口，讓這些接受政策方案的部分人口跟這個國家（或某一個行政轄區）沒有接受政策方案的「等同團體」（equivalent group）做政策結果指標上的比較。例如政策方案實施的標的團體是某一個城市7歲以下的一部分兒童，讓這個團體跟這個城市其他沒有接受方案的7歲以下兒童來做比較。跟前述**表8-4**前後測比較團體設計的原理相同，這兩個團體在政策實施之前與實施之後都要測量政策結果指標，然後再來比較實施政策與沒有實施政策這兩個團體在政策結果指標上的差異。總括性的控制設計在控制組的指派上並非隨機，也不是配對得來，因此精準度相對較低。

(四)統計控制的準實驗設計——統計控制（statistical controls）

　　利用統計方法的概念，控制方案參與者與非參與者在某些相同的特徵之下，他們彼此在結果指標上的差異。雖然沒有隨機分組，也沒有配對分組，但是可以利用統計方法控制二者的特徵，並在相同特徵之下，比較結果指標上的不同。

　　例如某一項職業訓練方案，這項方案訓練1,000位35～40歲的男性，希望他們能夠因為工作技能的提升而增加他們的時薪。評估人員將這1,000人當作是實驗組，命名為A組；評估人員也找了沒有參加這項職業訓練的1,000人當作是控制組，命名為B組。結果指標如果是平均時薪，則評估人員就會比較這兩組個別的平均時薪，看看實驗組會不會因為接受了方案，平均時薪高過於控制組。然而，評估人員知道這樣的評估結果並不正確，因為並沒有隨機分組，直接比較二者差異會有相當程度的誤差。因此評估人員想要利用統計控制來分組，他們先考慮影響時薪的個人特徵因素有哪些？然後依照這些特徵因素，將特徵類似的人歸類在一起，然後再來比較。用俗話來說，就是香蕉跟香蕉比，橘子跟橘子比！請參閱**表8-5**。

　　首先，評估人員利用「學歷」這項特徵將參加方案的人（A組）區分為高中以下學歷（不含高中），命名為A_1組；以及高中以上學歷（含高中），命名為A_2組。也將沒有參加方案的人（B組）區分為高中以下學歷，命名為B_1組；以及高中以上學歷，命名為B_2組。

表8-5　統計控制的實例說明

實驗組 （A） 1,000人	A_1 （高中以下）	A_{11} （10年以下經驗）	B_{11} （10年以下經驗）	B_1 （高中以下）	控制組 （B） 1,000人
		A_{12} （10年以上經驗）	B_{12} （10年以上經驗）		
	A_2 （高中以上）	A_{21} （10年以下經驗）	B_{21} （10年以下經驗）	B_2 （高中以上）	
		A_{22} （10年以上經驗）	B_{22} （10年以上經驗）		

　　其次，評估人員以「過去是否有工作經驗累積達十年」這項特徵，將參加方案且學歷在高中以下的人（也就是A_1組）再區分為兩組，一組是十年以下工作經驗，命名為A_{11}組；另一組是十年以上（含）工作經驗，命名為A_{12}組。進一步，將參加方案且學歷在高中以上的人再區分為兩組，一組是十年以下工作經驗，命名為A_{21}組；另一組是十年以上工作經驗，命名為A_{22}組。

　　最後，同樣的分類方法，將沒有參加方案的高中以下學歷（也就是B_1組）再細分為兩組，一組是十年以下工作經驗，命名為B_{11}組；另一組是十年以上工作經驗，命名為B_{12}組。進一步，將沒有參加方案的高中以上學歷（也就是B_2組）再細分為兩組，一組是十年以下工作經驗，命名為B_{21}組；另一組是十年以上工作經驗，命名為B_{22}組。

　　所以，經過兩項特徵的分類，也就是學歷與過去工作經驗，評估人員最後總共分出八組，分別是A_{11}組、A_{12}組、A_{21}組、A_{22}組、B_{11}組、B_{12}組、B_{21}組、B_{22}組。這樣的效果類似於隨機分組，讓相同條件的人，在接受方案與沒有接受方案的情況之下，個別去比較結果指標的差異。例如A_{11}組與B_{11}組相互比較：這是學歷在高中以下而且過去工作經驗十年以下的人，接受職訓方案與沒有接受職訓方案在時薪上的差異比較（當然也要做事前與事後的測量）。又例如A_{21}組與B_{21}組的比較：這是學歷在高中以上，但是過去工作經驗在十年以下的人，接受職訓方案或沒有接受職訓方案在時薪上的差異比較（當然也要做事前與事後的測量）。其他諸如A_{12}組與B_{12}組以及A_{22}組與B_{22}組之間的比較，都是基於相同的原理。這雖然不是隨機分組，但是利用統計控制的概念讓相互比較的組別在先天的條件上接近一致，它的效果（結果指標差異的比較）趨近於隨機分組。

(五)回溯控制的準實驗設計——回溯控制（reflexive controls）

　　在這之前所談到的實驗設計或是準實驗設計都有參照團體（reference group），也就是控制組，而回溯控制則是單一團體的設計（one-group design），這個團體既是實驗組也是控制組，實驗組是這個團體接受政策方案之後的狀態，而控制組則是這個團體接受政策方案之前的狀態。回溯控制有不同的型態，包括「單一團體事前與事後設計」（one-group-and-before-after design）以及「干擾時間序列設計」（interrupted time-series design）。

1.單一團體事前與事後設計

在政策方案實施之前的某一個時間點，以及政策實施之後的某一個時間點，分別測量政策結果指標，最後則比較這兩個時間點在結果指標上的實際差異。請參閱表8-6。

表8-6　回溯控制的準實驗設計：單一團體事前與事後設計

回溯控制設計	政策實施前	政策	政策實施後
單一團體事前與事後設計	O_1	X	O_2

O＝結果指標的測量值　X＝政策
O_1＝政策實施前在結果指標上的分數
O_2＝政策實施後在結果指標上的分數
資料來源：Vedung (2009: 199)

2.干擾時間序列設計

在政策方案實施之前，針對結果指標從事多個時間點的測量，以及政策實施之後多個時間點的測量，比較政策實施前後的實際差異。政策本身被視為干擾事件（interrupted event），而影響政策結果指標的改變。多時間點的觀察可以避免所測量的結果是受到突發事件的影響（shock），而誤判政策的效果之程度。請參閱表8-7當中，如果O_4測量出來的結果明顯不同於O_3，這也許不是政策效果，而是因為受到突發事件的影響，所以評估人員必須繼續追蹤O_5與O_6是不是與O_4相差無幾，才能確認政策的效果。同樣的理由，政策實施前多次地測量結果指標也可以避免誤判政策實施前的

狀態（基準值，確認O_1、O_2、O_3在政策結果的指標上相差無幾）[10]。

表8-7　回溯控制的準實驗設計：干擾時間序列設計

回溯控制設計	政策實施前	政策	政策實施後
干擾時間序列設計	$O_1 O_2 O_3$	X	$O_4 O_5 O_6$

O＝結果指標的測量值　X＝政策

O_1、O_2、O_3＝政策實施前的不同時點在結果指標上的分數

O_4、O_5、O_6＝政策實施後的不同時點在結果指標上的分數

資料來源：Vedung (2009: 199).

(六)影子控制的準實驗設計——影子控制（shadow controls）

　　政策方案的淨效果是由具有特殊看法（special insights）的人來估計。之所以稱為影子，是因為這種估計是不完美且模糊的。這些具有特殊看法的人包括專家（experts）、政策方案的行政人員（program administrators），或接受政策的政策標的團體（clients）。利用這些人來估計以下情況（諮詢這些人）：如果沒有政策方案時，政策標的團體在政策結果的指標上會是如何的狀況？換言之，這些人基於他們對於該方案的熟識程度來判斷相反事實（counterfactual case）。

---

[10]「單一團體事前與事後設計」以及「干擾時間序列設計」也有一些變種的設計，可以由觀察單一團體擴充至觀察多個團體，並且加入參照團體。也就是說，觀察數個團體，而在這些團體當中，有的團體有實施政策，有的團體則沒有實施。在這種情況之下，我們可以比較有實施政策的團體們以及沒有實施政策的團體們，在政策結果指標上的差異。我們將他們分別命名為「多重團體事前與事後設計」以及「多重團體干擾時間序列設計」。「多重團體事前與事後設計」當中的團體，不管該團體有沒有實施政策，都必須各有一次的前測與後測。前後測的分界時間點是以實施政策的團體在實施政策的那一個時間點為準，沒有實施政策的控制組從事前測與後測的時間點與有實施政策的團體相同。而「多重團體干擾時間序列設計」的原理相同，只是前測與後測的次數不止一次。相對於單一團體事前與事後設計以及干擾時間序列設計，以上多重團體的比較設計因為增加了控制組，所以提高了淨效果估計的準確度。

四、利用什麼統計方法估計政策的淨效果（排除干擾因素估計淨效果）？

以上我們解釋了應該利用何種研究設計才能衡量政策方案的淨效果，接下來我們進一步來說明，究竟可以利用什麼樣的統計方法來估計政策方案的淨效果（排除可能有的干擾因素）。以下內容牽涉到量化研究設計以及統計方法（包括兩個團體平均數差異檢定、單因子變異數分析、多元迴歸分析、包含虛擬自變數的多元迴歸分析），讀者如果不熟悉的話，建議參考統計學或是量化研究方法相關的書籍[11]。或者暫時略過這個部分，以免影響你的學習情緒。不過，我強烈建議讀者想辦法學會它們，這樣你就具備從事影響評估的真正技能。

在以上六類有關於實驗法的研究設計當中，第一類隨機分組的古典實驗設計因為倫理與公平的理由，所以我們幾乎不可能做；第二類配對控制的準實驗設計因為成本也偏高，所以實務上也很難採行。而第六類的影子控制因為涉及相當程度的主觀判斷，所以準確度經常被人挑戰，除非無法從事其他種類的影響評估，否則使用它的機會並不高。因此，真正經常被使用的研究設計是第三類總括性控制、第四類統計控制以及第五類回溯控制的準實驗設計。而在這三類當中，又以統計控制與回溯控制這兩種準實驗設計最常被使用。以下我們依序針對統計控制以及回溯控制的準實驗設計，來說明如何利用統計方法估計政策方案的淨效果。

(一)統計控制的準實驗設計

在統計控制的準實驗設計當中，有以下幾種統計方法來估計政策方案的淨效果：

1.使用雙變數統計分析（bivariate analysis）

我們回到之前統計控制的準實驗設計當中所舉的職訓方案增加時薪

---

[11] 可參考羅清俊（2016）。《社會科學研究方法：打開天窗說量化》。新北市：揚智文化出版公司。

的例子。還記得控制的步驟嗎？我們一步一步地分類被比較的團體，讓被比較的團體在某些特徵上趨於一致，這種方法叫做統計控制。就這個例子來說，我們是在控制學歷以及過去工作經驗之後，來觀察接受職訓方案與沒有接受職訓方案的人在每小時薪資上的差異。既然我們已經控制了影響時薪的個人特徵因素（我們也可以說這些因素是除了政策之外，會影響個人時薪增加的因素，在影響評估當中，我們稱這些特徵因素為干擾因素），所以我們就可以直接利用統計方法當中的「兩個團體平均數差異檢定」（mean difference test）來估計政策實施之前與之後，實驗組與控制組在時薪上的差異即可（因為時薪這項結果指標的測量層次是等距以上，所以比較兩個團體的平均值）。請參照**表8-5**，在這個例子當中，讓A_{11}組（實驗組）與B_{11}組（控制組）相互比較、A_{12}組與B_{12}組相互比較、A_{21}組與B_{21}組相互比較、A_{22}組與B_{22}組相互比較。例如A_{11}組（實驗組）與B_{11}組（控制組）相互比較，首先，我們事前測量A_{11}組與B_{11}組；其次，事後測量A_{11}組與B_{11}組；最後，以A_{11}組前後測的差量減去B_{11}組前後測的差量，最終的結果就會是這兩個條件相同的群組，一個實施政策，另一個未實施政策，兩個群組在結果指標上的差異。依序再一一比較其他相同條件的兩個群組。

2.使用多變量統計分析方法

同樣是統計控制，但是我們不需要一步一步來區分上例當中的八個團體來兩兩比較，我們直接利用統計方法當中的多變量模型（多元迴歸分析模型）來進行統計控制，並進一步估計淨效果。

首先，我們將接受職訓方案的1,000人當作是實驗組，然後再去找1,000人沒有參加職訓方案的人當作是控制組。所以這個多變量模型的總樣本數就有2,000人，分析單位是個人。其次，確認結果指標是什麼？職業訓練方案的結果指標是這些35～40歲的人時薪的增量，所謂的增量指的是方案實施之後的時薪與方案實施之前的差異，利用時薪增量當作是結果指標，其實就有政策實施前與政策實施後都加以測量的意義。然後將這個時薪增量當作是多變量模型的依變數。

最後，確認自變數。第一個也是最重要的自變數當然是政策方案。凡是接受政策方案的實驗組成員，資料檔的數值編碼為「1」，凡是控制組的成員，資料檔的數值編碼為「0」。我們最終的目的當然是想要看看這項自變數對於依變數的影響，但是影響所有樣本（不管是接受政策的實驗組成員或是沒有接受政策的控制組成員）在時薪上變化的因素除了可能來自於政策方案本身之外，可能還有其他的因素。所以我們必須控制這些因素，才能看出政策方案的淨效果。因此，第二個自變數是學歷。在前述第一種一步一步做統計控制的方法當中，我們是用類別測量層次（nominal level）來處理學歷這個變數，也就是說我們以高中學歷為基準，一刀劃下去將樣本歸為兩類。其實這仍會有誤差，因為高中以上學歷包含高中、大學、碩士等等；高中以下包含初中與小學。在這裡，我們以等距以上（interval）測量層次的連續性變數（continuous variable）加以處理，以樣本的「受教育的年數」當作是測量指標，透過這種方式所得到的統計控制會比類別層次測量的控制效果來得更好。第三個自變數也是控制變數，在第一種逐步統計控制的方法當中，我們也是用類別測量層次來處理，也就是說我們以受測樣本過去工作經驗十年為基準，一刀劃下去而歸類成為兩類。與學歷的理由一樣，我們不以類別測量層次處理，而用到底有多少年的工作資歷，而不是以十年以上或以下來區分類別。第四個自變數，也是控制變數，可以是性別，樣本如果是男性我們編碼為「1」，如果是女性則編碼為「0」。還有其他控制變數嗎？也就是說還有其他個人特徵會影響時薪的增減嗎？如果有，那就繼續放進來。

多變量模型納入這些控制變數就可以確保實驗組與控制組在各種條件下的一致性，當控制這些變數之後，如果我們發現政策方案這項變數的迴歸係數是正的，而且達到統計上的顯著水準，那麼就代表接受政策方案的人之薪資增量的確比控制組較多，迴歸係數的數值就是實驗組與控制組時薪之間的差距。**表8-8**顯示這項假設性例子的資料檔，當這個資料檔建立起來，就可以利用統計分析軟體來協助我們估計政策方案的淨效果。例

如透過**表8-8**資料檔，假設我們估計到的迴歸方程式是：

y（時薪增加量）＝65+121.22（參加職訓方案）+0.81（接受教育總年數）+0.42（過去全職工作年數）+23.4（男性）

表8-8　職訓方案提升時薪的假設性統計資料檔

變數	時薪增加量	有無參加職訓方案	接受教育總年數	過去全職工作年數	性別
樣本1	121	1	12	9	1
樣本2	45	1	14	12	0
……	……	……	……	……	……
……	……	……	……	……	……
樣本500	111	1	8	7	1
樣本501	24	1	11	13	1
……	……	……	……	……	……
……	……	……	……	……	……
樣本998	54	1	12	11	0
樣本999	154	1	15	6	0
樣本1000	79	1	14	11	1
樣本1001	65	0	9	6	0
樣本1002	132	0	12	9	1
樣本1003	111	0	13	8	1
樣本1004	89	0	10	11	0
樣本1005	90	0	8	10	1
……	……	……	……	……	……
……	……	……	……	……	……
……	……	……	……	……	……
……	……	……	……	……	……
……	……	……	……	……	……
………	……	……	……	……	……
樣本1996	141	0	16	8	0
樣本1997	90	0	18	9	0
樣本1998	34	0	12	6	1
樣本1999	50	0	9	10	1
樣本2000	149	0	15	11	1

　　如果參加職訓方案這項自變數達到統計上的顯著水準時，這代表的意義是：當我們控制接受教育總年數、過去全職工作年數以及性別的時候（另外一種說法是：當樣本的教育程度、過去的資歷以及性別都在相同的情況之下），參加職訓方案的人會比沒有參加的人的時薪增加121.22元。

　　以上這些控制變數（因素）其實就是我們在準實驗設計經常談到的干擾因素，所謂干擾因素就是指除了政策方案本身之外，會影響依變數的其他相關變數[12]。有哪些呢？不一定，要看看我們所估計的依變數是什麼而定（也就是政策結果指標是什麼而定）。隨著依變數的不同，控制變數也會不一樣。剛剛我們看到的例子是影響個人薪資變化的非政策因素是干擾因素，如果分析單位也是個人，同樣有實驗組與控制組，依變數是個人體適能狀況在參加健康政策方案前後的變化情形，自變數有最重要的政策方案變數（參加政策方案的實驗組成員編碼為1，控制組則編碼為0）。其他自變數就是控制變數，也就是說除了這項健康政策方案之外，還有哪些因素會影響體適能狀況的變化？我們可以想到的是年紀，因為年紀越輕，即使不參加政策方案，體適能狀況應該不會太差；可能是性別，因為男性體能狀況比女性好；可能是族群，原住民的體能向來都比漢族好；可能是營養攝取，因為營養補充無虞的人通常體能較佳。當然，還有其他可

---

[12] 經常被提及的干擾因素包括：第一，長期趨勢（secular trend）。例如減少出生率的方案在出生率已經趨於下降的區域似乎很有成效。例如政府房屋改善方案似乎有效，但是可能是因為個人所得長期來看會呈現增加趨勢，所以自己願意投入房屋改善措施，而不是政策方案實施的結果。例如提供出獄的更生人工作機會，但是可能是當時勞動市場狀況不佳，而削弱方案的效果。第二，干擾事件（interfering events）。例如天災讓社區之間手牽手心連心，但是可能只是短期效果；或是天災讓某項工程建設中斷。第三，成熟趨勢（maturation）。例如鼓勵年輕人運動的政策方案效果不佳，可能是因為正值他們應該投入就業市場的年紀，所以沒時間運動。例如針對老年人的預防疾病政策方案，因為老年人的健康情況本來就不佳，所以政策方案的效果不彰。例如小學生字彙能力改進方案，小學生即使不接受特殊方案，也會自然增加詞彙能力（Rossi et al., 2019: Chapter 7）。

能的因素。評估人員可以根據過去類似政策的評估報告或是研究文獻找出這些可能的干擾因素。

3. 如果政策方案不只一種時，如何使用多變量統計分析方法

在以上的例子當中，政策方案（職業訓練方案）只有一種。但是在很多時候，同樣是職業訓練方案，也許會根據訓練內容的不同而區分為兩種或兩種以上不同的職業訓練方案。如果是這樣，那麼我們應該如何處理呢？其實，基本原理與只有一種政策方案的情況是一樣的，控制變數的處理方式不變，依變數仍然是方案實施前後時薪的增量，差別只是在政策方案這項變數的處理方式有所差異。

當政策方案只有一種時，所有的樣本不是屬於實驗組就是屬於控制組，所以政策方案這項自變數就只要設定一個即可，編碼「1」是屬於實驗組，編碼「0」屬於控制組（如前述的**表8-8**）。但是，例如當政策方案有甲與乙兩種時，所有的樣本在政策方案的參與就會有三種情況：第一種是參加甲方案的人，第二種是參加乙方案的人，第三種是控制組，也就是沒有參加任何方案的人。碰到這種情況該如何處理？兩項政策但是有三種類別的參與情形，必須設定兩項政策方案變數（變數的設定數量等於類別數減1），第一種政策方案的自變數設定為甲方案，樣本凡是參加甲方案者編碼為「1」，如果不是參加甲方案（參加乙方案或是沒參加任何政策方案）則編碼為「0」；第二種政策方案自變數設定為乙方案，樣本凡是參加乙方案者編碼為「1」，如果不是參加乙方案（參加甲方案或是沒參加任何政策方案）則編碼為「0」；至於沒有參加任何政策方案的情況則不需要設定變數，以沒有參加方案的人當作是參加甲方案或乙方案淨效果的比較基準，原理請參閱羅清俊（2016：245-249）。這個例子資料檔編碼情形請參照**表8-9**。以上這種統計方法稱之為包含虛擬自變數（dummy variables）的多元迴歸分析。

依循這種編碼的方式，依變數是時薪增加量，自變數當中，參加甲方案與參加乙方案是兩個政策方案變數，而接受教育總年數、過去全職工

表8-9　兩種職訓方案提升時薪的假設性統計資料檔

變數	時薪增加量	參加甲方案	參加乙方案	接受教育總年數	過去全職工作年數	性別
樣本1	121	1	0	12	9	1
樣本2	45	1	0	14	12	0
……	……	……	……	……	……	……
……	……	……	……	……	……	……
樣本500	111	1	0	8	7	1
樣本501	24	1	0	11	13	1
……	……	……	……	……	……	……
……	……	……	……	……	……	……
樣本998	54	0	1	12	11	0
樣本999	154	0	1	15	6	0
樣本1000	79	0	1	14	11	1
樣本1001	65	0	1	9	6	0
樣本1002	132	0	1	12	9	1
樣本1003	111	0	1	13	8	1
樣本1004	89	0	1	10	11	0
樣本1005	90	0	1	8	10	1
……	……	……	……	……	……	……
………	……	……	……	……	……	……
樣本1996	141	0	0	16	8	0
樣本1997	90	0	0	18	9	0
樣本1998	34	0	0	12	6	1
樣本1999	50	0	0	9	10	1
樣本2000	149	0	0	15	11	1

作年數與性別是控制變數，則我們可以估計並檢定各個自變數的迴歸係數。當然，我們特別關心參加甲方案與參加乙方案這兩項政策變數。我們假設一種情況：如果參加甲方案這項變數的迴歸係數為正，且達到統計上的顯著水準，則迴歸係數就是甲方案的淨效果，它代表參加甲方案的人比沒有參加方案的人的薪資增量來得多，迴歸係數的大小就是多出來的量。如果參加乙方案這項變數的迴歸係數也是正，且達到統計上的顯著水

準，則迴歸係數就是乙方案的淨效果，它代表參加乙方案的人比沒有參加方案的人的薪資增量來得多，迴歸係數的大小就是多出來的量。例如透過**表**8-9資料檔，假設我們估計到的迴歸方程式是：

y（時薪增加量）＝49.68+109.12（參加甲職訓方案）+76.54（參加乙職訓方案）+0.77（接受教育總年數）+0.39（過去全職工作年數）+19.61（男性）

　　如果參加甲職訓方案與參加乙職訓方案這兩項自變數都達到統計上的顯著水準時，這代表的意義是：當我們控制接受教育總年數、過去全職工作年數以及性別的時候，參加甲職訓方案的人會比沒有參加的人的時薪增加109.12元，參加乙職訓方案的人會比沒有參加的人的時薪增加76.54元。至於甲方案與乙方案的淨效果哪一個比較大？當然，比較它們個別迴歸係數的大小，顯然方案甲大於方案乙，但是這仍然需要進一步檢定[13]。這個部分請參考羅清俊（2016）在該書第十四章關於包含虛擬自變數的多元迴歸分析之詳細說明內容。

(二)回溯控制的準實驗設計可以使用的統計方法

1.單一團體事前與事後設計

　　這種設計是針對同一組成員（分析單位可能是個人，也可能是團體）在政策方案實施之前的某一個時間點以及政策實施之後的某一個時間

---

[13] 如果甲方案的迴歸係數大於乙方案的迴歸係數，仍然不足以說明甲方案的淨效果大過於乙方案，仍需要進一步做統計檢定。要怎麼做？要改變編碼方式，我們轉換一下，政策變數只編碼甲方案以及沒有方案這兩種，讓乙方案當作基準。如果估計出來的甲方案變數的迴歸係數為正，而且達到統計上的顯著水準，則我們就可以說甲方案的淨效果大過於乙方案。連同之前的統計分析發現，我們就可以說甲方案的淨效果大過於乙方案，而乙方案的淨效果也大過於沒有方案。當然，甲方案的淨效果也大過於沒有方案的情況。

點，分別測量政策結果指標，看看政策實施之前與之後，這兩個團體的政策結果指標變化情況如何？在這種情況之下，到底應該用哪一種統計方法呢？我猜想讀者也許會立即反應，嗯，那就用「兩個團體平均數差異檢定」吧（假設結果指標的測量層次是等距以上）？！不行，這樣不妥！因為之前我們在統計控制的準實驗設計之所以可以選擇直接使用「兩個團體平均數差異檢定」，是因為我們逐步利用學歷與過去工作經驗這兩項因素，將接受政策方案與沒有接受政策方案的人區分為條件相當的八個組群兩兩比較，被比較的團體在基準點相同的情況之下，直接使用「兩個團體平均數差異檢定」是沒有問題的。但是，就現在這個「單一團體事前與事後」的回溯控制設計來說，我們並沒有事先讓政策實施之前與政策實施之後的樣本，按照不同條件（除了政策之外的其他干擾因素）先劃分出基準點相同的次級團體，所以直接利用「兩個團體平均數差異檢定」是沒有辦法估算出政策方案的淨效果。

怎麼辦呢？我們有兩條路可走：第一，回頭依照之前我們學習到的統計控制方法，將政策實施之前與政策實施之後的樣本，按照不同條件先劃分出基準點相同的數個次級團體，然後利用「兩個團體平均數差異檢定」，比較兩兩團體在政策實施之前與實施之後，在政策結果指標上的差異。第二，直接使用多變量的迴歸分析方法，控制干擾因素，估計政策的淨效果。

(1)第一條路：先做統計控制分組，然後做兩個團體平均數差異檢定

我們先來走第一條路。我們應該先將樣本依照某些條件區分為數個次級團體，例如將政策實施之前與實施之後測量時點的樣本依照某些條件區分為三個次級團體，所以政策實施之前測量時點會有三個次級團體的個別測量（結果指標的測量），政策實施之後測量時點也會有三個次級團體的個別測量。通用式子可以界定為A_{ij}以及B_{ij}：A是指實施政策之前；B是指實施政策之後；i是第幾次測量，i=1..2，i=1就是政策實施之前的測量點，i=2就是政策實施之後的測量點；j是第幾個團體，j=1...3。所以政

策實施之前的測量點有A_{11}、A_{12}、A_{13}三個團體的測量；政策實施之後的測量點有B_{21}、B_{22}、B_{23}三個團體的測量。而A_{11}與B_{21}這兩個團體條件相當；A_{12}與B_{22}這兩個團體條件相當；A_{13}與B_{23}這兩個團體條件相當。接下來我們就可以直接利用「兩個團體平均數差異檢定」這個統計方法，來比較條件相當的團體在政策實施之前與政策實施之後在結果指標的變化情形。首先，估計A_{11}與B_{21}這兩個團體在結果指標平均數的差異；其次，估計A_{12}與B_{22}這兩個團體在結果指標平均數的差異；最後，估計A_{13}與B_{23}這兩個團體在結果指標平均數的差異。依照單一團體事前與事後設計的要點，如果政策方案有淨效果，那麼我們會期待：不管是哪一種條件相當的次級團體之間的比較，政策實施之後的測量值與政策實施之前的測量值會有明顯的差異（統計上的顯著差異）。

(2)第二條路：直接使用多變量的迴歸分析方法

接下來，我們走第二條路，第二條路就是直接使用多變量的迴歸分析方法，控制干擾因素，估計政策的淨效果。怎麼做呢？我們以台灣某個快樂縣實施垃圾處理費隨袋徵收為例來加以說明。假設分析單位是快樂縣轄區內的鄉鎮市，該縣總共有三十個鄉鎮市。因為垃圾處理費隨袋徵收的重要目標是希望因此而減少垃圾量，所以政策結果指標是各鄉鎮市平均每人每天生產的垃圾量，快樂縣期待垃圾量會因為這項政策方案的實施而減少。依變數是快樂縣當中各鄉鎮市每人每天的垃圾量（單位是公斤），在政策實施之前的三十天測量一次（前測），在政策實施之後的第三十天再測量一次（後測）。因為有三十個鄉鎮市，又有各一次的前測與後測，所以觀察值（樣本數）就有六十個。在自變數方面，政策方案的變數是我們最關心的變數。政策方案的變數包含政策實施之前與政策實施之後兩個類別，所以我們利用類別的測量層次來編碼，屬於前測時間點的樣本編碼為「0」，屬於後測時間點的樣本編碼為「1」。其他的自變數屬於控制變數，因為每一個鄉鎮市不管在政策實施之前或實施之後，總有一些非政策方案的因素影響該鄉鎮市每天的垃圾量，所以我們必須加以控制（就是干

擾因素的控制，如果你想事先使用統計控制方法來區分條件一致的數個次級團體，就可以針對這些干擾因素來分類），例如鄉鎮市的人口密度（單位為人／每平方公里，我們預期密度越高垃圾量越多）、鄉鎮市民眾平均教育程度（受教育年數，我們預期教育程度越高垃圾量越少）、鄉鎮市人口的平均年齡（我們預期年紀越輕垃圾量越少）等等。因為前測與後測的間隔只有六十天，所以這些控制變數可能沒有變動，或只是些微的變動，如果前測與後測時間拉長，變動的幅度就會增加。資料檔如**表8-10**所示。

接下來，假設我們估計出來的迴歸方程式是：

y（平均每人垃圾量）＝0.99－0.16（政策實施之後15）+0.15（人口密度）－0.47（教育程度）+0.76（平均年齡）

如果政策實施後這項自變數的迴歸係數是負的，而且達到統計上的顯著水準時，這代表的意義是：當我們控制其他變數時，垃圾處理費隨袋徵收政策實施之後的平均每人的垃圾量，低於政策實施之前的垃圾量，政策實施之後的垃圾量比實施前少了0.16公斤。

2.干擾時間序列設計

仍然請讀者回頭參照**表8-7**，這個準實驗設計是在政策方案實施之前，針對結果指標從事多個時間點的測量；以及政策實施之後針對結果指標從事多個時間點的測量，然後比較政策實施之前與之後在結果指標上的的實際差異量。

使用那一種統計方法來估計政策方案的淨效果？有人說，如果按照**表8-7**干擾時間序列的準實驗設計，前測三次，後測三次，那就應該比較這六次測量的平均值差異（如果結果指標的測量層次是等距以上的測量尺度），既然是六次，那就是有別於兩個團體平均數的檢定，而是三個以上（含）團體平均數差異的檢定，那就可以使用單因子變異數分析（One-Way ANOVA，Analysis of Variance）來六次平均值之間的差異。不，仍然

表8-10　快樂縣實施垃圾處理費隨袋徵收政策前後垃圾量變化的假設性統
　　　　計資料檔

變數	平均每人垃圾量	政策實施前後	人口密度	人口平均教育程度	人口平均年齡
鄉鎮市1	1.22	0	8500	12.11	45
鄉鎮市2	1.06	0	7800	9.54	47
……	……	……	……	……	……
……	……	……	……	……	……
鄉鎮市15	0.96	0	631	12.33	51
鄉鎮市16	0.89	0	5873	13.21	
……	……	……	……	……	……
……	……	……	……	……	……
鄉鎮市26	1.00	0	4566	9.82	49
鄉鎮市27	0.75	0	3544	11.24	38
鄉鎮市28	0.96	0	3254	14.57	49
鄉鎮市29	0.97	0	1245	14.13	51
鄉鎮市30	1.05	0	859	8.89	59
鄉鎮市1	0.97	1	8500	12.11	45
鄉鎮市2	1.01	1	7800	9.54	47
鄉鎮市3	0.64	1	7267	10.87	42
……	……	……	……	……	……
……	……	……	……	……	……
……	……	……	……	……	……
……	……	……	……	……	……
……	……	……	……	……	……
……	……	……	……	……	……
……	……	……	……	……	……
………	……	……	……	……	……
鄉鎮市26	0.84	1	4566	9.82	49
鄉鎮市27	0.71	1	3544	11.24	38
鄉鎮市28	0.74	1	3254	14.57	49
鄉鎮市29	0.82	1	1245	14.13	51
鄉鎮市30	0.93	1	859	8.89	59

不妥！理由跟前面單一團體事前與事後設計直接使用「兩個團體平均值差異檢定」所面臨的問題一樣。因為政策實施之前與政策實施之後的樣本，我們並未預先使用統計控制，區分為數個條件相當的次級團體，除非你預先這樣做，否則直接使用「變異數分析」並無法估計出政策的淨效果。

如果你想這麼做，那就應該先將樣本依照某些條件區分為數個次級團體，例如將每一個測量時點的樣本依照某些條件區分為三個次級團體，所以每一個時點都會有三個次級團體的個別測量（結果指標的測量）。跟前面一樣，通用式子可以界定為A_{ij}以及B_{ij}：A是指實施政策之前；B是指實施政策之後；i是第幾次測量，i=1…6（測量6次）；j是第幾個團體，j=1…3（區分為三個次級團體）。所以第一個時點有A_{11}、A_{12}、A_{13}三個團體的測量，第二個時點有A_{21}、A_{22}、A_{23}三個團體的測量，第三個時點有A_{31}、A_{32}、A_{33}三個團體的測量，第四個時點有B_{41}、B_{42}、B_{43}三個團體的測量，第五個時點有B_{51}、B_{52}、B_{53}三個團體的測量，第六個時點有B_{61}、B_{62}、B_{63}三個團體的測量。而A_{11}、A_{21}、A_{31}、B_{41}、B_{51}、B_{61}這六個團體條件相當；A_{12}、A_{22}、A_{32}、B_{42}、B_{52}、B_{62}這六個團體條件相當；A_{13}、A_{23}、A_{33}、B_{43}、B_{53}、B_{63}這六個團體條件相當。接下來我們就可以直接利用「變異數分析」這個統計方法來比較條件相當的團體在這六個時點的變化情形，首先估計A_{11}、A_{21}、A_{31}、B_{41}、B_{51}、B_{61}這六個團體在結果指標平均值的差異，其次估計A_{12}、A_{22}、A_{32}、B_{42}、B_{52}、B_{62}這六個團體在結果指標平均值的差異，最後估計A_{13}、A_{23}、A_{33}、B_{43}、B_{53}、B_{63}這六個團體在結果指標平均值的差異。依照干擾時間序列設計的要點，如果政策方案有淨效果，那麼我們會期待：不管是那一種條件相當的次級團體之間的比較，前三次測量值彼此之間應該相差無幾（例如A_{11}、A_{21}、A_{31}彼此相差無幾），後三次測量值彼此之間也會相差無幾（例如A_{41}、A_{51}、A_{61}彼此相差無幾），但是後三次個別的測量值會跟前三次的個別測量值有明顯差異（統計上差異）（例如A_{41}、A_{51}、A_{61}個別會跟A_{11}、A_{21}、A_{31}有所差異）。

你會說，這樣太麻煩了吧！有沒有比較直接的方法來估計政策的淨

效果？有，你可以直接利用多變量的迴歸分析來處理。我們仍然以前述垃圾處理費隨袋徵收為例，並假設政策方案實施前與實施後都測量三次，那麼快樂縣的三十個鄉鎮市總共會被測量六次，所以觀察值（樣本）就會有6 × 30個，也就是一百八十個。另外，因為測量六次，我們必須能夠區辨出每一個測量時間點在結果指標上的變化情形。如果該項政策方案有效，那麼我們會期待政策方案實施前三次測量的垃圾量彼此應該差異不大，政策方案實施後的三次測量彼此差異也不會太大。但是政策實施後的每一次測量（也就是第四、五、六次）的垃圾量應該要明顯少於政策實施前的每一次測量（也就是第一、二、三次）。

依變數是測量六次當中，每次各個樣本的垃圾量。在自變數方面，最重要的一個自變數是每一個不同測量的時點，因為我們希望能夠比較不同的時點的垃圾量，才能判斷政策方案是否有影響？因為測量六次，所以我們以第一個時點為基準（第一個時點不設虛擬變數）設定五個虛擬變數，這五個虛擬變數分別代表第二、三、四、五、六個時點的虛擬變數。當我們編碼第二個時點時，如果樣本測量的時間是在第二個時點則編碼為「1」，否則編碼為「0」。第三、四、五、六個時點的編碼方法也是一樣，依此類推。控制變數是鄉鎮市的人口密度、鄉鎮市民眾平均教育程度以及鄉鎮市人口的平均年齡（就是干擾因素的控制，如果你想事先使用統計控制方法來區分條件一致的數個次級團體，就可以針對這些干擾因素來分類）。

表8-11呈現這項假設性例子的資料檔，因為篇幅限制，自變數部分我們僅呈現五個時點虛擬變數的編碼方式（第二、三、四、五、六個時點，以第一個時點為基準值，所以它不設定虛擬變數），而省略其他控制變數。假設根據資料檔估計出來的迴歸方程式為：

y（平均每人垃圾量）＝0.92－0.03（第二次測量時點）+0.08（第三次測量時點）－0.19（第四次測量時點）－0.21（第五次測量時點）－0.24（第六次測量時點）+0.10（人口密度）－0.15（教育程度）+0.09（平均年齡）

表8-11 快樂縣實施垃圾處理費隨袋徵收政策前後六個時點垃圾量變化的
假設性統計資料檔

變數	平均每人垃圾量	第二個時點虛擬變數	第三個時點虛擬變數	第四個時點虛擬變數	第五個時點虛擬變數	第六個時點虛擬變數
鄉鎮市1	1.22	0	0	0	0	0
鄉鎮市2	1.06	0	0	0	0	0
......	......	0	0	0	0	0
......	......	0	0	0	0	0
鄉鎮市29	0.97	0	0	0	0	0
鄉鎮市30	1.05	0	0	0	0	0
鄉鎮市1	0.97	1	0	0	0	0
鄉鎮市2	1.01	1	0	0	0	0
......	......	1	0	0	0	0
......	......	1	0	0	0	0
鄉鎮市29	0.82	1	0	0	0	0
鄉鎮市30	0.93	1	0	0	0	0
鄉鎮市1	0.77	0	1	0	0	0
鄉鎮市2	1.34	0	1	0	0	0
......	......	0	1	0	0	0
......	......	0	1	0	0	0
鄉鎮市29	1.08	0	1	0	0	0
鄉鎮市30	1.26	0	1	0	0	0
鄉鎮市1	0.99	0	0	1	0	0
鄉鎮市2	1.58	0	0	1	0	0
......	......	0	0	1	0	0
......	......	0	0	1	0	0
鄉鎮市29	0.67	0	0	1	0	0
鄉鎮市30	0.75	0	0	1	0	0
鄉鎮市1	0.59	0	0	0	1	0
鄉鎮市2	0.84	0	0	0	1	0
......	......	0	0	0	1	0
......	......	0	0	0	1	0
鄉鎮市29	1.01	0	0	0	1	0
鄉鎮市30	0.79	0	0	0	1	0
鄉鎮市1	0.91	0	0	0	0	1
鄉鎮市2	0.86	0	0	0	0	1
......	......	0	0	0	0	1
......	......	0	0	0	0	1
鄉鎮市29	0.79	0	0	0	0	1
鄉鎮市30	0.96	0	0	0	0	1

　　如前所述，如果該項政策方案有效，我們會發現政策方案實施前三次測量的垃圾量彼此應該差異不大，政策方案實施後的三次測量彼此差異也不會太大，但是政策實施後的每一次測量（也就是第四、五、六次）的垃圾量應該要明顯少於政策實施前的每一次測量（也就是第一、二、三次）。我們估算出來的迴歸方程式如何才能滿足這些條件呢？首先，自變數當中的第四次測量時點、第五次測量時點以及第六次測量時點的迴歸係數必須是負的，同時達到統計上的顯著水準。這就會說明政策實施後的第四、五、六次測量出來的垃圾量都比政策實施前的第一次測量值明顯地減少。其次，而當你變換虛擬變數的基準，也就是不用第一次當基準，而是分別以第二次或第三次測量時點當作是虛擬變數的基準，你也發現第一、二、三次的測量時點的迴歸係數都沒有達到統計上的顯著水準，這代表政策實施前的三次測量值彼此差異不大。最後，當你也變換虛擬變數的基準，依序利用第四次、第五次與第六次測量時點當作是虛擬變數的基準，你也都發現第四、五、六次測量時點的迴歸係數都沒有達到統計上的顯著水準，這代表政策實施後的三次測量值彼此差異不大，政策效果在政策實施後的三個時點均相當穩定。滿足以上條件，則垃圾處理費隨袋徵收的政策的確可以減少平均每人每天的垃圾量。

五、政策評估的真實案例：回溯控制（reflexive control）的準實驗設計

　　羅清俊（2016）以及陳昭如（2016）以行政院主計總處從民國96年至103年所執行的家庭收支調查資料為基礎，評估台中縣市、台南縣市與高雄縣市在合併之後是否達到原先預期的影響？他們比較「縣市合併」這項政策的「實施前」與「實施後」，政策目標的指標變化是否符合預期？研究設計是基於回溯控制（reflexive control）的準實驗設計所做的統計分析，上述完整的研究內容包含政策事前與事後兩次測量的設計（事前的多個年份歸為一類，事後的多個年份歸為另外一類），以及事前與事後

多個時點測量的「干擾時間序列設計」（事前有多個年份的測量點，事後也是如此）。以下內容為了簡要起見，我們只呈現事前與事後兩次測量的設計。

民國99年12月25日起台中縣市、台南縣市與高雄縣市合併並升格為直轄市[14]。當時推動這項行政區劃制度變革的理由主要是認為合併可以達成區域整合的目標，表現在行政上是可以解決跨域協調的問題，表現在政策上則是可以達到效率的經濟規模等等。具體來說，例如紀俊臣（2009）認為如果縣市合併，則可以達成由小自治體治理走向大自治體治理、由跨域治理走向全局治理、由獨立建設走向協力建設、由地方產業經濟走向區域產業經濟[15]。羅清俊（2016）與陳昭如（2016）的構想非常直接，他們非常好奇這些縣市經過合併之後，是不是如預期一般的好？所要回答的研究問題是：如果真的符合預期，也就是說在合併之後，跨域協調與規模經濟的確比過去改善，那麼從民眾福祉的角度來看，居住在這些區域的民眾在經濟上是否會因為合併而有所改善（家庭收入更多）？這些區域的貧富差距問題是否會因為合併而減緩？

縣市合併與家庭收入這兩者之間，以及縣市合併與減緩貧富差距這兩者之間，到底有沒有關聯性？儘管國外過去的研究發現與結果相當分歧，但是黃東益與謝忠安（2014）在民國101年期間深度訪談曾經參與這3個縣市合併的22位局處首長，他們發現合併之後的初步效益表現比較明顯的是在幅員擴大之後所產生的整合性效益，所謂的整合性效益除了經濟層面以外，另一方面也展現在都市的整體規劃上，從而這種整合性的效益將會影響到民眾的所得以及貧富的差距。首先，在經濟效益的部分，因為縣市合併，所以資源可以相互流通與互補，進而促進地方產業的發展。原來屬於「縣」的農產品或是漁獲可以透過原來屬於「市」的商業活動或是國

---

[14] 台北縣也在同時升格為直轄市並更名為新北市，原有29鄉鎮市的行政轄區範圍並無更動，改制為區。

[15] 這是以台中縣市合併為例的論點。

際網絡來促進行銷與建立知名度，所以地方產業會更加活絡。其次，原來座落在「市」的城市大學可以提供原屬「縣」產業發展所需要的專業人力與技術，使整體的產業得以提升。最後，縣市整合使得都市的文化更加多元，提供文化創意產業以及觀光產業更深厚的基礎。

　　既然縣市合併可以帶來各種地方產業發展的經濟效益，那麼理論上來說，這些經濟效益應該會進一步反映在民眾的所得上面，特別是反映在「產業主所得」上面（家庭收支調查中的產業主所得包括農牧業、林業、漁業、營業淨收入等等），間接地也可能會反映在「受雇薪資報酬」上面，當然也可能因為區域發展而帶動資本所得。第二種整合效益則是表現在資源轉移方面。雖然都市的整合性規劃（基礎設施、交通建設、社會福利）使得原本屬於「市」的資源轉移到「縣」的建設與服務而被稀釋掉，不過卻因此減少了城鄉之間發展不均造成的差距，而這種現象應該也會影響到這些地區個別的貧富差距狀況。

　　接下來，羅清俊（2016）以及陳昭如（2016）以「家戶」、「區」以及「縣市」為分析單位，分別從事三個不同層次的分析，以獲取縣市合併前後完整的資訊。由於我們只是要示範如何利用準實驗設計與量化資料來做影響評估，所以我們在這裡只呈現以家戶為分析單位的內容，至於以區或以縣市為分析單位的部分則省略。在以「家戶」為分析單位的部分，他們以回溯控制（reflexive control）的準實驗設計來比較分析合併前四年（民國96、97、98、99年）的台中縣、台中市、台南縣、台南市、高雄縣與高雄市，以及合併之後四年（民國100、101、102、103年）原來就屬於台中縣、台中市、台南縣、台南市、高雄縣與高雄市轄區內的家戶在家庭收入的變化情形。在以家戶為分析單位時，雖然他們無法計算出各縣市轄區內各家戶所得分配不均的程度（也就是吉尼係數），但是卻仍然可以觀察這些縣市轄區內的家戶在合併前後的所得變化情形，以及原屬於市和原屬於縣的家戶之間的所得差距在合併前後的改變。

　　具體的研究問題如下：以「家戶」為分析單位，第一，合併前屬於

台中縣、台中市、台南縣、台南市、高雄縣與高雄市轄區內所有的家戶在合併後的家庭收入變化情形如何？是屬於「市」的家戶還是屬於「縣」的家戶所得成長較多？台中縣市的家戶在合併前後的所得變化是如何？台南縣市與高雄縣市的情況又是如何？第二，除此之外，合併前屬於市和縣的家戶在所得上的差距是如何？合併之後原屬於市和原屬於縣的家戶的所得差距又會有什麼變化？

他們進一步利用多變量迴歸模型加以分析。家戶所得的資料來自於行政院主計總處每年所做的「家庭收支調查」。由於他們要觀察的是除了縣市合併的因素外，沒有其他政府力量介入的家戶所得，所以他們將家庭收支調查中的受僱人員報酬、產業主所得與資本利得相加得到家戶總所得，當作是依變數，並且以民國100年的消費者物價指數（CPI=1）為基準，計算平減之後的家戶總所得。

首先，他們將家戶分為「合併前的市」、「合併前的縣」、「合併後的市」、「合併後的縣」四種團體的目的是為了瞭解「市」在合併前後的變化、「縣」在合併前後的變化以及「市與縣之間的差距」在合併前後有什麼改變？因此他們分別以不同的團體當基準，設定虛擬變數，以三種不同團體當基準的模型來獲取我們所需的資訊[16]。

統計分析發現，無論是以哪個團體當基準的模型，控制變數對依變數的影響皆相同，因此先說明這個部分的結果。從**表8-12**可以發現，所有的控制變數皆達到統計上的顯著水準，當戶長的年齡越高、戶長為男性、戶內的就業人口數越多、戶長的教育程度越高，家戶的總所得也會比

---

[16] 選取的三種團體分別為「合併前屬於市的家戶」、「合併前屬於縣的家戶」與「合併後原屬於市的家戶」，未放入以「合併後原屬於縣的家戶」當基準的模型是因為用前三種團體當基準的模型就能夠獲得我們所需要的資訊。舉例來說，在以「合併後原屬於縣的家戶」當基準的模型裡，我們能夠得到「縣的家戶」合併前後的改變以及合併後「市與縣的差距」這兩項資訊，但是這兩種資訊我們在「合併前屬於縣的家戶」與「合併後原屬於市的家戶」的模型裡就可以獲得，為了簡要起見，表格內便不再放入第四種模型。

表8-12 依變數為總所得（分四種團體）

變數名稱	模型一	模型二	模型三
常數	22.589 (0.031)***	17.758 (0.671)***	19.396 (0.032)***
合併前的市	（參照組）	4.831 (0.012)***	3.193 (0.012)***
合併前的縣	-4.831 (0.012)***	（參照組）	-1.638 (0.012)***
合併後的市	-3.193 (0.012)***	1.638 (0.012)***	（參照組）
合併後的縣	-5.353 (0.012)***	-0.522 (0.012)***	-2.159 (0.012)***
戶長年齡	0.014 (0.0004)***	與模型一相同	與模型一相同
戶長性別（男）	5.381 (0.010)***	與模型一相同	與模型一相同
就業人口數	17.064 (0.004)***	與模型一相同	與模型一相同
戶長教育程度	6.519 (0.003)***	與模型一相同	與模型一相同
老年人口數	-4.226 (0.006)***	與模型一相同	與模型一相同
Adjusted R^2	0.642	與模型一相同	與模型一相同
樣本數	41842	與模型一相同	與模型一相同

說明：a.依變數為總所得，依變數以開三次方處理。

b.＊：$p<0.05$；＊＊：$p<0.01$；＊＊＊：$p<0.001$（顯著水準採雙尾檢定）。

c.括號內數值為標準誤。

d.模型中各自變數之VIF皆小於10，確定無多元共線性的現象。

資料來源：陳昭如（2016：71）

較多；但是「老年人口數」這個變數的係數為負，代表當戶內的老年人口較多，家戶總所得會比較少。

　　接著要觀察的是「縣」與「市」的家戶在合併前後的改變，因此我們看模型內虛擬變數的變化。我們先看模型一，以「合併前的市」的家戶當基準時，「合併後的市」的迴歸係數為負，並達到統計上的顯著水準，代表合併後，「市」的家戶在總所得的表現比起合併前還要差。接著我們看模型二，以「合併前的縣」當基準時，合併後「縣」的迴歸係數同樣為負，而且達到統計上的顯著水準，也就是說合併後「縣」的家戶在總所得也有減少。最後，我們想知道縣市之間的差距在合併後是否擴大或縮小了？我們可以從模型一（以合併前的市當基準）中的「合併前的縣」這個變數來看合併前縣市之間的差距，從表中我們可以發現該項變數的迴歸

係數為負，並達到統計上的顯著水準，這代表合併前的縣比市的家戶表現的還不好，差距為4.831個單位。接著我們看模型三（以合併後的市當基準）中的「合併後的縣」這個變數來看合併後縣市之間的差距，這項變數的迴歸係數同樣是負值，並達到統計上的顯著水準，代表在合併後，仍然是市的家戶表現的較好，不過差距縮小到2.159個單位，也就是說合併後縣市之間的差距是有減少的。

其次，除了前面把家戶分為兩種團體與四種團體的比較外，他們

表8-13　依變數為總所得（分十二種團體）

變數名稱	模型一	模型二	模型三	模型四
常數	22.627(0.034)***	18.302(0.032)***	20.627(0.034)***	19.607(0.773)***
合併前台中市	參照組	4.325(0.021)***	2.000(0.021)***	2.661(0.024)***
合併後台中市	-2.000(0.021)***	2.325(0.020)***	參照組	0.661(0.023)***
合併前台中縣	-4.325(0.021)***	參照組	-2.325(0.020)***	-1.664(0.023)***
合併後台中縣	-3.980(0.020)***	0.346(0.019)***	-1.979(0.020)***	-1.318(0.022)***
合併前台南市	-2.661(0.024)***	1.664(0.023)***	-0.661(0.023)***	參照組
合併後台南市	-6.065(0.023)***	-1.740(0.022)***	-4.065(0.023)***	-3.404(0.025)***
合併前台南縣	-6.480(0.022)***	-2.155(0.021)***	-4.480(0.022)***	-3.819(0.024)***
合併後台南縣	-7.494(0.021)***	-3.169(0.020)***	-5.494(0.021)***	-4.833(0.024)***
合併前高雄市	1.275(0.020)***	5.601(0.019)***	3.276(0.019)***	3.937(0.022)***
合併後高雄市	-2.603(0.019)***	1.722(0.018)***	-0.603(0.019)***	0.058(0.022)***
合併前高雄縣	-3.976(0.021)***	0.350(0.020)	-1.975(0.021)***	-1.314(0.023)***
合併後高雄縣	-5.023(0.021)***	-0.698(0.020)	-3.023(0.020)***	-2.362(0.023)***
戶長年齡	0.015(0.0004)***	同模型一	同模型一	同模型一
戶長性別	5.375(0.010)***	同模型一	同模型一	同模型一
就業人口數	17.110(0.004)***	同模型一	同模型一	同模型一
戶長教育程度	6.488(0.003)***	同模型一	同模型一	同模型一
老年人口數	-4.188(0.006)***	同模型一	同模型一	同模型一
Adjusted R^2	0.644	同模型一	同模型一	同模型一
樣本數	41842	同模型一	同模型一	同模型一

說明：a.依變數為總所得，依變數以開三次方處理。

b.＊：$p<0.05$；＊＊：$p<0.01$；＊＊＊：$p<0.001$（顯著水準採雙尾檢定）。

c.括號內數值為標準誤。

d.模型中各自變數之VIF皆小於10，確定無多元共線性的現象。

資料來源：陳昭如（2016：78）

也把這些家戶分為「合併前台中市」、「合併前台中縣」、「合併前台南市」、「合併前台南縣」、「合併前高雄市」、「合併前高雄縣」、「合併後台中市」、「合併後台中縣」、「合併後台南市」、「合併後台南縣」、「合併後高雄市」、「合併後高雄縣」等十二種團體進行分析，目的在於比較個別縣市的家戶在合併前後的變化，主要的重點是觀察台中縣市家戶在合併前後的差距是否擴大或縮小了？台南縣市的家戶以及高雄縣市的家戶是不是又有不同的變化？

第一，根據**表8-13**，所有的控制變數皆達到統計上的顯著水準，戶長

模型五	模型六	模型七	模型八	模型九
16.147(0.033)***	16.562(0.035)***	23.903(0.032)***	18.652(0.032)***	20.024(0.033)***
6.480(0.022)***	6.065(0.023)***	-1.275(0.020)***	3.976(0.021)***	2.603(0.019)***
4.480(0.022)***	4.065(0.023)***	-3.276(0.019)***	1.975(0.021)***	0.603(0.019)***
2.155(0.021)***	1.740(0.022)***	-5.601(0.019)***	-0.350(0.020)***	-1.722(0.018)***
2.501(0.020)***	2.086(0.022)***	-5.255(0.018)***	-0.004(0.020)***	-1.376(0.018)***
3.819(0.024)***	3.404(0.025)***	-3.937(0.022)***	1.314(0.023)***	-0.058(0.022)***
0.415(0.024)***	參照組	-7.341(0.021)***	-2.090(0.023)***	-3.462(0.021)***
參照組	-0.415(0.024)***	-7.756(0.020)***	-2.505(0.021)***	-3.877(0.020)***
-1.014(0.022)***	-1.429(0.023)***	-8.770(0.019)***	-3.519(0.021)***	-4.891(0.019)***
7.756(0.020)***	7.341(0.021)***	參照組	5.251(0.019)***	3.879(0.040)***
3.877(0.020)***	3.462(0.021)***	-3.879(0.017)***	1.372(0.019)***	參照組
2.505(0.021)***	2.090(0.023)***	-5.251(0.019)***	參照組	-1.372(0.019)***
1.457(0.021)**	1.042(0.022)***	-6.299(0.019)***	-1.048(0.020)***	-2.420(0.018)***
同模型一	同模型一	同模型一	同模型一	同模型一
同模型一	同模型一	同模型一	同模型一	同模型一
同模型一	同模型一	同模型一	同模型一	同模型一
同模型一	同模型一	同模型一	同模型一	同模型一
同模型一	同模型一	同模型一	同模型一	同模型一
同模型一	同模型一	同模型一	同模型一	同模型一
同模型一	同模型一	同模型一	同模型一	同模型一

的年齡較高、戶長為男性、家戶裡有較多從業人口、戶長的教育程度比較高都會提升家戶的總所得；當家戶內有比較多老年人口時總所得較低。

　　第二，先看台中市、台中縣的家戶在合併前後的總所得變化情形以及台中縣市之間的所得差距在合併前後有什麼改變？從**表8-13**的模型一、模型二與模型三可以獲得這些資訊。首先，從以合併前台中市為基準的模型一當中的「合併後台中市」這個虛擬變數可以發現，其迴歸係數為負，且達到統計上的顯著水準，代表台中市的家戶在縣市合併以後的總所得比起合併前還要少。其次，以合併前台中縣為基準的模型二裡的「合併後台中縣」這個虛擬變數則顯示出，台中縣的家戶在縣市合併後的總所得有明顯增加，因為迴歸係數為正且達統計上的顯著水準。最後，台中縣市之間的所得差距變化情形是如何？合併前的差距可以從模型一裡的「合併前的台中縣」這個虛擬變數得知，其係數為負並且達到統計上的顯著水準，代表合併前台中縣的家戶所得比台中市的家戶少4.325個單位。合併後的差距則從模型三裡的「合併後的台中縣」這個虛擬變數來看，迴歸係數同樣為負，並且達到統計上的顯著水準，代表合併後台中縣的家戶在總所得的表現還是落後於台中市的家戶，但是縣市差距比起合併前有縮小，台中縣家戶的總所得比台中市的家戶少1.979個單位。

　　第三，再來看台南的情況，從以合併前台南市為基準的模型四裡的「合併後台南市」這個虛擬變數可以發現係數為負，而且達到統計上的顯著水準，代表台南市合併後的總所得減少了。接著看以合併前台南縣為基準的模型五中的「合併後台南縣」這個虛擬變數，係數為負，並且達到統計上的顯著水準，代表台南縣合併後的所得有明顯減少。最後，台南縣市的所得差距在合併後有什麼變化？先看合併前台南縣市的所得差距，從模型四裡的「合併前台南縣」這個虛擬變數可以發現，迴歸係數為負，並且達到統計上的顯著水準，意思是合併前台南縣的所得比台南市的所得還少，差距為3.819。最後看合併後台南縣市的所得差距，模型六中的「合併後台南縣」這個虛擬變數的迴歸係數同樣是負，並且達到統計上的顯著

水準,代表台南縣在合併後的所得還是比台南市的家戶還少,不過兩者間的差距已縮小至1.429。

第四,最後來看高雄縣市的情況。我們先來看高雄市的狀況,從模型七(以合併前高雄市為參照組)裡的「合併後高雄市」這個虛擬變數可以發現,迴歸係數是負,並且達到統計上的顯著水準,代表高雄市的家戶總所得在合併後減少了。再來看看高雄縣的家戶,模型八(以合併前高雄縣為參照組)中的「合併後高雄縣」這個虛擬變數同樣也呈現負值,並且達到統計上的顯著水準,所以說高雄縣的家戶在合併後總所得也退步了。最後是高雄縣市的所得差距,先看合併前的縣市差距,從模型七中的「合併前高雄縣」這個變數可以看到,係數為負並且達到統計上的顯著水準,代表的是合併前高雄縣的家戶在所得的表現是落後於高雄市的,兩者的差距為5.251;合併後的差距則從模型九觀察,模型九中的「合併後高雄縣」這個虛擬變數的迴歸係數同樣是負,並且達到統計上的顯著水準,也就是說高雄縣的家戶在合併後的總所得並沒有超越高雄市的家戶,不過與高雄市的差距縮小至2.420。

整體來說,無論是把家戶分為四種團體或十二種團體來分析,第一,研究結果都呈現「市」的家戶在合併後在總所得呈現明顯退步。而「縣」的家戶所得變化不大,僅有台中縣家戶的總所得在合併後明顯增加。第二,縣與市之間的家戶所得差距普遍來說在合併後都縮小了,縣市之間的所得差距縮小,其實是來自於「市」的家戶在所得上的退步幅度大過於「縣」的家戶在所得上的變化。總而言之,從這些統計分析來看,縣市合併並未達成預期效果。

伍、效率評估

效率評估就是估計政策方案在成本與利益上的分布情形。如果政策方案是有效率的,那是因為利益超過成本,既然如此,益本差最起碼就會大於0,益本比就會大於1。我們在第三章已經討論過成本利益分析以及

公共政策：現象觀察與實務操作

298

成本效能分析的方法了，讀者可以回頭去看看。我們在第三章所討論的是「事前」所做的效率評估，也就是預測某些政策方案的經濟效益；政策實施之後也可以計算它的經濟效益是否合乎預期。兩者的方法都是一樣的，差別只是前者利用預估的成本與利益資料，而後者是利用政策執行結束之後實際發生的成本與利益資料，這就好像是預算與決算之間的差別。

第三節　政策評估：政策實務操作的研究／後實證途徑

後實證途徑的政策評估以Guba與Lincoln（1989）所主張的「回應建構評估（responsive constructivist evaluation）為代表。後實證途徑主張的政策評估方法的基本邏輯是植基於「相對主義」（relativism）與「社會建構」（social constructivism），這跟他們在政策分析的主張是相同的（請讀者參閱本書第三章第三節）。在本節內容當中，第一，我們先用Guba與Lincoln所舉的簡單例子來說明這種評估方法與理性途徑評估方法之間的差異；第二，我們再來詳細說明回應建構評估的詳細內容；第三，說明實施回應建構評估的步驟；第四，回應建構評估主張使用這種評估途徑的理由。

壹、回應建構評估與理性途徑的評估方法有何不同

Guba與Lincoln（1989: 144）舉了一個在美國的小學所使用的新數學課程（new math curriculum）例子，來說明回應建構評估與理性途徑的評估方法之間有何不同。這個新數學課程強調電腦二進位法數字體系（binary number system）的課程內容，從理性途徑的評估角度來看，學生學習這套新課程的效果相當不錯，不管是從學生的考試成績，或是他們所

提出（並執行）具有高度想像力的二進位法專題研究內容都是如此。另外，學生也表現出高度的興趣，例如學生彼此之間會在操場上玩跟新數學課程有關的比賽等等。從這些指標與現象來「評估」這項新數學課程，它應該是達到了它初始所設定的目標。但是，這套新數學課程卻讓學生家長非常不開心，因為這些父母親開始發現他們的孩子會在家中挑戰父母既有的數學知識，孩子們之間也會說一些有關於新數學課程的想法，這些東西對於這些父母親來說都是相當陌生且艱深的。當孩子要求父母親協助他們的家庭作業時，也經常讓這些父母目瞪口呆（因為實在是不會）！

這些學生的老師們與學校的行政人員其實是很興奮，因為他們相信這些學生會因為接受這種新數學課程之後，而開始挑戰自己的想法、重新找到在學校學習的興趣以及準備好面對他們的將來。畢竟學會這種新數學，不管是在電腦運用或是太空探索都派得上用場，而這兩項是當時最熱門的行業或工作。但是，如同前述，孩子的父母親是不高興的。他們覺得新數學讓他們跟孩子之間的關係越來越疏離，因為他們沒有能力指導孩子們的家庭作業。而且他們也很納悶，針對孩子是不是準備好面對未來這件事情來做評估到底對不對（孩子還小嘛）？這些父母親也抱怨，他們的小孩子連在超級市場買的物品項目加總起來都不太會，一下子就讓他們接觸新數學，這樣子到底好不好？

父母以及學校的老師與行政人員都面對相同的事實，但是他們的「建構」（constructions）（對於這項事實的理解方式，the way they make sense of the facts）卻是截然不同。也就是說，面對相同的事實可以用非常不同的方式來解釋。而且，我們並沒有一個預先設定好的標準來回答「誰是對的」？這就是「回應建構評估」的基本想法。評估是沒有預先的客觀標準，隨著「利害關係人」的觀點不同，對於政策結果的看法也會截然不同。

貳、回應建構評估的內涵

一、為什麼稱為「回應建構評估」？

(一)為什麼是「回應」（responsive）這個詞彙？

這個詞彙是用來說明這種評估方法有別於過去理性途徑的政策評估方式。理性途徑的評估有許多條件是事先（a priori）設定的，例如政策目標、績效或政策預期影響範圍。這些設定的內容（specification）大部分是政策實施之前，評估人員與委託評估的機構（或人）彼此之間的協商。但是「回應」評估並非如此，它強調跟被評估的政策有關的人（不只是評估人員與委託評估的機構或人而已），也就是所謂的政策利害關係人，透過彼此互動與協商的過程，來界定政策評估的範圍與所有的內容。簡單地說，就是「回應」政策利害關係人。

(二)為什麼是「建構」這個詞彙？

這個詞彙是用來說明這種評估的方法論，也就是以社會建構主義（constructivism）為基礎所進行的政策評估[17]。建構主義與我們所認知的科學截然不同，這部分我們在第三章多多少少都討論過了。

1.從存在論（ontology）的角度來看：建構主義否定客觀實體的存在。他們認為所謂的實體（reality）是人們心智的社會建構，有多少人就會有多少的社會建構（雖然有些社會建構是大家共享的）。如果實體是透過建構而來，那麼就沒有所謂永恆不變的自然法（natural law）來掌控因果定律。

2.從認識論（epistemology）的角度來看：建構主義否定主觀—客觀的二元論。他們認為任何經過研究的發現之所以存在，是因為觀察

---

[17] 建構論也有其他不同的名稱，例如解釋論（interpretive）或詮釋論（hermeneutic）。

者與被觀察者彼此之間的互動所創造出來的。

以存在論與認識論為基礎，回應建構評估拒絕「控制」（controlling）與「操縱」（manipulative）的途徑（也就是實驗設計的途徑），而主張應以「解釋」（hermeneutic）與「辯證」（dialectic）的途徑，充分利用觀察者與被觀察者之間的互動，來創造一個透過社會建構所產生的實體。

二、回應什麼？建構什麼？——請求、擔憂與爭議

回應建構評估是由所有的政策利害關係人，針對被評估的政策來認定他們各自的請求（claims）、擔憂（concerns）與爭議（issues）。所謂的「請求」是指政策利害關係人會提出任何對於被評估政策「喜歡」（favorable）的看法，例如當評估人員詢問政策利害關係人到底喜歡家暴防制政策的哪些內容？政策利害關係人的回答認為讓警察利用某種方式（例如不定期訪問）來處理家暴，可以明顯地減少家暴攻擊者再犯的次數。所以，這位政策利害關係人認為警察這種處理方式是好的，這就是利害關係人對於這項家暴防制政策的請求。

所謂的「擔憂」是指政策利害關係人會提出任何對於被評估政策「不喜歡」（unfavorable）的看法，例如評估人員詢問政策利害關係人不喜歡小學學童新數學推展計畫的哪些部分？利害關係人認為推展計畫當中的計算機使用課程，會明顯降低小朋友徒手計算的能力，所以很不理想。所以，這位政策利害關係人不喜歡學校開設計算機使用的課程，這就是利害關係人對於這項新數學推展計畫的擔憂。

所謂的「爭議」指的是任何正常人（reasonable persons）（要不要用「理性的人」？）都不會贊同的事物狀態（state of affairs），例如一般人都不同意在小學階段就導入性教育（似乎太早了）；例如一般人都不會贊成利用學校的設備與資源來從事宗教課程的講授。所以評估人員會詢問各種政策利害關係人對於某項被評估的政策所產生的某些狀態普遍表示不贊

同的部分。不同的利害關係人都會有他們不同的請求、擔憂與爭議，政策評估人員必須搜尋所有的意見內容並在政策評估當中表達出來。

三、哪些政策利害關係人？

既然回應建構評估那麼強調利害關係人，那麼究竟有哪些政策利害關係人呢？Guba與Lincoln（1981）認為，通常會有三種類型（當然不以此為限，需視所評估的政策而定）：第一，政策代表或是政策代理人（agents），凡是生產（制訂）、利用或執行這項被評估政策（evaluant）的相關人等通通稱之為政策代表或政策代理人；第二，因為這項被評估政策的實施而直接受益與間接受益的人（beneficiaries）；第三，因為這項被評估政策的實施而直接與間接受到傷害的人（victims）。

參、回應建構評估的實施步驟

一、回應建構評估的四個步驟

第一，認定各種類型的政策利害關係人，並請他們提出針對被評估政策的請求、擔憂與爭議等等看法。

第二，政策評估人員利用解釋與辯證的途徑進行訪談：

1.針對同一類型政策利害關係人（前面所說的三類政策利害關係人）當中各個受訪者所提出來的請求、擔憂與爭議，交給同一類型的其他政策利害關係人來評論、辯駁或同意認可。

2.針對不同類型的政策利害關係人，將每一類型政策利害關係人所提出來的請求、擔憂與爭議，交給其他不同類型的政策利害關係人來評論、辯駁或同意認可。在這個階段，很多初始的請求、擔憂與爭議將會被議決（resolved）而達成共識。

第三，針對那些尚未議決的請求、擔憂與爭議，評估人員做成備忘錄，然後開始蒐集相關資訊。蒐集資訊的目的是要看看大家無法達成共識

的部分是在請求？擔憂？還是爭議？同時，評估人員必須蒐集資訊來檢證沒有共識的部分哪些是合理的？哪些是不合理的？回應建構評估並不排拒量化的資料（很多人誤解回應建構評估不用量化資料），只要可以協助達成共識，任何資料都會被接受。

第四，在評估人員的指導之下，善用所蒐集到的評估資訊，讓各種類型的政策利害關係人一起協商（negotiations），努力讓每一個項目都能夠達成共識。

二、解釋與辯證的途徑

回應建構評估的核心就是使用解釋與辯證的途徑，並將這種途徑使用在上述的第二個步驟。至於這種途徑的細部操作方法為何呢？細部操作方法就如圖8-4，Guba & Lincoln（1989: 152）稱之為解釋與辯證循環（hermeneutic dialectic cycle）。圖8-4是各種類型政策利害關係人的解釋與辯證循環當中的一種。程序如下：

第一，政策評估人員先在某一個類型的政策利害關係人當中（例如因為政策而受害的人）找到第一位政策利害關係人（簡稱為Respondent 1或R_1）。選取這位關係人的理由可以基於方便的理由，或他是這類政策利害關係人當中具有代表性的人物，例如受害最多、獲利最多，或者他是執行這項被評估政策非常重要的人。評估人員利用開放式的訪問來讓R_1以他自己的立場來描述並評論這項被評估政策。描述與評論的內容要連結至請求、擔憂與爭議。

第二，訪談第一位受訪者之後，評估人員要求R_1推薦一位意見會跟他很不一樣的政策利害關係人，也就是圖8-4的R_2。R_2就是第二位要接受訪問的人。在訪問R_2之前，評估人員必須先分析先前訪問R_1的內容（R_1所做的社會建構內容），這就是圖8-4的C_1。然後，R_2接受訪問，訪問的方式就跟R_1接受訪問一樣。但是，在這個階段，R_2除了提出自己的建構（construction）之外，評估人員進一步會邀請他評論R_1的意見。這個時

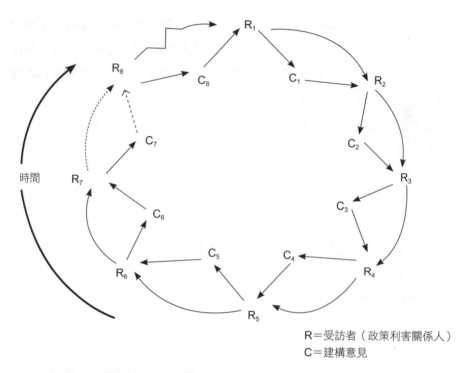

R＝受訪者（政策利害關係人）
C＝建構意見

圖8-4　解釋與辯證循環（Hermeneutic Dialectic Cycle）

資料來源：修改自Guba and Lincoln (1989: 152)

候，這位評估人員所蒐集到的資料不僅包含了R_1與R_2的個別意見，也包含了R_2對R_1的評論意見。

　　第三，評估人員也請R_2推薦一位意見跟他不一樣的政策利害關係人，也就是**圖8-4**的R_3。R_3就是第三位要接受訪問的人。在訪問R_3之前，同樣地，評估人員先分析先前訪問R_2的內容（R_2所做的社會建構內容），這就是**圖8-4**的C_2。然後，R_3接受訪問，訪問的方式跟之前相同。不過，在這個階段，R_3除了提出自己的意見之外，評估人員進一步邀請他評論R_1與R_2的意見。所以，評估人員在這個階段所蒐集到的資料不僅包含了R_1、R_2與R_3的個別意見，同時也包含了R_2對R_1的評論意見，以及R_3對R_1與R_2的評論意見。更多與更複雜的資訊與建構透過這些程序漸漸形成。相同的

程序不斷地重複來做，找到第四位、第五位、第六位政策利害關係人等等，一直做到已經沒有新鮮不同的資訊產生為止，或是已經產生兩類或多個類別意見相互衝突的建構意見[18]。

　　當解釋與辯證循環往下進行時，選擇受訪者（政策利害關係人）的標準會有所改變。剛開始的選擇標準是希望找到的政策利害關係人能夠擴大建構意見的範圍，藉此蒐集到完整的資訊。而逐漸往下進行之後，我們會發現受訪者所提出的某些社會建構意見顯然比某些其他建構意見要來得顯著重要（salient）（例如某個部分幾乎每個人都談，而且都談得慷慨激昂）。當這種情形出現時，接續選擇受訪者的標準就不是為了擴大建構意見範圍，而是找到能夠明確有力地表達（articulate）這些顯著重要的建構意見之人。同樣地，訪談的進行方式也會隨著解釋與辯證循環往下進行時而改變。剛開始進行時，訪談是非結構性，要求受訪者自由開放的表達建構意見。但是，當建構意見變得越來越清楚時，評估人員就必須詢問更核心與顯著的問題。

三、資訊的取得

　　當某一類型政策利害關係人的解釋與辯證循環在進行時，資訊的獲得主要是依賴這一個循環的受訪者之建構意見，但是仍有其他資訊的來源可供利用。

　　第一，其他類型政策利害關係人的解釋與辯證循環的建構意見：例如前述數學教學法的例子，以老師為政策利害關係人解釋與辯證的循環過程當中，可以參考家長的循環或是行政人員的循環所產生的建構意見。第二，跟政策利害關係人所提出的建構意見有關的官方文件：這些官方文件也許可以確認已經產生的建構意見，也許會跟建構意見不一致。第三，評

---

[18] 當第一循環結束時，展開第二次解釋與辯證循環是非常有用的。因為前幾位受訪者評論別人意見的機會比後面受訪者少很多，所以應該給他們機會。第二輪循環的受訪者可以跟第一輪的受訪者類似或重複。

估人員自己在訪談過程所觀察到的現象與資料。第四，評估人員自己的建構意見也可以導入。

肆、回應建構評估存在的理由

回應建構評估途徑主要是針對理性評估途徑的缺點所提出來的替代評估途徑。回應建構評估途徑批評理性評估途徑的缺點主要有三個：第一，無法處理多元的價值（a failure accommodate value-pluralism）；第二，向管理主義傾斜（a tendency toward managerialism）；第三，過度依賴科學典範的研究（overcommitment to the scientific paradigm of inquiry）（Guba & Lincoln, 1989: 32-38）。

一、無法處理多元的價值

理性途徑主張的價值中立（value-free）無法妥善處理社會價值，特別是當社會價值是多元的時候，甚至多元價值彼此衝突的時候更是如此。

二、向管理主義傾斜

理性途徑的政策評估主要是基於委託（或贊助）政策評估的一方與實際從事評估工作的另一方之間的契約關係而展開。委託（或贊助）政策評估的一方可能是醫療機構的主管，可能是教育機關的首長等等，我們稱之為管理者。委託（或贊助）政策評估的一方與實際從事評估工作的另一方，這兩種人之間的關係在理性途徑的政策評估很少被挑戰，然而這種關係卻會產生許多我們不想見到的後果。

(一)管理者可以不沾鍋

假使評估出來的結果顯示政策失敗，評估人員很有可能會將過錯歸咎到別的地方，而非管理者身上。因為評估是管理者所委託或贊助，他們才是老闆。

(二)既沒有賦權（disempowerment）又不公平（unfair）

管理者有最終的權力決定評估要回答什麼問題？資料要如何蒐集與詮釋？評估結果要如何公開？所以沒有賦權。當然，管理者會跟評估人員討論，但是如果管理者與評估人員意見不同時，最後的決策權仍在管理者手中。在這種情況之下，某些政策利害關係人（團體）所關心的問題可能沒有被管理者納入政策評估的範疇，所以不公平的現象將會是常態。

(三)削弱公民權利（disenfranchisement）

管理者可以決定評估結果是否釋出並公開，萬一管理者不願意公開，許多與該政策相關的利害關係人仍然處於無知的情境，既然無知，那麼政策如果危害到他們，他們根本無法捍衛他們自己的利益與應被保障的權利。

(四)管理者與評估人員之間可能變成好朋友，大家各取所需

管理者需要政策評估結果符合他們的需求，評估人員需要以後有更穩定的評估契約，兩者之間的默契因而建立，最終的結果是傷害了政策利害關係人的利益[19]。

三、過度依賴科學典範

理性途徑過度依賴科學典範的研究而造成幾個不好的後果：

(一)理性途徑的政策評估忽略了政策身處的系絡因素（contextual factors）

理性途徑希望能夠通則化政策評估的結果，因此只關心一般性或

---

[19] Michael Scriven（1983）認為要解決這種管理主義所衍生的問題，可以在政策評估的設計上提出一些與消費者（消費這項政策的人口）潛在利益有關的評估問題。這應該就是以政策利害關係人的角度評估政策的初始想法。

通則性的因素（general factors）而忽略掉政策所處的特殊情境（local situations），造成的結果是刪減了許多有用的資訊。也因為如此，所以有許多評估報告內容跟真實環境脫節，而無法使用這些政策評估出來的研究發現。

(二)過度依賴量化測量

理性途徑的政策評估強調現象的操作化與測量，並透過數學或統計的工具來估計政策目標的達成度或政策對於標的團體的影響，然而並非每一種現象或事物都能夠被精準地測量。對於理性途徑的政策評估來說，凡是不能被測量的事物就可能不是真實的，這種觀點恐怕有所偏頗。

(三)獨斷的科學知識

理性途徑認為透過科學方法所提供的資訊才是真實的，既然是真實的，那就沒有妥協的餘地（truth is nonnegotiable），既然沒有妥協的餘地，那就是一種權威，讓人很難抵抗。既然有了權威的意涵，也就更加強了管理主義。

(四)排除替代的評估方法

理性途徑因為獨尊事實（事實不可以被挑戰），所以排除了其他替代的政策評估方法。

(五)評估人員道德責任的卸除

理性途徑因為依賴價值中立、遵循科學典範，所以可以卸除評估人員在道德上的責任。例如評估人員會說，因為價值中立的緣故，所以他們沒有辦法控制評估結果被使用在什麼用途上（也許某些用途是不道德的，例如攻擊別人）。他們認為一旦將評估報告交出去，他們所扮演的角色就圓滿結束了。

參考書目

李芳齡（2014）。《執行力的修練──與成功有約的四個實踐原則》。台北：天下雜誌出版公司。

紀俊臣（2009）。〈縣（市）合併改制直轄市：理想性與現實性抉擇〉。《中國地方自治》，62(8)，16-32。

黃東益、謝忠安（2014）。〈縣市合併改制議題之研究：以高雄市、臺南市、臺中市為例〉。《東吳政治學報》，32(3)，51-129。

陳昭如（2016）。〈縣市合併對於家戶所得與貧富差距的影響評估〉。國立臺北大學公共行政暨政策學系碩士論文。

羅清俊（2016）。《社會科學研究方法：打開天窗說量化》。第三版。新北市：揚智文化出版公司。

羅清俊（2016）。〈縣市合併的影響評估：回溯控制的干擾時間序列設計〉。《科技部專題研究結案報告》。計畫編號：MOST 104-2410-H-305-046

Chen, Huey-Tsyh (2005). *Practical Program Evaluation: Assessing and Improving Planning, Implementation, and Effectiveness*. CA: Sage Publication.

Covey, Sean, Chris McChesney, and Jim Huling (2014). *The 4 Disciplines of Execution: Achieving Your Wildly Important Goals*. UT: Franklin Covey Company.

Guba, Egon G., and Yvonna S. Lincoln (1989). *Fourth Generation Evaluation*. CA: Sage Publications Inc.

Rossi, Peter H., Mark W. Lipsey, and Gary T. Henry (2019). *Evaluation: A Systematic Approach (8th ed.)*. CA: Sage Publication.

Rossi, Peter H., & Williams, W. (1972). *Evaluating Social Programs: Theory, Practice, and Politics*. New York: Seminar Press.

Scriven, Michael (1983). Evaluation ideology. In G. F. Madaus, M. S. Michael Scriven, and D. L. Stufflebeam (eds.), *Evaluation Models*, 229-260. MA: Kluwer-Nijhoff.

Vedung, Evert (2009). *Public Policy and Program Evaluation*. NJ: Transaction Publishers.

Weiss, H. Carol (1972). *Evaluation Research: Methods of Assessing Program Effectiveness*. New Jersey: Prentice-Hall.

Chapter 9

政策類型理論與管制政策

　　本書第一章至第八章討論了政策階段論的詳細內容。政策階段論認為公共政策是透過線性軌跡發展出來產物，但是卻沒有說明透過這樣的程序到底會產生哪一種類型的政策？Theodore Lowi在1964年發表於*World Politics*的期刊論文率先提出政策類型論（Lowi, 1964）。他很好奇到底政策過程會產生哪一種類型的政策？以及這些政策對於政治造成何種影響？Lowi之所以提出政策類型論是因為他對於政策學者無能力（或是興趣缺缺）區分政策產出的差異感到非常失望。政策學者只是將政策產出視為單一而沒有變化的現象，缺少企圖心將政策類型區分出來。另外，政治學者或是政策學者總是認為美國總統掌控政治過程，但是Lowi並不這樣認為。他認為，政策會影響（或塑造）政治，也就是說，不同的政策類型會有不同的政治過程（不同政策類型會有不同的人主導，不只是總統主導而已），他在1972年發表在*Public Administration Review*當中的文章有非常詳細的討論（Lowi, 1972）。

　　很明顯地，Lowi在他的政策類型理論當中所強調的是「政策現象觀察」，而在政策實務操作上面的意涵其實並不突出（當然，這也不是他提出該類型理論的原意）。在Lowi提出政策類型理論之後，依循他的想法而嘗試驗證這套理論的研究，大致上來說，只有分配政策這個研究領域最為貼近（由政治、經濟與財政研究領域的學者所投入），至於其他類型的政策研究則不明顯。我們在本章第一節將扼要說明Lowi在1964年提出的政策類型理論。第二節之後我們就來討論管制政策（regulatory policy）。至於分配政策（distributive policy）以及重分配政策（redistributive policy）將會在第十章與第十一章分別來討論。至於Lowi提出的另外一個政策類別——全體政策（constituent policy，我依照該類型的特質將它翻譯成全體政策），因為Lowi著墨不多，而且這種類型的政策在政治上的顯著程度相對來說也不高，所以本書不討論。從第九章至第十一章的管制政策、分配政策以及重分配政策的討論內容，我們仍然會依循本書原始的想法與架構，先呈現「政策現象觀察」，之後再討論「政策實務操作」的

內容。不過，政策實務操作的部分並沒有區分為理性途徑與後實證途徑（因為政策類型理論的實務操作本來就沒有區分這兩種途徑）。

第一節　Theodore Lowi的政策類型理論

　　政策如果依照政府強制力（coerces）的實施是否為立即性（immediate）或是非立即性（remote），以及政策所針對的對象是特定人行為（individual conduct）或非特定人（亦即政治環境當中的所有個人，environment of conduct），則可以交叉區分為四種類型的政策（Lowi, 1972）。如**表9-1**所示，第一種稱為分配政策（distributive policies），情況是：當政府強制力非立即性，而政策針對的對象是某些特定人，例如政府的補貼政策（subsidy）。第二種稱為管制政策（regulatory policies），情況是：當政府強制力是立即性，而政策針對的對象是某些違反法令的特定人，例如廠商不實的廣告、不公平的市場競爭、汙染行為的管制。第三種稱為重分配政策（redistributive policies），情況是：當政府強制力是立即性，而政策針對的對象是環境當中的所有個人，例如中央銀行宣布調降銀行準備率、實施累進所得稅制、社會安全制度等等。第四種稱為全體政策（constituent policies），情況是：當政府強制力非立即性，而政策針對的對象是環境當中的所有個人，例如選區重劃、政府成立新的行政機關、政府宣傳等等。

　　Lowi進一步認為，如果政府強制力的實施是立即性的，則利益團體

表9-1　Lowi分類的四種政策類型

	針對特定人	針對所有人
立即性強力	管制政策	重分配政策
非立即性強力	分配政策	全體政策

之間的討價還價與衝突會很頻繁（例如管制政策與重分配政策）；而如果政府強制力是非立即性時，則政黨的角色會比較積極，存在著為選舉選票的滾木合作現象（logrolling）（例如分配政策與全體政策）。Lowi也認為，如果政策針對的對象是某些特定個人，則政策特質會呈現分權（decentralized）與零散的地方利益（例如分配政策與管制政策）；如果政策針對的對象是環境當中的所有個人，則政策特質會呈現集權（centralized）與意識型態突出的特質（例如重分配政策與全體政策）。

依照Lowi的想法，只要將任何政策歸至合適的類別當中，那麼我們就有可能預測每一種政策可能會出現的政治過程與特質。因此他觀察1930～1950年代美國聯邦政府重要政策，發現以下特質：(1)分配政策：政治特質是——共識、穩定、類似滾木的合作關係（國會高度主導）；(2)全體政策：政治特質是——共識、穩定、類似滾木的合作關係；(3)管制政策：政治特質是——衝突（四類政策類型當中衝突最高的一類）、不穩定、討價還價（國會高度主導，總統中度主導）；(4)重分配政策：政治特質是——穩定的討價還價關係，但是仍然有潛在的衝突性（總統高度主導，國會中度主導）。Lowi認為，這四類政策在美國的歷史發展過程當中是呈現線性的順序來主導美國國家政策。19世紀是以分配政策為主，其次是管制政策，接下來才是重分配政策。至於全體政策，雖然Lowi將他視為四個分類當中的其中一個，但是他著墨並不多，似乎是將非屬前三類的政策通通可以放進這一類，因此論述並不清晰。

當Lowi提出這個政策類型理論之後，的確吸引了不少的研究者針對個別類型的政策進行研究。但是，嚴格說起來，在管制、分配與重分配政策當中，緊密地延續Lowi的想法，進一步驗證他所提出來的假設，大概只在分配政策的研究領域而已，至於管制政策與重分配政策的研究領域則由政治與經濟學者各自發展他們個別的理論與相關研究。我們先在本章討論管制政策，至於分配政策與重分配政策的相關理論與研究結果則在第十章與第十一章來談。

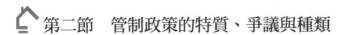
第二節　管制政策的特質、爭議與種類

壹、管制政策的特質

　　管制政策是政府透過連續性的行政過程，要求或禁止個人與某些機構所做的某些活動或行為，這些個人或機構大部分是私人性的，不過有時候公部門也會牽涉其中。政府在執行這些作為時，通常會透過指定的管制機構（Reagan, 1987: 15），例如我國行政院公平交易委員會的成立，是為了規範個人或公司行號在經濟市場中是否有獨占、違法結合、仿冒或不法的多層次傳銷行為等等；成立行政院環境保護署的目的是了防止破壞環境的行為，例如交通工具排放黑煙、私人工廠或公營公司排放廢水或廢氣等等。

貳、管制政策的爭議

　　管制已經成為公共政策領域主要的活動，然而它具有相當多的爭議：

一、管制成為公共政策領域的主要活動

　　管制之所以成為公共政策最主要的活動，是因為近百年來，全球各國行政權的急速擴張造成行政機關的各種活動無所不在地規範（或干預）民眾的各個生活層面，即便在今日的21世紀，政府的管制措施更是有增無減（Dudley & Brito, 2012; Lodge & Wegrich, 2012）。如果我們仔細想想，我們會發現目前行政機關的各項措施幾乎陪伴著我們從白天到夜晚，從出生到死亡。例如，當我們出生後第一件政府對我們所做的管制舉動就是要求我們申報戶口，然後辦理健康保險，接著按年注射各種預防

針。到了就學年齡，我們必須接受國民義務教育。經過十餘年後進入社會工作，如果你是青年創業開設一家製藥廠，藥廠內部的機器設備必須符合政府所訂定的安全標準，生產的藥物必須符合政府單位的許可標準，生產過程也不能有影響環境生態的汙染物，藥品的療效廣告宣傳不能誇大不實，政府機關單位也嚴格禁止你的公司與其他公司聯合壟斷或是寡占市場等等。你每年除了必須繳交營業稅之外，還要繳交所得稅以及其他各種名目的稅課或是行政規費等等。

二、管制政策具有爭議性

管制政策具有爭議性是因為管制過程牽涉到複雜的法律、管理與政治問題（Rosenbloom et al., 2014）。

(一)法律

管制政策既然是一種政府的干預，那麼管制的過程或是結果勢必牽涉到民眾利益的獲取與剝奪，因此管制活動必須以周延的法律加以規範，以免政府濫權（例如規範管制的正當程序）。

(二)管理

被管制的行為千百種，並且被管制的人或機構總有各種不同的辦法閃躲管制，故而管制活動的成本很高，行政機關每天無不絞盡腦汁嘗試以更有效率的方法管理管制的活動。

(三)政治

管制過程仍有可能牽涉政治的影響力，某些擁有特殊利益的企業財團極有可能利用其影響力，迫使行政機關不管在管制政策的制訂或是執行過程當中做出符合企業財團利益的管制決定，因此民眾對於管制過程參與的要求便日漸增加，也要求參與的代表性，希望藉此能夠增加管制機構的責任。

參、管制政策的種類

研究者為了分析的方便，將管制政策的種類歸納為兩種：

一、經濟管制

經濟管制（economic regulation）主要是政府為了維護經濟市場秩序所做必要的干預，這些干預包括避免市場存在托拉斯的壟斷或寡占現象，同時也禁止廠商有不實廣告或是欺瞞消費者的類似行為。例如美國聯邦貿易委員會或我國公平交易委員會的業務職掌都是在經濟管制的範圍。

二、社會管制

社會管制（social regulation）主要是對於民眾身體具有危害的因素加以排除之政府干預行為，例如環境保護、食品與藥物的安全、工業安全與衛生等等。例如我國環境保護署管制汙染行為、衛生福利部的食品藥物管理署管制食品與藥物的安全、衛生福利部的疾病管制署針對全國傳染病所做的預防、管制、監測及檢驗工作、勞動部的職業安全衛生署管制職業災害等等。

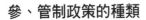 第三節　為什麼要管制？

整體來說，管制的理由可區分為四種，分別是防止經濟權力的濫用、排除健康與安全的威脅、企業的要求以及社會因素（Reagan, 1987）。這些理由跟我們在第一章所討論公共政策出現的理由非常類似，原因就是因為行政權不斷地擴張，而管制政策其實占了政府所有政策相當高的比例。

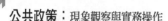

壹、防止經濟權力的濫用[1]

在經濟市場中經濟權力的濫用最常見的結果是壟斷、寡占與產品的不實廣告。經濟市場獨占或是寡占的廠商為了追求更高的利潤，極有可能控制產品的供給量而哄抬價格。為了避免市場遭受少數廠商的控制，政府有責任出面干預，維持市場的正常運作。

貳、排除健康與安全的威脅

管制政策出現的另外一個理由是為了排除一些對於民眾的健康與安全具有危害的因子。由於經濟發展快速，社會大眾在經濟發展之後對於生活品質的追求，以及對於人身健康安全保障的需求顯得越來越迫切。因此許多屬於社會管制的政策便紛紛出爐。例如環境保護的管制、勞資關係與勞工安全健康的管制、消費者保護措施、食品與藥物的積極管制、性侵害犯罪防制等等。

參、企業的要求

有時候政府管制的動機是由於企業的要求，著名的例子是早期美國民用航空委員會（Civil Aeronautics Board）的成立。美國民用航空委員會的成立是在1930年代經濟恐慌時期，當時的民用航空業者相當依賴聯邦政府的補助，同時他們也擔心如果航空業市場掀起惡性競爭（destructive competition）不僅會造成航空安全的問題，並且會讓既存的航空業者面臨經濟生存的問題。因此，這些業者要求聯邦政府保護既有的航空業者，提高航空業市場的進入門檻，以維持既存業者寡占市場的優勢，所以促成了當時美國民用航空委員會的成立（Behrman, 1980）。

---

[1] 與市場失靈的意義相近。

肆、社會因素

現代福利國家的責任在於「保護」社會大眾，使社會形成一個所謂的安全網（safety net）。基於這樣的理由，政府有責任干預有關大眾的事務，故而這種管制政策有其社會性的立論基礎。這類的管制政策有兩項特質：第一，利用政府管制取代個人責任。例如民眾上車就應該繫上安全帶（buckle up），其實這是很單純的個人責任，每個人只要花上幾秒鐘與少許的氣力就可完成，但是政府認為政府有責任「確認」是否大家都繫上安全帶，因此必須加以管制，不只前座要繫，後座也要。第二，政府配合民眾偏好的改變。民眾越來越不能夠容忍風險，當然這跟社會文化的改變有關，追求良善生活品質的傾向已經使得民眾風險容忍度降低（Bardach & Kagan, 1982），所以政府積極調整管制政策的涵蓋面，以配合民眾偏好的改變。

第四節　政策現象的觀察：管制政策可能產生的問題

壹、俘虜現象

俘虜現象（capture）是政治學家與經濟學家所命名，解釋這種現象的理論稱之為俘虜理論[2]（capture theory）。所謂俘虜現象是指推動管制政策的管制機構原本應該管制特殊利益團體（special interest group），可是在實際的管制過程中卻反而被利益團體所掌控。造成的結果是：管制法律或是管制過程並非為了公共利益，而是為了私人利益。

---

[2] 我們在第四章已經討論過俘虜現象，因為這種現象主要來自於管制政策領域，所以我們有必要在此地再一次地詳細討論。

一、政治學者的看法

　　為什麼管制機構或人員會被俘虜呢？我們先來看看政治學者的論點。相當具有知名度的美國早期管制學者Marver Bernstein，就針對美國州際商業委員會[3]（Interstate Commerce Committee）是否真能達成管制的效果，提出了極為精闢的管制委員會生命週期理論[4]（life cycle model of

---

[3] 1880年代美國某些區域的農民依賴鐵路運送農產品至市場，但是一些掌握鐵路與接駁貨運壟斷權的業者卻以高於合理價格的成本加諸於這些農民，在這種情形之下，政府如果不出面干預，那麼顯而易見地將會傷害農業經濟或者會使都會區的農產品價格攀升。因此1887年美國聯邦政府基於保護公共利益的立場，成立州際商業委員會藉以管制鐵路貨運業者。

[4] 從美國管制的歷史來看，經濟管制以及早期管制機構的組織結構較偏向於獨立管制委員會的型態（Independent Regulatory Commission）。為什麼會有如此的特性呢？這可以從幾個方面來加以分析。第一個原因是視為當然的理由。美國第一個較有規模的管制機構——州際商業委員會（Interstate Commerce Commission）率先採用此種組織型態，等到第二波的管制風潮時（大約在1913～1914年間），大家很自然地採用委員會的組織型態。第二個原因是受到美國國內在19世紀末期風行的革新運動（The Progressive Movement）所影響。革新運動是由工業革命產生的中產階級所推動，這個運動的目標是追求良善的政府（good government）。革新運動的時代背景主要是針對美國過去特有的族（派）閥政治所導引的分贓結構之不滿。美利堅新大陸移民初期，從歐洲遠渡重洋至新大陸的移民，為了生活上的彼此照應，大家均集中居住形成連帶很深的團體。之後，當民主政制由歐洲複製到該地時，這些不同移民團體紛紛推派代表爭取所居住地區（通常是在都會區，因為都市謀生較容易）各種民選的政府職位。而當某個移民團體獲得權力時，則該移民團體的成員都會獲得政治人物特殊的照顧。政府的公共工程與政府機關的職位都是主要的政治利益。而其它的移民團體則不得其門而入。這種嚴密的族閥政治與分贓結構（或稱機器政治，machine politics）使得政策品質越來越糟，貪汙的事件層出不窮，公共工程的品質每下愈況。這種現象引起當時中產階級的反感，希望能夠全面排除這種弊端。他們認為，政黨族閥或派閥均應遠離政府機構，政府單位應該重視公共利益、相信專家客觀的知識、利用科學的原則管理政府。這樣的時代背景也影響到管制機構設置的思考方向，而傾向於採獨立委員會的型態藉以脫離政治的分贓。第三個原因是美國國會似乎偏好管制機構以獨立委員會的型態脫

independent regulatory commission）（Bernstein, 1955）。他認為管制委員會的生命週期可分為孕育期（gestation）、青年期（youth）、成熟期（maturity）與衰老期（old age），每一個時期大約十年。孕育期的特色在於社會上某種災難問題已經產生，改革運動會出現，同時會要求政府提出對應的措施。這個時候，政府會通過一些相關的管制政策，但是政策方向仍顯得模糊。而到青年期，被管制的產業已經開始組織起來保護他們自己的利益，他們必須面對極具攻擊性的社會改革勢力，通常，管制機構會在這個時期建立起來並漸漸上軌道（通常是借助於社會大眾的支持）。而當管制機構邁入成熟期時，嚴格管制的政治支持力已漸漸減少，消費者與一般大眾支持管制的熱度也逐漸消退。這個時候，管制機構會變成關心整

離總統干涉。不過國會對於管制委員會獨立的立場顯得又愛又懼，初期國會非常贊成管制委員會獨立的特質，然而在第二次世界大戰之前以及1950年代有人批評管制委員會是美國政府除了行政、立法、司法之外的第四部門（the fourth branch）。之後，國會產生了態度上的改變，開始贊成總統加以控制，藉以保持政策的協調與行政體系上的對稱性。不過在水門事件之後，國會的態度又有了相反方向的轉變。這種分殊、反反覆覆、又愛又懼的心態可以從1970年代與1980年代美國國會同時讓社會管制機構由總統統合，而經濟管制機構仍盡可能維持其獨立性的現象獲得理解。

因為管制獨立委員會的決策屬於團體決策，委員會成員不能由某一個政黨或派系掌握過半數的席次，通常是五至七人。委員是由總統提名經參議院同意後任命，委員的任期採交錯任期制（staggered terms），例如，五人委員會中的每一位委員任期五年，每一年會有一位委員任期屆滿必須重新任命，委員不隨總統的去留而異動。任期固定是管制委員會獨立的基本特質，除非委員行為不當（misbehavior），否則總統不能免除其職。這點亦經由美國聯邦最高法院於美國總統Franklin D. Roosevelt欲免除一位並未犯錯的聯邦貿易委員會委員的判例中獲得進一步的確認（Humphrey's Executor v. United States）。不過，就過去的經驗來說，委員會的主席通常與總統的關係良好並願意配合總統的政策。從1950年代起，委員會主席的任期已經漸漸由固定轉變為隨總統的意願而定。委員會組成之後，雖然其預算仍由行政體系的預算管理局（Office of Management and Budget）審核。不過美國國會為了增加其獨立性，也規定在管制委員會送出其預算到預算管理局的同時，亦送一份至國會以避免總統過分干預。

體產業的體質，並且與被管制團體維持相當好的關係。最後，當進入老年期時，管制機構的能力已漸漸衰退，社會大眾也漸漸遺忘它的存在，管制機構的決策會變得相當被動，由於被動而更加速其老化，在這個時期特別容易發生俘虜現象。就Bernstein的看法，俘虜現象的發生是由於管制機構缺乏政治上的支持度以及無法抵擋產業界有組織的壓力所致。另外，委任給管制機構的職掌越模糊或是自由裁量權越多，也是管制委員被俘虜的重要原因。

二、經濟學者的看法

其次，我們來看看經濟學者的看法。1982年諾貝爾經濟學獎得主George Stigler從經濟學的角度分析誰會從管制政策中獲得利益或是承受負擔（who will receive the benefits or burdens of regulation?）的研究當中闡述俘虜現象的前因後果（1971, 1975）。他認為，管制政策事實上是為了產業（industry）而制訂，利益當然由這些產業獲得，而管制政策所產生的成本則由社會大眾承擔。例如美國過去的民航管制委員會限制新的航空公司進入市場藉以保護原有的航空公司，獨占或寡占的利益由已經在市場上經營的航空公司獲得，而創造這些利益背後的成本是由多數消費者所付出昂貴票價來承擔。因為消費者數量眾多，所以成本價格會被稀釋分攤，故而消費者並不會嚴重地感覺到利益被剝奪。Stigler認為產生這種現象的原因在於政府（多數黨、國會議員、行政機關均有可能）與產業之間的交易關係，政府為了要持續的執政就必須爭取選票與競選資源，而產業集團恰好擁有龐大的資源可以利用（包括錢、動員選票）。因此政府透過管制政策所提供的利益讓產業團體得以成長茁壯，藉以換取選票與競選資源。在這種情況之下，俘虜現象自然會形成。

貳、旋轉門現象

一、兩種類型的旋轉門現象

旋轉門現象（revolving door）是指管制機構的成員來自於被管制的產業界，或是管制機構的成員未來轉業至被管制的產業中。

(一)管制機構的成員來自於被管制的產業界

首先，我們來看看管制機構的成員來自於被管制的產業界。管制機構成員適任的條件在於真正瞭解被管制產業的特性，故而曾經在業界工作過的人最為合適。但是管制機構在人員的甄補上有著又愛又懼的困擾，愛的是因為專長與經歷符合需要，懼的是因為他們的看法很有可能會不由自主地與被管制產業一致，甚至是偏袒他們。

(二)管制機構的成員未來轉業至被管制的產業

其次，我們再來看看管制機構的成員未來轉業至被管制的產業。在民間企業的薪水高過於公務界的情形之下，這些管制機構的成員擁有強烈的動機與被管制產業保持友好關係或甚至討好他們，以期他們職業生涯發展過程途中或是退休之後，能夠順利轉業至這些被管制的企業當中[5]。

二、旋轉門現象可能造成俘虜現象？

直覺上來看，旋轉門現象可能會導致俘虜現象。然而，過去的實證研究針對旋轉門現象與俘虜現象之間關係的研究結果卻相當分歧。例如，William Gormley研究美國聯邦通訊傳播委員會（Federal Communication Commission）在1974～1976年期間委員投票決策的型態發

---

[5] 我國公務人員服務法就針對退休人員轉任民間企業有一些限制，例如公務員於其離職三年內不得擔任與其離職前五年內之職務直接相關之營利事業董事、監察人、經理、執行業務之股東或顧問。這就是所謂的旋轉門條款。

現，在擔任管制委員之前曾在通訊傳播業界工作過的委員，他們投票型態傾向於保護通訊業者，不過他也同時發現委員的政黨屬性對於他們投票的影響力似乎大過於他們之前的工作背景（Gormley, 1979）。Terry Moe則發現管制委員會的決策與總統的偏好吻合（Moe, 1982）。Paul Quirk訪問了美國聯邦政府四個管制機構，五十位管制委員與管制機構內部的高層幕僚人員，希望能夠瞭解管制人員是否有偏袒被管制者的動機。研究發現，大部分的受訪者均同意，退休之後能夠轉業至產業界工作的先決條件在於目前做出有利於產業界的決策。不過一位美國聯邦貿易委員會的委員則認為，要讓產業界的老闆能欣賞你，並願意在你退休之後僱用你，那麼你的管制決策必須要嚴格且具攻擊性（最好讓這些被管制的產業灰頭土臉），原因是，沒有一位老闆會浪費大把的鈔票去僱用一個做事沒有效率的人（Quirk, 1981: 149-50）。

參、競租現象

除了George Stigler之外，公共選擇學派的經濟學家也提出類似Stigler的論點。他們認為特殊利益團體為了獲利而能在市場上占有優勢地位，他們會嘗試改變政府的管制措施，然而這種舉動卻會造成經濟上的浪費（economic waste），這種活動稱之為競租（rent-seeking）（Tullock, 1989: 55-56）。例如國內鋼鐵業者面臨從外國進口比較便宜的鋼材之競爭。國內鋼鐵業者有兩條路可以走：(1)加強研發與創新，以期減緩競爭壓力；(2)採取競租策略，捐款給民選政治人物，並僱用遊說人員嘗試遊說國會議員，禁止或限制鋼材進口。如果採用競租策略比研發創新便宜的話，那麼他們就會採取競租行為。假設國內鋼鐵業者競租策略成功，那麼許多資源本來應該投入研發創新，但是卻被用來支付遊說活動，這很明顯的將會是整體社會的淨損失。

肆、披著羊皮的狼（以提供公益之名，行俘虜或競租之實）

政治人物經常會利用追求公共利益的高調修辭，將某一項管制政策加諸於社會，而實際上獲利的將會是這些唱高調的政治人物（表面上說是為了追求仁義道德的公共利益，其實是追求私人利益）以及某些特殊的利益團體。

Bruce Yandle（1999）以「釀私酒的人與浸信會教友」（bootleggers and baptists）來描述這種現象。根據Bruce Yandle的觀察，20世紀初期在美國南方，政府打算實施「週日禁止販售酒類」的管制政策。消息一傳開，浸信會教友基於宗教的立場紛紛贊成這項管制措施；釀私酒的人也非常贊成，因為這項管制政策可以讓他們在週日偷偷地販賣私酒而獲利。但是，釀私酒的人不可能站出來公開贊成這項管制政策，他們必須透過政治人物的推波助瀾，才能讓這項管制政策付諸實行。就當時的情況來說，政治人物適不適合出面幫助釀私酒的人呢？適合！因為當時有了浸信會教友的支持，這項管制措施找到了「公共利益」的基礎，所以政治人物樂意出手協助。進一步來看，政治人物願不願意幫助釀私酒的人呢？政治人物當然也很樂意這樣做，因為釀私酒的人會將週日販賣私酒所獲得的部分利潤獎賞給政治人物。

近代的現實世界當中，這種例子其實也很多，例如大型的生技公司跟極力推動食品安全的倡議者（政治人物）合作，鼓勵政府訂定一些更為嚴苛的食品安全管制措施，這樣就可以讓小型公司因為沒有先進的技術，而無法在市場當中生存。例如太陽能源生產公司極力贊成政府管制那些利用傳統方式（燃煤與燃油）生產電力的公司，這些利用傳統方式生產電力的公司遲早有一天會被嚴苛的管制規定淘汰掉。大型有規模的公司贊成政府實施最低工資的勞工保障管制，因為這樣就可以讓小型公司無法生存而減少對大公司的競爭威脅。以上這些大公司都有「公共利益」的大帽子——食品安全、乾淨的能源、維護勞工的權益，一旦有了公共利益名義

的支撐，他們就可以吸引政治人物進場，推動為這些大企業量身訂做的管制政策。當然，這些大公司極有可能私底下提供這些政治人物所需要的資源當作是互惠的條件。

伍、驅魔師與守門員

Peter Huber（1983）認為美國過去對於健康（health）與安全（safety）所進行的社會管制，不僅阻礙了技術的轉型與創新，同時也經常讓社會管制想要避免的風險更加惡化。以下我們來看看為什麼會如此？

社會管制所要做的工作就是管制風險，管制風險有兩個目標，而這兩個目標卻是彼此衝突。第一個目標是要減少舊的風險（我們已經知道的風險），這些風險都是伴隨著我們熟悉的活動而來，例如開車（交通事故的風險）、挖煤礦（坍塌或爆炸的風險），或者出門吸一口外面的空氣（空氣汙染的風險）。第二個目標是要阻止因為技術的更新改變而威脅到我們生命安全的新風險，例如核能發電、人工食品添加物，以及新的毒性化學物質等等。Huber認為以上這兩個目標——減少舊的風險以及防範新的風險，在管制立法上有明顯不同的立場。

一、減少舊的風險：驅魔師

針對第一種目標，也就是減少我們已經知道的風險，管制立法會傾向於改變目前已經存在的管制政策。因為原來舊的風險已經透過既存的管制政策加以管制了，如果要讓已經存在的風險更加地減少，那就必須改變現在的這項管制政策，通常是讓原來的管制標準設定（standard setting）更加嚴苛。負責標準設定的管制機關渴望比較安全的世界，他們驅趕一些我們知道名與知道姓的惡魔（風險），所以他們算是驅魔師（exorcists）。如果你是廠商，而產製過程產生的風險是如果是屬於舊風險，那麼你別擔心，儘管繼續經營你的事業，一直到政府主管機關出面告

訴你該如何做會更好的時候，你再來反應該如何做即可！政府主管機關出面的時機，通常是希望將標準設定的內容訂得更嚴格的時候，一旦主管機關想要如此，他們所提出更嚴格的管制標準就必須要有足夠的科學證據支撐，否則絕對會被原來受這些既有管制規範的廠商們嚴重地挑戰。

二、防範新風險：守門員

針對第二種目標，管制立法的立場是因為看到了不祥的預兆漸漸侵犯原本安全的環境，所以立法的原則是不能讓它發生（don't let it happen）。因為目標是針對新的風險，所以管制著重在事前的篩選或審查（screening），通過之後才能獲得執照。在經營事業之前，廠商必須先到政府主管機關申請生產許可（例如新的基因改造食品或是藥物等等），也就是說，負責審查的管制機關將管制的負擔加諸在被管制產業的身上。即使有人挑戰管制機關，管制機關只要能夠證明他們對於被管制產業所生產產品的風險毫無所悉（因為目前科學證據不足），他們也站得住腳；舉證的責任落在被管制產業，這些產業必須想盡辦法證明他們的產品是可以被接受的。負責審查的管制機關保護這個環境不要被新風險破壞，所以他們可以被稱為守門員（gatekeepers），他們做「是」或「否」的決策，保護民眾免於受到未知風險的傷害。

三、寬鬆對待舊風險、嚴格圍堵新風險

由上述可知，管制新的風險與管制舊的風險是不一樣的管制程序與思維，這不僅影響管制人員的行為動機，也可能造成不一樣的管制後果。標準設定機關（驅魔師）只排除不能接受的風險（unacceptably hazardous），而審查機關（守門員）只容許可以接受的安全（acceptably safe）。根據美國過去的經驗，國會或是管制機關對於舊的風險（已經知道的風險）比較不在意，但是對於新的風險則要求更嚴苛的標準。為什麼會這樣呢？

負責舊風險的管制人員（驅魔師）雖然必須經常檢討既有產品的風險，而可能會企圖「修理」（fix）目前的風險環境（舊的風險）：改變既有的管制規定變得更嚴格或是增加新的管制規定。但是，管制機關提出修改的或是新的管制規定如果沒有足夠的科學證據，將會遭受被管制產業嚴重的挑戰，即使有充分的科學證據，被管制產業也不見得會心甘情願花費成本配合；而消費者也已經習慣這些產品，並不會特別想要改變消費或使用習慣。既然如此，對於驅魔師來說，何必自找麻煩呢？這種寬鬆對待舊風險的後果，可能就是讓既存的風險更加惡化而已。

如果管制人員的工作性質屬於守門員類型，那麼他們的行為誘因跟驅魔師就大不相同。守門員通常會面臨兩項可能的錯誤：(1)讓無法預期風險的產品生產上市（允許危險的產品上市）；(2)不允許安全產品上市。一般說來，管制人員會傾向不讓新產品上市或延遲讓它上市。因為假使管制人員讓這些產品上市，後來如果發現這些產品很糟糕，那麼管制人員將會被國會或媒體責難，甚至吃上官司。而因為新產品或是新科技的潛在利益還不被人知，所以不核准或是延遲核准所造成的風險幾乎看不到，所以後果並不嚴重。既然如此，扮演守門員的管制人員乾脆就嚴格一點，不讓安全產品上市或讓它延遲上市！而這種嚴格圍堵新風險的後果，很有可能就阻礙了技術的轉型與創新！C. F. Larry Heimann（1997）所出版的*Acceptable Risks: Politics, Policy, and Risky Technologies*一書以美國太空總署（National Aeronautics and Space Administration）以及食品與藥物檢驗署（Food and Drug Administration）為觀察對象，分析太空總署在每一次完成製造新型的太空運具時，都會面臨到「可以允許發射了嗎？或是仍然不能發射呢？」的決策；也分析食品與藥物檢驗署經常會面臨到「這項新藥現在究竟能准許它們上市了嗎？」的決策。這兩個行政機關以及人員所扮演的就是典型守門員的角色，該書作者從行為誘因的角度討論組織結構該如何調整，才能建立可信賴的決策系統？這本書值得對這項議題有興趣的朋友繼續研讀。

第五節　政策實務操作

在以下內容，我們討論一些跟管制政策相關的實務操作議題。這些內容主要來自於Lodge & Wegrich（2012）以及Dudley & Brito（2012）的論述，並補充其他相關資料，例如Hood（2011）以及Gilad（2010）的論點等等。

首先，我們討論管制政策在實務操作上牽涉到的範圍：包括標準的設定（管制標準的設定）、資訊蒐集（獲得管制政策實施之後的狀況之資訊，例如效果好不好？）與行為的修正（被管制者的行為因為管制政策的實施而修正的狀況），瞭解這些範圍以及內容，對於管制政策的制訂與執行非常重要。

其次，除了傳統上利用命令控制的管制途徑之外，有沒有其他不同的選項可以提供我們達到管制政策的目標，這些選項包括「傳統管制變種設計」、「自我管制」、「市場基礎的管制」以及「結構與輕推的設計」。

最後，因為管制政策明顯牽涉到標的人口的利益之獲取與剝奪，同時也耗費可觀的管制執行成本，因此採行任何一項管制政策都必須非常謹慎。這就牽涉到管制政策採行之前與之後的評估，採行之前我們應該從事管制影響評估（regulatory impact assessment）或稱之為管制影響分析（regulatory impact analysis），確認管制的必要性；而決定採行某項管制政策之後，也應該要有「落日」的概念，也就是說，管制政策執行一段時間之後，必須事後評估管制目標是否達成？是否偏離目標？藉以決定管制的措施是否應該終止或是修改。

壹、管制政策牽涉到的範圍

管制政策所牽涉到的範圍包含標準的設定（standard setting）、資訊

的蒐集（information gathering）以及行為的修正（behavior modification）（Lodge and Wegrich, 2012），三者缺一不可，彼此相互關聯。因為這三項當中的「資訊蒐集」與「行為修正」合併起來可以算是「管制政策的實施或執行」（enforcement），所以在以下的內容當中，我們就分兩大項來討論，分別是「管制標準的設定」與「管制政策的實施」。

一、管制標準的設定

管制標準的設定就是管制法規的設定，內容包括設定管制的對象、管制的目標、管制目標如何被遵循、如何選擇代理人（agents）來執行管制活動等等。表面上來看，設定標準應該沒什麼太大的問題，反正就是告訴人家什麼不能做，以及管制政策期待的目標是什麼？例如別闖紅燈、喝了酒就不准開車，才能保障大家的安全！但是實際上卻沒有那麼單純。

有人認為，準確與好的管制標準是「自發性」（automaticity），也就是說管制者不用訴諸裁量權或是解釋法令就能夠遂行管制活動。什麼是準確與好的管制標準呢？根據美國2011年第13563號行政命令，管制標準必須反映出最佳的科學性與可預測性（可預測性是指管制某項活動或行為可以達成某種目的之因果關聯性）、允許公眾參與、產生最少的負擔，同時考慮到成本與利益。這就是所謂準確與好的管制標準，容易達成嗎？當然不容易。Hood（2011）也提出以下管制標準設定的基本原則，雖然這些原則看似簡單，其實並非如此單純，這些原則背後隱藏著許多管制政策推動時所必須面對的挑戰，所以管制政策在標準的設定上，必須留意以下每一個基本原則[6]。這個部分的內容與第六章我們討論政策合法化當中，理性途徑與後實證途徑的爭辯極為相似。

---

[6] Hood（2011）提出五種管制標準設定的基本原則是屬於微觀層面的基本原則，除此之外，Gilad（2010）則從宏觀角度提出三種不同的策略來設定管制的標準：(1)技術基礎的標準設定（technology-based standard）。這是傳統法規的途徑，它要求被管制產業（例如容易產生汙染的產業）符合官方所設定的「技術

要求」。一般說來，當這項「技術要求」被證明對於改善問題是有所幫助的時候，這種標準的設定才合理。通常，技術基礎的標準設定只適合於被管制產業同質性較高的情況，因為同質性高，所以技術要求才能適用於所有的被管制者。而當被管制者異質性高時，加諸一致性的技術要求就顯得非常不合理，例如要求小公司必須與大公司一樣，符合某項高成本的技術要求；(2)績效基礎的標準設定（performance-based standard）：社會管制的領域經常使用這種標準設定。著重結果（ends）而非手段（means），也就是說只需要求被管制產業不要汙染、產品不傷害健康、工作環境減少危險即可，至於他們要採用哪一種手段（技術）達成目標，則不加以干涉；(3)管理基礎的標準設定（management-based standard）：組織必須先認定影響他們生產過程的核心因素，然後發展有效的方法來解決潛在的問題。管理基礎的標準設定就是強調被管制者在這方面的實踐力，管制者就是要確認被管制者的確有能力透過自身的組織管理能力，矯正所有負面的生產因素。這種途徑經常運用在食品安全、職場的健康與安全，以及大學教學的品質控管，例如管制者要求被管制者通過國際標準化組織（International Organization for Standardization, ISO）的各種系列認證。這三種設定管制標準的策略可以用以下簡單的說明來區分：政府要求汙染產業必須使用某種技術克服水汙染的問題，這就是技術基礎的標準設定；政府不管汙染產業到底是用哪一種技術克服水汙染的問題，政府只關心他們排出來的廢水符合放流水標準，這就是績效基礎的標準設定；政府只確認汙染產業是否擁有自己的組織管理能力來排除任何影響該產業生存的負面因素，汙染事實的控制就是其中一項因素，所以政府只需設定產業的管理標準即可，一旦設定，不僅汙染得以控制，甚至於這些產業的工業安全問題都得以控制，這就是管理基礎的標準設定。

另外，值得注意的是，不論管制標準的設定是基於技術基礎、績效基礎或是管理基礎，因為行政資源有限，所以管制政策應該要聚焦在高風險的行為或是活動。這種以風險為考量的管制政策（risk-based regulation）漸漸成為先進國家的主流，例如經濟合作暨發展組織（Organization for Economic Cooperation and Development, OECD）倡導以風險為基礎的管制來達成較佳與較有效率的政策目標（OECD, 2010）。具體來說，為了達成管制的主要目標，管制活動的優先順序是依照風險評估的結果而來。風險評估建立在兩個面向：第一，某些不對勁的事情（something going wrong）違反管制標準的發生機率有多高？第二，不對勁的事情如果發生，它的衝擊（impact）有多大？換句話說，風險必須以「不對勁事情出現可能性」以及「不對勁事情衝擊的嚴重性」來加權（weigh）。另外，在估計被管制者違反管制規定的機率時，被管制者（例如某些公司）過去遵守管制規定的歷史紀錄也必須留意，特別是這些被管制者在面臨風險時，他們自己控管該項風險的成功機率有多大。

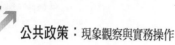

(一)清晰（clarity）

　　清晰是指我們能夠知道以及預測管制的標準是什麼？（knowable and stable）。人們如果不知道規定是什麼？也不知道什麼時候可以適用這些規定？那麼民眾就不會自發性地遵守。例如「65歲生日當天就可以退休」，這個規定清清楚楚，你只要能夠拿到證明你已經65歲的證明文件，退休的規定就可以被適用，你就可以領退休金，享受所有退休的福利了。不過，在很多情況之下，所謂的清晰仍然經常會有爭議：

1. 簡單清晰的規定並沒有我們想像中的清晰：例如「洗手」的規定，要求洗手是希望人們維持手部的清潔，這非常清楚。但是總會有人即使洗手也洗不乾淨，因為敷衍地洗。到底要洗到什麼程度才叫做乾淨？這頗有爭議。因此，為了使人們清楚知道如何洗手保持乾淨，我國衛生主管機關除了訂出「濕、搓、沖、捧、擦」洗手步驟，還發展出「內、外、夾、弓、大、立、腕」洗手七式。可見清晰兩字，確實難以簡單理解。

2. 當不同的標的團體要求管制標準更「清晰」時，標準的設定將會越來越複雜：因為不同標的團體會要求管制規定明確地說明適用於每一種標的團體的個別情境，所以很多管制規定會有不同的適用時機。在這種情況之下，管制規定會為了清晰而變得更複雜。例如，某出租公寓禁止房客在公寓飼養動物。這個規定算是清晰，但是有人會說，我養的是金魚、烏龜或是天竺鼠，牠們不會吵人，所以是不是可以飼養？房東因此就必須將管制規定改為會吵人以及不會吵人兩類動物的飼養。可是有人養蛇或養蜥蜴，牠們也不吵人，但是會驚嚇到其他房客。所以，管制規定又增加一項，會驚嚇人與不會驚嚇人的動物，依此類推。所以，為了清晰，管制規定將會變得越來越複雜。

3. 科技的改變讓我們很難界定清晰的管制規定：例如某些新的食品究

竟應該歸類為藥品還是健康食品？滑板車要定義為交通工具嗎？如果是，它就不能在人行道上趴趴走。電動腳踏車是腳踏車還是機動車？如果是腳踏車，究竟要不要考駕照？以上這些例子都是科技的改變讓清晰的管制規定面臨窘境。

4.管制規定如果清晰卻反而會導致投機行為（opportunistic behavior）的問題：一些不情願遵守管制規定的人或產業，會在「清晰」的管制規定裡面，找出可以鑽漏洞的地方。從管制機關的立場來看，就是我明敵暗，清晰就代表政策攤出底牌，被管制者就會有機會在清晰當中找出模糊的部分，並加以利用。管制標準的設定要求「清晰」，是建立在所有管制者都願意遵守管制規定的前提之下，可是卻獨漏了投機行為者。

(二)可被接受性（visible and acceptable）

管制規定的前提以及存在理由（rationales）都必須是適當而能夠被接受的。如果管制規定與常識不符，民眾不可能會去遵守管制規定。管制規定必須基於合理的因果關係，我們才能知道為什麼這項管制規定會存在。但是，有些時候管制規定的因果邏輯性並不是可以直接地被認定，例如狗會攻擊別人是因為狗本身喜歡攻擊人？還是因為狗的主人沒有將狗約束好？因果認定如果是前者，則處罰狗，如果是後者，則處罰主人。這兩種因果關係究竟哪一種才是適當的？其實非常有爭議，任何一種因果關係的認定不見得都可以被大部分的人所接受。

(三)一致性（consistency）

一致性是指管制規定不能與其他管制規定相互衝突。例如我們不能又要求有效率的決策，但是又要求廣泛諮詢，這兩者在某種程度上是衝突的。我們也很難一方面要求公開透明，另一方面又允許自由裁量權。

(四)可確認性（validation）

唯有確認被管制者違法，管制的規定才能進一步被執行。例如有了測速照相機或紅外線測速儀來確認違規超速的車輛，道路交通處罰條例的管制規定才能夠被執行。然而很多違反管制規定的行為並不見得可以很清楚地加以確認，主要還是因為技術上的限制而無法確認被管制者的行為或活動是否違反管制規定。

(五)有效的分類（provide robust categories）

管制規定當中對於被管制項目的分類通常也會面臨挑戰，一些介於兩種類別管制項目的模糊地帶很難被清楚判斷。例如我們檢驗一批雞蛋是否含有沙門氏菌（salmonella）是相當直接的，但是如果依據外型來具體分類哪些狗是危險的，勢必會有一些比我們想像當中更加凶猛的狗被排除在外（也許是因為牠的體型比較小），也可能有一些外型看起來雖然凶狠巨大，但是卻相對溫馴的狗被納入管制範圍。因此，過度涵蓋以及涵蓋不足就經常是管制領域經常面對與困擾的問題。有時候會過度涵蓋，所以管制政策可能加諸不必要的成本至個人或是某公司；或者是涵蓋不足，所以管制政策可能沒有管制到對人類健康有危害的活動或是公司。管制人員天天都在面臨這兩種錯誤的風險。

二、管制政策的實施：資訊蒐集與行為修正

管制政策的實施，其實就是管制政策的執行。它包含了「資訊蒐集」以及「行為修正」（被管制者行為的改變）。

(一)資訊蒐集

管制政策需要透過偵測，獲得管制政策實施之後的資訊，否則管制者無從知道管制是否有意義？或是管制法規是否被遵守？有時候管制者要求被管制者提供資訊，有時候必須由管制人員自行蒐集相關管制資訊。管

制者與被管制者永遠都是資訊不對稱（管制者擁有的資訊永遠比被管制者擁有的資訊少），所以如何設計資訊蒐集的機制就變得非常重要。

(二)行為修正

標的團體的行為是否因為管制而修正？這裡所談的是「順服」，也就是法規被遵守（comply with）的程度。管制政策實際被執行之後，才有機會讓法規發生功效，而究竟順服是如何達成的？是透過勸告、說服、獎勵誘因還是處罰的威脅呢？

在以下內容當中，我們所討論的各種管制途徑，主要就是針對管制政策的實施（資訊蒐集與行為修正），所提出的不同備選方案。

貳、取代傳統管制途徑的各種管制方案（alternatives to classic regulation）

傳統管制通常被描述為「命令與控制」（command and control）的管制途徑。這種管制途徑是以懲罰為後盾，制訂一些固定的管制法規。這些管制法規被用來設定「禁止規定」或是某些特定活動「可以發生」的條件。「命令與控制」的管制途徑存在一些問題：(1)嚴格僵化的法規一旦設定，就會缺乏創新與彈性來適應社會與技術的改變；(2)被管制者只願意符合最低的管制標準；(3)上有政策，下有對策。在層級節制的控管之下，將會鼓勵被管制者從事欺騙行為、與政府玩官兵捉強盜的遊戲；(4)管制成本很高，這些成本至少包括制訂管制標準所花費的時間以及官僚體系的成本（稽查的成本，也就是尋求順服所花費的成本）。

既然有以上的缺點，取代「命令與控制」管制途徑的備選方案便值得考慮採行。一般說來，有四種相對於傳統管制的替代管制途徑（Lodge & Wegrich, 2012: 96-119）。

一、傳統管制的變種設計（variant of classic regulation）

傳統管制的變種設計是以傳統管制為基礎，但是設定管制規定的「例外排除」（exemption）或「減輕（緩）傳統管制的嚴格標準」，以追求彈性。

在設定管制規定的「例外排除」方面，例如小型企業可以免除受到某些工作場所健康、安全或是勞工法規的管制。因為小企業要符合嚴格的管制法規必須花費相當多的行政成本，而這將會影響到小企業創新的能力。然而，某些情況之下，例外排除也可能會使大型企業受惠，例如某些國家對於大量使用能源的產業給予能源稅的減免。從這個角度來看，例外排除原來是希望以比例原則為考量來減緩小型企業的負擔，但是卻可能因而轉換成為「俘虜現象」或「特殊利益團體」的政治性問題。

在減輕（緩）傳統管制的嚴格標準方面，變種設計可以容忍被管制者某些輕微程度的不順服（non-compliance），或是如果被管制者可以提出不遵循管制規定的正當理由，也可以允許他們不受管制規定約束。特別是後者的狀況被認為可以促進因地制宜的管制政策實施，而不會是不合理的「照章行事」（going by the book）（Bardach & Kagan, 1982），也可以鼓勵被管制者做出負責任的行為或活動。當然，這必須符合兩項條件：(1)管制者充分知悉被管制者的實際真實狀況，沒有資訊不對稱的現象；(2)被管制者有能力也有意願配合管制的政策目標。不過，這種裁量式的管制仍然有爭議，也就是我們很難保證特殊利益團體不會透過他們的優勢影響力來左右管制政策的原始目的。

二、自我管制（self-regulation）

自我管制是指管制者與被管制者密切連結來追求管制政策的目標，政府將管制權威釋出而與社會利益（social interest）共同分享，簡單地說，就是授權給被管制者制訂管制措施的權力。一般說來，常見的自我管

制的型態有三種（這三種不見得彼此完全互斥）。

(一)專業自我管制（professional self-regulation）

專業的自我管制通常是管制專業領域的個人行為。專業很難被測量，例如醫師的醫療行為或是律師在訴訟過程的辯護行為；專業也藉由建立進場（entry）的高門檻而建立他們的自主權。專業自我管制非常依賴專業倫理的發展與行為的標準，所以自我要求是一種慣例與常態，通常由他們自己所歸屬的專業團體來管制他們自己的行為。這些專業團體很像我們在第七章談到James Q. Wilson（2000）所說的工藝型組織（craft organization）（產出不容易觀察，但是結果可以被測量）以及應付型組織（coping organization）（產出與結果都不容易被觀察與測量）。所以要管制他們，必須訴諸他們的專業倫理。

專業自我管制並不是毫無問題，第一，專業團體自己管制自己，護短的情形容易產生。正如我們在第七章所討論的，除非專業團體內部的個人行為嚴重違反管制規定，否則不會被揪出來，因為專業團體的成員大家以後經常會見面，做得太難看，以後如何融洽相處？所以有人建議必須有外在團體來管制專業團體或是針對自我管制的專業團體制訂管制規定才行。第二，專業團體必須夠強大地追求自我管制，專業團體的成員才願意臣服於該專業團體的管制。例如醫師公會如果沒有足夠的影響力為涉入醫療瑕疵訴訟的醫師辯護，或是沒有能力懲罰違反自我管制規定的醫師，那麼誰還願意接受這個專業團體的自我管制？誰還願意認同這個專業團體？然而，目前這類強大的專業團體仍然缺乏，以致於民眾對於專業團體自我管制的信任感仍然不高。漸漸地，社會大眾不斷地要求政府介入去「管制」這些專業團體的自我管制，以致於專業團體的自我管制像極了「命令與控制」的管制型態。

(二)產業自我管制（industry self-regulation）

專業自我管制所管制的對象是個人，而產業自我管制所管制的是組

織（公司或產業）。產業自我管制有兩種型態，第一種是自我管制的產業或公司自己設定管制要求以及承擔後果；第二種雖然產業或公司自己設定管制規定，但是這些規定與要求是依循外在的管制者，例如國家或國際上的要求。一般來說，第二種情形比較普遍。不管哪一種情形，不同的公司與產業必須建立自我約束的標準，同時也要承諾自我執行（self-enforce）與監測（monitoring）。例如我國「兒童及少年福利與權益保障法」第46條關於網際網路內容管理的規定，就有類似產業自我管制的設計：「為防止兒童及少年接觸有害其身心發展之網際網路內容，由通訊傳播主管機關召集各目的事業主管機關委託民間團體成立內容防護機構，並辦理下列事項……。網際網路平台提供者應依前項防護機制，訂定自律規範採取明確可行防護措施；未訂定自律規範者，應依相關公（協）會所定自律規範採取必要措施」。不過，因為內容防護機構或公（協）會均沒有制裁的權力，業者違規仍然訴諸目的事業主管機關的行政罰，所以稱不上是完整的自我管制[7]，也稱不上接下來我們所要談的共同管制（江耀國，2011：202）。

(三)共同管制（co-regulation）

共同管制是指非政府與政府權威彼此協調來達成管制目標。政府賦予產業或公司自由裁量的權力來發展他們自己管制的標準，政府將會是這些產業或公司的後盾。共同管制的優點不僅可以減少政府直接管制的成本（設定標準與執行稽查的成本），同時也可以吸納產業或公司，讓他們來反映政府的管制意圖。同樣的，我們舉我國「兒童及少年福利與權益保障法」第46條關於網際網路內容管理的例子，如前所述，因為目前該法所稱

---

[7] 產業的自我管制是透過自我的管理以及對於不當行為的自我處罰，因而可以形成正當且合於職業道德的產業秩序。例如德國的法律規範對於新聞與電影並沒有特別的管制措施，而是放任讓新聞市場以及經濟市場決定。如果出現問題，則訴諸民法、刑法或經濟法的規定（江耀國，2011：169-170）。

的內容防護機構或公（協）會均沒有制裁的權力，業者違規仍然訴諸目的
事業主管機關的行政罰，所以既稱不上是完整的自我管制，也稱不上是完
整的共同管制。但是，如果要建立共同管制的制度，江耀國（2011：202-
203）建議：共同管制的實施必須有法律之授權依據，包括委託公權力、
指定共管事項及範圍等；由政府主管機關指定特定之民間組織擔任「共管
機構」（可以沿用第46條之「內容防護機構」的名稱），共管機構的資格
條件、組織形成之依據，以經授權之法規命令定之；政府主管機關與共管
機構之間應有明確的權力分工，分配給予共管機構的公權力事務（事
項）之後，主管機關原則上就不再介入，除非必須做成最後裁處（或處
罰）；明訂共管機構具有執法之公權力，以及制裁（處罰）機制；共管機
構既然對於業者有裁處權，就應建立當業者不服共管機構裁處的申訴機制
及管道，受理申訴單位應具備一定的獨立性。

三、以市場為基礎的管制（market-based regulation）

以市場為基礎的管制是基於市場機制與經濟誘因，藉由訴諸於個人
或組織的自利，就可以達成管制的目標，而無需仰賴命令與控制的管制途
徑。以市場為基礎的管制被認為可以允許效率與彈性，並可以鼓勵組織的
創新。如果有利可圖，那麼被管制者就不會只是滿足管制的最低要求。例
如徵收汙染防治稅可以讓汙染產業思考與實踐如何降低汙染量以減少支出
（汙染稅的支出）。必要的保險要求可以成為風險管制另一個有效的替代
方案，例如管制規定房屋所有人必須投保水災保險，而高風險地區的保險
金額高，低風險地區的金額低，結果造成在水災風險較高的地區對於房屋
的需求勢必因而降低，因而減少了房屋受到水災損害的風險。以市場基礎
的管制又可分為以下四類：

(一)市場誘因（market incentives）

利用市場誘因來達成管制目標的方法有多種，最為大家熟知的是

1997年「京都議定書」（Kyoto Protocol）討論溫室氣體排放問題時，提出所謂氣體排放物的「可交易許可」（tradable permits）制度。基本的構想是這樣的：由政府設定某種汙染物的總排放量，汙染業者可以購買能夠排放某一個固定量的汙染許可證。因為汙染排放許可證的總張數是受到限制的（等於總排放量），所以汙染排放許可證就會在市場交易起來。汙染業者如果排放的汙染量超過手中所擁有的排放權，他們就會去跟汙染排放量低於手中所擁有排放權的廠商購買汙染排放許可。這個機制的設計是提供誘因給汙染業者盡可能減少汙染量的排放（無需花錢跟別人購買排放權，甚至於以後還可以將多出來的排放權賣給別人），但是也提供彈性空間（某些汙染業者短期之內無法改善汙染控制量，那就允許他們跟別人購買排放權利）。

(二)資訊提供（information provision）

如果我們可以從市場當中獲得我們要交易所需的充分資訊，那麼我們就不會做出糟糕的交易決策。消費者只要能夠掌握充分的商品資訊，並反映在市場當中的交易行為（不買爛產品），那麼政府就無需透過命令控制的管制政策來管制生產商品的廠商，廠商自然而然會自動地改善商品品質，原因無他，就是因為他們要持續追求利潤。例如Fung等人（2007）發現，當揭露各種不同廠商所生產汽車的意外事故比例時，揭露出來的資訊顯示，休旅車（Sport Utility Vehicles, SUV）翻車事故超過一般轎跑車。這項資訊的公布立即反映在市場銷售量，於是休旅車製造商便開始從事休旅車的改良設計，以減少翻車事故。而根據後續的統計報告，後來生產的休旅車的確翻車事故降低了很多。至於誰來揭露這些訊息？有人認為應該是政府，但是誰也不能保證會不會有俘虜現象而掩蓋訊息。所以有人認為應該交由非政府組織的第三方公正機構來公布訊息。資訊公開另外一項應該注意是，在還沒釐清事實之前不能太匆忙公開，以免影響商品製造商的權益，儘管事後證明該製造廠商是無辜的，但是傷害一旦造成，要完

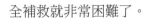
全補救就非常困難了。

(三)認證（certificates）

如果產業符合某項管制標準則授予「認證」，例如在德國，政府與產業以及某些公益團體一起合作，針對符合生態標準的廠商給予「藍天使」（blue angel）的認證。在台灣也有食品的GMP認證，但是2014年頂新集團黑心油事件暴露GMP認證成效大有問題。其實這不是認證這項機制本身的錯誤，而是業者濫用認證機制所造成的問題。另外，口罩也有認證機制，例如N95就是美國「國家職業安全衛生研究所」（National Institute for Occupational Safety and Health, NIOSH）認證的口罩等級。任何想生產N95口罩者，須送交詳細的申請書，由NIOSH進行產品試驗及實地審核製造廠產製設備及品質管制措施，符合條件的才能生產。這樣不僅保障口罩的品質，頂著N95名稱的口罩，也在市場上獲得民眾的信任，而達到經濟誘因成效。

(四)直接的財政誘因（direct financial incentives）

政府提供補助或徵收額外的稅捐來鼓勵或是抑制市場的交易。例如如果民眾使用無鉛汽油，則由政府補貼，這樣可以抑制有鉛汽油的使用，進而控制空氣品質。稅捐也經常被當作工具來減少需求，例如提高酒品或香菸的稅捐。不過，稅率如果太高則會造成黑市交易或是走私，這是在使用稅捐當作管制工具時必須要注意的事情。

四、「結構」與「輕推」（architecture and nudging）的設計

透過「結構」與「輕推」的設計，讓政策標的人口很自然地改變他們的行為，而無需大費周章地使用命令與控制的管制途徑。首先，我們來看看結構設計。這種想法是來自於監獄利用建築結構來監控犯人，就是所謂的圓形監獄效果（panopticon effects）。獄監人員在這種建築物內的任何一點都可以看到囚犯的一舉一動，但是囚犯並不知道他被人監視。如果

運用到管制政策的領域，就是管制者可以將他們自己放在中心點位置來觀察被管制者的一舉一動，而被管制者並不確定自己是否已被盯上。我們舉一些例子來看看，例如在馬路上鋪設一些類似小山坡的「路阻」，或是一段上上下下的顛簸路面，這都是為了提醒駕駛人自動自發地降低車速，所構思在硬體結構上的設計，這種設計讓駕駛人想快也快不了。又例如在體育館入口處設置電子感應的旋轉式柵門，每一位要進場的人必須以票證感應，然後一位一位依序進場（就跟搭乘捷運入口柵門一樣），這種硬體設施雖然容易造成擁塞，但是卻可以保證（管制）想要混水摸魚進場的人不得其門而入。又例如在比較偏僻的巷口裝置監視攝影機，可以壓制（管制）歹徒興起搶劫或做其他壞事的動機。簡單地說，結構設計背後的想法就是透過一些裝置設計，讓被管制者即使想要違反管制規定也找不到機會。

其次，我們再來看看「輕推」的設計。「輕推」（nudge）這個詞彙是Richard Thaler & Cass Sunstein在2008年所出版的行為經濟學著作的書名（Richard Thaler在2017年獲得諾貝爾經濟學獎）。台灣時報文化公司在2009年8月出版原著的中文翻譯本，書名譯為《推力——決定你的健康、財富與快樂》。Thaler與Sunstein認為透過「選擇結構」（choice architecture）設計的「輕推」，可以讓民眾依循他們自己的自利誘因，自發性地來改變他們的行為而無需強迫他們，並且這些行為是可以被預測的（Thaler & Sunstein, 2008）。而什麼是「選擇結構」呢？「選擇結構」這個詞彙是用來描述呈現在消費者面前各種不同型態的選項（choices）以及這些不同選項的呈現方式，對於消費者決策所造成的影響。不同選項的呈現方式包括選項的數量（有幾種不同選擇）、描述選項內容特質的方式，或是默認（default）的表達等等。

兩位作者舉了一些簡單的例子來說明不需要嚴格的管制措施，而用「輕推」的力道，照樣可以得到管制的目標。例如荷蘭阿姆斯特丹Schiphol國際機場的男生廁所，設計者在小便斗內刻上一隻黑色小蒼蠅，

如廁的男士們都會下意識地自動瞄準蒼蠅，結果尿液外濺的情形竟然減少了80%。又例如在學校的自助餐廳，如果把比較健康的食物放在視線容易觸及而且拿取方便的位置，那麼學生選擇健康食物的比例會大幅上升。另外一個例子也是跟學校餐廳有關，一項實驗發現，當菜色不變，但是改變了食物的排序與展示方式，結果發現這種改變明顯影響了孩子們的選擇。上述這些例子所說明的是當選擇（選項）的呈現方式不同的時候，人們的行為就會受到影響而改變。男性小便斗呈現的方式跟過去不同，因為多了刻畫的小蒼蠅，結果男人尿尿的行為就改變了。健康食品擺放的位置跟過去不同，比過去更顯目與方便取得，結果學生選擇的行為改變了。餐廳菜色改變不同組合與外觀，結果也影響了學童的選擇。

　　我舉我自己的一項經驗來說明，我記得我在美國唸博士學位時修公共政策分析的必修課，課程除了要求繳交學期報告之外，仍然要舉行期中考與期末考。授課老師在期中考與期末考之前都會給修課同學一組題庫（question pool），題庫裡面大約有30題，然後老師會告訴我們，正式考試會在這30題當中隨機挑選7～8題當作正式考題。同學心裡想，既然正式考題會從題庫出來，所以每一個人就會非常努力地去找題庫當中每一題的完整答案。因為這30題的題庫涵蓋了課程所有的學習範圍，所以當學生找完這30題的答案時，其實他已經將課程範圍仔細的再消化一遍了！我的老師並沒有強迫同學要怎麼樣用功準備考試，他只是利用上述題庫的技巧讓大家以為老師要洩題了，既然如此，同學們就有自利的誘因，好好準備考試了！

　　另外，Richard Thaler & Cass Sunstein也認為選項呈現的方式如果用默認選項（default option）對於人們的選擇行為也會有所影響，甚至不同的默認選項所產生行為改變程度也會不同。所謂的默認選項是指如果選擇者什麼都不做，則該選擇者所獲得的選項。例如我們的電腦掃毒軟體掃到病毒，電腦出現的默認選項就是「隔離」病毒，除非你選擇其他不同的動作，否則電腦會自動幫你隔離病毒。過去的實驗與觀察發現，當人們在選

擇行為選項時，如果其中設定默認選項，則對於人們的選擇行為會造成影響，這就是所謂的默認效果（default effect）。所以，設定或是改變默認選項被視為是影響人們行為的有效方法。例如關於決定是否成為器官捐獻者，不同國家對於如何成為器官捐贈者有不同的規則，有些國家自動將民眾視為「非捐贈者」，除非民眾主動註冊成為捐贈者，這種規則稱之為自願接受（opt-in）；有些國家自動將民眾視為「捐贈者」，除非民眾主動撤銷登記成為非捐贈者，這種規則稱之為自願退出（opt-out）。根據過去的研究，採行後者的國家民眾捐贈率較高，原因是一般人在面臨比較重大的決定時，要不就是不願意做決定，要不就是不願意那麼早做決定，盡量拖延，到最後往往還是來不及做決定。

「輕推理論」對於現實的政策設計影響很大（不僅是管制政策而已，其他的政策也是），它受到當時英國首相David Cameron與美國總統Barack Obama極度的重視。英國在內閣辦公室設立British Behavioural Insights Team，通稱為「輕推小組」（Nudge Unit）；美國總統則任命Cass Sunstein（Nudge這本書的作者之一）主持Office of Information and Regulatory Affairs。

參、管制分析或管制影響分析

管制分析（regulatory analysis）就是我們在第三章所談到的管制影響分析（regulatory impact analysis），我們在這個地方要更詳細地來討論（Dudley & Brito, 2012: Chapter 8）。管制分析是要回答我們什麼時候應該管制？以及要如何管制？的相關問題。2003年美國預算管理局（Office of Management and Budget）依循美國1993年行政命令12866號所提出的操作原則與步驟：

一、認定究竟是市場失靈還是系統的問題

　　市場失靈就是我們之前所提過的外部效果、公共財的提供、自然獨占以及不對稱的資訊等等。除了市場失靈需要管制政策介入之外，以下兩個原因也需要適當的管制措施介入，我們稱這兩個原因為系統的問題（systematic problems）：

1. 有效率的市場需要充足的市場基礎建設（infrastructure），這包括適當的法律規範、財產權的妥善界定以及健全的交易系統。如果缺乏這些市場基礎建設，資源的分配就不會有效率，所以必須透過管制措施加以改善。
2. 原先設計不良的管制政策也可能阻礙市場有效率的運作。例如對於價格與進出市場（entry and exit）的過度限制，將會扭曲市場訊息（signal）的傳達，也會讓財貨的價格高過於被管制產業應得的必要利潤，而這些都讓廣大的消費者來承擔。

　　通常我們看到的市場沒有效率其實不見得是因為市場失靈所造成，而可能是因為缺乏市場的基礎設施以及原先設計不良的管制措施所引起的。Michael Munger（2000）就比喻缺乏市場基礎設施就好像你有一部車，可是卻沒有馬路可以使用，所以你的車跟廢物一樣。例如我們發現外部效果或是公共財提供的缺乏，表面上看是由於市場失靈，其實是財產權並未被妥善的界定所造成的。Michael Munger進一步比喻原先設計不良的管制措施就好像你有一部車，但是卻在油箱當中加了楓糖而不是汽油，你的車也跟廢物沒有兩樣。例如有些廠商雖然被認為是自然獨占，然而他們之所以擁有獨占的特權其實是政府的過度保護所導致，不是因為其他廠商基於成本或利益的考量而自願不加入市場，而是被政府管制措施當中限制過多進入市場的條件所造成的。

二、認定解決問題的途徑

當確認是市場失靈或是系統問題之後，我們就必須進一步找出解決方案或是解決問題的有效途徑。即便我們發現是市場失靈所造成的問題，而如果我們可以找出其他途徑來解決問題，或是比政府直接透過管制政策更好的解決方案，那麼就不需要政府直接來干預。例如透過司法系統讓消費者可以針對瑕疵產品提出訴訟；例如透過勞方可向資方請求補償制度的建立，讓資方有誘因提供安全的工作環境。

我們在前述內容討論到除了命令控制管制途徑之外，還有四種途徑可供選擇，所以總共是五種。不管選擇哪一種，當我們決定選擇某一種特定的管制途徑之後，就必須說清楚這種途徑可以如何矯正市場失靈或是系統問題。

三、選擇可以極大化淨利益的管制措施

通常我們使用成本利益分析來評估某項特定管制途徑是否符合效率的要求，也就是看看可不可以極大化淨利益（極大化益本比或益本差）。在從事管制政策的成本利益分析的時候必須符合以下幾個要件：

(一)成本與利益的估計必須真實而且要有估計的基準線

所謂基準線指的是管制機關必須精準地預測評估，當沒有這項特定管制措施介入時，這個世界會怎麼樣（這個概念就是政策評估研究設計當中的控制組概念）？然後進一步估計，當管制措施介入時，成本與利益會如何改變？通常可以做成幾條可能的基準線，然後個別分析它們之間的差異。

(二)成本與利益應該要量化，並進一步估計益本比（利益除以成本）或益本差（利益減掉成本）

當面臨很難量化的成本或利益項目時（沒有直接的市場貨幣價值可

以參照），必須善用近似指標（approximate indicators）來逼近真實的成本與利益。我們在這裡只舉一些簡單的要點，成本利益分析的專書會有更多方法的討論。首先，機會成本（opportunity cost）既可以當作是利益也可以當作成本。所謂的機會成本是指資源用在A項目就無法用在B項目，所以選擇A項目的機會成本就是選擇B項目（事實上已經放棄）所獲得的利益。其次，「願意給付的金額」（willingness to pay）反映了個人為了某個特定結果所願意放棄的價值，這些價值就是這個特定結果的利益。市場交易是測量社會願意支付財貨或服務最可以信賴的測量，而當財貨無法交易時，利用統計技術的「旅行－成本研究」（travel-cost studies）以及「享樂價格模型」（hedonic pricing model）也可以間接估計「願意給付的金額」。例如願意支付休閒釣魚的金額可以利用人們到達一個好的鱒魚釣場所願意支付的交通費來測量，這就會是建造休閒釣魚場或是管制某個釣場不被開發的利益。最後，所有的成本與利益必須轉換成現值（present value）。管制措施的成本與利益不見得在管制政策實施當下就會實現，有的短期實現，有的長期實現。這些成本與利益的貨幣價值必須透過貼現率（discount rate）轉換成為現值，以方便我們在「現在」判斷實施管制措施的價值。轉換的方法請參閱本書第三章。

四、管制分析必須建立在強而有力的科學與技術基礎上

管制分析的內容必須能夠呈現各種不同備選方案可能的估計結果，而且是沒有偏差的估計。好的分析不僅是可透明公開，研究結果也是可以複製的（reproducible，指別人也可以基於相同資料重新作一次，看看結果是否一致）。當然，即使盡力而為，百分之百的精準度是不太可能達成。因此，表達管制措施潛在結果出現的機率就變得非常重要。除此之外，也必須使用如我們在第三章所談到的敏感度分析，分析當某一項前提改變時，它如何改變估計的結果。

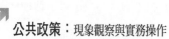

五、瞭解管制措施對於不同人口所造成的不同影響

承擔管制政策成本的人口與因為這項管制措施而受益的人口，通常不會是同一個人口團體。而且，儘管同樣是受益的人口，有些人對於他們獲利的評價也不會是相同的。瞭解管制措施是否對於不同的人口群體有不同的影響是非常重要的，這些不同的人口群體可能是國內不同區域的人口、不同規模的企業、不同年紀的個人、不同族群或是社會經濟特徵等等。優質的管制分析要能呈現管制政策對於不同人口群體的不同影響，並且應該盡可能用量化的方式呈現各種不同團體所受衝擊的大小規模、可能性，以及對於某個人口群體嚴重的影響。

六、要尊重個人的選擇以及財產權

管制措施如果讓管制者的偏好排擠了公民個人的偏好，則這項管制政策無法讓民眾生活過得更好。例如美國總統歐巴馬在2011年所公布的行政命令E.O.13563當中，說明行政機關必須認定並考慮管制措施是否減少民眾的負擔、是否維持民眾的彈性，以及選擇的自由，同時也必須考慮人類的尊嚴（human dignity）。

例如美國在遭受911恐怖攻擊事件之後，因為加強航空安全的管制，使得消費者搭乘飛機的成本增加許多（不只是機票貴了、為了安檢還要提早去機場、人身安全檢查又非常侵犯性）。傳統的經濟分析可以估計因為這樣的管制政策，民眾選擇不去搭飛機的經濟影響，或是估計民眾因而改搭火車或自行開車的經濟影響。但是這樣的傳統分析並沒有去估計那些絕大部分的人仍然「必須」繼續搭乘飛機，忍受個人被侵犯以及不愉快經驗所造成的價值損失。在美國總統歐巴馬E.O.13563行政命令當中，就明白要求行政機關必須考慮這項飛航管制措施加諸於民眾個人在自由與尊嚴上面的成本。這指的就是前述所說的：管制措施如果讓管制者的偏好排擠了公民個人的偏好，那麼這項管制政策並無法讓民眾生活過得更好！

肆、落日條款

相對於管制影響分析（評估）是事前評斷該不該管制？用什麼方式管制？落日條款則是在管制法令內容加以規範：管制政策在實施了某一段時間之後，必須進行事後評估，來評斷既存的管制政策是不是值得繼續實施？是不是應該修正？落日條款是處理效期已過的管制政策，避免過時的管制政策「永久年輕」（forever young）。

形式上，落日條款會明文地在法律上做規範，而在實務操作的方法上則與管制影響分析（評估）類似。差別只是在於一個是事前預估各種管制途徑的優劣，而選擇其中一項最合適的管制途徑；而另一個則是事後根據已經採行的管制途徑實際發生的狀況來做評估。這和第八章我們在談政策評估的事前評估與事後評估的差異是一樣的道理。

參考書目

江耀國（2011）。〈多元網路平台環境下影音內容之管理思維〉。國家通訊傳播委員會委託研究計畫。

Bardach, Eugene and Robert Kagan (1982). *Going by the Book: The Problem of Regulatory Unreasonableness*. Philadelphia: Temple University Press.

Behrman, Bradely (1980). Civil Aeronautics Board. In James Q. Wilson (ed.), *The Politics of Regulation*, 75-120. New York: Basic Books.

Bernstein, Marver H. (1955). *Regulating Business by Independent Regulatory Commission*. New Jersey: Princeton University Press.

Dudley, Susan E., and Jerry Brito (2012). *Regulation: A Primer*. VA: George Mason University.

Fung, A., M. Graham, and D. Weil (2007). *Full Disclosure, The Perils and Promise of Transparency*. Cambridge: Cambridge University Press.

Gilad, S. (2010). It runs in the family: Meta-Regulation and its siblings. *Regulation and Governance, 4*(4), 485-506.

Gormley, William T. Jr. (1979). A test of revolving door hypothesis oat the FCC. *American Journal of Political Science, 23*(3), 665-683.

Heimann, C. F. Larry (1997). *Acceptable Risks: Politics, Policy, and Risky Technologies*. Ann Arbor: The University of Michigan Press.

Hood, Christopher (2011). *The Blame Game*. Princeton, NJ: Princeton University Press.

Huber, Peter (1983). Exorcists vs. gatekeepers in risk regulation. *Regulation, 7*(6), 23-32.

Lodge, Martin and Kai Wegrich (2012). *Managing Regulation: Regulatory Analysis, Politics and Policy*. London: Palgrave Macmillan.

Lowi, Theodore J. (1964). American business, public policy, case studies, and political theory. *World Politics, 16*(4), 677-715.

Lowi, Theodore J. (1972). Four systems of policy, politics, and choice. *Public Administration Review, 33*(4), 98-310.

Moe, Terry (1982). Regulatory performance and presidential administration. *American Journal of Political Science, 26*(2), 197-244.

Munger, Michael C. (2000). *Analyzing Policy: Choices, Conflicts, and Practices*. New

York: Norton Company.

Quirk, Paul (1981). *Industry Influence in Federal Regulatory Agencies*. New Jersey: Princeton University Press.

Reagan, Michael (1987). *Regulation: The Politics of Policy*. Boston: Little, Brown and Company.

Rosenbloom, David, Robert Kravchuk, and Richard Clerkin (2014). *Public Administration: Understanding Management, Politics, and Law in the Public Sector*. NJ: McGraw-Hill.

Stigler, George J. (1971). The theory of economic regulation. *Bell Journal of Economics and Management, 2*(1), 3-21.

Stigler, George J. (1975). *The Citizen and the State: Essays on Regulation*. Chicago: University of Chicago Press.

Thaler, Richard H. and Cass R. Sunstein (2008). *Nudge: Improving Decisions About Health, Wealth, and Happiness*. London: Penguin.

Tullock, Gordon (1989). *The Economic of Special Privilege and Rent Seeking*. MA: Kluwer Academic Publishers.

Wilson, James Q. (2000). *Bureaucracy: What Agencies Do and Why They Do It*. New York: Basic Books.

Yandle, Bruce (1999). Bootleggers and baptists in retrospect. *Regulation, 22*(3), 5-7.

Chapter 10

分配政策

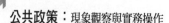

第一節　何謂分配政策？

　　根據第九章第一節所討論Lowi政策類型的內容，分配政策是指當政府強制力非立即性，而政策針對的對象是某些特定人的政策。Lowi進一步指稱，政府的補助款政策（subsidy or grant）就是很典型的分配政策。既然很典型的分配政策是補助款政策，那麼政策針對的對象就會是獲得補助利益的少數特定區域或人口，而成本則是全國所有納稅義務人共同負擔的政策。例如美國聯邦政府補助某一州公共工程經費（例如交通建設），這不僅可以在當地創造許多就業機會，這個地區也可以因為交通便利之後，繁榮地方經濟。利益是這一州的居民獨享，而成本是所有納稅義務人負擔[1]。我們也來舉一個台灣的例子，例如立法院在2009年1月12日通過「國際機場園區發展條例」，也就是俗稱的航空城發展計畫（不僅適用於桃園，連台中清泉崗與高雄小港國際機場也都適用）。這個計畫將挹注相當多的經費在國際機場周邊開發設施，經費來源主要還是來自於全國民眾的稅收，而直接獲利的是航空城計畫所在地的區域與人口。

　　另外，如果政策成本同樣是全體納稅義務人承擔，政策利益也集中在少數人口，然而各個地區均有這些人口，只是有些地區受益人口較多，有些則較少，這種政策也可以稱之為分配政策。例如在台灣，老農津貼的發放便是屬於這種形式的分配政策，全國的農民只要符合老年農民福利津貼暫行條例之規定就可以領取補助津貼，每個縣市均有老年農民，只是人數多寡不一。

　　所以，這種分配政策依照衡量觀點的不同會出現兩種益本比（益本

---

[1] 在美國類似的例子很多，例如美國早期水壩或港口的興建、軍事基地的興建、汙水處理廠的興建、國防武器外包（在美國國防武器承包商有群聚在某些帶狀地理區塊的現象，美國人稱之為gunbelt）等等都可以創造就業機會，為選區帶來可觀與穩定經濟利益。

比指的是利益除以成本）。第一種益本比是由上級政府所估算的，通常益本比比較小，因為當利益維持不變時，成本是以全國民眾共同負擔的總成本估算，所以益本比小。另一種益本比是以受益人口的觀點估算的，益本比比較大，因為當利益維持不變時，受惠人口負擔的成本是所有總成本除以全國總人口之後再乘以受惠人口，所以受益人口所估算的益本比會比上級政府所估算的來得大。Lowi認為，受惠地區的民眾或利益團體最歡迎這種本小利大的政策，理性的國會議員非常瞭解選區民眾與利益團體的想法，因此為了討好他們，議員在國會當中就會想辦法藉由監督行政機關（包括監督預算與政策）之便，要求行政機關規劃照顧他們選區利益的分配政策，以求順利連任，所以Lowi認為分配政策的主導權掌握在國會手中。這種現象也有人稱之為分配政治（distributive politics）或是肉桶政治[2]（pork barrel politics）。

第二節　政策現象的觀察：分配政治或肉桶政治現象的觀察

壹、誰獲利？為什麼獲利？如何獲利？

Barry Rundquist[3]與John Ferejohn承襲Theodore Lowi的想法，在1970年代提出了所謂的分配理論（distributive theories），並透過實證研究途徑加

---

[2] 肉桶（pork barrel）這個詞彙的來源是美國在內戰之前，如果黑奴表現良好，主人會給予黑奴一桶鹽漬的豬肉來當作獎賞，也利用它來讓黑奴之間彼此競爭以獲取這些施捨品。後來這個詞彙被引申至政治現象，所謂的肉桶政治（pork barrel politics）是指凡是企圖讓政治人物所屬的選民獲利，以換取選民對於政治人物的支持（不管是競選資金或是選票），這種政治現象稱之為肉桶政治。

[3] Barry Rundquist是我的博士論文指導教授，他與John Ferejohn都是1970年代初期Stanford University的政治學博士。

以驗證。他們認為，既然國會議員熱衷分配政策，而美國國會是以常設委員會為決策重心的機構，所以理性的國會議員們會想辦法進入與他們選區利益相關的常設委員會，企圖引介聯邦政府的政策利益到他們的選區，進而使得他們的選區獲得超額的政策利益，而這些可以讓選民感受到的超額選區利益將有助於國會議員的連任之途（Rundquist & Ferejohn, 1975）。

　　Lowi的想法以及Rundquist與Ferejohn的分配理論所發展出來的核心研究議題在於：誰才是真正可以影響聯邦政策利益分配的國會議員，而讓他們的選區獲得超額的政策利益？這個核心議題其實也反映了早期政治學者所關心的核心議題：誰從政府當中獲利？為什麼獲利？如何獲利（Lasswell, 1950; Easton, 1965）？Barry Rundquist與John Ferejohn提出分配理論之後，許多實證研究紛紛展開，嘗試驗證美國國會制度性因素，例如常設委員會的委員是否能夠為選區獲取超額的聯邦政府政策利益？國會制度性相關因素除了國會議員是否具備常設委員會委員身分之外，資深國會議員以及屬於國會多數黨的議員是否也可以為選區獲取超額利益，這些都是當時實證研究關心的焦點。

　　然而，過去實證研究所呈現出來的結果其實相當分歧。有些研究發現占有常設委員會席次的國會議員、國會多數黨議員以及資深議員掌握了政策利益分配的重要影響力，有些實證研究則否。因此有一些研究認為，占有常設委員會席次的國會議員、國會多數黨議員以及資深議員對於政策利益分配的影響力多寡會受到一些中介因素的影響，透過實證研究也發現這些中介因素對於政策利益明顯的影響力，我們舉一些例子來看看：

　　第一，有的研究認為聯邦政府利益的分配是以需求為主要考量，政治因素也許會穿梭其間，但是需求仍然是最重要的考量（Anagnoson, 1980; Hird, 1990, 1991; Adler & Lapinski, 1997）。例如Prante與Bohara（2008）以美國國土安全部（Department of Homeland Security）在2004年至2006年分配給各州關於反恐怖主義的補助款分析。他們發現，反恐佈主

義補助款的分配主要是依照各州可能會被恐怖份子攻擊的風險係數，並非如過去許多人認為這些補助款的分配是受到政治力影響，例如各州所選出來的參眾議員與總統同黨（共和黨），以及這些參眾議員在國會任職重要職位（例如擔任常設委員會委員、多數黨領袖或黨鞭、少數黨領袖或黨鞭等等）。

第二，選區利益團體是一個相當重要的影響因素，如果選區利益團體對於政策利益需求越迫切，國會議員爭取聯邦利益的動機就越強。因為利益團體會提供競選資金給想要競選連任的國會議員，選區如果聚集很多利益團體且密度很高，而這些利益團體如果也期盼議員為他們爭取相關政策利益時，這些議員終究會全力以赴爭取補助款（Stein and Bickers, 1992; Lowry and Potoski, 2004）。

第三，民選的行政首長（例如美國的總統、州長、市長）也有連任的壓力。在理性的前提下，這些行政首長很有可能會給行政機關壓力，透過行政機關所主導的政策利益分配讓選民獲利，以增加他們連任機會（Larcinese, Rizzo, & Testa, 2006; Berry et al., 2008; McCarty, 2000; Berry & Gersen, 2010）。

第四，選區的投票率會影響國會議員爭取選區利益的動機，當選區投票率越高時，代表著選區關注選民（attentive public）特別多，因此國會議員為選區爭取補助利益的動機就較強，而該選區獲得較多聯邦補助利益的機會就會越高（Martin, 2003; Rocca & Gordon, 2013）。

第五，Bickers與Stein（1996）認為前一次選舉辛苦獲勝的美國眾議員在進入國會之後，會在短時間之內（通常是九個月之內，這是該實證研究估計出來的）引介政策利益至選區以滿足選區的關注選民，以避免有實力的挑戰者（quality challengers）（包括同黨與非同黨）抓到機會在下一次競選時加入戰局，威脅現任國會議員的連任。所以這些眾議員的選區所獲得的補助利益將多過於那些處於相對安全席次的議員選區。

第六，Rundquist等人（Rundquist et al., 1994, 1995）與Luor（1995）

認為，傳統的分配政策研究強調國會議員會進入與選區利益相關的常設委員會以方便其運作選區利益。然而制度性地位的有無並不見得讓選區獲得超額利益，重要的是這些議員是否擁有追求地區利益的強烈意願傾向。也就是說國會各常設委員會委員追求地方利益的原始（a priori）動機並不見得是一致的，有些委員的確是野心勃勃地追求地方利益，有些則否。出現這種情形可能是因為有些議員被指派到對他們來說並不合適的委員會，而這些委員會所管轄的業務與議員選區的利益關係程度不高。Shepsle（1975, 1978）就曾指出，美國國會議員能否進入到他所想進去的委員會並不是那麼容易，它會受到制度上的限制（例如某些委員會限制一州不能超過一個固定額數的名額）、議員的偏好、議員的資深程度（菜鳥議員進不了重要的委員會，例如眾議院Ways & Means Committee，有人把它翻譯成為歲計委員會，它掌理財政監督大權）、選區的特質，以及議員對於獲得某委員會席次的期望程度等等因素的影響。更具體的說，議員無法進入想進去的常設委員會可能是因為該委員會的席次有限、也可能是議員不夠資深，或是各州席次的限制。所以，傳統分配政策研究假定常設委員會每一位成員追求地方利益的欲望均一致的前提是有所偏頗。僅僅觀察常設委員會委員的席次與政策利益分配結果之間的關係，而忽略了常設委員會委員追求選區利益動機的強弱，是很不適當的研究設計[4]。

第七，地方政府對於政策利益分配也會有一定程度的影響。Rich認為，政策利益分配的結果其實是地方政府執行政策利益分配時的自由裁量權所導致的結果。尤其1970年代美國一般補助款（block grant）風行的時候，賦予地方政府自由空間決定如何在其轄區分配政策利益。所以，即使國會議員選區獲得超額補助款，但是這並不必然代表國會議員在國會的影

---

[4] Rundquist, Lee & Luor（1995）發展出一個估計美國國會議員追求地方利益強度的指標——Propensity of Congressmen Working for Constituency Benefits，簡稱POW。

響力，而可能是因為地方政府的行政裁量權所導致的政策利益分配結果[5]（Rich, 1993）。

貳、最小獲勝聯盟還是通通有獎？

上述內容都是利用實證研究的設計來探究到底誰獲利？為什麼獲利？如何獲利？除了實證研究（empirical studies）之外，仍然有另外一派分配政策研究的學者利用數學演繹模型（formal model）來回答相同的研究問題。然而，不管是實證研究還是數學演繹模型，當大家回答這些問題時，都很關心獲利者獲利的型態。因為美國分配政策制訂的權力重心落在多數決的國會，所以大家都很關心國會議員們的獲利型態到底是最小獲勝聯盟（minimum winning coalition）還是通通有獎的獲利型態（universalism）？所謂「最小獲勝聯盟」指的是獲利人數僅僅超過國會議員過半數多一些（bare majority）；而所謂的「通通有獎」是指幾乎所有的國會議員都獲利。我們從上一段看到的各種實證研究的研究設計可以歸納出來，實證研究傾向於驗證最小獲勝聯盟的假設，雖然研究發現分歧，但是這些實證研究背後的意圖是很清楚的，例如國會常設委員會的成員、國會多數黨的成員、資深的國會議員是否獲得超額利益？如果真的是這些人獲利，他們畢竟只是國會當中的一部分成員，所以獲利型態就會是最小獲勝聯盟。

而在數學演繹模型方面，雖然在研究發展初期的論證是最小獲勝聯盟，但是從截至目前為止的研究看來，仍然是比較傾向於認為利益的分配是呈現通通有獎的型態。我們來看看他們是如何論證的[6]？在該研究領

---

[5] 聯邦政府先將補助款撥到州政府，州政府基於自由裁量權再決定如何在其轄區內分配。

[6] 以下內容轉引自羅清俊（1998）。〈分配政策研究的發展與應用〉。《人文及社會科學集刊》，10(4)，575-609。

域的發展初期，Buchanan與Tullock（1962）的著作是第一篇以數學演繹模型探索分配政策制訂的文章。他們利用假想的例子推論政策利益分配的型態。在一百個農戶居住的小鎮中有兩個公路系統，一個公路系統是由州政府負責維護，另一個公路系統是由此小鎮負責維修，這兩個公路系統彼此連結鎮上的農莊並通至主要的高速公路。小鎮負責維修公路系統的成本是由鎮上一百個農戶共同分攤。而決定維修的決策是由這一百個農戶利用多數決來決定。兩位作者認為，如果農戶們是理性的話，最小獲勝聯盟（五十一個農戶）將會形成，並且只同意那些經過他們（最小獲勝聯盟的成員）家門前的路做維護的工作。因為成本是一百戶分攤，利益只有五十一個農戶享用，因此絕大部分的經費會挹注於少數的地方道路上，故而維修品質將會提高。幾乎在同時間，Riker（1962）的研究也得到相同的結論。

然而許多研究針對上述研究結論提出批評，例如Arnold（1979）認為大部分的政策具有外溢的效果，國會議員不見得只關心他所自己選區的利益，其他選區的利益都有可能外溢而變成自己選區的利益，因此議員不見得會反對其他選區獲利。例如就Buchanan與Tullock所舉的例子來說，某個農戶（最小獲勝聯盟的成員）的親友住在這個小鎮的另外一端，他偶爾也想要開車去那邊玩，所以他會期待那邊的道路品質也能夠跟他家附近道路的品質一樣好。這並非基於任何利他的想法，而純粹是對於自利的看法不同於Buchanan與Tullock。Barry（1965）也提出類似的批評，他認為Buchanan與Tullock所提出的現象不太可能發生，如果真的發生，那麼這些原來屬於同一個聯盟的人，將會透過契約的方式緊緊的結合在一起防止新聯盟的產生，以保障原來最小獲勝聯盟成員的利益。但是他預言，像這種將其他成員利益永遠排除在外的情形，終究會招致內戰或成員的蓄意脫離。他認為，在議會中理性的議員應該會找出合理的解決方案，讓少數成員的利益不會長久被剝奪。如果以Buchanan與Tullock的道路維修例子來說，理性的方式就是花費相同的經費在每一條農莊的道路維修上，這就是

典型的通通有獎的利益分配型態。

　　另外，Weingast（1979）一篇相當具有代表性的研究論文，以國會內部聯盟結構的穩定性作為主軸，解釋分配政策制定為何會出現全體一致（universalistic）的型態。首先，他認為美國國會內部的黨紀不如英國嚴格，因此民主與共和兩黨很難針對任何一個政策議題凝聚一個穩定的政黨聯盟（除非政策議題涉及鮮明的兩黨意識型態）。既然如此，國會議員就很難判斷自己是否能夠常常被納入各種議題的獲勝聯盟之中。由於這種心理的不確定性，使得議員寧可想辦法形成全體一致的聯盟以確保穩定過半數的規模，而不願僅形成恰好過半數的所謂最小獲勝聯盟。其次，美國國會當中的互惠規範（reciprocal norm）也是促成通通有獎型態的另一個重要原因。國會議員來自各個不同的選區或州，各選區或州的選民特質勢必不同，故而他們所需要的政策利益也殊異。任何一位想要連任的議員都會想辦法爭取地方的利益，然而問題是，國會是一個合議機構，任何政策利益的分配案都需要過半數通過，而當議員預估無法獲得過半數通過時，議員會如何處理？與其他的議員做議案的交易是最常見的方式，交易的籌碼就是彼此互相投票贊成對方所關心的政策利益分配法案。這就是美國國會固有的互惠規範，所謂「你先幫我抓背，然後我再幫你抓」（you scratch my back, and I scratch yours later on）。

參、缺乏經濟效率卻具有政治效率的分配政策

　　Weingast等人認為分配政策缺乏經濟上的效率，但是卻能達到政治上的效率（Weingast et al., 1981）。所謂缺乏經濟效率指的是因為分配政策在國會的制訂過程當中，議員彼此之間互惠的非正式規範造成通通有獎的決策與獲利聯盟。而正因為如此，所以分配政策會呈現經濟上的不效率。例如農業選區議員希望通過農業利益法案協助選區農民，但是他們可能無法湊齊過半數的議員。在這種情況之下，他們會傾向跟其他來自不同

特質的選區議員交易（例如來自商業特質選區的國會議員或是來自於國防工業選區的國會議員）。農業選區的議員會說服其他特質選區的議員：這次你投我一票，下次遇到跟你們選區相關的利益法案時，我也會回饋你一票。也因此，最終的投票獲勝聯盟會呈現幾乎全體一致同意，也就是說幾乎每一位議員的選區通通有獎（農業政策利益）。在這個邏輯之下，政府財政的後果將會過度支出，因為本來也許花100萬元就可以解決農業選區的農業問題，但是因為要找來其他選區議員才能超過半數，所以就必須付出代價，讓其他議員的選區也獲得一些農業利益（雖然他們的選區利益並非以農業為主，但是他們選區內還是有農民，只是沒有那麼迫切需要而已），最後卻得花1,000萬元才能通過這項法案。Weingast等人認為，儘管分配政策在經濟上並無法達到效率，但是因為政策利益的分配是通通有獎（something for everyone），所以每一位議員都可以帶著這些政策利益向選民邀功而獲得選票，這在政治上來說，是極具效率的。

肆、分配政策可以當作潤滑劑？

Evans（2004）的看法類似於Weingast等人，認為分配政策能夠達到政治上的效率，但是不同於Weingast等人的是，她是從制度層面認為分配政策在國會決策過程當中具有潤滑劑的功能（greasing the wheel）。聯盟領袖（例如總統、行政部會首長、國會黨團領袖、常設委員會主席等等）為了讓公共利益的政策法案能夠順利通過，他們往往會利用附加的肉桶利益來籠絡反對或是立場中立的國會議員。Evans以1987年美國高速公路示範計畫補助利益在眾議員選區的分配為例，觀察獲得示範計畫補助經費的眾議員是不是會在屬於公共利益的運輸政策法案（例如高速公路的限速、高速公路大型廣告牌的管制等等）支持聯盟領袖。她在1987年與1990年利用質化的訪談法訪問當時國會議員的幕僚，同時也利用量化的統計方法分析記名表決紀錄，研究的結果證實了她所提出來的假設。

伍、除了現金之外，還有哪些事物可以算是政策利益[7]？

　　早期分配政策的研究大多是將具有現金價值的補助款當作是政策利益，來分析其分配情形。但是，有研究者認為補助的案件數量也適合當作政策利益，因為國會議員如果想要向選民邀功，他寧願在他任期之內，有各式各樣的補助案件進入他的選區，而每一個補助案件的金額不見得一定要很大。因為一個補助案件就可能會剪一次綵，媒體就會報導一次，這對於塑造國會議員為家鄉爭取建設的形象來說，是有相當大的幫助。

　　除此之外，政策利益其實也並不侷限於補助款的現金價值或補助案件數。Nivola（1998）認為美國自1990年代開始，由於聯邦補助款的縮減限制了傳統肉桶利益的供給，但是肉桶政治現象並未隨之消減，只是轉變成為不同的型態，例如針對特定對象的稅率減免（targeted tax breaks或 tax exemption）、管制性的計畫（regulatory programs）以及有利於特定利益團體的訴訟案（public facilitation of lucrative lawsuit）等等類型。具體而言，政治官員為了回應選區內優勢產業的要求，會藉由針對特定對象的稅率減免滿足其需求，例如加州對電影工業的減稅。在管制性計畫方面，美國在禁止汙染的標準（pollution-abatement standard）上有顯著的地區性差異，都市化及工業化程度較高的地區在汙染標準的認定上比鄉村及工業化程度較低的地區更為寬鬆。最後，藉由訴訟案件使特定利益團體獲利的最佳例證可以美國超級基金（superfund）為代表。美國聯邦政府在1980年代提供大約80.5億元超級基金分配至各州協助處理有毒廢棄物，但是因為執行效率非常低落，因而造成環境的危害並影響各州的居民。於是居民紛紛提起訴訟向政府求償，而律師團體便在協助民眾向政府求償的過程當中獲得了相當多的好處，律師團體就是從超級基金獲利的利益團體。儘管以上的肉桶利益供給並不像傳統肉桶能明確表現出實質且直接的利益，但是

---

[7] 這個部分的內容大部分轉引自羅清俊與郭益玟（2012）。

它們仍然維持著肉桶利益一貫的特點，也就是利益集中於少數人，而成本由多數人分攤，只是利益的型態由原本的直接利益轉變為間接的利益而已。

　　Tabarok和Helland（1999）的實證研究指出，美國的州法官由於任命方式的不同因而產生這些法官不同的判決行為。一般來說，美國的州法官任命可以分為透過選舉和非透過選舉產生。其中透過選舉所產生的法官流動率高，透過非選舉方式任命的法官主要是藉由實力任用制（merit plan）或指派制（appointed）產生，所以法官流動率低。該文作者好奇不同的任命制度對於法官的判決行為是否有所影響，因此提出兩項假設：第一，經由選舉任命的法官必須承擔選民對他的期望並予以回應，因此當面對起訴人為本州選民而被告為其他州的選民時，法官會利用判決轉移他州的財富至本州內（簡單的說，偏袒同州的告訴人，判決他州的被告賠償）；第二，法官和律師為利益共生體，法官可以利用職權拖延、延長審判的時間，律師因而得以抽取較高的費用。另外，因為律師是法官競選經費的主要捐獻者，因此法官會傾向達成金額較多的判決結果以利律師抽取訴訟費用。在這兩項假設下，該文作者的分析分為兩部分。第一部分為初步分析，在控制其他可能影響判決的因素後，分析的結果顯示當被告為他州選民時，其判決的賠償金額較高，而且法官經由選舉任命的判決金額明顯多於指派任命的法官。第二部分在同時考量法官可能基於深口袋因素（deep-pocket，指被告多為大企業因此能承擔金額較大的判決）、告訴人的損傷狀況（作者依序分為五類：死亡、重傷、輕傷、精神傷害和性騷擾）、是否有仲裁介入、該州的每人平均所得、該州的貧窮率以及判決是賠償類還是懲罰類等因素後，再檢視選舉因素是否會影響透過選舉任命法官的判決。統計分析結果顯示，全部的自變數都達到統計上的顯著水準。換句話說，經由選舉任命的法官會利用懲罰他州企業的判決結果當作是「肉桶」來回饋本州的選民，並且會藉由高額度金額的判決結果行募款之實。這項研究所啟發的是，司法機關所宣示的公平公正，都必須建立在

穩定無憂的工作任期上。當法官如同國會議員要藉由選舉爭取連任時，有
利於本州選民的判決結果即成為法官肉桶行為的工具。

　　Salamon和Siegfried（1977）認為，由於美國政策制定的政治過程受
到企業在政治資源的多寡、影響政策動機上的差異以及高度分散與否[8]
（highly fragmented character）等特性的影響，因而造成某些企業能以其
獨特的經濟結構優勢掌控政府政策。這些經濟結構優勢多展現在：企業的
資本額、企業的員工數、市場的集中度、獲利率和地理上的分散程度等五
項。因此，作者提出以下假設：當該企業的經濟結構優勢越顯著（指前四
項經濟變數）和地理位置越分散時，企業掌握的政治資源（包括金錢和選
票）也越多，也越有能力影響政府的政策。該文作者以企業應付和實付的
聯邦所得稅率（federal income tax rate）差距作為依變數，檢驗上述五項
變數對於政策的影響。實證分析顯示，經濟結構確實會影響企業的政治影
響力。當企業的經濟結構優勢越強時，企業對於稅率政策的影響力也越
大，因而只需負擔較低額度的所得稅率。

　　Helland（1999）發現美國各州受制於快速成長的窮人醫療補助
（Medicaid），因而導致預算不足。在這種情況之下，聯邦健康財政署
（Health Care Finance Administration，簡稱HCFA）允許各州遞交一份免除
證明（waiver），證明州政府在預算壓力之下無法再負擔這些醫療補助，
因此必須轉移部分的醫療項目給州政府以下地方政府轄區的醫院。從遞交
免除證明至得到自由選擇免除（或豁免）（Freedom of Choice Waivers，
簡稱FOC）的批准時間（time to approval）從十四天至三年不等。在這種
情況之下，審核時間的長短明顯影響該州納稅人的權益。因此，作者認為
國會議員會藉由影響審核時間的長短來討好廣大的納稅義務人。作者以

---

[8] 美國政治的高度分散性導因於不同的部門、委員會專職不同的政策項目，加
　　上對於資源的依賴性，使得政策次級系統得以深入並影響政策議程的設定
　　（Salamon and Siegfried, 1977: 1028-1030）。

1986年至1993年各州免除證明的批准時間為依變數，將觀察的重點放在監督聯邦健康財政署的三個國會常設委員會的委員上[9]，利用統計分析來檢驗國會制度性因素對於批准時間的影響。統計分析的結果顯示，當該州參與眾議院能源及貿易委員會（House Energy and Commerce Committee）的議員越資深、該州參與眾議院歲計委員會（House Ways and Means Committee）的議員數量越多以及在該委員會的議員黨籍和國會多數黨相同時，該州免除證明的批准時間越快速。這項研究結果顯示，國會議員將免除證明批准時間當作是對一般選民的肉桶利益，並運用監督的職權縮短批准時間來討好選民。

Faith and Leavens（1982）以美國聯邦貿易委員會（Federal Trade Commission，簡稱FTC）為研究對象，觀察當選區的企業因為違反反托拉斯法（Anti-Trust Law）而面對FTC的處分時，選區的國會議員是否會運用他們的影響力去影響裁決結果。聯邦貿易委員會為一獨立的管制機關，主要是為了保護消費者權益和維持市場公平競爭而設立。當聯邦貿易委員會認為某企業違反公平競爭的行為時，聯邦貿易委員會有權力運用強制性的手段制止該行為。當FTC接收到某企業違反反托拉斯法的訊息時，FTC首先會檢視企業違反公平競爭的證據是否充足。當FTC認為企業違反公平競爭的證據不足時即撤銷該案件（dismissals）。當FTC掌握企業違反公平競爭的明確證據時，違法企業可以選擇同意終止違法行為（cease and desist）或協議和解（consent）。若企業選擇不回應或要求正式調查，該案件即進入正式訴訟階段，裁決的結果可能為證據不足撤銷或是強制要求被告企業立即終止違法行為兩類。作者觀察反托拉斯案件在未正式成立前為「證據不足撤回」、「廠商同意終止違法行為」和「協議和解」三類情

---

[9] 三個委員會分別為眾議院能源及貿易委員會（House Energy and Commerce Committee）、眾議院歲計委員會（House Ways and Means Committee）以及參議院財政委員會（Senate Finance Committee）。參議院財政委員會相關變數皆沒有達到顯著性。

況的案件數，以及案件在正式成立後的「證據不足撤回」與「立即終止違
法行為」兩類裁決的案件數。該文作者觀察位於監督FTC的相關常設委員
會的委員（含參眾兩院）選區內的反托拉斯案件，在未正式成立前獲得
「證據不足撤回」的情況在全部案件所占的比例以及在正式成立後獲得
「證據不足撤回」的裁決在全部裁決案件所占的比例，是否與其它不是位
於監督FTC的相關常設委員會委員選區內的企業有所差異。分析結果顯示
在1961～69年期間，參眾兩院監督委員會委員選區內的企業獲得「證據不
足撤回」裁決的比例明顯高於其他不是位於委員會委員選區內的企業裁決
比例。而在1970～79年期間，雖然參議員的影響並不顯著，但是眾議員對
於選區內企業裁決的影響則非常明顯，甚至超過1960～69年期間。這些研
究發現明顯看出國會常設委員會利用監督的職權來影響聯邦貿易委員會的
管制結果。

　　Couch、Williams和Wells（2008）以公共選擇理論解釋民選政治人
物在以選舉為考量下，往往置國家整體利益和經濟效率於不顧，只為照
顧個人選區的利益。該文作者觀察違反環保法規的美國企業是否會接收
到裁罰傳票，來驗證國會議員的政治力量是否會影響環保管制政策的執
行。該研究的依變數是1992年至1993年之間，財星500大企業因為違反環
境管制政策而收到傳票的數量。重要的自變數包括：(1)企業規模（以企
業的總銷售額表示）；(2)企業的資產報酬率（return on equity）；(3)以
類別變數表示金屬、化學和石化工業三種產業；(4)選區國會議員是否擔
任監督環保署和預算審查權力的常設委員會委員，包括眾議院撥款委員
會（House Appropriations Committee）、眾議員榮民事務委員會（House
Veterans Affairs Committee）、住宅和都市發展委員會（Housing and Urban
Development）以及獨立機構委員會（Independent Agencies Committee）
（以該企業的總部是否位於該委員會委員的選區為準）；(5)常設委員會
委員的資深程度等五個自變數。統計分析結果顯示，當企業的規模越大
時，收到傳票的比例越高；企業的資產報酬率越高時，收到傳票的比例越

低；金屬和化工產業較其他產業接收到較多的傳票；委員的資深程度並沒有達到統計上的顯著水準但是呈現正相關；企業總部所在的選區如果是四個國會常設委員會的委員所屬選區時，接收傳票的比例顯著降低。

Holland（2014）觀察三個拉丁美洲國家的首都，以警察針對違規攤販（沒有執照的攤販）的處罰當作是分析對象，他的實證研究發現，家庭所得越低的區域（貧窮區域）對於違規攤販的處罰越輕；對於違規攤販的處罰越輕的區域，市長選舉所獲得的選票會越多；前一次市長選舉票數越接近的選區，違規攤販的處罰越輕。很明顯的，在這些都市，放寬違規攤販的處罰變成吸引貧窮選民選票的重要策略。

陸、國會議員的代表性影響政策利益的分配

美國國會兩院當中的參議院與眾議院議員所代表的利益是不同的。參議員代表美國各州的利益，不論人數多的大州或人數少的小州，每州都有兩位參議員。美國因為有五十州，所以總共有一百位參議員。眾議員代表眾議員選區的人口，每五十萬人劃定一個選區。所以人口多的州，眾議員人數就會多，美國總共有四百三十五位眾議員。如果我們以一人一票，票票等值的角度來看，每一位美國國民在眾議院被代表的程度都相同，但是小州的國民在參議院卻有被過度代表的現象，因為即便小州的人口少，但是它們跟人口多的大州都一樣，都有兩位參議員。問題來了，任何法案在出美國國會之前，參議院與眾議院都必須同意，在這兩個代表性結構完全不同的情況下，它們對於政策利益的分配會產生什麼樣的影響呢？

Lee與Oppenheimer（1999）在他們所做的實證研究當中認為，過去研究聯邦政策利益分配的研究大都將觀察重心放在眾議院，但是參議院特殊的相等代表性（equal representation，不論大州或小州，每州均有兩位參議員）卻深深影響美國聯邦利益在各州分配的結果。Lee認為，兩種邏

輯讓小州獲得較多的聯邦利益。第一，如果將美國總人口數除以美國五十州，所得到的人數當作是平均每州人口的基準值。接下來讓每一州實際人口數除以這個基準值，如果除出來的商數數值小於1，則這個州在參議院屬於過度代表的州，人數越少的小州，這個數值會越小，過度代表的情形會越嚴重。根據統計資料，過度代表的州就有三十八個之多，因此他們認為這些州在參議院可以輕易占有過半數的優勢（一百張選票當中的七十六張選票），因此有關政策利益分配的法案很自然地會對這些州有利。第二，參議院推動聯邦政策利益法案的聯盟領袖（總統、行政機關或參議院常設委員會主席等等）會傾向於讓小州獲得較多的利益分配以獲取它們的支持。因為同樣是爭取兩張參議員的同意票，但是因為小州人口少，如果以每人所獲得的利益為基準來計算，多付出給小州的額外政策利益將遠遠低過於額外分配給大州的政策利益。在這種最低成本的考量之下，聯盟領袖傾向於拉攏小州的參議員，所以小州獲利的機會將遠遠超過大州。

柒、跨國研究：國會選舉制度影響政策利益分配

　　1980年代，分配政策的研究逐漸拓展至非美國的區域與國家。雖然曾經有學者指出肉桶政治（pork barrel politics）的現象會發生在任何一個以直接方式選出民意代表的政體（Barry, 1965; Buchanan & Tullock, 1962），但是過去分配政策研究卻大都侷限於美國（以國會以及聯邦層級的政策利益為分析對象），很少利用比較政治的觀點來詮釋肉桶政治（Kuklinski, 1979）。

　　而Thomas Lancaster（1986）應該算是早期提出系統性分配政策跨國比較研究架構的代表性學者。他以國會議員的選舉責任（electoral accountability）以及國會議員誘因結構（incentive structure）為基礎，認為國會議員選舉制度當中的選區規模與肉桶政治有著密切的關係。選區所選出來的國會議員員額越多的制度，這些國會議員對於肉桶行為的偏好程

度會比較低。相反來看，如果選區議員員額越少，則這些議員越傾向於透過肉桶行為（pork barrel behavior）來達成連任的目的。出現這種現象的原因在於選區議員員額越少的國家，現任議員在選區當中行動的被辨識度就會越高，因此來自於選民的課責性也就越強，所以越有動機帶回地方利益。基於這樣的邏輯，單一選區制度下的議員動機是最強的，因為一旦有利於選區的補助計畫或經費落在選區之中，該選區的選民可以清楚辨識，而議員將可輕易地從中獲取選舉上的利益。而選區議員的員額超過一名時，選舉的課責性就會開始變得模糊，因為即使議員努力爭取選區利益，還是必須面臨其他議員搭便車的風險，以致於選民無從得知到底是哪一位議員的功勞，所以議員爭取選區利益的動機相對會較弱。而一旦選區議員員額越多，這種情形將會越嚴重，最極端的情形便會是以全國為唯一選區的選舉制度（at-large）。Lancaster的論述所隱含的意義在於：相較於美國國會議員選舉的單一選區制（眾議院），其他國家不同的選舉制度勢必會產生不同型態的分配政治型態。

除了選舉制度的因素之外，Lancaster也提出一些相關的中介因素會影響選區規模與國會議員肉桶政治活動（pork barrel activities）之間的關係，這些因素可能會增強或減弱二者的關係。首先，權力大的國會常設委員會將會助長國會議員的肉桶活動，典型的例子包括美國專業化的常設委員會制度、日本與義大利強勢的委員會系統等等。第二，如果現任國會議員有非常強烈的地方主義（localism）傾向，則會中介影響選區規模與國會議員肉桶政治活動之間的關係，讓肉桶活動更為頻繁，例如奧地利、法國、印度、義大利與日本等等國家。國會議員的地方取向不僅包括他們是不是在選區當地出生，也包含了是不是曾經在地方上擔任過民選公職、參加過地方黨部、工會或商會的活動。第三，選區利益團體的數量與活動強度也會中介影響選區規模與國會議員肉桶政治活動之間的關係。通常利益團體數量越多或利益團體活動強度高的國家，議員肉桶活動的誘因會越高。第四，政黨的紀律。政黨紀律較強的國家，即使該國的國會議員選區

的員額較少，但是也會減緩國會議員追求肉桶的動機與行為。

在Thomas Lancaster提出跨國研究架構之後，許多實證研究針對多個國家做跨國的研究（Scholl, 1986; Heitshusen et al., 2005; McElwain, 2006; Ariga, 2005; Ashworth & Bueno de Mesquita, 2006）。有的研究則針對單一國家從事分配政策的研究，例如日本（Horiuchi & Saito, 2003; Horiuchi, 2007）、韓國（Horiuchi & Lee, 2008）、哥倫比亞（Crisp & Ingall, 2002）、巴西（Samuels, 2002）、德國（Stratmann & Baur, 2002）、義大利（Limosani & Navarra, 2001）、俄羅斯（Kunicova et al., 2005）、澳洲（Denemark, 2000）、台灣（羅清俊，2009）等等。我們很扼要地來看看我們比較熟悉的鄰國——日本與韓國的分配政策與政治現象，以及另外一個發生在巴西有趣的分配政治現象[10]。

Horiuchi（2007）利用1994年（非自民黨執政聯盟）與1995年（自民黨執政聯盟）日本中央政府補助款的資料，分析日本在SNTV-MMD制度時期（單記不可讓渡複數選區制），不同執政聯盟的情況下，影響這些政策利益分配的相關因素。他認為，日本在SNTV-MMD制度時期，每個選區的議員不見得屬於相同政黨，即使屬於相同政黨也會彼此競爭選票，在這種情況之下，執政黨（或執政聯盟）即使想要透過補助款的分配來增加該政黨未來選舉的優勢，也會面臨不知如何著手分配的困境（例如選區有一位執政黨的議員，一位非執政黨的議員，執政黨如果分配政策利益到這個選區，另外一位非執政黨的議員也會同時獲利）。的確，當時的日本並不像單一選區制的國家，執政黨只要分配給某選區一定額度的補助款就可以有增加選票的機會。面對這樣的兩難困境，到底執政黨（或聯盟）要如何處理？Horiuchi認為，雖然客觀條件的限制使得分配給選區的補助利益不見得可以極大化政黨選票或是席次，但是執政黨（或聯盟）至少可以利用補助利益的分配來收買支持（buy support），使得在野議員在國會各種

---

[10] 讀者如果對於其他國家的分配政治現象有興趣，可參閱羅清俊（2009）。

立法過程當中可以用平和的態度與執政黨一起合作。當然，這並不是說執政黨會對在野議員全般輸誠。由於日本屬於內閣制國家，政府預算案必須由內閣決定之後，才送國會審議，所以屬於執政聯盟的國會議員對於預算案的影響力勢必大過於在野議員，也因此他們有更多的機會為他們自己的選民獲取更多的公共資源。在這種情況之下，選區的議員如果是內閣成員、是執政聯盟當中各政黨的領袖，或是經常參與國會預算委員會，則這些選區會獲得較多的補助利益。

我們再來看看另一個我們的鄰近國——南韓，在分配政策的研究發現。目前針對南韓的分配政策研究主要探討南韓總統對於政策利益分配的影響力。Horiuchi與Lee（2008）觀察南韓總統對於分配政策的影響，他們認為，因為南韓特殊的制度與文化（享有龐大權力的總統以及南韓獨特的區域主義），所以南韓總統傾向將超額的政策利益分配給屬於自己勢力範圍（選舉）的地理區域以及屬於政治敵對者勢力範圍的地理區域，而對於那些五五波的勢力範圍則分配較少的政策利益，以致於利益分配的情形呈現U型（拉攏兩端極端的支持者與反對勢力，放棄中間游離區）。南韓總統對於政策利益的分配之所以會如此，主要有兩個原因。首先，他們希望能夠獲得優雅平和的退休（graceful retirement）。南韓總統不能連任，總統卸任之前會盡力拉抬同黨候選人順利當選下任總統，才不會以難堪的角色退休。而且如果同黨的候選人當選，自己退休之後才可以減少被挖瘡疤的機會。所以將超額利益分配到屬於自己勢力範圍的地理區域，未來的選舉才能立於不敗之地。其次，總統希望在任內運作政府事務時不會被反對黨或反對勢力嚴重干擾以致影響政策績效，所以也會用超額的政策利益拉攏極端的反對者。該文作者利用市層級（municipal-level）所獲得的補助款資料從事分析，研究結果發現金泳三總統時期（1993～1997）以及金大中總統時期（1998～2002）均呈現作者所預期的現象。這項南韓的分配政治發現與Casas（2018）的模型性研究發現類似[11]。Casas利用模型推

---

[11]Casas並不是針對南韓，而是一項普遍性的研究。

衍發現，民選政治人物應該將肉桶利益多分配在反對區，而不是支持區或搖擺區，才能動員選民出來投票（turnout buying）並投下支持票（vote buying）。

Samuels（2002）的研究發現，巴西的國會議員帶回肉桶利益是為了照顧地方上的工程包商，而非訴諸一般選民。由於巴西總統擁有法案的否決權，使得國會議員必須將他們所關心的政策利益分散在他們所提的各項法案當中，以降低全部或大部分被否決的風險。但是這種零碎且小額的政策利益對於向選民邀功（credit-claiming）的效果其實不大，而且巴西國會議員大選區的特質（巴西的選舉制度為比例代表開放名單制，以州為選區，每州應選名額八到七十名不等的大選區）以及黨內候選人彼此競爭的事實提高了議員宣傳功績的難度，甚至這些國會議員獲得肉桶利益的功勞還會被地方上的政治人物瓜分。因此，巴西國會議員對於爭取選區政策利益來獲得選民的支持其實並沒有太多的信心。但是，在這種情況之下，國會議員為什麼還是願意汲汲營營地追求選區特殊利益？原因就在於爭取肉桶利益可以幫助議員接近地方上的工程包商，進而使他們獲得更多的競選經費以確保連任機會。Samuels的實證研究發現，巴西國會議員爭取肉桶利益既不能增加勝選的機會，也無法拉開與競爭對手的得票差距，但是卻能夠獲得更多來自於地方工程包商所提供的政治獻金。而獲取政治獻金越多的國會議員，連任以及拉開與競爭對手得票差距的機會越高。

捌、台灣的實證研究發現

一、早期台灣分配政策與政治的研究：複製美國分配政策研究的框架

早期台灣分配政策與政治的研究複製美國分配政策研究的框架，大都是以某一行政層級的補助利益為觀察標的，利用統計分析估計影響政策利益分配至地理區域的各種因素，包括議員的資深程度、議員是否為重要

常設委員會委員、議員的政黨屬性、議員選舉的競爭程度、民選行政首長的黨籍、民選行政首長選舉競爭程度以及選區的客觀需求等等。

在台灣省政府層級的研究方面（精省之前），例如羅清俊（2000）分析台灣省政府77～84年度分配至二十一縣市的補助款，驗證究竟省議員的資深程度、國民黨籍省議員、常設委員會委員、縣市長黨籍等等因素是否會影響縣市所獲得的補助款額度？研究結果發現，除了常設委員會之外，其他政治因素對於補助款的分配均具有正面的影響，縣市所屬的省議員越資深、國民黨省議員比例越高的縣市，以及國民黨執政的縣市均獲得超額的省政府補助利益。另一個有趣的發現是：當縣市長改選之後，維持國民黨執政的縣市仍獲得最多的補助款，國民黨連任失敗的縣市次之，而維持非國民黨執政的縣市所獲得的補助款最少。

之後，羅清俊與萬榮水（2000）接續以相同的補助款資料作為觀察標的，不過研究問題則是國民黨是否利用台灣省政府的行政資源，藉著補助縣市以增加該黨在各種選舉中勝選的機會？研究結果發現，在省議員與縣市長選舉年，台灣省政府的補助預算規模大過於非選舉年；省政府不分選舉年或是非選舉年均給予前一次省議員選舉時國民黨籍與非國民黨籍候選人競爭激烈的縣市較多的補助款；同時也將超額的補助款送到那些既是國民黨執政又是前一次縣市長選舉戰況激烈的縣市；選舉有關的政治因素固然影響台灣省政府補助款的分配，但是同時發現縣市客觀的需求變數「自有財源比例」與補助款分配之間有著相當程度的關聯。

在中央政府層級的研究方面，羅清俊（2000a）以內政部營建署在民國88與89年度「創造城鄉新風貌」補助款的分配為觀察對象，研究結果發現，如果以補助金額當作是依變數時，國民黨籍立委比例較高的縣市獲得較多的補助款。如果將各縣市所獲得的補助案數當作是依變數時，非國民黨籍立委比例較高的縣市反而獲得較多的補助案數。這項研究發現讓作者推論這似乎是立法委員之間的互惠關係，國民黨籍立委比例較高的縣市獲得現金補助，而非國民黨籍立委比例較高的縣市則獲得較多的補助案，大

家各取所需，彼此對選民都有所交代。

而在直轄市層級的研究方面，羅清俊（2001）比較台北市政府在黃大洲時期與陳水扁時期分配於十二個區公所歲出預算的影響因素。就統計分析的整體結果來看，陳水扁時期出現分配政治的現象比黃大洲時期明顯。尤其在於行政區所屬市議員的政黨屬性、議員資深程度、民政委員會委員資深程度對於區公所歲出預算分配的影響更是如此。比較有趣的發現是陳水扁時期對於各區公所歲出預算的分配充滿著「感激與回饋」，也就是說陳水扁在市長選舉時獲得票數愈多的行政區，獲得越多的歲出預算。

二、重新檢視台灣分配政策與政治：考慮台灣立法委員選舉制度

羅清俊（2009）認為，過去台灣分配政策與政治研究都是複製美國分配政策研究分析架構所從事的實證分析。儘管這些研究的實證發現對照於台灣的政治或政策現象仍有一定程度的意義，然而它們卻忽略了台灣立法委員選舉制度的特性對於政策利益分配的影響。所以他接續利用一系列的實證研究，觀察立法委員選舉在SNTV-MMD制度（第七屆立委選舉之前屬於Single Nontransferable Vote-Multi-Member District System，簡稱為SNTV-MMD制度）時期的台灣分配政策與政治（羅清俊，2009）。

第一，他重新回到分配政策與政治研究的起始點，針對選民所做的全國性的調查研究發現：首先，SNTV-MMD制度下的台灣選民對於立法委員為選區帶回經濟利益有很強烈的期待。立法委員為選區帶回經濟利益會讓民眾心存感激而反映在投票行為上。這種看法會隨著選民不同的政黨認同而有所差異，泛藍選民偏向這種看法。這種看法也會隨著選民所居住的區域不同而有所差異，住在離島與東部各縣的受訪者感受最深。其次，即便立法委員曾經為選區爭取補利益，但是感受得到的民眾只接近五成。受訪者這種感受並不會隨著他們政黨認同而有所差異，但是卻受到他

們所居住的區域不同而有所差別，住在離島與東部各縣的受訪者感受比較深刻。最後，立法委員爭取補助經費對選民而言是相當重要的，不但可能影響到選民投票的選擇，也可能成為選民之間討論的話題。這些看法並不會因為受訪者的政黨認同而有太多的差別，但是居住在離島與東部各縣的受訪者顯然比其他受訪者有稍強的看法。

第二，同樣基於全國調查的資料分析，選民對於立法委員為家鄉帶回補助利益的期待也會因為選區立委員額數量多寡的不同而有所差異。小規模立法委員選區的選民對於補助利益的感受與期盼比中、大型規模選區選民來得深刻。當控制受訪者所居住縣市的自有財源時，仍然發現選區規模對於受訪者意見相當程度的影響。

第三，他針對第六屆區域立法委員所做的調查研究發現，立法委員密切回應選民對於補助利益的需求。立法委員回應的程度也會隨著選區規模的大小不同而異。來自小規模選區的立委感受到的課責壓力特別大，所以追求選區補助利益的誘因強過於中、大規模選區的立法委員。

第四，透過第三屆至第六屆立法委員分配政策提案數量的分析發現，立法委員為選區爭取補助利益的誘因會反映在他們的分配政策提案行為。同樣基於選民的課責程度，來自小規模選區的立法委員明顯地比中、大型規模選區的立委更積極。除此之外，伴隨著SNTV-MMD制度所呈現的現象是各個立委選舉時的選票傾向於集中在選區當中的某個地理區塊，但是不見得每一位立委選票集中的程度都會相同。統計分析結果發現，雖然沒有達到顯著水準，但是迴歸係數是負號，代表票源越分散的立委會比選票集中的立委多提一些分配政策法案。另外，國民黨籍立委與具有地方民選公職經驗的立委所提的分配政策法案數量顯著地多過於其他立委。

第五，選區規模影響選民對於補助利益的期盼，影響到立法委員爭取補助利益的誘因，而立法委員某種程度也將這種誘因反映到分配政策的提案代表行為上。進一步透過「擴大公共建設振興經濟暫行條例」所分配

至各縣市的政策利益以及91-95年中央政府分配給各縣市的補助款分析也發現，選區規模也顯著地影響選區所獲得到的實質補助利益。規模越小的選區在這兩項利益的分配上都是贏家。伴隨著SNTV-MMD制度所呈現的立委選票集中程度對於這兩項利益的分配也都是顯著的負向影響，也就是說，平均來說，立委票源越分散的選區獲得越多的實質政策利益。在台灣屬於SNTV-MMD制度副產品的立法院常設委員會召集人對於這兩項實質利益分配也都是正向顯著的影響，選區如果越多立委擔任常設委員會的召集人，則該選區將獲得超額的這兩項政策利益。除此之外，選區自有財源越低、選區社會團體數量占縣市人口的比例越高，則這些選區獲得這兩項實質補助利益的額度都會比較高；立委具地方派系背景也能相當程度地為選區獲取可觀的政策利益。最後，在任總統前一次選舉時在各縣市的得票率多寡對於這兩項實質政策利益分配的影響雖然沒有達到統計上的顯著水準（迴歸係數符號為正向），但是2004年（民國93年）總統大選選舉年，中央政府分配給縣市政府的補助款總額度顯著地高過於其他年度的補助款總額度（91、92、94、95年）。

　　基於以上這些研究發現，羅清俊（2009）認為台灣分配政治受到當時立委選舉制度深刻的影響。因為他看到選區規模、立委票源分佈情形、以及國會常設委員會召集人這些與SNTV-MMD的選舉制度直接或間接相關因素明顯地影響台灣分配政治運作。當然，行政部門在總統選舉年提供各縣市高額度補助利益，也透露行政部門在台灣分配政治所扮演的重要角色。具有地方派系背景的立法委員對於引介補助利益的積極程度也不容忽視。而地方上的社會團體更是爭取政府實質政策利益的重要贏家。

三、立法委員分配政策提案數量與選舉制度改變

　　一項有趣的研究是針對立法委員選舉從SNTV-MMD制度轉換至單一選區制的分際點，究竟立法委員如何表現在他們的提案行為上面，特別是具有成本分散利益集中特質的分配政策提案（羅清俊、廖健良，2009）？

2004年8月23日，第五屆立法院召開臨時會，通過了第七次憲法修正案，將立委員額由225名減半為113名，其中區域立委原本有168名，在修憲後僅剩73名。同時，也將選舉制度從SNTV制度改成單一選區兩票制。當然，就那個時間點來看，對於第五屆想要連任第六屆的立法委員來說，影響可能不大，但是卻可能影響未來第六屆想要連任第七屆的立法委員。首先，第六屆立委如果想要在第七屆立委選舉成功地連任，在立委總員額數減半的情況下，他們需要比過去更多的選票才能當選第七屆立委，因此這些想要連任第七屆的第六屆立委在其任內實質上必須服務的人口數將比過去SNTV制度時期增加許多。其次，第六屆立委如果想要在第七屆單一選區選舉制度下脫穎而出，就必須讓選民能夠清楚辨識他們對於選區與選民的實質貢獻，因為未來在單一選區制的選舉當中，個別選區內的候選人數將會比過去SNTV制少了很多。所以，選民獲取候選人優劣的資訊成本勢必大幅降低，因為選民只要在少數幾個候選人當中做選擇。在這種情況之下，想要參選第七屆的第六屆立委想辦法增加選民印象的動機勢必隨之加強。這不像在SNTV制度之下，立法委員可以在面臨責難時歸咎責任給選區其他立委，或是可以用搭便車的方式分享選區其他立委為選區所帶來的實質利益。當然，這種集體行動的問題可能會隨著SNTV選制之下的選區員額不同而異，員額越少，集體行動的問題就會減緩。以上這些制度的改變會不會造成想要連任第七屆的第六屆立委在追求選區利益代表行為上的改變，而明顯與第五屆的立法委員不同？如果有改變，是不是原本立委選區就是單一員額或員額數較少的選區立委的變化幅度會小於員額數較多的選區立委？

　　研究發現第五屆大型及中型選區立委的分配政策提案數量皆遠低於小型選區立委，其中又以大型選區立委的分配政策提案數量最少，這代表選區規模越大，立委越沒有動機提出分配政策提案。而在第六屆立法院時期，大、中、小型選區立委之間的分配政策提案數量卻沒有顯著的差異。出現這種現象主要是因為第六屆的中、大型選區立委在分配政策提案

的數量上大幅地成長，顯著地多過於第五屆的中、大型選區立委。而小型選區立委的分配政策提案數量在五、六兩屆立法院之間並沒有顯著性的差異。這意味著來自選區規模越大的區域立委，受到選制即將改變為單一選區與員額減少的影響也越深遠。這項研究不但發現選區規模對於台灣立法委員分配政策提案行為的顯著影響，同時也觀察到選舉制度即將改變之前就已經對國會議員分配政策提案行為產生影響[12]。

四、立法委員分配政策提案數量與選區政策利益的分配

同樣是立法委員分配政策提案相關的研究，但是羅清俊與詹富堯（2012）提出另一項不同的研究問題。研究背景是這樣的：台灣立法委員在立法院的個人提案如果不併在政黨提案或是行政院提案，其實很少有機會能夠三讀通過成為正式法律。既然如此，為什麼立法委員仍然熱衷於此，而且一屆比一屆增加？尤其在具有成本分散且利益集中特質的分配政策提案數量上更是如此？除了象徵性地應付選區選民或利益團體的要求、證明他們在立法院的努力、增加知名度或是建立聲望之外，立法委員的分配政策提案行為是否還具有其他更積極的功能？這種積極的功能是不是在告訴行政部門，立法委員有多麼需要選區的利益，間接地要求行政部門分配超額的政策利益至他們的選區。

基於這樣的假設，他們利用中央政府在94～98年度分配至選區（縣市）的計畫型補助款進行分析，驗證區域立委的分配政策提案行為與計畫型補助款分配額度之間的關係。統計分析結果發現，在控制相關變數之後，立委分配政策提案比例越高的縣市，它們獲得的計畫型補助款的確也會越多。而其他過去分配政治研究常用的政治及制度性因素雖然沒有顯著的影響，但是他們仍然發現政治景氣循環現象存在的可能性（選舉年補助

---

[12] 羅清俊與謝瑩蒔（2008）也有類似分配政策提案與選區規模關聯性的研究，不過他們分析的是第三、四屆立法院。

額度增加）。最後，他們也發現計畫型補助款在縣市的分配存在明顯的預算慣性，並且補助預算的分配也反映了地方財政結構以及補助需求。這些研究發現顯示行政官僚體系一方面雖然受到立法委員分配政策提案的壓力而影響計畫型補助款在縣市的分配，但是以需求作為資源分配準據的防線仍能維持。

五、縣市議員建議款分配的研究

過去台灣分配政策與政治研究所分析的補助利益並不是以每一位議員（例如立法委員）的名義爭取而來的，而是行政機關基於不同程度的自由裁量權分配至各選區的補助利益（在我國包含了計畫型補助款與一般性補助款）。既然如此，如果一筆補助利益款項流入某位議員的選區，我們並沒有辦法知道這筆款項有多少成分是議員基於個人的影響力所爭取來的？而有多少成分是行政機關的主動作為（也許基於選區客觀需求，也許基於尊重立委要求的默契）。這項分析資料所面臨的問題，不僅在台灣研究是如此，即使分配政策與政治研究的發源地美國，近年來許多的實證研究也基於上述同樣的理由，轉而分析國會議員指名道姓爭取的補助款（earmark grant），這種指名道姓的補助款與台灣縣市議員建議款或配合款非常類似[13]。

---

[13] 我國縣市議員建議款或配合款非常類似美國國會行之有年的指名道姓補助款（earmark grant）。當然，美國比台灣透明多了。美國聯邦政府的補助款種類很多，一般都是由國會授權委員會（authorizing committee，就是我們熟知的常設委員會）授權給行政部門執行某補助方案，然後再由撥款委員會（appropriation committee）撥款給行政機關。有時候國會會制訂分配公式，讓行政機關分配補助款至各州或選區（formula grant），有時候國會讓渡自由裁量權給行政部門決定（project grant）。不管是哪一種，國會議員都無法預知他的選區是否可以得到較多的補助金額，所以他也無法確認選民究竟有沒有因為補助利益而感激他。然而，美國國會議員另外有一種權力是提出指名道姓補助款的權力。每年聯邦政府編列預算時，每一位議員會針對他自己選區的需求向國會撥款委員會

　　台灣縣市議員建議款或配合款制度的起源，最早可追溯至台灣省政府時期為因應當地各選區的緊急需求而設置小型工程建設的經費預算，由省議員根據自己所屬的縣市需求直接向省政府各廳處申請，再直接撥付補助。之後各個縣市政府也比照這樣的慣例，縣市政府在處理議員補（捐）助建議款經費時，不會以獨立的預算名稱編列，而是在預算相關業務計畫科目中分別留置一筆經費，以供議員自行指定施行工程項目（林來居，2006：147-173；陳親，2005：62-63）。因此每年會在總預算內編列特定的補助經費給縣議員使用，以便他們直接服務選民。

　　截至目前為止，國內以縣市層級的議員建議款研究相當少見，且多數以訪談或者針對縣議員所做的調查研究為主。陳親（2005）以訪談的方式探討地方府會關係對於地方補助款運作的影響，個別探討台北縣（現在改制為新北市）與桃園縣（已改制為桃園市）議員對於地方基層建設的「建議補（助）案的補助款」的看法（該稱之為「議員配合款」）。研究結果發現，建議（補）捐助經費的預算編列因為掌握在縣長手裡，因此縣政府往往會以此為手段，換取多數議員在議案上的支持。儘管當時台北縣及桃園縣面臨財政狀況不佳之情況，但是都不會影響這筆款項預算的編列，甚至還有陸續成長的趨勢。同時，無論是一致性政府（桃園縣長朱立倫時期）或分立性政府（台北縣長蘇貞昌時期），也都不會影響該經費預算的編列與額度。總而言之，「建議補（助）案的補助款」的預算編列已

下的次級委員會（subcommittee例如農業次級委員會）提出指名道姓的補助款，申請案上面就會指名道姓是哪一位議員申請，申請多少錢，要做什麼用途，補助款要分配到那一個明確的地點。這些資料也都是公開的，好讓選區選民知道這是誰的功勞。撥款委員會審查通過之後，隨著earmark grant的性質不同，就會編列在不同的行政機關的預算當中。例如與國防武器外包有關的earmark補助就會編列在國防部的預算當中。然後夾帶在所謂的omnibus budget bill當中，一旦聯邦政府預算案通過，這些補助款就取得合法地位。從Office of Management and Budget的網頁當中可以查出每一年參眾兩院撥款委員會審核參眾議員提出補助款的地點、金額、用途、編列在哪一個行政機關等等，非常清楚。

經成為縣政府與議會間維持和諧、預算能順利審議通過與穩定成長或甚至
於是選舉綁樁的工具。

　　林來居（2006）分別利用訪談與調查研究的方式，針對苗栗縣議會
議員的預算審議行為進行總體的觀察，探討影響議員預算審議行為的關鍵
因素。就議員「建議補（助）案」議題有關的研究結果來說，預算案審議
順利通過與否與府會之間關係的好壞有關，而縣議員向縣政府建議使用的
經費（該文以配合款稱之）一直是扮演府會和諧融洽的潤滑劑。在傅學鵬
擔任八年的縣長期間，只要是議員提出的需求，縣長都照單全收。儘管苗
栗縣政府的財政拮据，對於議員所提的建議經費也都全數接受。傅學鵬為
了能讓縣政府的議案能夠順利通過，竭盡所能滿足每位議員所提的建議案
需求，而這樣讓苗栗縣在他的任內，負債高達200億元之多，而這也是府
會和諧所付出的代價。

　　湯京平等人（2002）研究台中縣第十三與十四屆縣議會，討論一致
性政府（廖了以縣長時期）與分立性政府（廖永來縣長時期）對於「議員
建議補（捐）助案」經費的影響。作者透過訪談，發現在一致性政府的
第十三屆縣議會，縣長與各個議員達成默契，每位議員有五百萬元基本額
度回饋選區選民，而這個額度也可能隨著縣議員與縣長的緊密關係，或是
縣議員的資深程度等等因素而有所調升。然而這樣肉桶政治的現象在分
立政府形成之後（第十四屆縣議會），每位議員可以取得「議員建議補
（捐）助案」經費額度不但沒有減少，反而從五百萬增加至六百萬，比總
預算的增加幅度還來得大。

　　而在實證研究方面，蕭慧敏（2013）針對嘉義市、羅清俊（2014）
與廖彥傑（2014）針對台東縣，以及黃冠瑜（2018）針對台北市，重新以
分配政策與政治研究的架構，分析縣市議員建議款分配。他們都利用新的
資料（縣市議員建議款）來回答分配政策與政治研究慣常提問的問題。研
究發現並不見得完全一樣，因為所觀察的標的並不相同，有興趣的讀者可
以進一步去閱讀。

六、官僚政治與肉桶利益的分配

　　緣起於1960年代美國的分配研究，發展迄今已經超過五十年，然而過去研究關注的焦點相當不平衡地傾向於立法部門對於政策利益分配的影響，不僅美國以及其他國家的研究如此，在台灣的分配政策與政治研究也面臨一樣的問題。羅清俊（2012）希望能夠超越這個既有的研究框架，他以台灣行政官僚體系（行政部門）為主要的觀察重心，透過實證研究途徑分析行政院各部會在同時面對立法院與總統的利益需求與影響力的情況下，如何分配政策利益？具體來說，他以台灣中央政府在95～98年度分配給縣市的計畫型補助款為基礎，不僅分析立法部門與總統，同時也分析行政部門以及它與立法部門在預算審議上的互動關係，是否以及如何影響這些補助利益在縣市的分配？除此之外，這項實證研究也探索縣市所屬立法委員在某一年刪凍行政部門預算的力道是否影響次一年度縣市所獲得的計畫型補助款？縣市在某一年所獲得計畫型補助款的多寡是否會影響次一年度縣市所屬立委刪凍行政部門預算的力道？

　　首先，這項實證研究發現，行政部門的地方特質相當程度地影響計畫型補助款的分配。這裡所謂的行政部門地方特質是指現任部會首長過去的地方選舉經歷，以及現任縣市長過去的部會首長經歷。其次，當立法委員刪凍行政部門預算的力道越大，則行政部門會在後續一年分配超額的計畫型補助款給這些立委所屬的縣市。最後，當某些選區獲得越多的計畫型補助款時，這些選區的立委在接續一年刪凍行政部門預算的力道會略微減弱。

　　除了上述列舉的實證研究之外，仍然有其他一些關於台灣分配政策與政治的相關實證研究，有興趣的讀者可以進一步參考。例如、有關分配政策法案在立法院的審議過程（羅清俊，2004）、選區企業與立法委員企業背景對於立法委員分配政治行為影響的研究（羅清俊、張皖萍，2008）、縣長特別統籌款分配的研究（羅清俊，2008）、關於小規模立法

委員選區的分配政治（羅清俊，2008a）、有關原住民補助款分配的研究
（羅清俊、陳文學，2009）、關於環保訴願是否具有分配政治特質的研究
（羅清俊、郭益玟，2012）、我國社區發展補助款分配的政治分析（張志
維，2011）等等。

第三節　政策實務操作

　　分配政策呈現的政策現象向來讓人詬病，在美國有人戲稱分配政策
是肉桶立法；在台灣我們調侃分配政策是錢坑法案。既然如此，針對分配
政策的政策實務操作議題就是要想辦法解決（或減緩）這些現象所產生
的問題。有哪些問題需要解決呢？第一，當獲利者獲利的型態是最小獲勝
聯盟時，則呈現出來的是公平正義的問題，也就是說身處在最小獲勝聯盟
的人會比其他人獲得更多利益，而且這些利益比他們應該得的利益超過許
多。第二，當獲利者的獲利是通通有獎的型態時，呈現出來的則是經濟效
率問題，也就是因為國會議員為了要利益均霑而拖垮政府的財政。以下我
們針對這兩項問題，提出可能解決或減緩問題的途徑。在具體針對這兩項
問題所提出減緩或解決肉桶政治的想法之前，財政紀律是一個很重要的一
個先行概念（任何解決途徑都會跟財政紀律有關），而我國也在2019年4
月制訂了一部「財政紀律法」，我們會先來說說目前我國對於各級政府以
及立法機關在財政政策方面的約束紀律。

壹、財政紀律

　　我國在2019年4月10日（民國108年4月10日）由總統公布實施「財政
紀律法」，依照該法的定義，「財政紀律」係指對於政府支出成長之節
制、預算歲入歲出差短之降低、公共債務之控制及相關財源籌措，不受政

治、選舉因素影響，俾促使政府與政黨重視財政責任與國家利益之相關規範。因此，很明顯的，這一部法律是期待能夠減緩或甚至於避免分配政策所引發的負面現象。有兩個部分值得提一下。

首先，該法第五條第一項規定：「中央政府各級機關、立法委員所提法律案大幅增加政府歲出或減少歲入者，應先具體指明彌補資金之來源」。第二項規定：「各級地方政府或立法機關所提自治法規增加政府歲出或減少歲入者，準用前項規定」。第十二條第一項規定：「中央對於財政紀律異常之地方政府，應訂定控管機制」。這些條文內容是規範中央政府各級機關與立法委員不能肆無忌憚地大幅增加政府支出或減少歲入，至於地方政府層級也是一樣。另外，中央有權對於財政紀律異常的地方政府加以控管；不過，有趣的是，該法卻沒有談到中央如何自我約束自己的財政紀律。

其次，「稅式支出」（tax exemption）經常被分配政策研究學者歸類為另一種肉桶利益[14]，它被定義為政府為達成經濟、社會或其他特定政策目標，利用稅額扣抵、稅基減免、成本費用加成減除、免稅項目、稅負遞延、優惠稅率、關稅調降或其他具減稅效果之租稅優惠方式，使特定對象獲得租稅利益之補貼。它不是補助款，受益者不是直接拿現金，而是以上各種優惠，其實等同現金。政治人物也經常利用稅式支出來討好企業團體，大部分情況是為了選票或競選資金。「財政紀律法」第六條第一項規定：「中央政府各級機關所提稅式支出法規，應確認未構成有害租稅慣例，並盤點運用業務主管政策工具之情形及執行結果，審慎評估延續或新增租稅優惠之必要性」。第二項規定：「經評估確有採行稅式支出之必要者，應就稅式支出法規實施效益及成本、稅收損失金額、財源籌措方式、實施年限、績效評估機制詳予研析，確保其可行且具有效性」。

---

[14] 本章第二節現象觀察部分有討論過這種肉桶利益。

貳、針對最小獲勝聯盟所引發的公平正義問題

一、改變補助款分配的結構

補助款分配的結構影響政治影響力的介入，當政治力介入時，通常會形成最小獲勝聯盟。所以，設計一種讓政治影響力不容易介入的補助款分配結構可以減緩問題。補助款分配的結構最常見的有兩種不同的型態，包括專案補助（project-by-project grant or categorical grant）與公式化補助（formula grants）。

第一種補助款分配的結構是專案補助（專案補助就像是我國中央政府的計畫型補助款），它是指上級政府（例如美國聯邦政府或台灣的中央政府）為了達到某種特定的政策目標，透過專案補助款的分配來要求地方政府配合執行。根據過去美國的實證研究顯示，專案補助的分配比較容易受到政治性因素的影響（Lowi, 1979）。因為行政機關在專案補助的分配權限上，擁有相當程度的自由裁量權可以決定到底政策利益應該要如何分配（分配給誰以及分配多少）。行政機關為了與國會議員相處愉快以保障預算安全，願意分配較多的專案補助款給那些與行政機關具有直接關係（例如常設委員會委員）並擁有影響力議員（例如常設委員會召集人、資深的議員或是國會多數黨議員）所屬的選區或州以換取人情。

第二種常見的補助款分配的結構是公式化補助（公式化補助很像我國中央政府的一般性補助款），它是藉助於公式的計算，讓每一個選區或行政轄區都獲得應該得的利益。公式當中通常包含有各個選區或行政轄區的人口數以及其他相關的客觀指標（視不同的政策而定，例如農業補助款則會納入農產品產值作為客觀指標）等等。因為選區或行政轄區獲得的金額多寡都限定在公式之內，行政機關自由裁量的空間相當有限，所以政治力的運作比較難以介入。既然專案補助比公式化補助有更多的政治力介入，因此很多人建議儘可能減少專案補助款的金額數量，而以公式化的補

助結構加以取代。

二、補助款分配的透明化制度

　　政策利益分配透明化的制度則是將所有政策利益分配的相關訊息攤在陽光之下，包括政府所提供的補助方案項目有哪些？究竟是誰獲得補助利益、為什麼他們有資格獲得補助利益？獲得補助利益的額度有多少？獲得這些額度的理由是什麼？資訊一旦透明化，國會議員與行政部門想要透過這些政策利益買通選民也好，或是潤滑行政與立法部門（議員）之間的關係也好，都會受到相當程度的限制。

　　我們來看看美國的經驗。肉桶政治相當嚴重的美國為了將補助利益相關資訊透明化，並且改善聯邦補助利益的執行成效，在1999年通過「聯邦財政補助管理改善法」（Federal Financial Assistance Management Improvement Act of 1999）（PL106-107）。並依據該法，於2002年透過www.grants.gov的網站架設，將聯邦補助資訊全部整合在一個共同的平台上。舉凡聯邦補助訊息、申請程序、追蹤補助審核進度、受補助者的執行進度與成效等等，通通可以在線上處理與監測。

　　美國國會更在2006年通過「聯邦補助責任與透明法」（Federal Funding Accountability and Transparency Act of 2006）（2008年也通過修正案）（前美國總統Barack Obama是當時參議院幾位提案的參議員之一），該法要求從2007會計年度起，所有接受聯邦政府補助的各級政府或團體（entities or organizations）必須將相關資訊公開在網頁上，例如接受補助的機構名稱（the name of the entity receiving the award）、接受補助的額度（the amount of the award）、補助來源以及補助目的（funding agency and an award title descriptive of the purpose of each funding action）、接受補助的機構所在位置（the location of the entity receiving the award）等等。

　　Barack Obama在當選總統上任之後，更積極推動透明化與公開政府（transparency and open government）（Lathrop & Ruma, 2010），

例如2009年通過American Recovery & Reinvestment Act，並授權以USAspending.gov的網站公開政府的經費運作與計畫，或是以Recovery.gov公開聯邦政府振興經濟的作為所造成的影響（Ginsberg, 2011; Harrison et al., 2011; Welch, 2010）。2014年通過Digital Accountability & Transparency Act（簡稱DATA法案）擴充2008年修正的「聯邦補助責任與透明法」。當然，以上這些措施對於舒緩美國肉桶政治會有多大的成效仍然有待觀察，但是資訊公開透明化之後，無疑地將會是解決或減緩這項問題的重要起步。

我們台灣對於上述問題也曾經努力過，早在2004年，當時的行政院研考會[15]管考處就擬針對計畫型補助款的制度及執行成效做深入研究，當時也獲得行政院長的支持。研考會的研究發現，中央政府有一些部會雖然建立了內部作業規範，但是能夠依照地方政府實際需求提供合適的計畫型補助款，並且建立地方政府之間對於計畫型補助款的競爭機制，以及針對使用計畫型補助款的管制考核機制的部會仍屬少數，所以實務運作的效率與效益都無法提升，補助款分配的公平性經常受到批評與質疑。因此研議要從計畫規劃、公平競爭機制、執行與控管、績效評估與退場機制等四大部分加以改進，並學習像美國一樣的e-grant制度，建置計畫型補助資訊公開與整合型的管理機制，來掌控計畫型補助款的透明度與執行成效。但是嚴格說起來，截至目前為止，我們仍然還有努力的空間。

參、針對通通有獎所引發的經濟效率問題

誠如我們之前的討論，形成通通有獎的獲利聯盟背後的原因是國會

---

[15] 研究發展考核委員會（簡稱研考會），為行政院為辦理研究發展、綜合規劃、管制考核、行政資訊管理、政府出版品管理及促進地方發展工作，而於1969年到2014年設立的一個部會。該會已於2014年與行政院經濟建設委員會合併改制為國家發展委員會。

多數決以及國會議員之間彼此的互惠所致。多數決是民主體制的基本規範,現階段不容改變;國會議員彼此之間的互惠原則並不違法,也沒有理由禁止。在這種情況之下,解決通通有獎所引發的經濟效率問題就必須依賴具有道德成分的自我約束。約束議員之間或是約束政黨之間,可以彼此互惠,但是不宜以政策利益當作交易條件,以免拖垮國家財政。換言之,我們期待國會當中的各個政黨自行約束各自的政黨、各個國會議員自行約束自己,或透過國會內規來約束政黨或國會議員。

不過,這仍然要面對集體行動的難題,例如就約束政黨來說,A政黨的確約束自己,可是如果B政黨不約束,則A政黨反而會受到選民的責難。過去跨國研究顯示,有時候肉桶利益的交易與分配是由政黨來主導的,特別是內閣制國家,像日本、英國、澳洲國會議員等等,所以寄望政黨自我約束其實不很實際。集體行動的難題同樣也出現在國會議員個人,例如甲議員即使約束自己不與人交易肉桶利益,可是他也會擔心乙、丙、丁等議員是不是也是如此?否則只有他不追求肉桶利益,到頭來落選的是他自己。

參考書目

林來居（2006）。〈縣市議會議員預算審議行為之研究——以苗栗縣議會為例〉。發表於《地方自治與民主發展：台灣經驗的省思暨陳德陽榮退學術研討會》，台中：台灣民主基金會與東海大學政治系。

陳親（2005）。〈補助款運用之研究——以台北縣及桃園縣議員配合款為例〉。銘傳大學公共事務學系碩士論文。

張志維（2011）。〈社區發展政策利益分配的實證分析〉。國立臺北大學公共行政暨政策學系碩士論文。

黃冠瑜（2018）。〈台北市議員建議款分配的政治分析〉。國立臺北大學公共行政暨政策學系碩士論文。

湯京平、吳重禮、蘇孔志（2002）。〈分立政府與地方民主行政——從台中縣「地方基層建設經費」論地方派系與肉桶政治〉。《中國行政評論》，12(1)，37-76。

廖彥傑（2014）。〈台東縣議員建議款分配的政治分析〉。國立臺北大學公共行政暨政策學系碩士論文。

蕭慧敏（2013）。〈嘉義市議員建議款分配的政治分析〉。東海大學公共事務碩士在職專班碩士論文。

羅清俊（1998）。〈分配政策研究的發展與應用〉。《人文及社會科學集刊》，10(4)，575-609。

羅清俊（2000）。〈猜猜看誰把醃肉帶回家了：縣市補助款分配之分析〉。《人文及社會科學集刊》，12(1)，1-45。

羅清俊（2000a）。〈政策利益分配的型態〉。《政治科學論叢》，13，201-232。

羅清俊（2001）。〈藍莓派與綠豆椪：前台北市長黃大洲與陳水扁時期行政區歲出預算分配的比較分析〉。《台灣分配政治》，第六章。台北：前衛出版社。

羅清俊（2004）。〈分配政策與預算制定之政治分析〉。《政治科學論叢》，21，149-188。

羅清俊（2008）。〈桃園縣特別統籌款分配的政治分析〉。《東吳政治學報》，26(3)，1-56。

羅清俊（2008a）。〈小規模立法委員選區的分配政治：選民對於補助利益的期

待〉。《台灣民主季刊》，5(4)，47-85

羅清俊（2009）。《重新檢視台灣分配政策與政治》（初版）。新北市：揚智文化出版公司。

羅清俊（2012）。〈官僚政治與肉桶利益〉。《科技部專題研究結案報告》。計畫編號：NSC NSC100-24-H-305-027。

羅清俊（2014）。〈縣市議員建議款的分配：台東縣的實證分析〉。《科技部專題研究結案報告》。計畫編號：NSC 101-2410-H-305-046-MY2。

羅清俊、萬榮水（2000）。〈選舉與補助款的分配：綁樁？還是平衡地方財政？〉。《選舉研究》，6(2)，121-161。

羅清俊、謝瑩蒔（2008）。〈選區規模與立法委員分配政策提案關聯性的研究：第三、四屆立法院的分析〉。《行政暨政策學報》，46，1-48。

羅清俊、張皖萍（2008）。〈立法委員分配政治行為分析：選區企業與立法委員企業背景的影響〉。《政治科學論叢》，35，47-94。

羅清俊、陳文學（2009）。〈影響原住民政策利益分配的因素：族群代表或選舉競爭？〉。《選舉研究》，16(2)，167-207。

羅清俊、廖健良（2009）。〈選制改變前選區規模對立委分配政策提案行為的影響〉。《台灣政治學刊》，13(1)，3-53。

羅清俊、郭益玟（2012）。〈管制政策的分配政治特質：台灣環境保護訴願決定的實證分析〉。《行政暨政策學報》，54，1-40。

羅清俊、詹富堯（2012）。〈立法委員特殊利益提案與中央政府計畫型補助款的分配：從民國94年至98年之資料探析〉。《公共行政學報》，42，1-31。

Adler, E. Scott and John S. Lapinski (1997). Demand-side theory and congressional committee composition: A constituency characteristics approach. American *Journal of Political Science, 41*(3), 895-918.

Anagnoson, J. Theodore (1980). Politics in the distribution of federal grants: The case of the economic development administration. In Barry S. Rundquist (ed.), *Political Benefits*. MA: Lexington Books.

Ariga, Kenichi (2005). Intra-party politics, electoral rules, electoral cohesiveness and the provision of particularistic and public goods in parliamentary democracies. Paper Prepared for Delivery at the Annual Meeting of the American Political Science Association, 1-4 September, 2005, Washington, D.C.

Arnold, R. Douglas (1979). *Congress and the Bureaucracy: A Theory of Influence*. New

Haven, Yale University Press.

Ashworth, Scott and Bueno de Mesquita (2006). Delivering the goods: Legislative particularism in different electoral and institutional settings. *Journal of Politics, 68*(1), 168-179.

Barry, Brian (1965). *Political Argument.* London: Routledge and Kegan.

Bartels, Larry M. (2008). *Unequal Democracy: The Political Economy of the New Gilded Age.* NJ: Princeton University Press.

Berry, Christopher and Jacob E. Gerson (2010). Agency design and distributive politics. *The Public Law and Legal Theory Working Paper, No.326.* The Law School, The University of Chicago.

Berry, Christopher, Barry Burden and William Howell (2008). Proposal Power, the President, and the Geography of Federal Spending. Paper Presented at the Annual meeting of the American Political Science Association, Hynes Convention Center, Boston, Massachusetts, Aug 28, 2008.

Bickers, Kenneth N., and Robert M. Stein (1996). The electoral dynamics of the federal pork barrel. *American Journal of Political Science, 40*(4), 1300-1326.

Buchanan, J., and Gordon Tullock (1962). *Calculus of Consent.* Ann Arbor: University of Michigan Press.

Casas, Augustin (2018). Distributive politics with vote and turnout buying. *American Political Science Review, 112*(4), 1111-1119.

Couch, Jim F., Robert J. Williams, and William H. Wells (2008). Environmental Protection Agency Enforcement Patterns: A Case of Political Pork Barrel? In Backhaus, Jürgen Georg (ed.), *Political Economy, Linguistics and Culture*, 233-239. New York: Springer Inc.

Crisp, Brian F., and Rachael E. Ingall (2002). Institutional engineering and the nature of representation: Mapping the effects of electoral reform in Colombia. *American Journal of Political Science, 46*(4), 733-748.

Denemark, David (2000). Partisan pork barrel in parliamentary systems: Australian constituency-level grant. *Journal of Politics, 62*(3), 896-915.

Easton, David (1965). *A Framework for Political Analysis.* New Jersey: Prentice-Hall Company.

Evans, Diana (2004). *Greasing the Wheels: Using Pork Barrel Projects To Build*

Majority Coalitions in Congress. Cambridge University Press.

Faith, Roger L. and Donald R. Leavens (1982). Antitrust Pork Barrel. *Journal of Law and Economics, 25*(2), 329-342.

Ginsberg, Wendy R. (2011). *The Obama Administration's Open Government Initiative: Issue for Congress*. CRS Report for Congress.

Harrison, Teresa M., Santiago Guerrero, G. Brian Burke, and Meghan Cook (2011). *Open Government and E-Government: Democratic Challenges from a Public Value Perspective*. Center for Technology in Government, State University of New York at Albany.

Heitshusen, Valerie, Garry Young, and David M. Wood (2005). Electoral context and MP constituency focus in Australia, Canada, Ireland, New Zealand, and the United Kingdom. *American Journal of Political Science, 49*(1), 32-45.

Helland, Eric (1999). The waiver pork barrel: committee membership and the approval time of medicaid waivers. *Contemporary Economic Policy, 17*(3), 401-411.

Hird, John A. (1990). Superfund expenditures and cleanup priorities: Distributive politics or the public interest? *Journal of Policy Analysis and Management, 9*(4), 455-483.

Hird, John A. (1991). The political economy of pork: Project selection at The U. S. Army Corps of engineers. *American Political Science Review, 85*(2), 429-456.

Holland, Alisha C. (2014). The Distributive politics of enforcement. *American Journal of Political Science, 59*(2), 357-371.

Horiuchi, Yusaku (2007). Political institutions and distributive politics in Japan: Getting along with the opposition. *Asia Pacific Economic Papers*. Canberra: The Australian National University.

Horiuchi, Yusaku and Jun Saito (2003). Reapportionment and redistribution: Consequences of electoral reform in Japan. *American Journal of Political Science, 47*(4), 669-682.

Horiuchi, Yusaku and Seungjoo Lee (2008). The Presidency, regionalism, and distributive politics in South Korea. *Comparative Political Studies, 41*(6), 861-882.

Kuklinski, J. (1979). Representative-Constituency linkage: A review article. *Legislative Studies Quarterly, 4*(1), 121-140.

Kunicova, Jana and Thomas F. Remington (2005). *The Effect of Electoral Rules on Distributive Voting: Some Evidence from the Russian State Duma, 1994-2003*.

Presentation at the Yale Conference on Distributive Politics.

Lancaster, Thomas D. (1986). Electoral structures and pork barrel politics. *International Political Science Review, 7*(1), 67-81.

Larcinese, Valentino, Leonzio Rizzo, and Cecilia Testa (2006). Allocating the U. S. federal budget to the States: The impact of the President. *Journal of Politics, 68*(2), 447-456.

Lasswell, Harold D. (1950). *Politics: Who Gets What, When, and How?* New York: McGraw-Hill Book Company.

Lathrop, Daniel and Laurel Ruma (2010). *Open Government: Collaboration, Transparency, and Participation in Practice*. CA: O'Reilly Media, Inc.

Lee, Frances E., and Bruce I. Oppenheimer (1999). *Sizing Up the Senate: The Unequal Consequences of Equal Representation*. IL: University of Chicago Press.

Limosani, Michele and Pietro Navarra (2001). Local pork-barrel politics in national pre-election dates: The case of Italy. *Public Choice, 106*(3-4), 317-326.

Lowi, Theodore J. (1979). *The End of Liberalism*. New York: W.W. Norton.

Lowry, Robert C., and Mattew Potoski (2004). Organized interests and the politics of federal discretionary grants. *Journal of Politics, 66*(2), 513-533.

Luor, Ching-Jyuhn (1995). *The United States Distributive Politics in the 1980s*. Unpublished Doctoral Dissertation, University of Illinois at Chicago.

Martin, Paul S. (2003). Voting's rewards: Voter turnout, attentive publics, and congressional allocation of federal money. *American Journal of Political Science, 41*(3), 1024-1041.

McElwain, Kenneth M. (2006). Herding cats in parliament: Party cohesion and pork-barreling in advanced industrial democracies. Prepared for Delivery at the 2006 Annual Meeting of the American Political Science Association, August 31-Sept. 4, 2006. Washington, D.C.

McCarty, Nolan M. (2000). Presidential pork: Executive veto power and distributive politics. *American Political Science Review, 94*(1), 117-129.

Nivola, Pietro S. (1998). The New Pork Barrel. *Public Interest, Spring*, 92-104.

Prante, Tyler and Alok K. Bohara (2008). What determines homeland security spending? An econometric analysis of the homeland security grant program. *Policy Studies Journal, 36*(2), 243-256.

Rich, Michael J. (1993). *Federal Policymaking and the Poor: National Goals, Local Choices, and Distributional Outcomes*. New Jersey: Princeton University Press.

Riker, William (1962). *A Theory of Political Coalitions*. New Haven: Yale University Press.

Rocca, Michael S., and Stacy Gordon (2013). Earmarks as a means and an end: The link between earmarks and campaign contributions in the US House of representatives. *Journal of Politics, 75*(1), 241-253.

Rundquist, Barry S., and John A. Ferejohn (1975). Two American expenditure Programs compared. In McCamant C. Liske and W. Loehr (eds.), *Comparative Public Policy: Issues, Theories, and Methods*, 87-108. New York: Wiley Inc.

Rundquist, Barry S., Ching-Jyuhn Luor, and Jeong-Hwa Lee (1994). Testing Distributive Theories Using Bickers' and Steins' Data Book. Paper Presented at the Annual Meeting of the American Political Science Association, New York City, New York.

Rundquist, Barry S., Ching-Jyuhn Luor, and Jeong-Hwa Lee (1995). States and Districts as Units of Analysis in Distributive Studies. Paper Presented at the Midwest Political Science Association Annual Meeting, Chicago, Illinois.

Salamon, Lester M. and John J. Siegfried (1977). Economic power and political influence: The impact of industry structure on public policy. *The American Political Science Review, 71*(3), 1026-1043.

Samuels, David J. (2002). Pork barreling is not credit claiming or advertising: Campaign finance and the sources of the personal vote in Brazil. *American Journal of Political Science, 64*(3), 845-863.

Scholl, Edward L. (1986). The electoral system and constituency-oriented activity in the European Parliament. *International Studies Quarterly, 30*(3), 315-332.

Shepsle, Kenneth (1975). Congressional committee assignments: An optimization model with institutional constraints. *Public Choice, 22*, 55-78.

Shepsle, Kenneth (1978). *The Giant Jigsaw Puzzle*. Chicago: The University of Chicago Press.

Stratmann, Thomas and Martin Baur (2002). Plurality rule, proportional representation, and the German bundestag: How incentives to pork-barrel differ across electoral systems. *American Journal of Political Science, 46*(3), 506-514.

Stein, Robert M., and Kenneth N. Bickers (1992). Congressional Elections and the Pork

Barrel: The Interest Group Connection. Paper Prepared for Presentation at the 88th Annual Meetings of the American Political Science Association, 3-6 September 1992, Chicago, Illinois.

Tabarok, Alexander and Eric Helland (1999). Court Politics: The Political Economy of Tort Award. *Journal of Law and Economics, 42*(1), 157-188.

Welch, Eric W. (2010). The relationship between transparent and participative government: A study of local governments in the United States. *International Review of Administrative Sciences, 78*(1), 93-115.

Weingast, Barry R. (1979). A rational choice perspective on congressional norms. *American Journal of Political Science, 23*(2), 245-262.

Weingast, Barry R., Kenneth A. Shepsle, and Christopher Johnsen (1981). The political economy of benefits and costs: A neoclassical approach to distributive politics. *Journal of Political Economy, 89*(4), 642-664.

Chapter **11**

重分配政策

Lowi（1964）將重分配政策定義為：當政府強制力是立即性，而政策針對的對象是社會環境當中的所有個人，例如政府實施累進所得稅制度以及建立社會安全制度等等的措施都屬於重分配政策的範圍。不過，Lowi的定義只是政策形式上的定義，也就是說重分配政策會具備哪些形式上的先決條件。而Lowi所舉例的累進所得稅制度以及社會安全制度，才是重分配政策實質上的內容。具體來說，重分配政策在實質上就是政府對於社會上某一群體的人口課稅，並將這些稅收轉移，而讓另一群體人口獲利（Denhardt & Denhardt, 2009: 57）。然而，政府為什麼要這樣做呢？道理很簡單，因為政府不願意財富分配極度不平均而引發社會問題，甚至於造成社會動亂。

過去針對重分配政策所做的研究範圍相當廣泛，在本章當中，我們將會探討幾項重要的議題。首先，我們討論關於所得分配不均（或稱之為貧富差距或經濟不平等）的議題，包括貧富差距的現象以及如何透過重分配政策來加以改善。前者屬於政策現象的觀察，後者則屬於政策實務操作的議題。在政策現象的觀察部分，我會以我過去所承接的科技部研究計畫（羅清俊，2018）以及藉由這項科技部研究計畫指導碩士班研究生的碩士論文（高文鶯，2018）[1]為骨幹，一併討論貧富差距的前因後果之政策現象，並呈現我與高文鶯碩士針對台灣各縣市在1982～2016年期間貧富差距所做的實證分析結果。而在討論完政策實務操作的議題之後，我們會討論影響民眾對於重分配政策偏好的因素。這項議題的重要性在於：重分配政策的設計必須要有實證的基礎，暸解民眾對於重分配政策偏好的影響因素之後（現象觀察），才能設計出合適的重分配政策（政策實務操作）。在這個部分，我會以我與暨南大學公共行政與政策學系陳文學教授在幾年前共同發表的一篇實證研究為骨幹來討論這項議題（陳文學、羅清俊，2012）。這篇論文發表時間雖然距離現在有一點點遠，但是論文的內容不

---

[1] 高文鶯的碩士論文獲得2019年台灣公共行政與公共事務系所聯合會（TASPAA）年會最佳碩士論文獎。

管是文獻對於這項議題的詮釋或是研究發現，至今看起來仍然值得參考。

第一節　貧富差距的研究議題：政策現象的觀察

壹、貧富差距的問題越來越嚴重，舉世皆然

　　減緩貧富差距始終是世界各國政府的施政重點，儘管如此，貧富差距的問題依然存在，甚至有更趨嚴重的現象。從1970年代以來，富有國家的貧富差距不斷地擴大。從1970～2005年間跨國比較的觀點來看，如果我們以最高10%所得占全國所得總額的百分比變化情形來判斷貧富差距的惡化趨勢，資料顯示英國與美國最為嚴重，三十五年來，這兩國最高10%所得占全國所得總額的百分比分別增加了44%（英國）與43%（美國）。而其他國家例如愛爾蘭與日本增加了27%、挪威增加24%、葡萄牙增加21%、紐西蘭增加15%、澳洲增10%、義大利增加9%、加拿大增加6%等等（Koch, 2013: 15）。

　　台灣也有類似的現象，根據我國行政院主計總處家庭收支調查結果，1990年台灣家庭可支配所得五等分位比值為5.18倍，2018年的比值則為6.09倍。在這二十八年來的期間，這項比值增加了17.56%，顯然台灣貧富差距的情況已越來越嚴重（行政院主計總處家庭收支調查報告，2018）。

　　家庭可支配所得五等分位比值的擴大，可能來自最高所得組的所得增加，或是最低所得組的所得減少。觀察台灣最高所得組（前20%）家戶所得份額可以發現，高所得組（前20%）家戶所得份額，從1990～2001年一直有成長的趨勢，2001年為歷年最高，最高所得組的份額高達41.11%。2013年雖然降至39.96%，但是2018年仍占40.51%，2002～2018年所得份額皆在39.96～41.09%之間。而最低所得組的部分，在1990～2001年間，一直呈下降的趨勢，從7.45%降至6.43%，2002年上升一些占

6.67%，2018年占6.66%，從2002年至2018年，都在6.36%至6.72%之間遊走。從這些數字看來，台灣社會存在著「富者愈富，貧者愈貧」的趨勢其實相當明顯[2]。

貳、貧富差距擴大的成因

一、產業結構的變化

　　William Wilson（1987, 1989, 1991）曾經提出所謂的「產業區位理論」，他以美國都市工業化活動的區位轉移為觀察重點，解釋美國各州的產業結構如何影響貧窮率，進一步影響貧富差距。美國在1960年之後，下層階級的失業率節節高升以及非裔美國人的高失業率現象，主要是因為美國都市產業結構由製造業轉向服務業所造成的結果。「後工業化」的都市產業逐漸轉向以資本與高技術服務為主，傳統的製造業移往各個副都會地區、郊區或是小城鎮。所以，都會區的非裔美國人因此而失去了穩定的工作機會，雖然都會區會增加服務業的機會，但是所增加的服務業並無法提供相對應的工作機會，或是只能提供中低薪資的工作機會。因此，Wilson認為製造業的發展具有降低貧窮的作用，但是服務業卻無法如此。

　　類似於美國的狀況，台灣則是在1980年代末期邁入「後工業社會」（林宗弘，2009）。台灣產業結構自1950年代起由原來的農業全面轉型為工業型態，工業部門（尤其是製造業）逐漸成為台灣經濟發展的主體。然而1980年代中期以後，台灣的產業結構開始發生變化。首先，服務業占國內生產毛額的比重從1980年代中期開始攀升，而工業所占的比重開始下滑。其次，在產業勞動人口比例方面，工業勞動力所占的比例在1980年代中期達到最高峰之後開始下滑，而服務業勞動力則快速上升，比例從1952年的27%升至2010年的58.8%，逐漸轉型為服務業型社會（林季平，

---

[2] 所得份額為該等分家戶可支配所得的加總占全體家戶可支配所得加總的比例。

2005；盧文吉、詹秀容，2012）。

　　根據行政院主計總處2018年家庭收支調查報告，服務業的年基本所得（薪資所得加上產業主所得），大約是507,944元，所得水準並不高[3]。儘管平均薪資不高，但是服務業的薪資級距很大，有領高薪的執行長（例如金融服務業），也有日領基本工資的計時工作人員（林萬億，2015）。而且，服務業部門中快速成長的產業像是批發及零售業、金融及保險業、住宿及餐飲業等，這些產業都需要大量的基層服務人員，然而這些基層服務人員大部分薪資所得相對較低，因此這類工作人員的數量如果大幅增加則容易擴大所得差距（徐美、莊奕琦、陳晏羚，2015：16）。

二、失業率

　　Atkinson（2015：125）認為全球各國所得差距自1980年代起開始擴大的原因是因為失業率上升所致。台灣也是從1980年之後失業率的增加為所得分配帶來不利的影響（盧文吉、詹秀蓉，2012）。觀察台灣的勞動市場，不僅薪資成長從1994年開始趨緩，失業問題也自此明顯惡化，這個現象在2001年尤其嚴重，且失業的人口特徵與地區差異也日漸顯著（江豐富、劉克智，2005；黃芳玫，2011）。

　　林金源（1997）研究家庭結構變化對所得分配的影響，發現整體家戶所得不均度的上升，除了來自於家戶不同就業者人數差異之外，最主要的差距就是來自「無就業者」或「單一就業者」家戶的影響，尤其「無就業者」家戶的所得不均度對整體所得不均的影響極大。「無就業者」的家戶大致上可分兩種，一種是不在勞動市場的「非勞動家戶」，這類家戶家中成員無人就業，也無就業意願；另一種則是尚在勞動市場的「失業家戶」，這類家戶雖然也沒有就業者，但是，他們有工作意願與能力，只

---

[3] 資料摘自行政院主計總處2018年家庭收支調查報告當中的歷年家庭收支調查主要結果表第20表。

是暫時還沒有工作而已。余仲強（2011）比較1980年至2008年間「全體家戶」、「失業（排除非勞動家戶）的家戶」與「就業家戶」三種家戶總勞動所得的吉尼曲線，發現失業家戶的吉尼曲線與全體家戶的變動趨勢雖然大致一致，但是失業家戶的吉尼係數數值卻大幅提高，可見失業對家戶間所得分配不均的影響甚鉅。

三、所得特質

個人所得的來源種類可能不只一種，但是對於一般民眾來說，薪資所得是主要來源。相對於受薪階級，一些資本家或是高所得者可能擁有不少的資本利得（capital gain），例如不動產、股票，甚至擁有龐大的現金。他們只需要讓這些資本隨著時間滾動，自然就會有許多資本利得的進帳，而不像一般受薪階級必須靠著一分耕耘一分收穫才可以靠著薪資生存下去。2014年造訪過台灣的法國經濟家Thomas Piketty（2014）在他所著的《21世紀資本論》當中特別強調資本家的資本利得是貧富差距不斷擴大的元凶。他認為，當資本報酬率大過於經濟成長率時，資本占國民所得的比重就會增加，而資本就會更集中在資本本來就已經很雄厚的有錢人手裡。

過去的實證研究發現資本所得讓所得分配不均的情況更加嚴重（Atkinson, Piketty and Saez, 2011; Roine and Waldenström, 2012）。Hungerford（2011）分析美國1996年至2006年間所得不均等的現象。研究結果發現，資本所得當中的資本利得和股息對於所得差距有明顯的影響，資本所得的增加惡化了所得不均，而且高所得者的資本所得比例明顯高於低所得者。以2006年為例，所得分配在底部80%的所得者，其所得來自於資本所得的比例低於1%；所得分配在前5%的所得者，其所得來自於資本所得的比例為28%；而所得分配在前0.1%的超高所得者，其所得來自於資本所得的比例為52%。由此可見資本所得的分配不均，而且，隨著時間的推移，超高所得者與其他所得者之間的所得差距也越來越大。

台灣方面，洪明皇與鄭文輝（2013）以綜合所得稅統計資料為基

礎，研究1977年到2010年台灣高所得者所得份額的變化，研究結果發現，台灣高所得者的所得份額持續增加，研究資料顯示1989年前後股市與房市的熱絡造成所得更集中於高所得者，以及2008年金融海嘯前後高所得者所得份額下跌但隨之反彈的現象，所以他們認為高所得者所得的增加應該是來自於證券交易所得。也就是說，因為高所得者透過股市、房市所賺取的資本所得，導致所得不均的現象惡化。

那麼，地方政府轄區的狀況呢？資本所得愈高的州或縣市所得差距的情況也會比較嚴重嗎？Koch（2013）觀察美國各州轄區內所得差距的情況，發現州的資本所得（人均）愈高，州轄區內的所得差距愈嚴重。而李明軒（2016）使用2002年至2014年內政部不動產資訊平台的房價資料與家庭收支調查資料，分析各縣市房價高漲對於經濟機會[4]的影響。研究結果顯示，「房價越高」的縣市，該縣市家戶的非工作所得（包含資本所得與移轉所得）的成長速度高過於工作所得（包含受僱人員報酬與產業主所得）的成長。另外，「平均每人可支配所得越高」的縣市，家戶的非工作所得成長速度也快於工作所得。綜合來說，無論是高房價或高人均可支配所得的縣市中，非工作所得的重要性越來越明顯。對這些縣市轄區內擁有房產的家戶來說，就越有機會坐收更多的租金、利息等資本所得，貧戶與富戶之間的所得差距也可能會因此更加惡化。

四、政策因素

政策可以減緩，當然也可以擴大貧富差距。Levy與Temin（2007）認為，在美國，全球化以及科技轉變影響經濟不平等的程度卻進一步被一些政策所擴大，例如累進所得稅的累進效果減緩、減稅、最低工資遲滯不升、金融市場的解除管制等等。Hacker與Pierson（2010）也有類似的見解，他們認為對於高所得的累進稅率的降低、工會權力的下降、因為金融

---

[4] 「經濟機會」的定義為能夠「參與經濟活動，獲得穩定就業並進而追求更高報酬的工作，又同時累積資產的機會」。

市場的解除管制而讓勞工的權力轉移至特殊利益團體以及雇主手上，以上這些原因使得貧富差距越來越大。

五、政治因素

研究美國貧富差距的政治學者指出，政治因素對於貧富差距的影響來自於政黨因素（partisanship）。政黨因素可能來自於總統，例如Kelly（2009）的實證研究發現，民主黨總統主政期間，最高20%所得群與最低的40%所得群之間的比例減少了0.16；但是在共和黨總統主政期間則增加了0.3。同樣地，Bartels（2008）也發現，在民主黨總統執政期間，最低80%家庭所得群（也就是說扣除最高20%的家庭所得群以外的家庭）的所得成長幅度明顯高過於共和黨總統執政期間。政黨因素也可能來自於美國國會，Volscho與Kelly（2012）發現國會當中民主黨議員比例與最高所得群1%所獲得的所得有顯著的負向關聯；換個角度來說，在1949～2008年期間，國會主導權如果轉移至共和黨，則最高所得群的所得將不斷增加，也擴大了貧富之間的差距。

Koch（2013）也認為美國共和黨和民主黨不一樣的政策取向會導致不同的所得分配結果，因此由不同政黨掌控的州，所得差距的情況應該會不一樣。他分析1970年到2005年美國各州政治因素是否會影響各州轄區內所得不平等的情況，研究結果顯示當州長黨籍為民主黨時，最高所得份額會減少（這裡所指的最高所得是收入前10%的民眾之所得總額），所得差距的情況會得到減緩；當州長黨籍為共和黨時，最高所得份額會增加，所得差距的情況會擴大。而當州長黨籍為民主黨時，吉尼係數會下降，所得不均的情況會得到改善；當州長黨籍為共和黨時，吉尼係數會上升，所得不均的情況會加劇。

在台灣，雖然國、民兩黨分別提出的政策主張並沒有一致的意識形態，所以無法將國民黨與民進黨歸類為右派政黨或左派政黨（陳文俊，2003）。但是觀察1990年代初到2000年代初的台灣，這段台灣社會福利擴

張的時期，民進黨於1992年的立委選舉提出建立福利國的主張，而國民黨的福利意識形態則比較保守，主張國家不應該取代家庭既有的功能（林萬億，2005；詹火生，2011）。在1995年立委選舉當中，社會公平與重分配的議題更成為民進黨的選戰主軸（林佳龍，2000）。除了在競選期間提出有關社會福利的主張外，陳正芬、官有垣（1997）觀察台北市社會福利政策的推動，發現台北市民進黨主政時期的社會福利觀、預算支出、創新方案與首長的重視程度等皆優於國民黨主政時期。然而，民進黨在2000年取得執政後，社會政策從原來中間偏左的社會政策意識形態轉向中間偏右的社會政策（詹火生，2011）。不過，兩相比較之下，無論是中央還是縣市層級，民進黨較傾向維持較高的社福支出水準，而民眾也認為民進黨能夠代表一般民眾的利益，較重視社會弱勢族群（林佳龍，2000；吳親恩，2007；詹火生，2011；湯國斌，2015）。不僅林萬億針對中央政府的分析中發現，在民進黨2000～2008執政時期的所得五分位平均比值為6.02倍，在國民黨2008～2015執政期間卻有6.16倍之多（林萬億，2015）；而且由民進黨執政的縣市所得分配不均的程度都比泛藍執政的縣市來的緩和（賴鈺璇，2015）。

六、社會結構

(一)人口老化

老年人可能因為退休，所以收入減少。探討影響美國各州所得差距因素的實證研究發現，州的老年人口比例高，所得差距愈嚴重（Kelly and Witko, 2012）。在台灣，整體家戶65歲以上老人比例在1980年至2004年這二十多年間從4%上升至12%，其中高所得分位組家戶中65歲以上老人比例僅微幅上升，受人口老化影響較小；可是低所得分位組家戶的老人比例卻由1980年的7%大幅上升到2004年的38%，這些65歲以上老人中有高達84%的比例是「無業老人」（莊文寬，2006）。台灣家戶人口老化的現象日漸明顯，而這種現象又會對所得分配產生何種影響？許多台灣的相關研

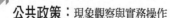

究發現人口老化會惡化所得不均程度。例如，俞哲民（2009）觀察1998年至2005年台灣各縣市人口老化與所得分配的關係，研究結果證實人口老化與所得分配的關係為顯著正相關，當各縣市老年人口比例越高，將導致吉尼係數的上升，貧富差距越嚴重。賴鈺璇的研究（2015）也發現縣市老年人口比例越高會造成所得不均的惡化。

另外，以「人口老化指數[5]」作為社會高齡化衡量指標的研究也得到了相同的結論。吳仁傑（2011）以家庭收支調查資料為基礎，分別計算可支配所得的吉尼係數、大島指數（即所得五等分位數）與變異係數來衡量1976年到2006年台灣各縣市的所得分配不均，研究發現人口老化是所得分配惡化的顯著因素。他認為老年家庭的收入來源有限，可能僅憑政府補助過活，與其他家戶相比便產生所得差距。

(二)女性就業

俞哲民（2009）觀察1998年至2005年台灣各縣市所得，研究結果顯示各縣市的女性勞動參與率會造成所得不均。吳仁傑（2011）探討1976年到2006年台灣各縣市所得分配不均的影響因素，也發現女性勞動參與率會惡化所得不均。他推測可能是女性加入勞動市場之後，競爭增加導致薪資所得差距擴大，而且女性就業的行業以服務業比重較高，造成所得分配不均的惡化。徐美、莊奕琦與陳晏羚（2015）的研究結果支持這種推論，他們使用1993、1996、2001、2006四個年度的縣市資料，探討台灣近三十年各縣市所得不均的影響因素，結果發現女性相對男性的就業比例提升會顯著惡化各縣市轄區內所得不均的現象，原因在於女性就業偏向選擇服務業所導致的結果。

---

[5] 老化指數為衡量一個國家／地區人口老化程度之指標，即每100個65歲以上人口對14歲以下人口之比，指數越高，代表高老齡化情況越嚴重。

參、台灣各縣市所得分配不均的實證研究（以台灣各縣市為分析單位）

　　羅清俊（2018）以及高文鶯（2018）分析1982年至2016年縣市轄區內的家戶所得差距，其中一個主要回答的研究問題就是：從1982年開始到2016年為止，台灣各縣市轄區內所得分配不均的情況如何？哪些縣市所得差距較大？哪些較小？哪些因素影響台灣縣市轄區內的所得分配呢？ 我們非常扼要地來說明研究的主要發現。

一、台灣各縣市所得分配不均的情況

　　首先，**圖11-1**（11-1-1至**圖**11-1-24）呈現的是1982-2016年台灣各縣市吉尼係數[6]變化趨勢（以不含政府移轉支出的吉尼係數表示）[7]，新北市、桃園市、台中縣、台南市、台北市與高雄市等縣市的吉尼係數曲線（實線）大多低於所有縣市的平均值曲線（虛線，亦即全國不分縣市的吉尼係數），代表這些縣市家戶所得分配較為平均；而南投縣、嘉義縣、台東縣、花蓮縣與澎湖縣則是長期所得不均的縣市（其吉尼係數曲線大多高於縣市的平均值線）。亦即表示，所得分配較為平均的縣市多集中在都市化程度較高、經濟發展較好的都會區縣市；而所得分配較為不均的縣市，多為發展較差的農業型或偏遠、離島的縣市。

---

[6] 吉尼係數作為衡量所得差距的指標，吉尼係數的數值介於0與1之間，當數值越接近1，代表所得分配越不平均，所得差距越大。根據聯合國的定義，吉尼係數的數值低於0.2為絕對平均，介於0.2至0.3間則為相對平均，介於0.3至0.4之間為相對合理，而吉尼係數在0.4至0.6間表示所得差距大，若在0.6以上表示所得差距懸殊。通常會把0.4作為所得分配差距的「警戒線」，超過這條「警戒線」時，較容易引起社會階層的對立從而導致社會動盪。

[7] 受行政區劃變動的影響，台中縣、台南縣與高雄縣的資料僅有縣市合併升格前二十九個年度的資料（1982-2010），而2011年改制升格後的台中市、台南市與高雄市行政區劃範圍也不同了，分別包含了改制前的台中縣市、台南縣市、高雄縣市，因此，我們在圖表上畫線以作區隔。

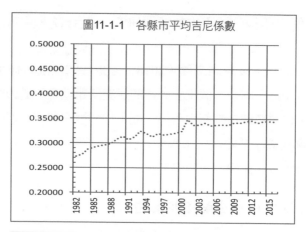

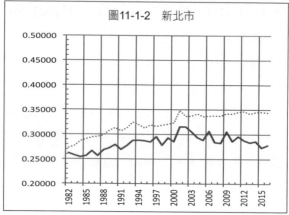

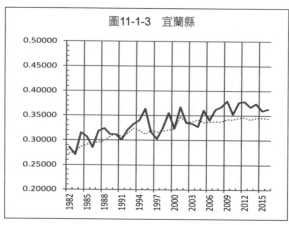

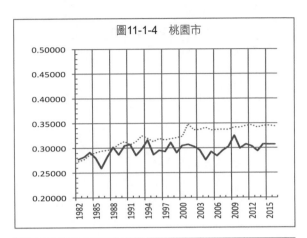

圖11-1-4　桃園市

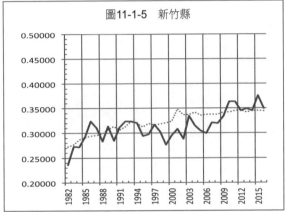

圖11-1-5　新竹縣

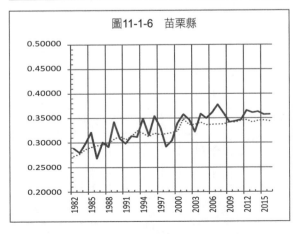

圖11-1-6　苗栗縣

圖11-1-7　台中縣

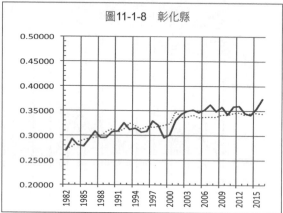

圖11-1-8　彰化縣

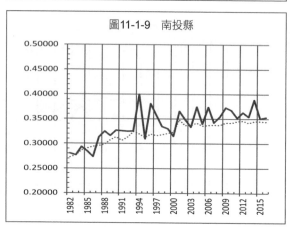

圖11-1-9　南投縣

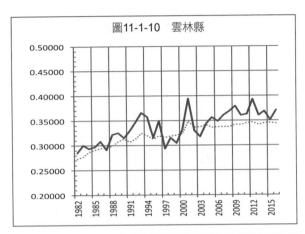

圖11-1-10 雲林縣

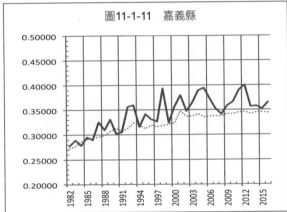

圖11-1-11 嘉義縣

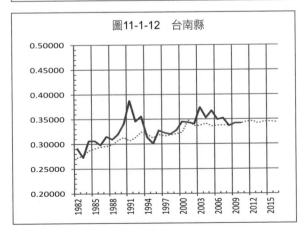

圖11-1-12 台南縣

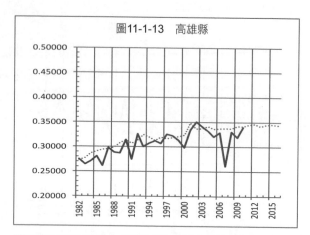

圖11-1-13　高雄縣

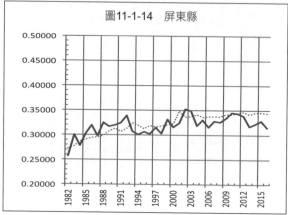

圖11-1-14　屏東縣

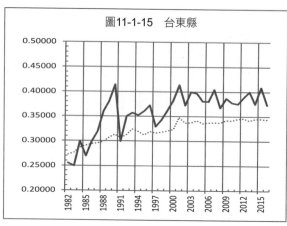

圖11-1-15　台東縣

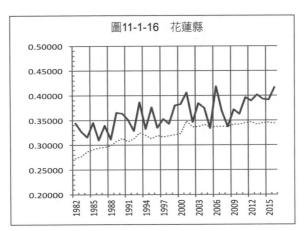

圖11-1-16　花蓮縣

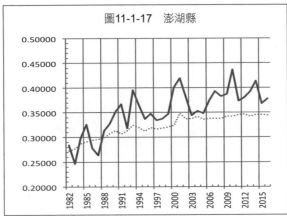

圖11-1-17　澎湖縣

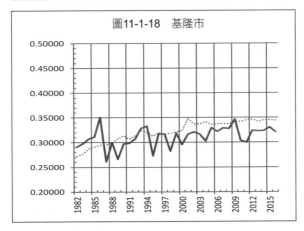

圖11-1-18　基隆市

圖11-1-19 新竹市

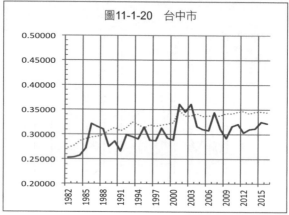

圖11-1-20 台中市

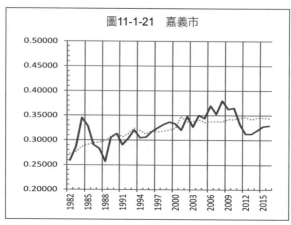

圖11-1-21 嘉義市

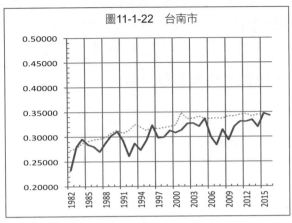

圖11-1-22　台南市

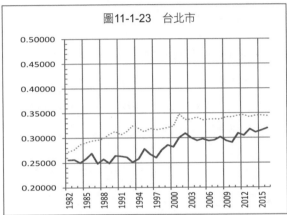

圖11-1-23　台北市

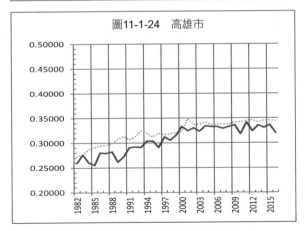

圖11-1-24　高雄市

圖11-1　1982～2016年各縣市吉尼係數變化趨勢

1.實線為某縣市家庭可支配總所得的吉尼係數，虛線為各縣市吉尼係數的平均。

2.2016年就在2015年的右邊，因為空間太窄，所以沒有標示2016出來，但是曲線是延升至2016年的。

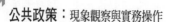

二、台灣各縣市所得不均的影響因素

其次，他們以「家戶可支配總所得」所計算出來的吉尼係數為依變數，以追蹤資料（panel data）來分析自變數對於吉尼係數的影響，這些自變數包括政治、政策、社會和經濟因素等等。他們也將1982年至2016年的研究期間，區分為「1982年至1989年」、「1990年至2001年」、「2002年至2010年」與「2011年至2016年」四段，分別從這四段期間來觀察自變數對於依變數的影響以及變化[8]。

(一)跨時段而比較一致性的影響因素

依該研究顯示，在不同的時段，每個自變數對吉尼係數的影響情況不太一樣。但還是有一些比較一致性的影響，包含：縣市轄區內服務業的人口比例越高、失業率越高、家戶平均資本所得越高及老人人口比例越高，則吉尼係數會越高。

(二)就不同觀察時段來看

如果觀察各個不同時段，該研究發現：

1. 1982～1989年期間：縣市每人平均所繳交的綜合所得稅越多、縣市政府給予每人平均社會福利支出越多，則吉尼係數越低；老人人口比例越高、大專教育程度以上人口比例越高、失業率越高、資本所得淨收入越高，則吉尼係數越高。

2. 1990～2001年期間：失業率越高、資本所得淨收入越高，則吉尼係數越高。

3. 2002～2010年期間：民進黨一致性政府的縣市相對於分立政府，吉尼係數比較低；老年人口比例越高、服務業人口比例越高、失業率越高、資本所得淨收入越高，吉尼係數越高；大專教育程度以上人

---

[8] 區分為四段的理由請參閱高文鶯（2018：93-96）。

口比例越高，吉尼係數越低。

4.2011～2016年期間：國民黨一致性政府的縣市相對於分立政府，吉尼係數比較低；老年人口比例越高，吉尼係數反而越低（跟之前觀察時段不同）；服務業人口比例越高，吉尼係數越高。資本所得淨收入對於吉尼係數的影響並未達到統計上的顯著水準，且係數為負。

該研究以跨時段的方式，實證分析政治、政策、社會和經濟等等不同因素對台灣各縣市所得分配不均的影響。根據實證研究發現，「老年人口比例」這個因素，確實在某些時段會擴大所得分配的不平均（在1982年至1989年、2002年至2010年期間達統計上的顯著水準），這個發現與Kelly與Witko（2012）、俞哲民（2009）及賴鈺璇（2015）等人的研究結果相符。但是值得注意的是，2011年以後，老年人口反而成為減緩所得不均的因素，老年人口比例越高的縣市，家戶所得分配反而越平均。這是一個不同於過去的研究發現，然而，這個「所得分配逐漸平均」現象的背後，尚無法確定老年人口比例所造成的所得分配究竟是「均貧」？還是「均富」？同時，這個期間階段的老年人口究竟是「如何」讓家戶所得差距減緩？這些都是我們未來可以再觀察與探究的重要研究議題。

第二節　政策實務操作

壹、解決或減緩貧富差距的重分配政策

Page & Simmons（2002）認為政府各種重分配政策的實施可以減少貧富差距，包括以下各種途徑[9]。

---

[9] 所提的某些途徑，我們在第一節政策現象觀察的部分多少也提到一些，例如政策因素會影響貧富差距。

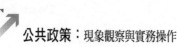

一、保障最低所得（Guaranteed Incomes）

直接對所得較高的人課稅，並將此稅額收入用來幫助低所得者，確保每一個人都有最起碼的收入，而受益者可以自由地使用他們所獲得的政府補助金額。美國在1960與1970年代，這種型態的重分配政策相當流行。不過，這種類型的重分配政策有以下爭議：第一，大部分高所得者並不願意被課以較重的稅額來幫助所得較低者，而且他們也認為對於低所得者的援助也不必然必須以這種大規模的所得分配方式為之；第二，給予低所得者金錢上的所得援助，可能會使他們產生怠惰的誘因，而不去努力工作。然而，根據過去關於保障最低所得的實證資料顯示，只要能夠找到工作與獲得合理工資，也能解決交通與看顧孩子的問題，大多數的低所得者仍然非常願意與渴望工作。

二、採取累進稅率與所得重分配（Progressive Taxes and Income Redistribution）

對高所得者課以較高的稅金，也就是透過累進稅制，並配合使用各種政府支出計畫，將貧富所得之間不平等的情形重新加以調整與分配。透過累進稅制而從高所得者所獲得的稅金，不見得非得侷限於以現金補助低所得者（例如保障最低所得），所得重分配可以利用多樣的方式來完成，例如可藉由工資補貼、教育與訓練計畫、公共就業計畫，以及提供公共財等方式來進行。當我們利用這種途徑來減少所得不均時，我們主要面對的問題是：到底我們期待稅後（posttax）以及獲得政府支出計畫的利益之後（postbenefit），整體社會的所得分配應該要達到什麼樣的水準才叫做公平（how equal should be made）？以及我們能夠做到何種程度（how equal can be made）？

至於要針對高所得者課什麼稅？以及應該如何課他們的稅呢？首先，真正的有錢人其實是社會上少數高所得的10%、1%，或甚至是0.1%

的人口。這些有錢人的遺產贈與稅當然可以課。除此之外，還可以課什麼稅呢？高所得者的所得其實大多來自於資本利得（房屋、土地、股票等等），針對這些人的資本利得加以課稅，政府實施重分配政策的資源才會足夠。根據Thomas Piketty的估計，近兩百年來資本主義的發展，資本報酬率至少都有4%或5%，而已開發國家的經濟成長率充其量也不過是2%。所以從這些人的資本利得課以1%或2%，他們絕對負擔得起。甚至Thomas Piketty認為每年要課這些有錢人的「總資本擁有稅」，這些資本擁有稅就跟房屋稅與地價稅一樣，個人持有期間每年都要繳。而且不只是房屋與土地，其他所有資產例如股票與現金也要課徵（Piketty, 2014）。

其次，真正問題是，政府課得到這些人的遺產贈與稅以及資本利得或總資本擁有稅嗎？有錢人如果生前安排得周到，就算政府課得到遺產贈與稅，但是能課到的金額也不會太多，對於抑制資本累積的效果有限。至於資本利得稅，房屋或土地容易課得到稅，但是股票與現金就很難。原因是當有錢人所擁有的股票屬於某一個控股公司，而這個控股公司設籍在避稅天堂；金融資產存放在瑞士，而這些銀行會幫客戶隱匿資料。總資本擁有稅的課徵可能會面臨更大的政治阻力，因為這些有錢人通常擁有相當程度的政治影響力，透過他們的影響力遊說立法部門阻止總資本擁有稅的課徵，對他們來說是一件輕而易舉的事。以上這些問題都必須克服，才能達成公平正義的所得分配。

三、保障公平競爭的機會（Equal Opportunity）

雖然讓私有市場運作來決定個人所得，但是政府必須預先排除市場當中不公平的障礙，確認每一個人在起跑點上都有相同的機會。主要可從兩方面來做：第一，消除妨礙個人發展的人為或不理性因素，例如種族或性別歧視；第二，提供貧窮家庭的兒童各種生活上的協助，例如提供營養補助、健康照護、必要時給予教育或工作上的資助。促進兒童福利的政策措施可以有效改善個人發展所可能遭受到的物質與非物質上的限制，以進

一步改善貧窮與不平等的情形。

四、教育與人力資本（Education and Human Capital）

　　主要透過各種方式（提供良好的教育機會為重點所在）來使個人更具生產力，或者有更好的機會去從事高所得的職業，以根本解決所得不平等的問題。由於教育往往被視為公共財，會產生廣泛的社會利益，因此不宜由市場機制來主導其運作（私人對教育訓練所作的投資，往往可能無法獲得回報；例如受僱者一旦接受雇主訓練而學會新的技能，可能會因自己能力提升而去尋求薪資更高的職業）。另外，政府對於人力資本的培養不應該完全侷限於正規的學校教育與職業訓練計畫，而應該從多方面來做，例如保障個人身心健康、激勵個人向上的意願、培養良好的社交技能（social skill）與工作習慣等等。

五、保障就業機會與合理工資（Available Jobs at Good Wages）

　　上述「保障公平競爭的機會」與「教育與人力資本」的計畫可能無法獨自（各自獨立）達成經濟平等的目標，因為：第一，個人工作技能或生產力和他們的所得不一定成正比，也就是說提升個人的工作能力不一定能保證他們的薪資所得會增加；第二，每個人的人力資本不可能達到完全平等；第三，低生產力（low-productivity）的工作（例如基礎建設或環境清潔的工作）也提供許多工作機會，但是對於貧富差距的減緩並沒有太多幫助。所以以上狀況都需要政府介入，不僅保障每個人皆有工作機會，而且還要有合理的工資，同時滿足以上兩個條件才能改善貧窮與不平等的問題。

六、社會保險（Social Insurance）

　　政府需要推動一個強制性（compulsory）與全面性（照顧到每一個人）的社會保險制度，來幫助人們對抗意外以及無法控制的災難。原因在

於目前商業保險制度在市場機制運作下，有兩項缺點：第一，逆向選擇（adverse selection），由於保險公司無法獲得投保者相關的完整資訊，為了分散風險，保險公司會設定高額的保費，而在此種情況下，低所得者反而選擇不去投保；第二，搭便車（free ride），因為如果由市場機制運作，讓人民自由選擇是否加入保險，如果民眾沒有遠見或者運氣不好，等到年老無法照顧自己時，政府與社會又可能基於義務和人道考量去幫助他們（利用一般納稅人的稅金），這些人便成為搭便車者。所以，政府所推動的社會保險制度必須是強制性以及全面性。

例如我國的勞工保險政策即為社會保險的一環，以風險分擔的概念，透過強制為主、自願為輔的投保方式，由保險人（即勞保局）向投保單位及被保險人（勞工）收取保費，若被保險人發生事故時，即可請領相關給付。所以，勞工保險政策就是屬於強制力立即出現（保險效力開始或停止，均自投保單位申報加、退保之當日起算），且政策對象為所有勞工的重分配政策。

然而這樣的制度是否會減少個人儲蓄？或者增加怠惰與提早退休的誘因？Page與Simmons（2002）認為並不會。根據實證研究顯示，民眾社會保險相關的支出和收入，與其儲蓄的減少以及是否提早退休的決定並無顯著的關係。

七、安全網與基本需求（Safety Nets and Basic Necessities）

「安全網」的概念主要是當民眾面臨到緊急的危難時，政府能夠適時地提供必要的協助，即便此危難是由人民自己所造成的，政府仍然需要協助，社會救助或急難救助就是屬於這個範疇。此外，政府對於貧窮困苦的人也要提供最基本的生活需求，使他們維持最起碼的生活水準，例如對於中低收入戶生活的扶助等等。

貳、重分配政策解決貧富差距效果的實證研究與討論

　　政府用來減緩所得差距最直接的方式就是透過移轉收支來達到效果，例如改善所得分配不均的社會福利政策，或是強調重分配效果的稅賦政策，而其他如教育政策、經濟政策等等也會左右所得分配。但是這些政策對解決所得分配不均的效果究竟如何呢？

一、政府移轉收入與支出

　　政府慣常利用移轉收入與移轉支出這兩種方式來減緩所得差距。其中，政府移轉收入指的是政府的稅賦政策，可分為國稅與地方稅[10]兩種；而政府移轉支出則是政府推動社會福利政策的支出，大致上可分為社會保險、社會救助、福利服務、國民就業與醫療保險等五類。接下來，我們要討論這些政府的移轉收入與支出對於所得分配會有哪些影響？

　　隨著家戶所得差距越來越大的趨勢，許多研究討論社會福利政策對所得分配的影響。例如，鄭淑如與饒志堅（2001）使用1996年至1999年家庭收支調查資料，分析政府社會福利支出（也就是政府移轉支出）對家戶所得分配的影響。整體來說，他們認為社會福利政策改善所得不均的影響甚微，而在這些微弱的影響當中，「社會救助與福利服務」縮小所得差距的作用比「社會保險」好一些。

　　相對於上述研究僅討論政府移轉支出的影響而已，有些研究則同時討論政府移轉收入與支出的影響。林金源與朱雲鵬（2003）探討台灣1976年到2000年間家戶的移轉收支（不分政府或私人）[11] 所得分配的關係。研

---

[10] 國稅可分為關稅、所得稅、遺產及贈與稅、貨物稅、證券交易稅、期貨交易稅、營業稅、菸酒稅及特種貨物及勞務稅等；而地方稅包括田賦（已於76年停徵）、地價稅、土地增值稅、房屋稅、契稅、使用牌照稅、娛樂稅與印花稅等。

[11] 包含來自政府移轉收入、來自私人移轉收入、保險受益現金收入、房屋地價稅、綜合所得稅、其他直接稅、其他對政府移轉支出、私人移轉支出、保險支出等九種。

究結果發現，政府的移轉收入（稅賦）可以減緩家戶所得不均；另一方面，政府移轉支出（社會福利政策）的效果從「利富」轉為「利貧」，自1992年以後開始扮演縮小所得差距的角色。

　　比較上來說，林金源與朱雲鵬他們認為稅賦的所得重分配效果比社會福利政策更強，但是鄭保志與李宜（2010）的研究則指出稅賦所得重分配的效果小於社會福利政策。他們利用1976年到2006年家庭收支調查的家戶資料，計算出「移轉前」與「移轉後」的吉尼係數，將這個因移轉而產生的所得分配之變動（也就是移轉前的吉尼係數減去移轉後的吉尼係數）作為重分配效果的指標，用以探究三十一年來政府各項移轉收支重分配效果的變化。結果發現政府移轉收支的重分配效果自1990年起逐漸增加，這種重分配效果主要是來自「家戶從政府經常移轉收入」的貢獻，其次依序為「政府補助社會保險保費」、「公勞農軍保險受益」、「家戶對政府經常移轉支出」。而在「家戶從政府經常移轉收入」的組成項目中，又以「其他（災害救助等）」的重分配效果最好，其次為「老人津貼」與「老農津貼」兩項，而「低收入戶生活補助」的效果最小。另外，「家戶對政府經常移轉支出」中僅有「綜合所得稅」能夠促進所得重分配。

　　以上這項以家戶為分析單位的實證結果與吳仁傑（2011）以縣市為分析單位的研究發現相一致。吳仁傑以家庭收支調查資料為基礎，衡量1976年到2006年台灣各縣市的所得分配不均。他發現，台灣政府移轉收支的重分配效果主要是來自於政府的社會福利政策（也就是政府移轉支出），至於透過稅賦（也就是政府移轉收入）的方式來改善所得分配的成效較低，甚至可能成為所得差距惡化的因素。朱敬一與康廷嶽（2015）觀察台灣近三十年稅改政策，包含證交稅調降（1993年）、所得稅兩稅合一（1998年）、營利事業所得稅調降（2011年）、遺產及贈與稅調降（1995年、2009年）、土地增值稅調降（1989年、1997年、2002年、2005年）等，認為種種減稅政策多是富人受惠，這樣的情形當然是有利於資本家且

會造成所得不均持續惡化。如此可見，稅賦縮小所得不均的影響漸弱，而社會福利政策則成為政府減緩所得差距的主要方式。

在歐洲，Khan、Gerdtham與Jansson（2002）以瑞典斯德哥爾摩省的二十五個市為研究對象，比較九種不同類型的社會保險的重分配效果。研究結果發現，在九種不同的社會保險當中，以「疾病補助」、「職業災害」與「殘障補助」這三種社會保險類型的重分配效果較好，而殘障補助在全部的社會保險給付中占了六成的比重，是九種社會保險中重分配效果最好的。整體而言，社會保險給付是有助於減緩所得不均。不過，雖然社會保險有助於減緩所得不均，可是社會保險給付占個人總所得的比重較低，所以重分配效果有限。

台灣的研究也發現各縣市社會福利支出（政府移轉支出）能夠減緩轄區內的所得分配不均。例如，劉宇晴（2006）使用家庭收支調查資料分析1994年至2004年台灣各縣市社會福利支出（社會福利支出決算審定數）及低收入戶生活扶助金額對於所得分配的影響。研究結果顯示，社會福利支出總額及低收入戶生活扶助都明顯改善了台灣的所得不均度，這兩者在改善所得分配上，以低收入戶生活扶助的效果較佳。

二、政府在其他政策的支出

政府政策影響所得分配，除了透過上述移轉收支的方式之外，在其他政策上的支出也會左右所得分配不均的程度，大致可分為經濟政策與教育政策兩種。

(一)經濟政策

首先，經濟政策是否能減緩所得差距的現象呢？陳瑜珊（1998）探討1986年台灣財政收支對所得重分配的影響。研究結果顯示，地方政府的支出皆有所得重分配的效果，其中以教育科學文化支出的所得重分配效果最大，而經濟發展支出的效果最小。然而，賴鈺璇（2015）研究2009年至2013年台灣縣市轄區內所得分配的影響因素，卻發現縣市政府的經濟發展

支出反而會造成轄區內所得不均度的惡化。她認為這種差異可能是來自不同類型經濟政策的影響所致,因為根據Langer(2001)的研究指出,並非所有的經濟政策對所得分配的影響都是一樣的,而是不同類型的經濟政策對所得分配有不同的影響。

Langer認為,美國各州刺激經濟成長的策略,大略可分為供給面與需求面兩類(供給面的策略包括稅收獎勵與資金補貼,而需求面的政策包含了產業技術的研究與發展),大多數的州經濟發展策略都結合了兩個面向的政策。1980年代美國半數以上的州採用需求面的策略來發展地方經濟,但是在1990年代則趨緩,減少稅收等供給面的策略成為主流的經濟發展策略。Langer利用橫斷面與時間序列的資料(1976～1994年),檢視美國各州經濟發展政策對於所得差距的影響。統計分析結果發現,經濟發展政策會擴大所得不均,可是每一個州的發展策略不同,所以Langer也進一步檢視每一項策略對於所得差距的影響。她發現,「需求面」的策略能減緩所得差距,但是「供給面」的需求卻會使所得差距擴大。「需求面」的策略能減緩所得差距,是因為這種策略可以取得新的資本與先進的技術,並藉由先進的技術與教育刺激經濟成長。但是「供給面」的策略卻會加劇所得差距,因為供給面策略不僅無法提升州的財政狀況與人力資本,也無法提供更好的產品和工作給市民,而且稅收獎勵以及資金補貼等政策會消耗州政府的資源,使州政府沒有資源可以投注在人力資本和公共建設上,再加上部分計畫沒有設計回饋機制,以至於供給面的策略並無法補充或增進州的基礎建設與人力資本。

然而,美國為聯邦制國家,各州州政府有較大的權力決定自己的法律與政策;反觀台灣,縣市政府的權力相對較小,縣市間經濟政策的差異性也比較小。根據經濟部招商投資服務中心所提供的2017年度縣市資料[12],台灣各縣市經濟發展的策略以「供給面」策略為主,大部分的縣市

---

[12] 2017,〈各縣市投資優惠獎勵措施彙總表〉,http://investtaiwan.org/cht/doc/2017_CountyInvestmentSummary.pdf,檢索日期2018年3月15日。

都會提供稅收獎勵（多為地價稅、房屋稅或契稅的減免）與資金補貼，吸引企業進駐或參與縣市的重大公共建設；僅少數縣市（包含台北市、桃園市、台中市與高雄市）透過稅收減免或經費補貼等方式，鼓勵企業做技術創新、研發，以刺激地方經濟的發展。因此我們認為台灣各縣市的經濟政策對於所得分配的影響應該是負面的，也就是地方政府在經濟發展上的支出會擴大轄區內所得不均的現象。

(二)教育政策

其次是教育政策。教育在減緩所得差距上的作用是提高人力資本以提升個人薪資所得，進而達到減緩所得差距的效果。Hanushek、Leung與Yilmaz（2003）研究美國的教育政策與其他移轉機制的重分配效果，研究結果發現教育補貼確實具有重分配的效果，可以使所得分配更加公平。Goodspeed（2000）使用1973、1981、1989與1997四個年度的資料，分析美國州政府教育支出、所得不平等與經濟成長的關係，研究結果發現教育支出可以減緩所得不均等的現象。

除了整體教育對於貧富差距的研究外，也有實證研究分析不同階段的教育對於貧富差距的影響，研究結果發現初等教育與中等教育皆有助於減緩貧富差距，因為初等教育與中等教育提升了全體民眾的教育水準。不過，高等教育卻會加劇貧富差距，高等教育讓教育差異擴大，使得受教育者和未受教育者之間的所得差異增加，進而惡化了貧富差距的情況。

Keller（2010）利用跨國的資料（包含已開發國家和低度開發國家）來分析教育如何增強所得分配，該研究檢視初等、中等以及高等教育對於所得分配的影響，利用「入學率」、「公共教育支出」以及「人均教育支出」來衡量教育的投資率。研究結果發現，在已開發國家當中，初等教育的教育支出與入學率能夠影響所得分配。已開發國家有充足且高品質的初等教育，因此能夠全面性的改善民眾所得。然而，低度開發國家則是因為教育不夠普及，反而使得受教育者與未受教育者的所得差距增加，使得

貧富差距惡化。不過，不管是已開發國家或是低度開發國家初等教育的
「人均教育支出」對於減緩不平等有顯著的影響。根據統計結果，每一單
位的「人均教育支出」可以使吉尼係數降低1.2%。而中等教育的公共教
育支出確實有助於減緩貧富差距（所得均化），尤其在已開發國家中等教
育的公共教育支出對於減緩貧富差距有明顯的效果。發展「對的類型」的
教育（例如中等教育的職業技術訓練），可以使低所得者提高生產率和工
資，因而增加所得分配。至於高等教育部分的分析結果發現，大學的入學
率會使所得更加不公平，入學率愈高，貧富差距就愈嚴重。

　　Lemieux（2006）觀察美國在1973年到2005年間的個人薪資發現，
美國薪資的不平等情況一直在惡化。研究結果發現，薪資不平等惡化的
原因是高薪資者薪資分配的增加，而高等教育就是造成薪資不平等的關
鍵，相比之下，工作經驗、初等和中等教育和職業的影響不大。除了全
國性的研究外，分析單位為美國州政府的實證研究也有相同的發現，
Koch（2013）觀察1970年到2005年美國各州貧富差距的情形。研究結果
發現，各州的大學入學率與貧富差距（所得不均）呈正向關係，也就是
說，當各州的大學的入學率愈高，州轄區內的貧富差距情況會愈嚴重。

第三節　民眾對於政府提供重分配政策的偏好[13]

　　以往有許多研究都指出民眾有高度的重分配政策偏好，但是由於研
究者的研究取向不同，使得觀察民眾為何偏好重分配政策的觀點也不盡相
同。歸納來看，這些觀點大致包含理性自利與經濟環境、公平正義與政
治環境、貧富差距認知與政治資訊、社會階層、國家認同以及宗教信仰等
等幾種不同觀點。而就政策實務操作的角度來說，探詢民眾的重分配政策

---

[13]本節內容直接取材自陳文學、羅清俊（2012）的文獻回顧內容。

偏好及其影響因素，除了可以增進政府推動重分配政策的正當性之外，更可以針對不同特質民眾的需求，給予不同方式或者是不同程度的政策協助。

壹、理性自利與經濟環境

民眾基於理性自利，認為重分配政策能增加他們的淨所得，所以會偏好重分配政策。Meltzer & Richard（1981）的研究是早期提出這種觀點的重要作品。Meltzer & Richard認為在多數決的選舉制度下，所得為中位數左右的選民（median voters）會是影響選舉的關鍵選民。如果中位數選民的所得低於全體選民所得的平均值，則中位數選民就會投票給提倡所得高度重分配或是提倡高稅率的候選人。因為藉由這些高度重分配的政策，能使中位數選民享受到福利並且增加淨所得。相反地，如果中位數選民的所得高於全體選民平均值時，那麼他們就會投票給支持低程度所得重分配或是低稅率政策的候選人。換言之，選民會基於自己所得的高低，而影響自己對於重分配政策的偏好。

有關所得與重分配政策偏好的關聯性假設獲得後續相當多實證研究的支持。例如Corneo（2000）研究美國與東、西德民眾（居住在統一之前東德與西德境內的民眾）支持政府重分配政策的因素，他發現不論是美國、東德或者是西德的民眾，都認為因為重分配政策可以增加他們個人的淨所得〔經濟人效果（homo oeconomicus effect）〕[14]，所以他們偏好重分配政策。並且，Corneo與Grüner（2002）基於Corneo（2000）的研究架

---

[14] Corneo（2000）的民眾淨所得操作化的方式是採用1992年ISSP的調查資料中有關民眾在重分配政策實施後的淨所得增減預期的問項。問卷的問項為：「假如在所得變得更平均後，某些人的所得會增加，某些人則會減少，請問您認為您的所得會如何呢？」答項為：必定增加、可能增加、維持現況、可能減少、必然減少。

構，重新分析十二個不同國家，也再次印證了理性自利的假定。

除此之外，Hasenfeld與Refferty（1989）利用美國底特律地區的調查資料，發現多數的民眾都相當支持政府推動的重分配政策。其中，社會安全或失業給付類型的政策支持度更高於失依兒童家庭補助金（AFDC）或食物券的政策，因為前者不僅對窮人有利，同樣也可以保障上流或中產階級的財產權，至於後者則只對貧窮線以下的民眾有幫助，所以它的支持度就比較低一些。此外，他們也發現那些可以享受重分配政策利益的人，確實也比較偏好重分配政策，例如家庭所得偏低、非白人、女性、年輕人、教育程度較低[15]。

同樣地，Rehm（2005）運用2002年與2003年歐洲社會調查資料，探討十七個歐洲國家的民眾支持重分配政策的影響因素，他發現各國民眾支持重分配政策的比例都相當高（69.8%的民眾支持政府進行所得重分配）。當民眾的特質為女性、低家庭所得、低教育程度、非自僱者、正處於失業、工會成員、個人所得低於全國平均值、獲得政府移轉性支出越高、所任職的產業失業率高、個人的技術過於專精與個人職業的失業風險越高時，都會傾向支持政府的重分配政策。這個結果一方面顯示經濟弱勢者因為可以享受重分配政策的利益，所以會表達支持之外，同時也呈現出重分配政策具備社會保險的意涵，亦即，民眾會擔憂未來失業的可能性與維持最低限度收入的需求。是故，即使民眾現在無法受到重分配政策的照顧，但是當他們預期未來可能會享受到時，他們就會認為重分配政策有存在的必要性。而這一種個人基於失業保險而偏好重分配政策的看法，同時也呼應了Iverson與Soskice（2001）分析1996年與1997年國際社會調查計畫（International Social Survey of Programme, ISSP）的發現：工作技術越

---

[15] Hasenfeld與Refferty（1989）的研究也發現支持政府積極促進社會公平和主張社會權利（即國家應保障民眾基本生活）的自由派意識型態的民眾，也會偏好政府的重分配政策，並且高度主張社會權利的人，更是直接影響民眾重分配政策偏好的因素。

專精，轉換跑道也越不容易，所以會更加支持政府推動社會福利政策，以保障他們在失業時能有基本的所得收入。

在國內的研究方面，何智翔、林翠芳（2011）更發現不同特質的民眾對於不同類型的重分配政策偏好也不同，例如未婚、未加入工會、個人越擔心老年生活等特質的民眾，會更偏好政府增加醫療保健的支出；未婚、教育年數較低、不傾向泛藍以及個人越擔心老年生活等特質的民眾，會更偏好政府增加老人年金的支出；男性、教育年數低、失業、擔心老年生活、擔心失業以及非自僱者等特質的民眾，會傾向支持政府增加失業保險的支出；男性、年齡越大、教育年數越高、失業與貧富差距認知越大的民眾，會認為目前高所得的人租稅負擔過低。這些研究發現顯示理性自利的考量似乎也是影響台灣民眾偏好重分配政策的重要因素。

然而，儘管有許多研究支持理性自利的假設，但是仍有一些研究的發現並非如此，例如Dion與Birchfield（2010）運用1984～2004年五十個國家以上的跨國調查資料，結合個體因素（個人）與總體因素（國家或區域特質），重新檢視各國民眾是否會一致性地因為經濟自利的緣故，而傾向於窮人支持（或富人反對）所得重分配政策。他們認為影響民眾政策偏好的因素其實是相當複雜的，尤其是各國經濟發展與文化歷史皆不相同。因此，他們懷疑各國未必會一致性地呈現經濟自利的偏好影響因素。他們透過統計分析發現，當個人特質為女性、失業者、年齡越大與所得較低時，都會偏好重分配政策。由於這些人口的特質多為經濟弱勢，表面上似乎證實了民眾經濟自利的考量影響了民眾的重分配政策偏好。但是，當他們以多層次模型分析（multi-level analysis）進一步分析樣本所屬的國家特質時，雖然發現已開發國家的民眾的所得越高，的確會越反對重分配政策；不過，低度開發國家的民眾的所得變數對於重分配政策偏好幾乎沒有任何影響。此外，以區域來看，同樣是貧富差距都很大的國家，北美國家的民眾高度支持經濟自利的假設，但是中東與拉丁美洲國家卻非如此。簡單地說，當民眾所處的經濟環境不同，影響民眾偏好重分配政策的因素也

不盡相同，即便是獲得多數研究所支持的經濟自利假設，同樣也不是放諸四海皆準的影響因素。而從這個角度來看，我們在分析民眾的重分配政策偏好時，也必須留意他們所處經濟環境差異所產生的影響。

貳、公平正義與政治環境

就公平正義觀點而言，民眾會偏好重分配政策源自於個人的利他行為以及對於顧及社會整體和諧的渴望。也就是說，不論個人貧富與否，民眾認為政府應該讓社會上每個人都有基本的發展機會與物質條件。Bartels（2008: 127-143）的研究支持了這個論點。Bartels發現有將近八成五的美國民眾認為社會應持續地確保每個人都能擁有平等的機會。而當民眾具有越高的平等價值（egalitarian values）時，他們也會更傾向於支持社會福利相關政策（例如就業政策或黑人救助政策等等）。這顯示民眾的平等價值不只是個人的內在信念而已，它更會直接影響個人對於重分配政策的偏好程度[16]。

除此之外，Suhrcke（2001）透過1999年國際社會調查計畫（ISSP）針對二十三個國家的調查資料庫發現中、東歐後社會主義國家的民眾比西方市場經濟國家的民眾，更具備平等的價值觀，也更無法容忍貧富差距擴大的現象。這蘊含著後社會主義國家的民眾可能會比較支持政府朝向福利國家的改革方向。這一種政治系絡差異可能導致民眾有不同重分配政策偏好的看法，也獲得Rainer與Siedler（2008）的研究證實。Rainer與Siedler（2008）發現東德的民眾比西德的民眾更偏好重分配政策，顯示出過去社會主義意識型態仍相當程度地影響現今東德民眾的價值觀。換句話說，在不同政治意識型態的政權長期執政下，即便經過輪替或轉型，民眾的價值觀或者對於某些政策議題的看法並不會因此而輕易改變。所以當我們觀察

---

[16] 值得一提的是，Bartels也發現如果民眾認同民主黨與自由派意識型態時，同樣也會更支持社會福利政策。

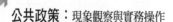
民眾的重分配政策偏好影響因素時，也不能忽略民眾所處政治環境的差異可能會塑造民眾不同程度的重分配政策偏好。

參、貧富差距認知與政治資訊

貧富差距認知的觀點認為民眾會偏好重分配政策主要是因為他們認為社會上的貧富差距頗大，需要政府推動重分配政策來減少貧富差距。例如Lübker（2007）利用1999年國際社會調查計畫（ISSP）分析二十六個國家民眾的重分配政策偏好後發現，當民眾認為貧富差距擴大時，他們會更傾向於支持政府推動重分配政策。相同地，在國內，何智翔、林翠芳（2011）藉由2006年與2007年台灣社會變遷基本調查的資料庫分析民眾的重分配政策偏好。他們也發現當民眾認為貧富差距變化擴大時，將會更傾向認為高所得者的租稅負擔過低或者是低所得者的租稅負擔過重。因此，個人貧富差距認知是影響重分配政策偏好的重要因素。

只是，民眾的貧富差距認知是怎麼形成的呢？Bartels（2008: 153-155）發現除了民眾的家庭所得與政治意識型態兩項影響因素之外，當民眾的政治資訊掌握程度越豐富時，通常也會認為社會上的貧富差距逐漸擴大而且是一件壞事[17]。並且，政治資訊獲得越豐沛的自由派民眾比政治資訊獲得越豐沛的保守派民眾，對於貧富差距的認知差異更大。延伸這種看法，既然政治資訊掌握程度影響他們對於貧富差距的認知，而貧富差距的認知影響他們對於重分配政策的偏好，所以民眾的政治資訊掌握度可能也會影響他們的重分配政策偏好。並且當民眾的擁有更豐富的政治資訊同時又偏好自由派的政黨時，可能會更加偏好重分配政策。

---

[17] 2002年的調查資料中，政治資訊的問項為：「對於政治與公共事務資訊的掌握程度？」，答項為非常低至非常高，共五等分；在2004年時，政治資訊則是藉由詢問七題有關參、眾議院多數黨與重要政治人物的職位的問題，依據受訪者答對與否，聚合出受訪者所擁有的政治資訊數值（Bartels, 2008: 153）。

肆、社會階層、國家認同與宗教信仰的觀點

在社會階層方面，Corneo與Grüner（2002）發現，如果個人認為所得是天註定的而與努力無關，他也會更偏好重分配政策。其次，個人如果會因為重分配政策而讓自己的社會階層向下流動時，將會更反對重分配政策；相對地，對自己來說，那些所得比自己高一階層的人如果因為重分配政策而多付出資源，並因而降為與自己相同社會階層時，則這種情形對自己階層的社會形象和生活品質都會有加分的效果，所以也會更偏好重分配政策。除此之外，Rainer與Siedler（2008）經由2005年的德國社會經濟調查資料庫發現：個人預期未來薪資將會增加的人，將會反對「貧者課稅過高、富者課稅過低」。相反地，假使個人預期未來職位將會降級（demotion），則會更贊成「貧者課稅過高、富者課稅過低」。這顯示，個人預期薪資與職位的變動將會連帶地影響個人的社會階層變動，因而塑造了個人對於重分配政策的偏好。

在國家認同方面，Johnston等人（2010）提出國家認同對於重分配政策的影響。他們基於自由民族主義（liberal nationalism）的論點認為：國家認同是社會的黏著劑（social glue），當民眾的國家認同越強烈時，除了可以減緩高所得者抗拒福利政策，也可以祛除族群文化差異所造成的隔閡，促進社會團結（social solidarity）。因此，假如民眾的國家認同程度越高時，可能也會更支持健康醫療、退休金與所得重分配等等福利國家思維的政策。經過統計分析後，證明了這個假設，尤其是民眾的國家認同感越高時，越會高度支持政府推動健康醫療政策[18]。

在宗教信仰方面，Chang（2010）運用2006年台灣社會變遷基本調查

---

[18] Johnston等人（2010）也發現個人基於經濟自利而偏好重分配政策。亦即，若回答者的特質為女性、所得越低、工會成員、即將面臨失業與家庭經濟狀況不佳等特質時，也會更加支持所得重分配政策。而年齡為65歲以上的人雖反對所得重分配政策，但卻相當支持退休金政策。

資料，分析民眾不同宗教信仰與偏好重分配政策之間的關聯性。他發現年齡、所得、教育程度與政黨認同等等都是影響重分配政策偏好的因素。更重要的是，信仰基督教的民眾會比較偏好就業與醫療照顧方面的重分配政策；信仰佛教的民眾偏好醫療照顧方面的重分配政策；信仰道教的民眾則偏好物價穩定與醫療照顧方面的重分配政策；民間信仰者傾向認為政府應補助低收入家庭的大學生；而信仰天主教的民眾偏好重分配政策的狀況並不明顯。有趣的是，Chang更發現參與宗教活動次數越多的人，反而越不偏好重分配政策。這一點除了和Scheve與Stasavage（2006）研究十一個國家的民眾宗教參與和社會福利支出偏好的發現相同（民眾宗教參與越高，會越不支持政府的社會福利支出）之外，也與Bartels（2008: 130-135）的發現（經常到教堂做禮拜的人則較缺乏平等價值）頗為類似[19]。

伍、台灣的實證研究發現

陳文學與羅清俊（2012）藉由2010年中央研究院人文社會科學研究中心的政治思想研究專題中心與政治大學選舉研究中心共同進行的「公民意識與社會正義」調查研究資料，分析我國民眾偏好重分配政策的因素。該項實證研究除了探討民眾的個人客觀特質、主觀認知之外，同時也特別關心他們居住縣市政經環境的差異是否也會影響他們的重分配政策偏好。經過實證分析之後發現：

1.有相當多的民眾（約65%）支持政府推動重分配政策。
2.教育程度越高、家庭每月總所得越低、越具有平等價值觀、泛綠的

---

[19] 有關宗教信仰與重分配政策的關係方面，Scheve與Stasavage（2008）研究美國1970～2000年各州社會福利支出與宗教信仰之間的關係，他們發現如果該州民眾宗教參與程度越高以及宗教信仰人口比例越高時，則該州的就業津貼、就業補助與失業保險的支出會比較少。

政黨認同、認為社會貧富差距嚴重、公民意識越高等特質的民眾都會更偏好重分配政策。這些研究發現與過去的研究發現大多相同，不過比較獨特的發現是家庭每月總所得以及平等價值觀兩個因素都顯著影響民眾的重分配政策偏好。換言之，台灣民眾偏好重分配政策不僅僅是基於理性自利的考量，同時也蘊含著社會公平正義價值的具體實踐。

3. 當家庭總所得低的時候，女性確實較男性偏好重分配政策；不過當家庭總所得很高時，女性未必會比男性有較高的重分配政策偏好。

4. 公民意識高的民眾會比較偏好重分配政策。民眾越有意願關注或參與公共事務，並且傾向認同泛綠政黨時，他們會比較偏好重分配政策。

5. 民眾所處的政經環境差異（縣市家庭可支配所得、縣市家庭貧富差距、縣市失業率、縣市長黨籍、民進黨在縣市的執政深度）對於民眾重分配政策偏好並沒有顯著影響。

在以上這些影響民眾重分配政策偏好的各個因素當中，教育程度這個變數頗值得進一步討論，因為它多少反映了目前台灣現實環境當中的問題，同時也傳達了政府必須儘速解決這項問題的警訊。這項實證研究發現，教育程度越高的民眾比教育程度低的民眾更偏好重分配政策，這可能跟台灣近年來大學以上學歷的人失業率較高有關。依據行政院主計總處的失業率統計，2006年全國平均失業率為3.91%，大學以上的失業率為4.36%；2010年全國平均失業率增加至5.21%，大學以上的失業率更增加到5.62%，而國中以下的失業率則只有4.83%。換言之，雖然教育程度越高的人平均月薪比較高，但是他們所面臨的潛在失業風險卻也比教育程度低的人來得高，既然如此，他們就可能會更殷切期盼政府推動重分配政策，以保障他們未來可能發生的失業生活。

參考書目

朱敬一、康廷嶽（2015）。〈經濟轉型中的「社會不公平」〉。《臺灣經濟預測與政策》，45(2)，1-22。

江豐富、劉克智（2005）。〈臺灣縣市失業率的長期追蹤研究：1987-2001〉。《人口學刊》，31：1-39。

行政院主計總處（2018）。《107年家庭收支調查》。台北市：行政院主計總處。

何智翔、林翠芳（2011）。〈我國人民對政府重分配政策偏好之探討〉。《當代財政》，3，61-74。

余仲強（2011）。〈臺灣個人所得不均度對家庭所得不均度影響〉。國立臺灣大學農業經濟學研究所碩士論文。

吳仁傑（2011）。〈臺灣家庭所得分配不均之研究-跨縣市縱橫資料分析〉。國立中興大學應用經濟學系所碩士論文。

吳親恩（2007）。〈所得分配惡化對公共支出增加的影響：1980-2004〉。《東吳政治學報》，25(1)，73-114。

李明軒（2016）。〈我國房地產價格對於經濟機會不平等的影響之研究〉。《臺灣經濟預測與政策》，47(1)，37-65。

林佳龍（2000）。〈台灣民主化與政黨體系的變遷：菁英與群眾的選舉連結〉。《台灣政治學刊》，4，3-55。

林季平（2005）。〈台灣的人口遷徙及勞工流動問題回顧：1980-2000〉。《臺灣社會學刊》，34，147-209。

林宗弘（2009）。〈台灣的後工業化：階級結構的轉型與社會不平等，1992-2007〉。《臺灣社會學刊》，43，93-158。

林金源（1997）。〈家庭結構變化對台灣所得分配及經濟福利分配的影響〉。《人文及社會科學集刊》，9(4)，39-63。

林金源、朱雲鵬（2003）。〈移轉所得對台灣所得分配的影響〉。《人文及社會科學集刊》，15(3)，501-538。

林萬億（2005）。〈1990年代以來臺灣社會福利發展的回顧與展望〉。《社區發展季刊》，109，12-35。

林萬億（2015）。〈臺灣的分配不正義〉。《弘誓雙月刊》，134，11-20。

俞哲民（2009）。〈人口老化對於所得分配之影響——以臺灣二十三個縣市為

例〉。國立政治大學財政研究所碩士論文。

洪明皇、鄭文輝（2013）。〈台灣高所得者所得份額之變化：1977-2010〉。《調查研究—方法與應用》，30，47-95。

徐美、莊奕琦、陳晏羚（2015）。〈台灣家戶所得不均度來源分析初探〉。《社會科學論叢》，9(1)，1-31。

高文鶯（2018）。〈所得分配不均的政治經濟分析：台灣各縣市1982年至2016年間的實證研究〉。國立臺北大學公共行政暨政策學系碩士論文。

莊文寬（2006）。〈我國經濟發展與所得分配的演變〉。《主計月刊》，608，49-61。

陳文俊（2003）。〈藍與綠：臺灣選民的政治意識形態初探〉。《選舉研究》，10(1)，41-80。

陳文學、羅清俊（2012）。〈影響台灣民眾重分配政策偏好的因素〉。《人文及社會科學集刊》，24(3)，367-397。

陳正芬、官有垣（1997）。〈政黨競爭、地方自主性與社會福利：以民進黨執政的台北市為例〉。《中國行政評論》，7(1)，57-98。

陳瑜珊（1998）。〈政府預算歸宿之所得重分配效果分析〉。國立政治大學財政學研究所碩士論文。

黃芳玫（2011）。〈臺灣人力資本與薪資不均之研究〉。《臺灣經濟預測與政策》，42(1)，1-37。

湯國斌（2015）。〈所得分配、執政黨派與社會福利支出〉。《德明學報》，39(1)，27-39。

詹火生（2011）。〈建國百年我國社會政策的過去、現在與未來〉。《社區發展季刊》，133，81-92。

劉宇晴（2006）。〈低收入戶生活扶助對台灣各縣市所得分配的影響〉。國立政治大學財政研究所碩士論文。

鄭保志、李宜（2010）。〈台灣政府各項移轉收支的重分配效果比較：1976-2006之全面性與局部性分析〉。《經濟論文叢刊》，38(2)，233-288。

鄭淑如、饒志堅（2001）。〈我國政府社會福利支出對家庭所得分配之影響〉。《主計月報》，548，71-80。

盧文吉、詹秀蓉（2012）。〈臺灣改變對所得分配影響之研究〉。發表於《真理大學2012財經學術研討會》。新北：真理大學。

賴鈺璇（2015）。〈影響台灣縣市貧富差距因素：2009-2013年的實證分析〉。國

立台北大學公共行政暨政策學系碩士論文。

羅清俊（2018）。〈所得分配不均的政治經濟分析：臺灣各縣市從1980年至2015年的實證研究〉。《科技部專題研究結案報告》。計畫編號：105-2410-H-305-020-MY2。

Atkinson, Anthony B.（2015）。《扭轉貧富不均》。台北：天下文化。

Atkinson, Anthony B., Thomas Piketty and Emmanuel Saez (2011). Top incomes in the long run of history. *Journal of Economic Literature, 49*(1), 3-71.

Bartels, Larry M. (2008). *Unequal Democracy: The Political Economy of the New Gilded Age*. NJ: Princeton University Press.

Chang, Wen-Chun (2010). Religion and preferences for redistributive policies in an East Asian Country. *Poverty & Public Policy, 2*(4), 81-109.

Corneo, Giacomo (2000). Inequality and the State: Comparing U.S. and German Preferences. CESifo Working Paper Series No. 398. Retrieved January 19, 2011, from http://papers.ssrn.com/paper.taf?abstract_id=260914

Corneo, Giacomo and Han Peter Grüner (2002). Individual preferences for political redistribution. *Journal of Public Economics, 83*(1), 83-107.

Denhardt, Robert B., and Janet V. Denhardt (2009). *Public Administration: An Action Orientation (6th ed.)*. Belmont, CA: Thomson Wadsworth.

Dion, Michelle L., and Vicki Birchfield (2010). Economic development, income inequality, and preferences for redistribution. *International Studies Quarterly, 54*(2), 315-334.

Goodspeed, Timothy J. (2000). "Education Spending, Inequality, and Economic Growth: Evidence from the US States" Retrieved from: http://hunterecon.wpengine.com/wp-content/uploads/2013/10/education.pdf. March 15, 2017.

Hacker, Jacob S., and Paul Pierson (2010). Winner-Take-All politics: Public policy, political organization, and the precipitous rise of top incomes in the United States. *Politics & Society, 38*(2), 152-204.

Hanushek, Eric A., Charles Ka Yui Leung, and Kuzey Yilmaz (2003). "Redistribution through education and other transfer mechanisms." *Journal of Monetary Economics, 50*(8), 1719-1750.

Hasenfeld, Yeheskel and Jane A. Refferty (1989). The determinants of public attitudes toward the welfare state. *Social Forces, 67*(4), 1027-1048.

Chapter

重分配政策 11

439

Hungerford, Thomas. L. (2011). *Changes in the Distribution of Income Among Tax Filers Between 1996 and 2006: The Role of Labor Income, Capital Income, and Tax Policy*. Washington, D.C.: Congressional Research Service.

Iverson, Torben and David Soskice (2001). An asset theory of social policy preferences. *The American Political Science Review, 95*(4), 875-893.

Johnston, Richard, Keith Banting, Will Kymlicka, and Stuart Soroka (2010). National identity and support for the welfare state. *Canadian Journal of Political Science, 43*(2), 349-377.

Kelly, Nathan J. (2009). *The Politics of Income Inequality in the United States*. New York: Cambridge University Press.

Kelly, Nathan J. and Christopher Witko (2012). Federalism and American inequality. *The Journal of Politics, 74*(2), 414-426.

Keller, Katarina R. I. (2010). How Can Education Policy Improve Income Distribution ? : An Empirical Analysis of Education Stages and Measures on Income Inequality." *The Journal of Developing Areas, 43*(2), 51-77.

Khan, Jahangir, Ulf-G. Gerdtham and Bjarne Jansson (2002). Redistributive effects of the Swedish social insurance system. *The European Journal of Public Health, 12*(4), 273-278.

Koch, Julianna (2013). *States of Inequality: Government Partisanship, Public Policies, and Income Disparity in the American States, 1970-2005*. Unpublished Doctoral Dissertation, Cornell University.

Langer, Laura (2001). The consequences of state economic development strategies on income distribution in the American states, 1976 to 1994. *American Politics Research, 29*(4), 392-415.

Lemieux, Thomas (2006). Postsecondary Education and Increasing Wage Inequality. *American Economic Review, Papers and Proceeding, 96*(2), 195-99.

Levy, Frank and Peter Temin (2007). Inequality and Institutions in 20th Century America. Working Paper 13106 National Bureau of Economic Research.

Lowi, Theodore J. (1964). American business, public policy, case studies, and political theory. *World Politics, 16*(4), 677-715.

Lübker, Malte (2007). Inequality and the demand for redistribution: Are the assumptions of the new growth theory valid? *Socio-Economic Review, 5*(1), 117-148.

Meltzer, Allan H. and Scott F. Richard (1981). Theory of the size of government. *The Journal of Political Economy, 89*(5), 914-927.

Page, Benjamin and James R. Simmons (2002). *What Government can Do: Dealing with Poverty and Inequality*. IL: University of Chicago Press.

Piketty, Thomas (2014). *Capital in the Twenty-First Century*. MA: Harvard University Press.

Rainer, Helmut and Thomas Siedler (2008). Subjective income and employment expectations and preferences for redistribution. *Economics Letters, 99*(3), 449-453.

Rehm, Philipp (2005). Citizen support for the welfare state: Determinants of preferences for income redistribution. WZB Markets and Political Economy Working Paper No. SP II 2005-02. Berlin: Wissenschaftszentrum Berlin. Retrieved January 19, 2011, from http://bibliothek.wzb.eu/pdf/2005/ii05-02.pdf

Roine, Jesper and Daniel Waldenström (2012). On the Role of Capital Gains in Swedish Income Inequality. *Review of Income and Wealth, 58*(3), 569-587.

Scheve, Kenneth and David Stasavage (2006). Religious and preferences for social insurance. *Quarterly Journal of Political Science, 1*, 255-286.

Scheve, Kenneth and David Stasavage (2008). Religion and Social Insurance: Evidence from the United State, 1970-2002. In Ian Shapiro, Peter A. Swenson, and Daniela Donno (eds.), *Divide and Deal: The Politics of Distribution in Democracies*, 149-185. New York: New York University Press.

Suhrcke, Marc (2001). Preference for inequality: East vs. West. Innocenti Working Paper No. 89. Florence: UNICEF Innocenti Research Centre. Retrieved January 19, 2011, from http://repec.org/res2002/Suhrcke.pdf

Volscho, Thomas W., and Nathan J. Kelly (2012). The Rise of the Super-Rich: Power resources, taxes, financial markets, and the dynamics of the top 1 percent, 1949-2008. *American Sociological Review, 77*(5), 679-699.

Wilson, William Julius (1987). *The Truly Disadvantaged: The Inner City, The Underclass, and Public Policy*. Chicago, ILL: University of Chicago Press.

Wilson, William Julius (1989). The Underclass: Issues, Perspectives, and Public Policy. *The American Academy of Political and Social Science, 501*, 182-192.

Wilson, William Julius (1991). Studying Inner-city Social Dislocations: The Challenge of Public Agenda Research. *American Sociological Review, 56*(1), 1-14.

公共政策——現象觀察與實務操作

作　　者/羅清俊
出　版　者/揚智文化事業股份有限公司
發　行　人/葉忠賢
總　編　輯/閻富萍
特　約　執編/鄭美珠
地　　址/新北市深坑區北深路三段258號8樓
電　　話/(02)8662-6826
傳　　真/(02)2664-7633
網　　址/http://www.ycrc.com.tw
E-mail　/service@ycrc.com.tw
I S B N　/978-986-298-349-2
初版一刷/2015年9月
二版一刷/2020年8月
二版二刷/2022年2月
定　　價/新台幣520元

國家圖書館出版品預行編目（CIP）資料

公共政策：現象觀察與實務操作 ＝ Public
policy : observations and know-how / 羅清
俊著. -- 二版. -- 新北市 ：揚智文化，
2020.08
　面；　公分

ISBN 978-986-298-349-2（平裝）

1.公共政策

572.9　　　　　　　　　　　　　109011106

Notes

Notes